Colección **Monografías 5**

La huella en el barro

ANTONIA CARBONELL GALIANA

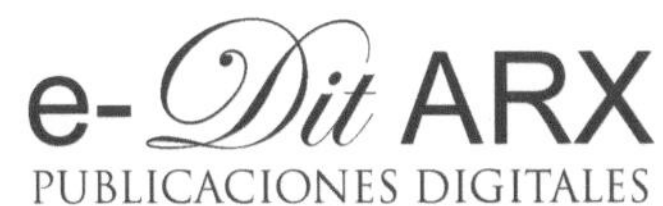

COLECCIÓN MONOGRAFÍAS - 5

© de la edición (digital e impresión bajo demanda):
e-DitARX Publicaciones digitales
Avda. Almazora, 83, 4-E
12005, Castellón de la Plana
Tel.: 964 063 778
editarx@editarx.es
www.editarx.es

Portadillas interiores basadas en un boceto de Enrique Mestre (©)

Depósito Legal: CS 283-2017
ISBN 978-84-946902-1-1

Aquí, en Occidente, el maestro ha de ser como un guía también, ha de serlo deteniéndose al borde mismo de ese misterio del ser de cada uno que es su vocación. Cumple en plenitud si le ha dejado libre, entero, si ha dejado en libertad de nacer a ese ser intacto que a cada hombre se le da con su nacimiento. La acción reveladora del maestro, la respuesta verdadera a la demanda de ser reconocido del discípulo, sería dejarlo intacto en vía de despertar. Los hubo estos maestros, y de ello hay testimonio. Los habrá.

María Zambrano, *Cartas de La Pièce,* abril 1975

Índice

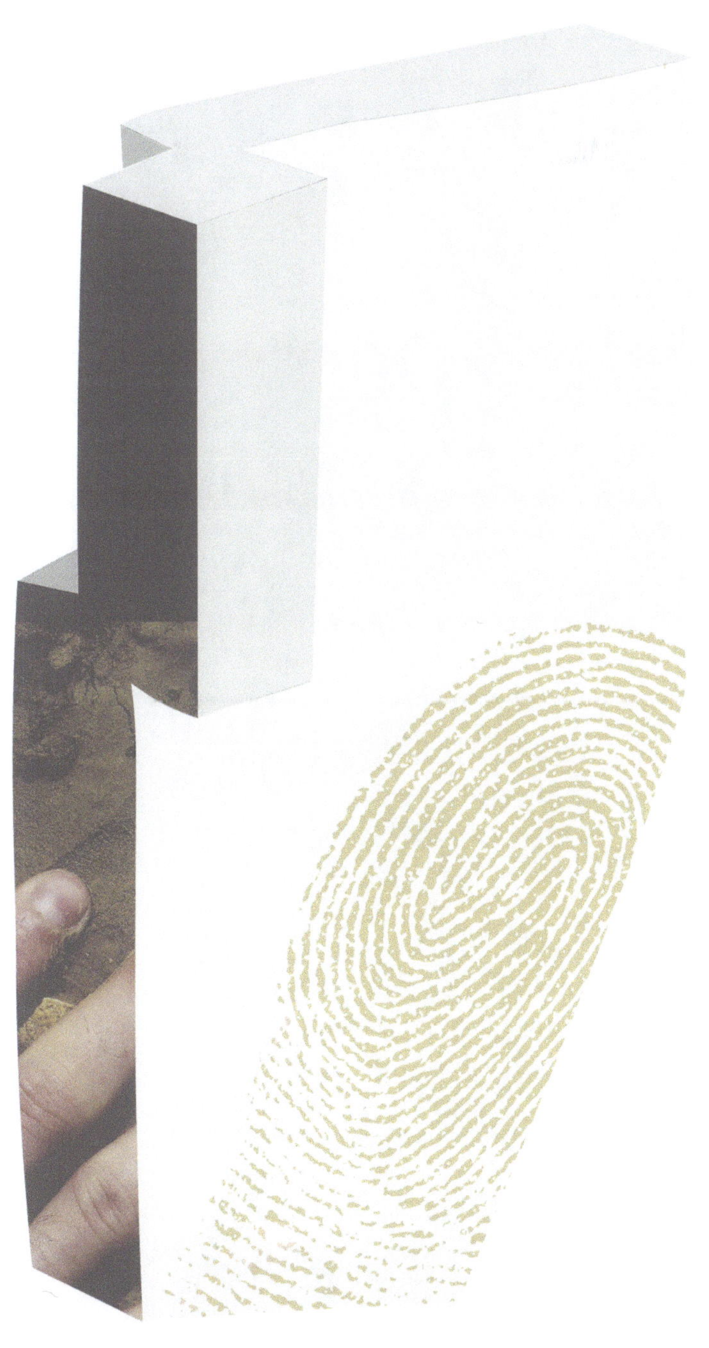

Índice

Presentación

Antonia Carbonell Galiana, autora de este libro, ha dedicado su vida a la creación y a la docencia, en especial en el campo de la cerámica. En ambas facetas coincide con Enrique Mestre Estellés, protagonista del estudio que nos ocupa. La experiencia vivida como artista y como alumna del propio Enrique Mestre ha sido, sin duda, el motivo que la ha impulsado a realizar su tesis doctoral, aquí recogida en forma de libro, sobre la obra del creador más reconocido de la cerámica valenciana y de su extensa labor como maestro de una pléyade de artistas que escogieron ese mismo material y sus complejas técnicas como vehículo para su creatividad. Mestre, como autor que domina con rigor los arcanos de la materia y de la plástica; Mestre, como formador en la sensibilidad y como inspirador de la libertad expresiva que provoca en sus alumnos la necesidad de la búsqueda interior, de la originalidad, de la excelencia y del rigor en el trabajo, valores que todos los que han tenido relación con él destacan de su labor docente. Excepcionalidad en la entrega profesional del maestro y en el aprendizaje y la experiencia vivida de muchos que permitió acuñar la denominación de «Escuela de Mestre» utilizada por sus alumnos para reivindicar el origen de su formación, en palabras de Maota Soldevilla. Ciertamente, esa dedicación, ese modo de ver la educación por el artista y la excepcionalidad de la calidad y de los planteamientos de Enrique Mestre, como creador y como profesor durante treinta y dos años como Maestro de Taller de Cerámica en la Escuela de Artes y Oficios de Valencia, han dejado una profunda huella en el panorama artístico de hoy y constituyen un extraordinario paradigma.

Para reforzar esos aspectos esenciales de la personalidad de Enrique Mestre, la autora se ocupa de analizar con detalle la situación del entorno formativo y creativo del siglo XX valenciano en relación con la cerámica y sus agentes, destacando sus valores pero también sus flaquezas. Así, el libro ofrece una amplia panorámica de la evolución de los protagonistas iniciadores de la docencia específica en cerámica, como Juan Peyró, Gaspar Polo, Alfons Blat o Salvador Sanz Faus, y de los diversos focos surgidos, sin olvidar a personajes o movimientos influyentes que facilitaron la transición estética, desde la cerámica tradicional y adocenada a la que nació del potencial creativo del material y de la renovación del lenguaje plástico. La dicotomía en métodos y planteamientos de las dos mayores escuelas, la de Cerámica de Manises y la de Artes y Oficios de Valencia, marcan dos modelos que son analizados no solo desde la perspectiva de su valor pedagógico sino también en relación con el papel que protagonizaron en la renovación de la creatividad. En la discusión de esos aspectos resulta de gran interés el testimonio oral de Enrique Mestre, con su visión diferenciadora de la oportunidad de la oferta educativa y de su finalidad y, en especial, en su afirmación de la admiración que le causó Alfons Blat. También son muy enriquecedores los testimonios de sus alumnos en los que apreciamos la riqueza de la relación establecida con su maestro. Son testimonios conmovedores de una proximidad fecunda que está en la esencia de la concepción de las obligaciones del Maestro con sus pupilos, base de la plena dedicación pedagógica.

El estudio en sí constituye un testimonio de admiración por la labor de Enrique Mestre como maestro en la creación artística, pero más allá de eso, como Maestro en la difícil tarea de comunicar y de abrir vías para la creatividad con criterio en las almas de jóvenes artistas. Este es quizás el aspecto más desconocido de la labor del galardonado y elogiado Enrique Mestre y la aportación más singular y remarcable de este libro. Los conocedores de la obra de Mestre reconocerán sin duda que su carácter define también su actitud frente al difícil mundo de la formación. De ahí el título que Antonia Carbonell ha dado a su libro, destacando los valores de *paideia* y magisterio de Enrique Mestre Estellés que quedan para siempre claramente expuestos.

Valencia, Noviembre de 2016

Jaume COLL CONESA
Museo Nacional de Cerámica y
Artes Suntuarias «González Martí»

Prólogo

El presente texto nace de la investigación realizada para elaborar la tesis doctoral que bajo la definición de *Cerámica y paideia. Enrique Mestre y su escuela,* recoge la labor docente de este destacado artista valenciano, y la influencia que sus enseñanzas tuvieron en los alumnos y alumnas que la recibieron.

Por otra parte el texto ubica los acontecimientos en un marco geográfico e histórico. Dicho marco contribuye al argumento de que Enrique Mestre lideró durante la segunda mitad del siglo XX cambios sustanciales en el panorama de la cerámica, entendida como herramienta de expresión plástica. Y lo hizo tanto respecto a sus propios códigos estéticos como en lo referente a su labor docente, siempre ciñéndonos al contexto de Valencia.

Sin duda, en la lectura encontraremos claros vestigios de su origen como trabajo académico. En este sentido, aclararé que nunca ha habido otra pretensión y que la decisión de publicarlo solo obedece al compromiso por dar a conocer las cuestiones recogidas, con el fin de que quede constancia de ellas en el tiempo.

Esta narración de lo cotidiano, acompañada de la argumentación documental, está enfocada, en algunos puntos, desde una perspectiva crítica. Tal vez, esa mirada crítica sea consecuencia de estar sustentada la investigación por un andamiaje que —como no podría ser de otro modo— lamenta profundamente el desconcierto que, pese las apariencias, existe hoy en los ámbitos relacionados con la enseñanza de la cerámica. Con dichas alusiones, se pretende inducir al lector hacia el cuestionamiento de lo establecido, propiciando el debate adecuado para la necesaria evolución.

En este sentido, no hay ninguna intencionalidad de poner la experiencia docente investigada como modelo de proceder, todo lo contrario, hay cuestiones que solo tienen razón de ser en su tiempo y su espacio y este es el caso, pero no es menos cierto que las búsquedas comprometidas beben de muchas fuentes. Así pues, pretendo que transmitir lo dicho y lo vivido inspire posicionamientos fructuosos.

Antonia Carbonell Galiana

Introducción

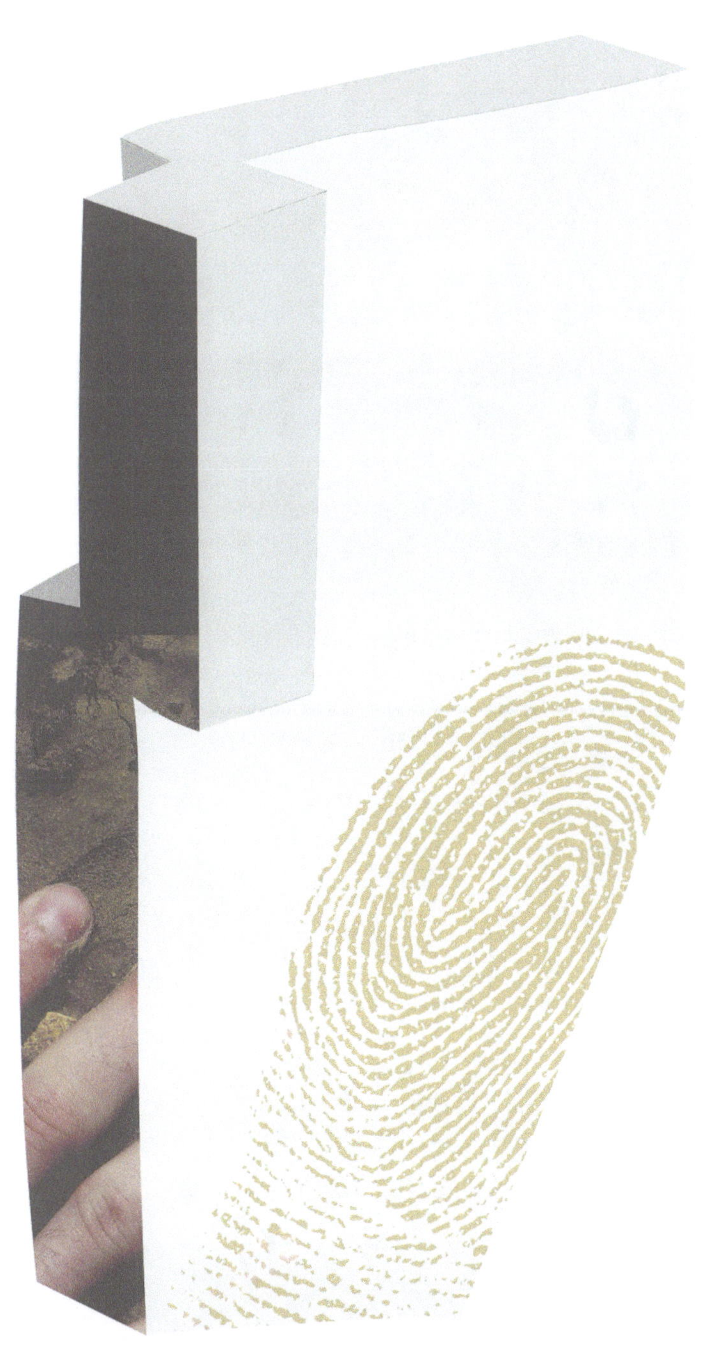

Una luminosa mañana del mes de marzo de 2016, la casa familiar de los ceramistas Dora y Pau, acogió un número no determinado de los que habían sido estudiantes de cerámica en la Escuela de Artes Aplicadas y Oficios Artísticos de Valencia[1], durante el periodo en el que Enrique Mestre impartió docencia. Un medio de comunicación tan útil en estos casos como es WhatsApp, nos había conducido hasta aquella casa de la Marina Alta. Entre cincuenta o sesenta compañeros y compañeras de distintas generaciones nos encontramos en una lúdica y afectiva fiesta; Mestre acudió acompañado por Dora y Ana Pastor sin saber lo que le esperaba: celebrábamos el ochenta cumpleaños del maestro.

Pero fue el propio Mestre el que tomando la palabra supo, una vez más, ver la realidad de lo que estaba pasando:

> [...] estamos aquí celebrando mi cumpleaños, pero esto también es una fiesta de encuentro entre viejos amigos que, después de muchos años sin verse, se han juntado para recordar un tiempo muy bonito, lleno de experiencias.

Y exactamente de eso se trataba.

Las aulas de cerámica, como todas, son un lugar de socialización, pero en el caso de la cerámica las características del funcionamiento y las necesidades propias del taller, hacen la convivencia más estrecha y compleja; como consecuencia, los encuentros y desencuentros resultan mucho más intensos. Esto en general, pero en la antigua Escuela de Artes y Oficios de Valencia, donde Mestre impartió docencia, tal cuestión tomó matices muy significativos.

En el caso de los talleres de cerámica de la Escuela de Valencia Escuela de Artes y Oficios de Valencia, la resonancia de la experiencia docente que allí se gestó, sigue creciendo pese los muchos años ya transcurridos. Lo que allí sucedió generación tras generación de estudiantes, visto desde la periferia y desde la perspectiva contemporánea, podría resultar normal y cotidiano, ya que es lo que seguramente sucede en miles de aulas y lugares. Sin embargo, en este caso, la evidencia conduce a la duda: ¿de qué se trata? ¿Estamos hablando solo de lazos amistosos o por el contrario hay una proyección profesional en la obra de aquellos artistas que se denominan alumnos de Mestre?

Las dudas expresadas en entornos artísticos, docentes, y especialmente en los relacionados con la cerámica contemporánea, suponían un reto, y la búsqueda de las respuestas un itinerario que me permitía ahondar en el binomio cerámica y docencia, siempre en el eje de mis inquietudes como docente de cerámica. Esta es la razón que subyace en el deseo de iniciar este trabajo de investigación, que se presenta como una monografía destinada a divulgar en la medida de lo posible aspectos que, relacionados con la cerámica contemporánea y su docencia pasarían, en otro caso, inadvertidos. La afirmación sobre el carácter diferenciador del aprendizaje que habíamos recibido, junto el irrefutable hecho constatado de que habíamos mantenido una conexión intergeneracional del grupo, aportaba más argumentos a los hechos que yo llevaba investigando desde hacía algunos

1 En la actualidad esta escuela se denomina Escola d'Art i Superior de Disseny de València.

años, y que se materializaron en una tesis doctoral —origen de la presente publicación— centrada en analizar la labor docente del artista Enrique Mestre Estellés y su influencia en la cerámica contemporánea valenciana; influencia que cristalizó en los alumnos y alumnas que recibieron su magisterio.

La figura de Mestre cuenta con una larga y reconocida trayectoria dentro del mundo del arte valenciano; por otra parte, como escultor especializado en el material cerámico, su obra es internacionalmente reconocida. Tales méritos, como veremos, nos proporcionan un incomparable recurso narrativo para transitar por acontecimientos que afectan a la cerámica contemporánea y su docencia. Y lo hacemos desde una personalidad artística que tomó en su momento decisiones novedosas y poco transitadas para expresarse, considerando el marco temporal en el que se inscribe la investigación y refiriéndonos siempre a la cerámica valenciana.

Cauces de la investigación

Por una parte, y considerando que hablamos de la sólida trayectoria de un artista dedicado a la docencia que siempre ha ejercido su magisterio apoyándose en la propia obra, como eje generador de «*paideia* estética —la vertiente formativa que todo intercambio artístico implica personal y socialmente» (De la Calle, 2013: 16). Se presenta el concepto *paideia* como un concepto «rizomático» (Campos 2006: 17) enraizado en la autoconciencia y el compromiso, es decir, bajo la premisa de formar sujetos conscientes del ejercicio ético de la profesión.

La cerámica, infinitamente extensa en técnicas y procedimientos, se transmite y se ejecuta en la mayor parte de las ocasiones, y en el mejor de los casos, como un mero ejercicio de destreza técnica. Atendiendo a este principio, cada objeto puede considerarse como un salto en el vacío, una huida hacia adelante sin un objetivo más allá del propio objeto. Por el contrario, podemos hablar de *paideia* ante el compromiso del creador con su propia obra y, como tal creador, con la sociedad. Es en este compromiso donde Mestre hace de su magisterio ejercicio transmisor de la *paideia*: con rigor, criterio, sentido crítico, compromiso, disciplina, trabajo duro y constante, para conseguir el fin, que no es otro que alcanzar la excelencia profesional, a través de una obra que transcienda el ejercicio superficial de la *techné*. Esta ambiciosa finalidad requiere la adopción de una dimensión espiritual necesaria, siendo aquí donde entroncamos con la virtud, —*areté*— como aspiración en el desarrollo de la *paideia*.

Por otra parte, conviene explicar la perspectiva desde la que estamos hablando de *la cerámica*. En esta línea hablaríamos del paso en su historia desde lo funcional a lo simbólico.

En este sentido, el relacionado con el tránsito histórico de la cerámica ya nombrado, disponemos de amplia información para comprobar que, en las sociedades primitivas, el barro era un recurso valioso y muy polivalente. Podía servir para cubrir el cuerpo, para construir un refugio, para hacer utensilios de todo tipo, también, para realizar objetos rituales, y singulares manifestaciones artísticas de las distintas culturas. El posterior descubrimiento de nuevos materiales y el dominio de las técnicas necesarias para trabajarlos no han supuesto, en ningún momento, el abandono de las utilidades del barro; simplemente, en cada momento de la historia, la cerámica ha ido encontrando espacios donde continúa estando vigente. En este transcurso histórico, los objetos fabricados con barro han abarcado diferentes tipologías de producción. Desde los más funcionales y toscos (tejas, ladrillos, utensilios de menaje doméstico, etc.) hasta los más refinados y costosos objetos decorativos. En esta trayectoria se constituyó el concepto de un término, *la cerámica,* que ha llegado a nuestros días cargado de significados. Podemos afirmar, parafraseando a Santamarina, que en este tránsito por la historia, la cerámica ha viajado construyéndose como «campo de disputa simbólica sobre objetos, lugares o prácticas» y que finalmente nos muestra una «imagen idealizada de la práctica cultural» (Santamarina, 2005: 15).

Con el fin de orientar la lectura y sin pretender aquí una clasificación exhaustiva sobre las distintas tipologías de producciones cerámicas contemporáneas, observaremos cómo algunos objetos llamados *cerámica* no tienen absolutamente nada que ver con otros que reciben el mismo nombre. Por lo general, suelen tener en común el material del que están hechos: materiales arcillosos, esto es, silicatos de alúmina hidratados en diferentes composiciones químicas, que afectan sus características físicas. A su vez, también comparten el procedimiento de haber pasado por el fuego. Pero, a partir de aquí, se abren infinitas diferencias respecto al carácter y la función de estos productos. Al respecto, conviene hacer algunas consideraciones, tal como se recoge a continuación:

En primer lugar, resulta imprescindible aludir a la gran empresa azulejera como el único sector cerámico que ha seguido la línea de tecnificación puntera propia de cualquier industria competitiva.

> Las grandes azulejeras del sector en Castellón fabrican el 45 % de las baldosas en la Unión Europea. En 2005, la producción del sector en la provincia de Castellón se cifró en 656 millones de metros cuadrados. En ese mismo año, el número de empleos directos del sector era de 26 992 (Monrós, 2006: 81).

Pero con todo, no implica que estos sean para ceramistas, pues se emplean controladores en los distintos puntos de la cadena, peones, químicos, personal de mantenimiento, comerciales, administrativos, y ocasionalmente algún diseñador. Este sería el ejemplo de producción basado en la investigación tecnológica, el desarrollo y la competitividad.

En segundo lugar, habría que considerar todo un conglomerado de empresas de cerámica decorativa, con mayor o menor grado de tecnificación y volumen de facturación, pero siempre dentro de unos parámetros muy relacionados con los procesos artesanales. Este sería el caso, por ejemplo, de una empresa como Lladró. También en este grupo podríamos incluir el sector de los sanitarios dada la preeminencia de los procesos de diseño y manufactura artesanal en paralelo a la aplicación de los avances tecnológicos.

Y en tercer y último lugar, cabría atender a toda una serie de artesanos que fabrican producciones de diferente tipología y finalidad respondiendo a distintas intencionalidades por parte del autor, entre las que se encuentran las reproducciones históricas, entre otras. El funcionamiento de estas pequeñas empresas es, con algunas mejoras, muy parecido a lo que siempre fueron los obradores de cerámica.

Los tres grandes grupos referidos, que comprenderían la producción cerámica con finalidad comercial de mayor o menor envergadura económica, escapan al objeto de interés central respecto los contenidos impartidos en la Escuela de Valencia. La docencia de Mestre siempre hizo referencia a la cerámica de autor, a la investigación sobre la propia expresión artística y, desde luego, alejada de cualquier seriación comercial. No obstante, Mestre nunca eludió la necesaria relación entre las distintas tipologías de producción cerámica, valorando la importancia del diseño o del gusto exquisito de algunos artesanos frente a la producción, podríamos decir menos esmerada, de otros. En este sentido el profesor Mestre siempre puso cuidado en transmitir que cualquier cántaro, tinaja, cuenco, plato pintado, puede ser una pieza exquisita o, por el contrario, constituir algo burdo y sin sensibilidad al margen ya de su función. En esta línea anticipamos que, como se desarrollara en capitulo posterior, Mestre estudió cerámica en la escuela de Manises, especializada en la tradición industrial de la zona, por lo que conoce y domina dicha tradición, tanto en aspectos técnicos, como en lo referente a su tipología y sus procesos. Sin embargo, introduce los conceptos de este campo concreto de la cerámica de modo colateral en su pedagogía, del mismo modo que utiliza cualquier cuestión relacionada con la cultura visual y plástica. El objetivo de esta particular forma de proceder es desarrollar en el alumno un criterio amplio, que no es otro que educar la mirada del artista.

Por ultimo cabe reflexionar sobre el cambio de valor que los objetos producidos por la mano del hombre han experimentado en la actualidad y la repercusión que tal circunstancia tiene en las en las producciones cerámicas contemporáneas.

> Yo considero que la mano conoce las cosas también, las conoce y nos da información a nosotros mismos sobre las cualidades de la materia. Entonces, tú rozas tus dedos, las yemas de los dedos sobre las superficies, las manoseas, buscas sus aristas, buscas su lisura y con ello te está dando una información que aumenta un poco tu sensibilidad hacia las cosas. Por eso creo que la mano es esencial, no solo para construir, sino para sentir y para tener información de las cosas, para conocer (Marcos, Barragán, 2011: 171).

Pere Vidal es uno de los cuarenta y nueve autores, artistas o artesanos, entrevistados por los profesores Carmen Marcos y Carlos M. Barragán a propósito de su estudio sobre la mano como herramienta de trabajo. Las entrevistas consisten en las declaraciones de artistas y artesanos y nos sumergen en una perspectiva desde la cual podemos considerar cualquier oficio, en el que la mano humana es el instrumento imprescindible y necesario, vehículo de ensimismamiento y auto concepto. Es como si el círculo de la historia se cerrara. Provenimos del *Homo habilis,* nuestras manos contribuyeron en muy gran medida a la estructuración de nuestro saber, y después de muchos siglos en los que la manualidad era el único recurso de producción y, por tanto, sus productos carecían de valor significativo por sí mismos, más allá del valor que le otorgaba su función, si es que esta era singular. Hoy, en cambio, nos encontramos ante una nueva situación dado que esa hegemonía manual se ha visto supeditada a la gran tecnificación de nuestra cultura. Este proceso de inversión ha conducido hacia una cuestión muy clara, en relación con el hecho de que cualquier objeto surgido de la mano humana adquiere en nuestra cultura unas resonancias especiales. La industrialización de todos los antiguos oficios, la producción en cadena en la que nadie podía llamarse autor de una mesa, un tejido o un zapato, supuso la alienación del individuo. La organización y sistematización de las operaciones con el fin de optimizar los recursos y mejorar la productividad y las ganancias, ha cosificado al obrero como un factor más de la cadena de producción. Sobre esta cuestión Georg Lukács en *Historia y conciencia de clase* afirma que, cuando el obrero se objetiva como mercancía «… la situación resulta susceptible de conciencia» (Lukács, 1923: 110). Esta —y no otra— nos parece ser la razón que está detrás de esta revalorización contemporánea, tanto de la herramienta de la mano como de sus producciones. De tal modo el *Homo habilis* busca recursos para mantener su identidad.

En este mismo orden de cosas, y durante las primeras décadas del siglo XX, comprobamos que la mirada de muchos artistas se volvió hacia las artesanías, destacándolas como portadoras de esas identidades aludidas, lo que propició el desarrollo del conocido movimiento *arts & crafts,* que influyó en la cerámica de modo determinante. Todo lo expuesto nos lleva a concluir que gran parte de las producciones cerámicas en el mundo occidental y desarrollado requieren de esa consciencia por parte de su autor. Formulado de otro modo, diremos que la cerámica es una de las primeras industrias seriadas de las culturas prehistóricas y ha superado, en muchos casos, su ciclo histórico como tal industria, pasando a ser, como ya hemos dicho, un medio de producción significativo por sí mismo. Por otro lado y del mismo modo que el producto es depositario de los valores descritos el proceso es apreciado y ejercitado como depositario de esos mismos valores.

Y es en esta coyuntura de revisión respecto al proceso y al producto, donde adquiere sentido la pedagogía de Mestre. Estimamos que —tanto los contenidos como los objetivos del magisterio que Mestre practicó— cambian un paradigma condicionado por la historia de una industria, para introducirnos en una *paideia* que imbrica la cerámica con el mundo del arte, tal como el mismo Mestre ya estaba haciendo con su obra.

Otro de los elementos importantes que determinan los cauces de la investigación serían las fuentes documentales. En este sentido y entre otras, son las entrevistas las que toman especial relevancia, atendiendo a las circunstancias.

Estamos hablando de una investigación sobre participantes activos en un contexto sociocultural contemporáneo y todavía en curso. Esto quiere decir que, si bien en un primer estadio se recurre a la consulta de documentación bibliográfica, en el desarrollo posterior se necesita de la observación consciente, constante y razonada de los hechos resulta determinante el contacto con los y las artistas relacionados con el llamado «entorno de Mestre»: las conversaciones, narraciones, afirmaciones y polémicas, así como las opiniones contrastadas entre los actores, informadores o conocedores del tema a investigar. Todo ello insertado en un marco de vivencias que constituye el telón de fondo del discurso en el que se articulan los hechos analizados.

En este caso específico, las razones que condicionaron la elección de la entrevista como herramienta de trabajo fueron varias. En primer lugar, Mestre generó pocos o ningún documento en cuanto a la transmisión de sus contenidos, objetivos, conocimientos y procesos de trabajo. A día de hoy sería inexplicable para cualquier docente, en una escuela de enseñanzas artísticas, entender que se pudiera eludir la obligación de presentar una programación al inicio de curso, puesto que desde la administración se exige la presentación de un documento por cada asignatura. Este documento es transmitido por la dirección del centro (jefatura de estudios) a la Conselleria, (inspección educativa) junto toda la programación anual del centro. Sin embargo, este no es el caso de Mestre. De lo contrario, algunas de las preguntas que nos hacemos estarían en gran medida ya respondidas en sus programaciones y memorias de fin de curso, ya que las memorias finales también son de obligado cumplimiento en cada asignatura y se entregan del mismo modo que las programaciones iniciales[2]. Estos extremos han sido consultados con la actual dirección de la Escuela desde la cual se argumenta que, en aquel momento, no se había impuesto la normativa vigente en este sentido.

Por otra parte, nos consta que Mestre siempre ha defendido que la herramienta del artista es su obra plástica, y por tanto no necesita la autojustificación teórica, cuestión que hace extensiva a la docencia, en la que ser activo profesionalmente en el mundo del arte y transmitir lo que uno es, constituye la génesis de su enseñanza.

Los informantes fueron seleccionados entre los alumnos que habían recibido formación cerámica en la Escuela de Artes Aplicadas y Oficios Artísticos de Valencia, más tarde Escuela de Artes Plásticas y Diseño y, en la actualidad, Escola d'Art i Superior de Disseny. Un requisito indispensable fue que hubiesen desarrollado posteriormente una trayectoria de trabajo. Salvo las condiciones expuestas, el perfil de los entrevistados puede ser heterogéneo, en cuanto a su experiencia dentro de la escuela o según el periodo en el que realizaron sus estudios (desde 1969 hasta 2001). Esta aludida heterogeneidad corresponde con las diferentes etapas de matriculación en los estudios y su diferente normativa.

2 Conviene explicar que, en el periodo referido, las escuelas pertenecieron administrativamente a enseñanzas medias y se regían por las normas de esta clasificación.

— Alumnas o alumnos que se matricularon según la legislación iniciada en 1910 y definida por diferentes órdenes posteriores, que perfilaron las enseñanzas de cerámica como monográficos en los que el alumno se matriculaba solo del taller o de la asignatura que le interesara según sus necesidades. Esta modalidad se mantuvo en pleno funcionamiento hasta 1963. Los conocimientos adquiridos no tenían reconocida una titulación oficial. Cuando Mestre se incorporó al puesto de maestro de taller en 1969, aún se matriculaban alumnos en los talleres dentro de esta modalidad, que fue desapareciendo hasta que solo se admitió alumnado en los estudios reglados.
— Con la implantación de los estudios reglados, según el plan del 63, se reconoció una titulación al alumnado que cursara obligatoriamente todas las asignaturas del programa «Diplomado en Artes Aplicadas» según la especialidad cursada, en este caso la especialidad de Cerámica. La titulación se equiparó legalmente al «Segundo Grado de Formación Profesional» y, más tarde, se declaró equivalente al «Ciclo formativo superior de Cerámica Artística». Esta ordenación de los estudios de cerámica, según el plan implantado en 1963 continúo impartiéndose hasta 2001, año de la jubilación de Mestre.
— Desde 1997 hasta 2007, el departamento de cerámica propuso un proyecto de formación, apoyándose en el prestigio que la figura del ceramista Enrique Mestre había adquirido[3]. De este modo, se empezaron a impartir cursos para titulados en otras escuelas, por lo general titulados en Bellas Artes o en la Escuela de Cerámica de Manises. En muchos casos también se matricularon alumnos que, habiendo finalizado los estudios de cerámica en la Escuela de Valencia, querían continuar vinculados al taller. Estos cursos, bajo la estructura de monográficos, continuaron impartiéndose hasta 2007, después de la jubilación de Mestre.

Ahora bien, en esta investigación, los alumnos y alumnas informantes no se agrupan por los criterios de matriculación —explicados en los tres casos anteriores— pues este método no resulta tan razonable como puede parecer a primera vista. Cuando nos acercamos a los actores en el contexto investigado, apreciamos que los alumnos diseñan su recorrido según diferentes circunstancias. Así por ejemplo, algunos se reenganchaban en periodos diferentes o asistían al taller con independencia de la calificación y superación de la asignatura, solicitando incluso no ser evaluados para continuar en las aulas el mayor tiempo posible. Todo responde al deseo de entender la enseñanza de la cerámica como algo integral; no una asignatura más, todo lo contrario, un conocimiento en el que convergen todos los recursos expresivos y personales, de ahí *paideia*.

No queremos dejar de cerrar este capítulo introductorio, sin insistir en la necesidad de instalarse en el proceso de cambio constante. La estructura del trabajo discurre por los cauces lógicos que la cronología nos ha marcado, y como se verá requieren de una lectura consciente y atenta, para ver cómo lo cotidiano, que generalmente se recuerda como un bloque compacto en el que se almacenan la sucesión de decenios, está por el contrario, preñado de detalles que enriquecen y dan forma a la cuestión investigada.

3 «Me acuerdo, que vino a dar conferencias. Era una época muy bonita, ¿no? Eran los noventa y… serían los noventa y cuatro, noventa y cinco, no recuerdo bien ese dato, habría… lo tendría yo que buscar. Pero el caso es que Enric venía a presentar, en una conferencia suya, vino a presentar el primer monográfico de hermanamiento entre Bellas Artes y Artes y Oficios… Si el primer monográfico. Entonces, tengo el honor de haber asistido al primer monográfico que celebro Enric Mestre y al último, porque luego soy de la última promoción de Enric Mestre antes de jubilarse» (Entrevista Carmen Marcos).

Enrique Mestre Estellés

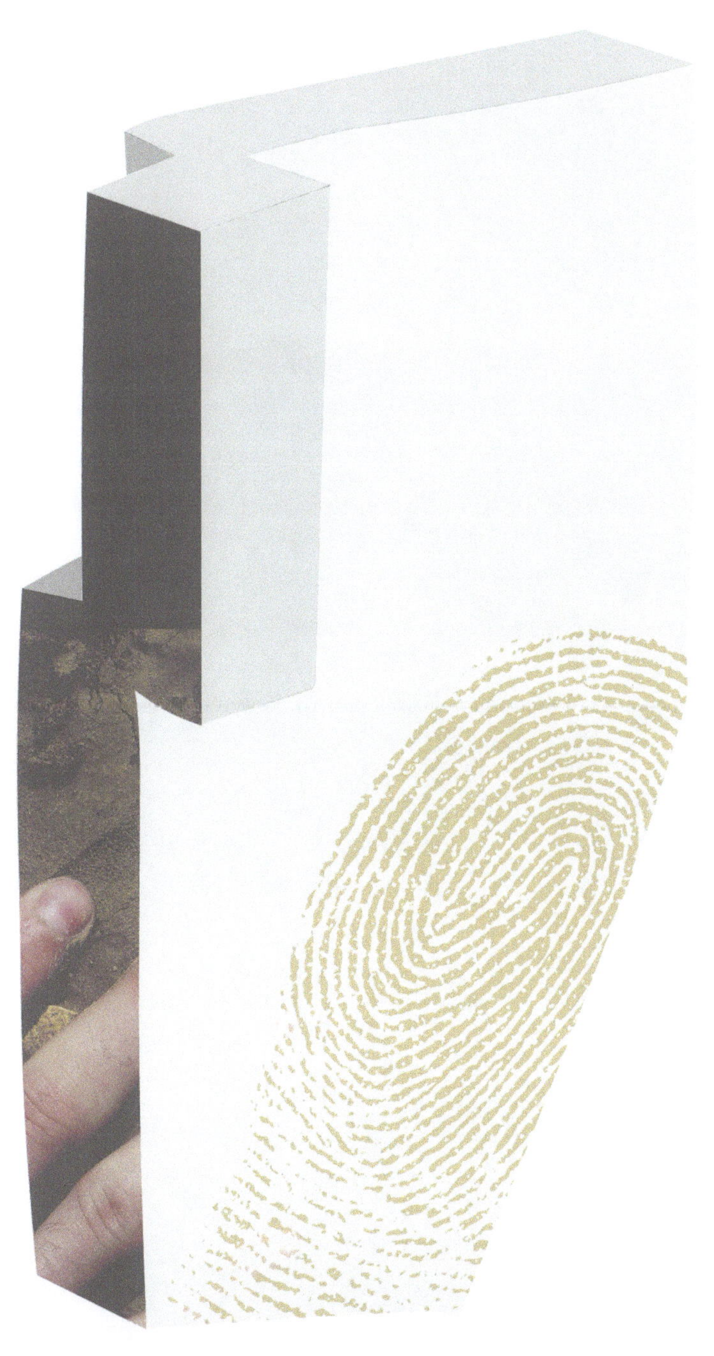

Cronología biográfica y acontecimientos relacionados

En este capítulo pretendemos hacer un recorrido cronológico por la biografía del artista, enlazando los momentos de su vida con aquellos aspectos que nos hagan pensar en las influencias y razones que afectaron a la trayectoria de Mestre. Tales motivos nos conducirán, por tanto, a identificar las causas originarias que se sitúan en la base de nuestro objeto de estudio. Con este fin, analizaremos el contexto socio–histórico donde se encuentran ubicados los acontecimientos relacionados con la trayectoria personal y profesional del artista. A partir de este marco de referencia, profundizaremos en los hechos que consideremos más relevantes, como consecuencia de la importancia histórica, la cercanía cotidiana o la insistencia con la que Mestre hace referencia a ellos. En algunos casos, el interés estará en situar la narración para facilitar la lectura de los hechos descritos, puesto que sin atender a las circunstancias específicas no es posible comprender y valorar correctamente esos pequeños detalles que hacen singular la totalidad de cualquier historia.

El lugar del nacimiento: Alboraia

Enrique Mestre Estellés nació el 16 de marzo de 1936 en Alboraia (Valencia). Con el fin de conocer cuál era la situación social del núcleo de población en aquel momento, se ha consultado la investigación realizada por María José Sigalat Vayá sobre la segunda República en Alboraia: 1931–1936, que el Ayuntamiento de dicho municipio publicó en 1995. En esta monografía encontramos datos acerca de cómo sería el lugar. Durante años, el medio de comunicación entre Alboraia y Valencia fue un tren, que tenía su final de trayecto en la conocida por todos los valencianos «Estació del Pont de Fusta», dentro de la red de trenes de vía estrecha que comunicaban los pueblos cercanos con la capital. En particular, el enlace ferroviario entre Valencia y Alboraia fue inaugurado el 17 de marzo de 1893 y fue el medio de transporte que Mestre utilizó desde que empezó el bachiller para desplazarse todos los días desde Alboraia hasta la ciudad. Como él mismo recuerda en las entrevistas realizadas en su taller, eran pocos los que en aquellos años —durante la década de los cuarenta—, salían del pueblo para ir a estudiar a la ciudad: «solo los que pertenecían a familias que podían permitírselo» (Entrevista n.º 1). La otra salida con importancia histórica para el municipio fue el camino de enlace con la cercana Tavernes Blanques y la carretera de Barcelona, proyecto que solicitó el Ayuntamiento a la Diputación de Valencia en su sesión del 8 de septiembre de 1931. Esta fue una vía de comunicación imprescindible hasta que, muchos años después, se construyó la actual A–7. No tenemos datos concretos sobre la fecha de ejecución de este camino, pero nos consta por testimonios orales que la apertura supuso para el pueblo una mejora importante. Al respecto, no solo unió Alboraia con Tavernes Blanques, sino que también abrió y facilitó la comunicación con el resto de los pueblos de la zona y, lo que es más importante, con la principal vía de acceso entre Valencia y Barcelona.

Otros datos aportados por Sigalat son el porcentaje de alfabetización de 1930 recogido en el padrón de habitantes: 50,9 % de alfabetizados y 49,1 % de analfabetos. Referente a la población del municipio podemos observar que en 1935, un año antes del nacimiento de Mestre, Alboraia tenía 6277 habitantes: 3146 se localizaban en el casco urbano del pueblo y el resto se encontraba en asentamientos diseminados, constituidos por las numerosas alquerías de la huerta, muchas de ellas hoy desaparecidas por la depredación urbanística. En este punto, consideramos fundamental destacar el modelo socioeconómico del minifundismo agrícola que ha caracterizado históricamente a la huerta valenciana y, como consecuencia, a su sociedad. En este sentido, podemos deducir que existía una sociedad generada por pequeños propietarios de tierras que les proporcionan bienestar económico, tal y como demuestra el dato reflejado en el estudio ya referido. En él se dice que, en 1936, la lista de familias pobres ascendía a 166, de las que 156 se ubicaban en el casco urbano (cuya población era de 3146 habitantes) y solo 12 de estas familias con menos recursos vivían en la huerta (que, según el censo de 1935, concentraba a un total de 3131 moradores). Este dato, sin duda, refleja los beneficios de la autosuficiencia.

En cuanto las características de la sociedad alboraiense, Sigalat cita el estudio de Ramiro Reig, según el cual, a principios del siglo XX:

> L'horta Nord es claramente adversa al republicanismo blasquista, con un núcleo de irreductible hostilidad en Alboraia. No debemos olvidar que al iniciarse el siglo Alboraia simboliza para el blasquismo un bastión del carlo–clericalismo, por tanto suponemos una sociedad con fuerte sustrato conservador. En 1930 la derecha regional agraria, creada por Luis Lucía, agrupa a monárquicos carlistas y católicos. El año 1936 —año del nacimiento de Enrique Mestre— las elecciones en Alboraia se decantan hacia la derecha a pesar de un creciente porcentaje que vota por la opción republicana. Pese al normalizado pluralismo político polarizado entre la P. U. R. A. y la D. R. A., la sociedad agrícola basada en el minifundio de los pequeños propietarios es históricamente conservadora (Sigalat, 1995: 10).

Este fue, a grandes rasgos, el contexto sociopolítico en Alboraia anterior al estallido de la guerra civil (1936–1939). Tras la contienda, como sabemos, la situación política se unificó oficialmente en todo el país y la sociedad estuvo durante los años de la posguerra impregnada de las consignas del régimen. Habría que esperar muchos años para una apertura ideológica en este sentido, ya que la religiosidad y el conservadurismo mayoritarios (a los que hacía referencia Sigalat en el contexto prebélico), se afianzaron en Alboraia durante la posguerra. Buena muestra de ello es que, tras la entrada de la democracia, en las calles de este pueblo de la periferia de Valencia aún se conservaba un monumento a Franco. En esta sociedad de fuerte perfil conservador y religioso creció Mestre, que no abandonó nunca Alboraia como residencia. También su taller está situado en la actualidad en un polígono cercano al pueblo. No tenemos datos para valorar el posicionamiento concreto de su entorno, pero habría que destacar que sus padres fueron trabajadores en oficios manuales de contenidos artesanales, procedimentales y de carácter creativo.

En el listado de profesionales que habitaron en el municipio en 1930 encontramos un «fotograbador», probablemente su padre, que tuvo la voluntad (propiciada por la temprana vocación de su hijo), de encaminar a Mestre hacia la formación y el estudio artístico. El propio Mestre explica que esto no era lo más usual en un pueblo cuya economía, en aquel momento, provenía fundamentalmente de la agricultura de la huerta. A nuestro modo de ver, esta dedicación profesional del padre también supuso una apertura al mundo, más allá del núcleo social del pueblo. Al respecto, como ya se ha explicado, el entorno del pueblo estaba definido por la huerta y en ella, como en toda el área de Valencia, prevaleció —y prevalece todavía— un sistema minifundista de explotación de la tierra basado en pequeñas parcelas colindantes en las que se alternaban los cultivos. Los propietarios mimaban, incluso, las cuestiones estéticas de sus huertos, compitiendo por el primor y el cuidado con el que preparaban y mantenían sus terrenos. Destacamos esta costumbre que nos consta está muy arraigada y que, aún hoy, forma parte de la cultura del día a día. Para los labradores, los campos heredados de generación en generación dan testimonio de las virtudes y defectos de sus propietarios, considerados por el entorno como la expresión del individuo que los cuida. Así pues, el prestigio del agricultor entre los vecinos depende de su buen hacer. Desde nuestra perspectiva, es muy probable que la influencia de esa cultura del «buen hacer» haya estado muy presente en la obra de Mestre, en la que encontramos continuas referencias —tanto explicitas como implícitas— al paisaje y reiterados testimonios de que la contemplación de la huerta ha sido, para él, una continua fuente de inspiración.

El ámbito familiar

Mestre es el mayor de los tres hijos que tuvieron sus padres, seguido de sus hermanas Consuelo y M.ª Amparo; era, por tanto, el único hijo varón y también el primogénito de un núcleo familiar ubicado en una sociedad rural, de corte conservador, durante la primera mitad del siglo XX.

En cuanto a su ambiente familiar, Mestre afirma que su madre, Consuelo Estellés Bolea, era una persona de gran sensibilidad y sentido innato de la belleza. En la ya citada entrevista realizada por Monteagudo, explica:

> Mi madre es un caso especial, es una experta en pastelería. Procede de una familia de horneros de Almacera; hacía bizcochos, coronas, etc., en los que combinaba dulces de colores y hacía relieves con el merengue consiguiendo verdaderas caligrafías. Yo pensaba que sin tener mi madre conocimientos artísticos, tenía lo que llamaríamos sentido artístico popular. Igual ocurría cuando arreglaba centros de flores, con esa capacidad de organizar el color y la forma. Al pasar el tiempo me he dado cuenta de que he vivido en una familia en la que el sentido estético ha tenido gran importancia y, en consecuencia, influencia en mí (Monteagudo, 1991: 279).

En relación a su padre y en la misma entrevista, Mestre comenta:

> Mi padre también estudió en Artes y Oficios, era un buen dibujante, algo impresionante. Aún conservo gran cantidad de dibujos suyos, son mucho mejores que los míos. Él era un número uno en la escuela, aunque a edad muy temprana se puso a trabajar como dibujante litógrafo por necesitar ingresos, debido a que era hijo de familia numerosa, razón por la que no pudo cursar estudios de Bellas Artes. Se dedicó durante muchos años a reproducir carteles. El trabajo que hacen ahora los fotograbadores se hacía antes a mano, a base de preparar y seleccionar colores. Pronto empezó a ganar dinero en esta profesión y se despreocupó de seguir estudiando aunque fuera bastante inquieto en el aspecto profesional. Recuerdo que en mi casa había un aparato, probablemente el primero que llegó a España, de reproducción en *offset*. Por entonces había una revista internacional, *Penrost,* que publicó un fotograbado suyo, uno de los primeros que se hicieron por aquí. Pero tampoco continuó por este camino. Tenía también otra pasión, el teatro; trabajaba en él cómo director y actor. Además de todo esto, pintaba en los ratos libres (Monteagudo, 1991: 278).

También en las entrevistas realizadas para esta investigación, el propio artista nos relata cómo, a temprana edad, hacía las veces de ayudante en el taller de su padre, preparando los colores para los carteles. Por todo ello, Mestre reconoce que la influencia de su entorno familiar fue determinante:

> Desde luego. Es que mon pare era dibuixant–litògrafo, i jo li ajudava a fer punta a les llapisseres de grasa para hacer la selección de los colores. Que se hacían a mano, ¡a mano!... Sí, antes de las cosas fotográficas, te daban un boceto de un cartel y decías: «Este cartel, a ver, tiene que tener amarillo, rojo, negro, azul...» y si había algún color especial, un color especial. Y eso, se hacía un calco y ese calco lo pasaban a planchas de zinc y, en cada plancha de zinc, decías: «Esto es amarillo» y con el lápiz graso, (que aún tengo las recetas por ahí, por un cuaderno de mi padre), que era cera y negro de humo, que en un caldero se fundía todo y se tiraba en un molde... Y después, eso se cortaba en tiritas, en pastillas. Y aún... no sé si aún tengo un porta carbones de esos, ¿eh? Y se cogía entonces con la punta así, y un cuchillo, y se hacía de arriba para abajo; al revés, de hacerlo así, no, no, y hacía desde la punta, así, así, así. Y yo me dedicaba a prepararle a mi padre las puntas. Porque se gastaban muy deprisa, porque era muy blando y, entonces, sobre la plancha de zinc se gastaban. Y decías: «Esto, ¿cuánto amarillo tiene?». Y tenías que tener la cabeza de decir: «pues esto tiene un 20 % de amarillo»... Se hacía todo a ojo... Un 20 % de amarillo, y tú rayabas, con el negro, un 20 % de negro, que luego, en la estampación, sería amarillo. Esto es amarillo puro, se pintaba todo de tinta grasa y eso salía amarillo, amarillo. Y, así con todos los colores, ¿eh? Y así se hacía todo. Y las etiquetas y todo. Yo he visto a mi padre trabajar con piedra, todavía. Con piedra litográfica. Y se hacía todo así. (Entrevista a Mestre n.º 2)[1].

Respecto al ámbito familiar en el que nació y creció Mestre, concluiremos que, como él mismo bien reconoce, este entorno familiar fue decisivo en su vida profesional, por las características de la influencia recibida.

Formación inicial

Enrique Mestre realizó los estudios primarios en la Escuela de San Juan y San Andrés de Alboraia. En el curso 43–44 pasó al colegio Dominicos de Valencia. Este fue, en realidad, un curso de espera, dada su corta edad para comenzar el bachillerato, que inició durante 1945 en el colegio de los Maristas en Valencia y finalizó en octubre de 1953. En aquel momento, el acceso a los estudios era mucho más restringido, tal como recuerda el propio Mestre en la entrevista:

> [...] solo éramos tres o cuatro los que salíamos a estudiar: el hijo del médico, el del farmacéutico... Tres o cuatro, que sus padres tenían más cultura y posibilidades. ¿Eso te daba una visión diferente de tu pueblo? Sí, pero bueno, a esa edad no te enteras. (Entrevista a Mestre n.º 1).

La influencia que recibió Mestre por el hecho temprano de desplazarse a diario desde su pueblo a la ciudad, nos lleva a deducir que este traslado tuvo una importancia indudable en su proceso de formación personal y profesional. En este sentido, no hay duda de que no es lo mismo jugar todos los días con los chicos de tu calle y que tu referente sea, única y exclusivamente, tu pueblo que, por el contrario, encontrarte con la ciudad y todos los estímulos que esta podía aportar. Por tanto, debemos considerar el punto de inflexión, no solo real sino también psicológico, que en 1943 supuso el desplazamiento a Valencia. Desde nuestra mirada puede sorprender, pero nos constan los relatos, sobre todo de mujeres, que en la primera mitad del siglo pasado vieron transcurrir su vida en las alquerías de la huerta sin marcharse a la capital para nada o en muy contadas ocasiones. Aún hoy, es frecuente presenciar coloquios entre gente de los pueblos de la periferia valenciana y comprobar lo extendido que está el recuerdo de sentirse marginados y despreciados por los habitantes de la capital. Como consecuencia, la reacción general hacia la gente de la capital era de rechazo y, de algún modo, cierta

1 Las entrevistas se han transcrito sin convenciones ortográficas o gramaticales, atendiendo a la espontaneidad transmitida.

prudencia o temor[2]. Esta actitud, en su momento muy extendida en las sociedades rurales próximas a Valencia, se empezó a diluir conforme los habitantes de los pueblos circundantes vieron facilitada la movilidad por los medios de comunicación. De hecho, podemos decir que, hoy en día, en las nuevas generaciones ya no hay ni rastro de la percepción que sus abuelos tenían de «los de la capital».

De lo explicado podemos concluir que durante el curso de 1943–1944, cuando Mestre tenía solo siete años, y a diferencia de la mayor parte de los niños de su edad, inició sus salidas diarias del pueblo a la capital. En consecuencia, la ciudad fue una experiencia temprana que sumar al desarrollo de su personalidad. A esto cabría añadir, sin duda, la formación académica recibida en los Dominicos durante un primer curso y, después, en los Maristas. En este sentido, nos parece pertinente señalar lo que supuso asistir como estudiante a estos centros educativos desde 1943 hasta 1953, fecha en la que Mestre finalizó el bachillerato. Hay que recordar que la segunda República cuidó, en gran medida, todo lo concerniente a la enseñanza pública, desde la formación de las maestras y los maestros, pasando por una política que favoreció el acceso generalizado de todos los niños y niñas a la primera enseñanza, libre y gratuita para todos. La burguesía, la Iglesia y todos los poderes reaccionarios perdían así el monopolio de ser las élites formadas y formadoras. En especial, la Iglesia —que siempre había educado a los hijos de las clases acomodadas, asegurándose así mayor influencia en la sociedad—, veía con malos ojos que el pueblo tomara conciencia de sí mismo a través de la cultura y dejara de estar sometido por el premio o el castigo prometido tras la muerte, o aun antes de ella. Esta, y no otra, fue la razón por la cual tantos maestros y maestras fueron asesinados, sobre todo, en el primer momento de la rebelión[3]. Con la diferencia de que, pasada la contienda, la enseñanza volvió en gran parte a manos de la Iglesia. Esto trajo como resultado la reducción en número de colegios públicos, cuyas condiciones docentes, además, no siempre fueron las más adecuadas. Salvo excepciones, los progenitores que querían asegurarse de que su hijo recibiera una buena formación durante aquellos primeros años de la posguerra solían recurrir a colegios privados y, desde luego, entonces no subvencionados. Los recibos mensuales de estos centros nos consta que eran importantes y, a menudo, inasumibles para familias de clase media y trabajadora.

En conclusión deducimos que, en esta primera etapa de la formación de Mestre, sus padres propiciaron, sin duda, un sedimento que situó a Mestre en muy buena posición para asimilar toda la información posterior. En este contexto, creemos razonable entender que las ventajas de formación y sociabilización de las que gozó, saliendo tempranamente a estudiar en la capital, respecto a lo que hubiera sido su entorno en el pueblo, contribuyeron positivamente a la formación de su autoconcepto.

La Escuela de Artes Aplicadas de Valencia durante la primera etapa de formación de Mestre

En 1948, a la edad de 12 años, Mestre asistió a las clases de dibujo en la Escuela de Artes y Oficios[4] de Valencia, después de salir del colegio donde estudiaba el bachiller. Unos años antes, en 1933, la Escuela de Valencia había conseguido de la Administración una de sus eternas reivindica-

2 Ir a Valencia marcaba una diferencia, no siempre positiva; incluso ser mujer e ir mucho a Valencia estaba criticado por ser sospechoso de malas acciones.

3 Del mismo modo que, como sabemos, desde otras posiciones ideológicas también se reaccionó al sometimiento impuesto durante siglos y, como contrapartida, se ejecutaron católicos y religiosos.

4 En 1948, la Escuela estaba regulada por la ley del 10 de diciembre de 1910, que atribuía a las escuelas la denominación de Artes y Oficios.

ciones: el nuevo edificio para la escuela sobre el solar del huerto del convento del Carmen, adosado al claustro renacentista del mismo. El arquitecto Javier Goerlich[5] presentó este proyecto al claustro en septiembre de 1934, a sabiendas de que el edificio había sido prometido por la Administración desde el «Acta de Deslinde de Espacios con la Academia de San Carlos en 1904» (Soldevilla, 2000: 104).

En 1940, la Escuela de Artes y Oficios Artísticos se trasladó a la primera fase del nuevo edificio adyacente al claustro del convento del Carmen. El proyecto sufrió toda clase de impedimentos para su desarrollo hasta la conclusión de las obras, en 1955. Es en este espacio físico que se ha descrito, y por otra parte, en una Escuela que se recuperaba del conflicto bélico y procuraba organizarse sobreponiéndose a las circunstancias de la posguerra, es el lugar y el momento, en el que Mestre acudió a sus clases de Dibujo Artístico, Composición Decorativa, Dibujo Lineal e Historia del Arte.

La organización docente estaba reglamentada por el Plan de 1910, tal como queda recogido en la siguiente referencia:

> El Real Decreto del 16 de diciembre de 1910 resuelve que la Escuela de Artes y Oficios de Valencia (junto otras del territorio español) solo podrán implantar las enseñanzas de carácter general que determina el art. 3.º de dicho decreto, es decir, las asignaturas de Dibujo Artístico y elementos de Historia del Arte, Dibujo Lineal, Modelado y Vaciado, Elementos de Mecánica, Física y Química, Aritmética y Geometría, Práctica y Elementos de Construcción y Gramática Castellana y Caligrafía. La escuela mantiene además la cátedra de Composición Decorativa que tenía antes de la reforma. (Soldevilla, 2000: 95).

En el periodo en el que Mestre asistió a sus aulas, los alumnos se podían matricular en las asignaturas que les interesaran sin tener que responder a un *currículum* académico, puesto que la Escuela no proporcionaba una titulación. Este plan docente estuvo vigente hasta que, a partir de 1963, se inició su proceso de extinción.

Durante la mayor parte del tiempo en el que Mestre fue alumno de la Escuela de Artes y Oficios, la dirección estuvo ocupada por el profesor Roberto Rubio Rosell, nombrado en 1945 (tras la dimisión de la directiva anterior) y que se mantuvo en el cargo hasta 1956 (fecha de su jubilación). Fue un momento en el que las escuelas estaban inmersas en el debate sobre las «Enseñanzas de Taller» De hecho, en la década de los cincuenta, la administración tenía mucho interés por la enseñanza artesana, lo que contrastaba con las frecuentes quejas del director sobre las condiciones precarias de dichos talleres formativos. No obstante, Mestre no cursó en Artes Aplicadas ningún taller.

En el año de 1948 en que, como hemos dicho, se produjo el ingreso de Mestre como alumno, encontramos al profesor José Gimeno Cusí al cargo de la asignatura de Composición de Estructuras Geométricas y Decorativas, cuya docencia asumió desde 1947. Gimeno había sustituido al arquitecto Javier Goerlich, profesor que impartió la asignatura hasta ese momento:

> La denominación de la nueva asignatura, Composición de Estructuras Geométricas y Decorativas, así como la continua información que Javier Goerlich tenía sobre las innovaciones de la Sezession vienesa orienta esta asignatura hacia un proceso de estilización y geometrización de las formas naturales. Proceso que en su evolución desembocará en la valoración de las superficies vacías y de las formas más sencillas de la geometría, principios abstractos de los que surgirán las nuevas propuestas artísticas de la Nueva Objetividad vienesa [...] En los fondos de la Biblioteca de la Escuela de Artes y Oficios de

5 Javier Goerlich Lledó (1886–1975) fue un arquitecto nacido en Valencia, hijo del cónsul del Imperio Austrohúngaro en Valencia.

> Valencia existen láminas, para la copia de los alumnos, de temas decorativos de la Sezession vienesa que, debido a la novedad que suponen respecto a las habituales del Centro dedicadas a la ornamentación clásica, suponemos fueron introducidas por el profesor Goerlich. (Soldevilla, 2000: 110).

En las entrevistas realizadas al artista, al preguntarle por este periodo con la intención de saber si, como «alumno destacado en la asignatura de Composición Decorativa» (Monteagudo, 1991: 21), había tenido acceso a este material docente al que hace referencia Soldevilla, Mestre explica:

> Sí, los alumnos teníamos láminas para copiar, però jo me'n recorde d'això, de que quan jo entrí, en les parets hi havien unes làmines que pertanyien a Dibuix Lineal, i se il·luminaven, totes les tuerques i tot, se feia en aiguada i, bueno, els treballs eren... Una esfera. ¿Tu saps el que és fer una esfera en aiguada i que semble una esfera? Bueno, eren uns treballs d'una delicadesa acojonant, saps? Però, després tot això, quan jo entrí, ja no funcionava. Tot això ha desaparegut. (Entrevista a Mestre, n.º 1).

Mestre muestra en la entrevista su interés por aquellos trabajos:

> Sí, sí perquè, deia —Per ací ni han tios que treballen, que han treballat molt bé— perqué açò era de gent anterior a mí. Que ja no estaven ahí. (Entrevista n.º 1).

Desde nuestra interpretación, tal vez podemos relacionar con suficiente rigor las corrientes renovadoras dentro de la escuela con la mirada del alumno, ya entonces consciente y selectiva, hacia lenguajes geométricos y sintéticos, basados en principios abstractos.

Continuando el relato de sus recuerdos como alumno en la Escuela de Artes y Oficios de Valencia, el artista y profesor, explica:

> I me'n recorde molt d'una anècdota de Valdés, que encara estava en l'Escola, quan jo donava classe i ell donava classe de gravat... No, el Valdés Canet. Eixe dibuixava també como los propios ángeles. La estàtua la tocava..., bueno... Hi havien unes estàtues de ell per allí, per el corredor i tal. I, al cap dels anys, jo vaig parlar amb ell, i li vaig dir: «—Xe, Valdés, Què fas?», dic, però si tu dibuixaves de puta mare... I tal, i me digué, diu: «—Però, això no és prou». Saps? No. Que es donava conter, que dibuixar bé no era suficient, que per a crear havia que inventar alguna cosa. I dic: —¡Hostia, este tío és intel·ligent! (Entrevista a Mestre n.º 1).

Por aquel entonces, tal y como ha quedado dicho, Mestre cursaba sus estudios de bachiller en el colegio de los Maristas, que se localizaba en el centro de Valencia, a la altura del actual Museo de Cerámica «González Martí». Desde allí iba andando a la Escuela de Artes y Oficios, en pleno barrio del Carmen:

> I allí vaig fer un poc de Historia de l'Art, me matriculava en asignatures... Dibuix, Història de l'Art... Per cert, que en Història de l'Art.., claro, és que tota la gent que anava allí normalment, no eren estudiants, eren gent que treballava en tallers i per la nit anava allí per dependre, aleshores, clar, jo tenia un bagatge de preparació d'estudis mes forta, i aleshores, pues, clar, em presentava a Història de l'Art i, me daban sobresaliente o matrícula, i els que treien això, tenien dret a fer un viatge que l'Escola, aleshores, organitzava un viatge fi de curs a tots els que treien el màxim de notes. I en eixos viatges, aní jo a dos o tres viatges d'eixos. (Entrevista a Mestre n.º 1).

Nos detendremos en esta primera etapa de la biografía para hacer una reflexión sobre la necesaria autodisciplina de un adolescente en busca de sus objetivos, la lucha por superarse en los conocimientos que le interesaban doblando su jornada de estudios. Características que, sin lugar a dudas, estarán presentes en el posterior desarrollo de su obra: «Una cosa que jo tinc és disciplina» (Entrevista a Mestre n.º 1).

Asimismo, con el relato transcrito de cómo aquellos trabajos expuestos en la escuela llamaron su atención, podemos deducir que ya el muy joven Mestre se sentía atraído por el trabajo pulcro y bien resuelto, la geometría, los grafismos esenciales para la descripción de la forma, sin más ornamento ni decoración. También es significativo el comentario sobre Valdés acerca de completar la habilidad artística manual con el componente creativo, dado que una de las máximas de Mestre, como artista y como docente, siempre ha sido que la técnica y la destreza no sirven de nada si en el artista no hay nada que ofrecer.

En estas tres narraciones sobre la constancia, la línea del gusto estético, y la clara percepción de que el arte necesita otras dimensiones añadidas a la técnica, encontramos interesantes claves para situar al artista y deducir el carácter de su magisterio.

Por último, quisiéramos anotar que, en los años en los que Mestre asistió a la Escuela de Artes y Oficios como estudiante, entre 1933 y 1966, el ceramista Alfons Blat era responsable del taller de cerámica. Como veremos con posterioridad, la figura de Blat fue determinante en los inicios cerámicos del artista, pero preguntado respecto de si en ese momento conoció al que más tarde sería su profesor Mestre asevera: «...no, no yo en ese momento no tenía ningún interés por la cerámica y tampoco coincidí con él» (Entrevista a Mestre n.º 2).

El ingreso en la Facultad de Bellas Artes

La primera vez que Mestre se presentó al examen de ingreso en Bellas Artes tenía 14 años. Era 1950 y compatibilizaba los estudios de bachillerato con las clases de Dibujo Artístico, Composición Decorativa, Dibujo Lineal e Historia del Arte, en la Escuela de Artes y Oficios. En este primer intento suspendió el examen de ingreso y, al respecto, manifiesta Mestre:

> [...] no estaba bien preparado porque además me encontraba realizando los estudios de bachillerato. Ante el fracaso en Bellas Artes, mi padre sugirió que acabara el bachillerato y así lo hice, pero continué en Artes y Oficios porque lo que quería era dibujar. Es una época que recuerdo triste, muy triste (Monteagudo, 1991: 279).

Mestre se presentó, por segunda, vez al examen de ingreso en Bellas Artes en 1952, cuando se sintió más seguro en sus conocimientos. En esta última etapa había obtenido en la Escuela de Artes y Oficios un excelente aprovechamiento y premios especiales en asignaturas como Composición Decorativa, Pintura, Concepto del Arte e Historia de las Artes Decorativas. También había terminado el Bachiller y dominaba el dibujo. En estas condiciones, incomprensiblemente, suspendió otra vez, razón por la cual al desánimo se unió la indignación. Este episodio estará continuamente presente en sus recuerdos de estudiante y en las entrevistas realizadas se refiere a él en varias ocasiones. De igual modo, lo encontramos en las entrevistas de Encarna Monteagudo, con referencias cargadas de sentimientos:

> Pero aquella vez fue muy grave porque consideraba que era injusto. Veía a la gente que tenía alrededor y su nivel, de ahí mi indignación. Mi padre me vio muy hundido, moralmente desecho; él conocía mis dibujos, cómo trabajaba y buscó la manera de averiguar qué había pasado con mi examen (Monteagudo, 1991: 279).

En este punto, su padre decidió actuar y solicitó a D. José M.ª Bayarri, profesor de Anatomía, que revisara el examen de su hijo:

> Mi padre llevaba las carpetas, se lo enseñó a Bayarri y Bayarri deia: això no pot ser, això no pot ser. (Entrevista a Mestre n.º 1).

Después de ser revisado su examen, por petición expresa del director D. José M.ª Bayarri, en 1953 inició los estudios en Bellas Artes. El primer curso 1953–54 asistió a las clases como oyente, figura que no existía con anterioridad, según afirma el artista. Finalizó sus estudios en 1958 en la especialidad de Pintura, obteniendo el título de profesor de Dibujo.

Podemos deducir que los acontecimientos narrados fueron causa, y seguramente motor, de diferentes procesos en la personalidad del artista. Son hechos difíciles de aceptar, sobre todo, cuando en la segunda ocasión se sentía muy preparado y, sin duda, lo estaba. A modo de conclusión, por una parte, consideramos que el desenlace final, pese a quedar en la memoria como un mal recuerdo, se solucionó positivamente y, en consecuencia, sirvió para reforzar la confianza de Mestre en su trabajo, puesto que la revisión del examen le fue muy favorable. Por otra parte, creemos que la experiencia tan temprana (recordemos que Mestre contaba entonces con catorce años) pudo ser, susceptible de un ininterrumpido proceso de aprendizaje encaminado al esfuerzo y a la superación.

Años de estudio en Bellas Artes (1953-1958)

En el momento en que Mestre ingresó en Bellas Artes, las enseñanzas estaban fuertemente marcadas por la tradición y, en este sentido, Encarna Monteagudo transcribe el relato del artista:

> Recuerdo, entre los profesores, a Ortiz de Taranco —en la asignatura de Historia—, a D. José Roig... y, solo durante un curso, a Michavila. Creo que fue el único año que dio clase en la Escuela, con él tuve una buena relación, quizá porque entendía mejor la problemática del momento que el resto de los profesores, los cuales tenían una concepción de la enseñanza más conservadora[6] (...). Sí, la enseñanza era bastante tradicional, no nos hablaban ni nos explicaban el porqué de las cosas: «aquí más oscuro», «el pie más allá»... Por eso quizá con Michavila, que era joven, me llevaba bien. Michavila nos explicaba en las clases con un lenguaje comprensible, nos daba cierta libertad en el dibujo, nos hacía comentarios interesantes acerca de la composición, el movimiento, etc. Justo lo contrario de lo que sucedía en las clases de Genaro Lahuerta o Amérigo, cuya enseñanza estaba más basada en lo tradicional, incluso Lozano

6 Michavila (1926) se encontraba en ese momento inmerso en el mundillo de la renovación artística en Valencia, entre el grupo que miraba hacia Europa y las vanguardias. Impartió clases en la Escuela de Bellas Artes aproximadamente en 1956–57, lo que quiere decir que entonces ya formaba parte del Grupo Parpalló y que, anteriormente, había sido miembro del Grupo Los Siete. Más tarde fue presidente de la Real Academia de Bellas Artes de San Carlos. Real Alarcón anota, sobre la reunión del 21 de diciembre de 1956, refiriéndose a Michavila: «[...] Joaquín Michavila ha sido el pintor de la semana, mejor dicho el pintor del mes. Ha expuesto en la de cerámica, en el Parpalló, en el salón de Otoño, estas dos últimas en el Ateneo, y tiene su exposición individual en la sala Mateu, y expuestos tarjetones de Navidad en el Salón del Ayuntamiento y también en la sala del arzobispo, "Benimar". Pero no es esto solo sino que ha sido premiado en el Salón de Otoño con 10.000 ptas.; ha vendido toda su exposición individual y sus Christmas se han cotizado a doscientas pesetas en las subastas, mejorando a otras firmas nacionales que cotizaron de 75 a 100 ptas. Y es el homenaje que hoy se le ha hecho a "Don Joaquín", como se le empieza a llamar por la elevada categoría que va adquiriendo» (Alarcón, 1985: 90). Posteriormente, como docente, Mestre siempre dedicó atención al trabajo de Michavila y transmitió el interés que tenía por su obra a los alumnos, incluyendo sus exposiciones en los recorridos que se hacían en grupo visitando galerías.

> tenía conceptos más vanguardistas. Aunque los alumnos no teníamos idea de lo que era *la actualidad,* intuíamos que lo que hacíamos estaba trasnochado. De ahí que Michavila nos abriera los ojos a la realidad (Monteagudo, 1991: 281).

Como suele ocurrir, la comunicación no era tan fluida en el caso de otros profesores, como sucedió, por ejemplo, con Paco Lozano, al que Mestre retrata como un profesor más tosco en el trato y recuerda de él el siguiente comentario: «¡tú eres un retratista peligroso!» (Entrevista a Mestre n.º 1), refiriéndose a la ejecución academicista que había realizado el alumno siguiendo las directrices aprendidas el curso anterior. En este sentido, al no haber recibido otras instrucciones, Mestre pensaba que trabajaba en la línea correcta. Las constantes contradicciones entre los diferentes enfoques del profesorado desconcertaban a una generación de alumnos entre los que Mestre rememora a algunos compañeros, como Antonio Marco (pintor), Perelló Lacruz (escultor), Begoña Zabaleta o Marisol Giner, compañeros a los que Mestre consideró uno de los aspectos más importantes de su paso por Bellas Artes.

Otro de los profesores que al que hace referencia Mestre en las entrevistas es a Beltrán:

> ¡Hombre! Me llegó a suspender, porque yo le llenaba los márgenes de dibujitos de perspectiva, etc... Que yo, entonces, también en perspectiva sabía una montonada. El profesor de perspectiva, que era Ginesta, me decía: «preséntate a la Cátedra». Y yo, decía: «yo no me atrevo de profesor, qué dice este...». Pero sí. Y el otro,... Beltrán, ese me decía: «lo voy a suspender», perquè només feia que encaixos, mentres altres se passaven ahí, hores fent... difuminats i difuminats, dies i dies i dies. Jo, en un dia, pum, pum, pum, me feia un encaix. A l´endemà altre paper, i ale, un altre encaix. «Le tengo que suspender». I quan aplegà l'examen, pues vaig fer un difuminat i tal, que no tingué més remei que aprovar–me. No sé què me va a donar, si aprovat o notable. Cuando entré en la Escuela Superior, yo llevaba cuatro o cinco años de Artes Aplicadas, claro, desde los 12 hasta los 17 iba a Artes Aplicadas y, entonces, van y me suspenden[7] (Entrevista a Mestre n.º 1).

En la lectura de la entrevista realizada por Monteagudo, así como las aportadas en esta investigación, se percibe un alumno crítico que, desde luego, no busca la aprobación, aunque bien podría hacerlo. Tiene adquiridas suficientes habilidades en el dibujo, fruto de años de aprendizaje en la Escuela de Artes y Oficios y rasgos de carácter probados, como la responsabilidad y la constancia suficientes como para, de haber querido, seguir la línea dominante de ser reconocido como un alumno ejemplar, con las prebendas que esto podía suponer. Pero no, Enrique Mestre eligió el camino crítico, el menos transitado, en aquel momento de 1953. Esto fue un precedente claro de lo que sería su posterior desarrollo profesional.

Estudios en la Escuela de Cerámica de Manises (1960–1963)

Mestre ingresó en la Escuela de Cerámica de Manises en 1960. Contaba entonces con 24 años de edad y finalizó sus estudios tres años después, en mayo de 1963, obteniendo el título de Perito Técnico Cerámico.

Al preguntar al artista por las razones que le condujeron a ingresar en la Escuela de Cerámica de Manises, comenta:

> Cuando acabé Bellas Artes, yo no tenía trabajo y, entonces, mi padre conocía un profesor de Manises

7 Este es uno más de los momentos en que Mestre recuerda que le suspendieron en el ingreso en Bellas Artes.

> que trabajaba en Nolla, hacía los dibujos de mosaicos y todo eso, y le dijo: «¿Por qué no va a Manises a estudiar?». I jo, entre no fer res i anar a Manises, pues me n'aní a Manises. I allí vaig estudiar el Peritage Tècnic, perquè l'artístic... Jo havia fet Belles Arts i deia: «estos ací fan floripondios i tal, i a mí açò no m'interessa per a res». I això va ser eixa casualitat. Y también que, en mi familia, mi hermana segunda se casó con uno que hacia cerámica, decoraba platos y todo eso, y montaron un horno en mi casa con intención de producir, pero aquello no continuó (Entrevista a Mestre n.º 1).

De este periodo, lo más significativo, para el desarrollo posterior de la carrera de Mestre, según el mismo siempre afirma, será la figura del profesor Alfons Blat (1904–1970), al que haremos referencia en el transcurso de la investigación por distintas razones. De ellas, la más importante es que Mestre lo reconoce como el profesor que le abrió los ojos hacia un concepto renovador de la cerámica. Posteriormente, durante el transcurso de la investigación, también explicaremos cómo fue Blat el introductor en Valencia de propuestas sobre la cerámica que circulaban en Europa a principios del siglo XX; las mismas propuestas que transmitió a Mestre.

En la entrevista realizada por Monteagudo, el ceramista habla del que fuera su profesor:

> Blat era Director de la Escuela y daba clases sobre colorantes. Era la persona que hacía cerámica como a mí me gustaba o, al menos, como yo pensaba que debía de ser. Con él conecté muy bien, más por su obra cerámica que por las clases que daba, aunque por entonces él era ya mayor y apenas hacía piezas. Por otro lado, su obra no era muy extensa, ya que dedicó la mayor parte de su tiempo a la dirección de la Escuela de Manises y su docencia en Artes Aplicadas [...] le recuerdo como un gran descubrimiento. (Monteagudo, 1991: 288).

Hasta este punto de su formación y en el momento de ingresar en la Escuela de Manises, Mestre contaba con una sólida formación. Por una parte, había cursado el bachiller superior y, por otra parte, había realizado un periodo de estudios en Artes Aplicadas durante los años 1948 a 1952, a lo que, por último, sumó su titulación en Bellas Artes. Todos estos requisitos, que no eran necesarios para el ingreso en dicha Escuela de Cerámica, le proporcionaron sin duda muy buena situación para adquirir los nuevos aprendizajes específicos de la cerámica. Pero no solo eso, de todo ello deducimos, en consecuencia, que contaba con criterios formados que le permitían, por un lado, rentabilizar al máximo los conocimientos ofertados en la Escuela y, por otro, contar también con el suficiente sentido crítico que le permitiera saber con claridad dónde estaban sus preferencias. Así pues, es significativo que decidiera matricularse en la línea técnica y no en la artística, puesto que en esta «només pintaven floretes» (Entrevista a Mestre n.º 1). En este sentido afirma que le interesó el trabajo racional y sistemático, próximo a su carácter ordenado y disciplinado.

Para finalizar este punto, destacamos uno de los argumentos que ha ido tomando peso en el transcurso de la narración y este es que Mestre, cuando se incorporó como alumno a la Escuela de Cerámica de Manises, era sin duda un artista en ciernes que ya tenía constituido el criterio sobre el que, como con el paso del tiempo se ha visto, construye su obra. Tal vez por eso, detectara el potencial de Blat y estableciera con el ceramista una fructífera relación. Y quizás también, por eso, Blat se interesara especialmente por Mestre.

En suma, podemos afirmar con rotundidad que la obra de Mestre es deudora del material cerámico pero se ha generado, conceptualmente, desde los presupuestos de los lenguajes plásticos y los debates sobre el arte de la primera mitad del siglo XX.

El inicio de la vida profesional

Para Mestre, una de las primeras experiencias con el mundo del arte en Valencia fue presentarse al «Premio de Pintura Senyera» en 1960. En aquella ocasión, el primer premio quedó desierto y el segundo fue para Luis Arcas, pero recuerda: «[...] mi cuadro estuvo colgado en el caballete de honor junto con el de Arcas (Monteagudo, 1991: 283).

A pesar de estar sobre el caballete, su cuadro no obtuvo premio aunque, según llegó al conocimiento del artista, había sido considerado para el primer premio. Sin embargo, al final el jurado tomo otra decisión y la participación en el premio Senyera marcó un momento de inflexión en los inicios de su carrera. En su relato se percibe lo significativo de este recuerdo. A su vez, el propio artista tiene conciencia de cómo influyó en su trabajo posterior la recomendación que le hiciera un amigo:

> El cuadro tiene una historia interesante o, mejor dicho, importante para mí. Un amigo —abogado— me dio una lección sobre cómo abordar un proceso creativo con cierto rigor. Al decirle que iba a pintar un cuadro para el premio Senyera, me pregunto dónde estaban los dibujos previos, los bocetos, la documentación. Yo no tenía idea de qué me hablaba. En la Escuela nunca habíamos trabajado así. Por eso, durante el verano, hice fotografías, bocetos, etc. Creo que el cuadro, al final, tenía entidad compositiva, estaba bien resuelto, tenía el aspecto de una pintura mural. Desde entonces no he podido trabajar de otra manera. Fue como si, con ese sistema de trabajo, me hubiesen abierto una puerta sin posibilidad de volver atrás. (Monteagudo, 1991: 283).

Este detalle de la biografía profesional nos introduce en el planteamiento de organización metódica para el desarrollo de la obra, tanto la suya personal como en el método de trabajo dentro del aula, con el alumnado. En la actualidad, el método proyectual está muy extendido en las enseñanzas artísticas, también en la cerámica, pero en aquel momento era frecuente trabajar con el único objetivo de producir un objeto concreto sin más preparación, si la había, que un pequeño boceto.

La aplicación de un método para la reflexión dentro del aula determinaría, significativamente, el marco para el trabajo y constituiría una diferencia en el perfil de los alumnos que se formaban en su aula. De las narraciones de los alumnos se desprende que, cuando hacían una propuesta de trabajo al profesor Mestre, si bien el contenido de la investigación era totalmente libre (tanto con respecto a las técnicas y los materiales como a los códigos y el discurso), por el contrario, el profesor focalizaba todo su esfuerzo por transmitir que no había obra significativa sin la necesaria reflexión y un largo proceso de maduración.

Según han relatado distintos informantes y alumnos, Mestre hablaba mucho con ellos. La forma habitual de proceder es que estos le explicasen su idea o el tema que les interesaba y hacían bocetos, pruebas y maquetas. De tal modo que investigaban mucho antes de tomar decisiones definitivas. Todos ellos recuerdan que una de las máximas de Mestre era que, si hay que equivocarse, mejor hacerlo antes de abordar el trabajo definitivo, para estar seguros de lo que se hace. Por eso Mestre siempre repetía que en la cerámica no es como en la pintura, que se puede corregir, sino que un error arruina muchas horas de trabajo.

Ante la necesidad de trabajar durante 1960, Mestre se presentó para ocupar un puesto de trabajo en la agencia de publicidad en la que fue contratado. Así pues, durante un periodo de nueve años trabajó en distintas empresas publicitarias: Lanza publicidad (1960–1962), Luis Piquer (1962–1963) o Mariano Canut–Bardina (1963–1969).

El propio Mestre recuerda el paso por algunas de aquellas empresas:

> En Canut–Bardina llegué a ser director del departamento de creativos. A medida que escalaba profesionalmente la responsabilidad era mayor. Cada vez que había que presentar una campaña yo era el encargado de explicar al cliente el enfoque de la misma. (La mejor forma de vender el producto era dando razones técnicas). Teníamos clientes por toda España, razón por la que me veía obligado a viajar constantemente (Madrid, Málaga…). (Monteagudo, 1991: 285).

Entre 1960 y 1963 trabajó por las mañanas y asistió por las tardes, como alumno, a la Escuela de Cerámica de Manises. Después de terminados los estudios, dedicó las tardes a trabajar en su taller–estudio. El trabajo en el campo de la publicidad fue una etapa que, aún hoy, Mestre valora significativamente, ya que le aportó experiencia y confianza. Al mismo tiempo, fue una profesión que contribuyó, como explicaremos posteriormente, a prestigiar su figura entre el claustro de profesores cuando ingresó en la Escuela de Artes Aplicadas y Oficios Artísticos[8] como maestro de taller de cerámica.

Mestre había compartido, hasta el momento, una vida profesional asalariada en el mundo de la publicidad con el trabajo de investigación en su taller, instalado en un primer momento en la casa de sus padres, en Alboraia. Más tarde, se trasladó a una planta baja propiedad de su esposa, hasta que en 1977 ocupó el que ha sido hasta hoy su taller en el polígono industrial de la misma Alboraia.

Observemos que las destrezas necesarias en el oficio de publicista durante la década de los sesenta diferían, en mucho, con los métodos actuales. En aquellos años, ser un buen grafista era en principio fundamental, dado que los recursos informáticos estaban aún por venir.

En 1969, aceptó una oferta de trabajo como maestro de taller en la Escuela de Artes Aplicadas y Oficios Artísticos de Valencia, en la que empezó con un contrato como interino que era renovado por cursos académicos, de forma anual. Finalmente, en 1976 obtuvo una plaza en propiedad en un concurso por oposición. En el momento de acceder a su puesto de trabajo como maestro de taller de cerámica en la Escuela de Artes Aplicadas y Oficios Artísticos, Mestre contaba con todo el bagaje académico y profesional descrito, y con toda una experiencia personal adquirida como resultado de los hechos explicados.

Antes de concluir este apartado, conviene avanzar que las circunstancias a las que hemos aludido, transcurrieron en un marco histórico que constituyó el telón de fondo al mundo del arte valenciano de la época. Dada la relevancia de este periodo cultural, a continuación introduciremos un análisis sobre el contexto artístico valenciano de aquellos años.

La actividad artística en la ciudad. Repercusiones de la situación social (1936–1960)

El 14 de abril de 1931, fecha de proclamación de la segunda República en España, abrió un periodo significativo que se caracterizó por el surgimiento de «una vanguardia artística valenciana» que reaccionó frente a un ambiente muy influenciado por reconocidas figuras de artistas locales. Entre ellos habría que destacar a algunos artistas aún vivos en el momento que nos ocupa, como Mariano Benlliure (Valencia, 1862–Madrid, 1947) o José Capuz (Valencia, 1884–Madrid, 1964).

Otras de las figuras influyentes fueron los artistas inmediatamente anteriores Ignacio Pinazo Camarlench y Joaquín Sorolla, fallecidos, respectivamente, en 1916 y 1923.

---

8 En 1969, cuando Mestre ocupó su plaza, las Escuelas habían pasado a llamarse Escuelas de Artes Aplicadas y Oficios Artísticos por la ley del 24 de julio de 1963.

La enseñanza en la Escuela Superior de Bellas Artes de San Carlos ofrecía una sólida formación de corte academicista, donde no llegaban las corrientes artísticas del resto de Europa. En la ciudad, a principios de la década de los años treinta, el Círculo de Bellas Artes, como explica Blasco Carrascosa:

> [...] se había constituido en cenáculo de burgueses, sujeto a unos presupuestos de corte tradicional. En sus tertulias se concitaban destacadas figuras —ya oficiales— de las artes y de la crítica: los pintores José Benlliure Gil, José Pinazo Martínez, Ramón Stolz Viciano, Ricardo Verde, Renau Montoro, Isidro Garnelo, etc., junto los críticos Manuel González Martí y Eduardo López Chabarri, y al periodista Calvo Acacio (Blasco, 1988:101).

La semilla de una necesaria renovación venía siendo propuesta por algunas voces combativas como la de Josep Renau (1907–1982). Así, en 1929, el reconocido pintor y cartelista había publicado un manifiesto con motivo de la Exposición de Arte de Levante, organizada por el Ayuntamiento de Valencia, en el que se expresaba diciendo:

> Queremos que el arte nos enseñe la fisonomía moral de una época, de un individuo, de un momento, más que la apariencia material, que nada nos interesa, ni nunca ni a nadie interesó ni emocionó más allá de la sensibilidad epidérmica de los sentidos (Carrascosa, 1988: 99).

Por lo que respecta al elenco de artistas más destacados de aquel momento, nos parece representativa la siguiente referencia:

> Los artistas plásticos que laboraron por este nuevo modelo estético, tan ligado a la cuestión ética, constituyeron un numeroso grupo. De ellos, cabe citar, entre otros, a: José Renau Berenguer, Francisco Carreño Prieto, Arturo Ballester Marco, José Sabina Parra, Armando Ramon Vivó, Antonio Ballester Vilaseca, Francisco Badia Plasencia, Rafael Pérez Contel, Enrique Moret Astruells, Ricardo Boix Oviedo, Vicente Abad Álvarez, José Balaguer Ferrer, Manuela Ballester Villaseca, Eleuterio Bauset Ribes, Vicente Beltrán Grimal, Manuel Benet Ponce, Juan Borrás Casanova, Fernando Cabedo Torréns, Enrique Cuñat Garibo, Rafael Estellés Bartual, José Espert, Giménez Cotanda, Balbino Giner García, José Guiteras Soto, Luis Mora Ciruega, Eduardo Muñoz Orts, Carlos Ruano Llopis, Pedro Sánchez García–Estevan, Joaquín Tudela Perales, Antonio Vercher Coll, Salvador Vivó Torres, Vicente Canet Cabellón, Genaro Lahuerta López, Francisco Lozano Sanchis, Vicente Mulet Claver, Juan Bautista Porcar Ripollés, Rafa Raga Montesinos, Fernando Rodríguez Beut, etc.[9] (Carrascosa, 1988: 99).

Como hemos citado anteriormente, Enrique Mestre Estellés nació en Alboraia el 16 de marzo de 1936. El 18 de julio de ese mismo año, un alzamiento militar dio comienzo a la guerra civil (1936–1939) y a la larga posguerra, en la que se desarrollaría la infancia y la juventud del artista. El comienzo de la contienda no supuso una interrupción radical de las actividades en el mundo más progresista del arte valenciano. Más bien al contrario, la actividad artística renovadora propugnó el compromiso ético de los artistas con el pueblo distanciándose, rotunda e inequívocamente, del arte burgués y academicista que, como hemos visto con anterioridad, continuaba estando presente en algunos sectores de la vida artística. El cartel, en este periodo bélico, se impuso como arte militante y encontró en los artistas valencianos una brillante respuesta.

---

9 En este sentido, conviene apuntar que «[...] las nuevas propuestas artísticas tuvieron como referentes inmediatos las aportaciones cubistas, expresionistas y surrealistas. No sin olvidar el constructivismo y el funcionalismo rusos, ni el alemán "Grupo de los artistas progresivos", tanto uno como otros tendentes a decantar el arte por su vertiente de praxis revolucionaria» (Carrascosa, 1988:99).

Terminada la guerra, el panorama cambió como resultado de la muerte o el encarcelamiento, pero también del miedo, por parte de esta generación de artistas vanguardistas y sus manifestaciones de denuncia. Hay que recordar que el llamado Alzamiento Nacional atacó especialmente a los sectores de la cultura, situación que continuará durante la dictadura franquista, de tal modo que artistas e intelectuales fueron considerados enemigos públicos, siendo encarcelados y en el peor de los casos ejecutados, bajo la absurda acusación de: «auxilio a la rebelión».

El informe de los artistas muertos en todo el país es escalofriante y no solo por la historia personal de hombres y mujeres comprometidos con la cultura y la sociedad de su época. Lo que sobrecoge doblemente es la fuerza, la contundencia y la emoción que transmiten sus obras, tras las cuales se percibe una sólida preparación de años de lucha y aprendizaje profesional. Resulta desolador que tanto esfuerzo terminara silenciado en la nada. Según sostiene Agramunt[10]:

> Nunca en un conflicto español murieron tantos artistas como en la guerra civil, resultado de una planificada política represora. Si la relación de muertos en la guerra fue muy alta, más elevada lo fue en los años siguientes a su finalización (Agramunt, 2005: 12).

El paso de un número importante de artistas por las cárceles del país hizo de ellas centros productivos, de los cuales salieron obras realizadas por algunos de los mejores artistas de ese momento. Según los textos consultados, la organización de los talleres se debió a la iniciativa de los propios artistas que, durante su presidio, consiguieron convencer a las instituciones penitenciarias. En ocasiones, por el contrario, se presentaron como una iniciativa de los funcionarios de las propias instituciones penales. De cualquier modo, en ambos casos, poner en funcionamiento talleres de artes plásticas dentro de la cárcel les permitió permanecer activos y minimizar en lo posible la angustia generada por la situación que vivían. En este sentido, algunos de ellos redimieron parte de su condena con el trabajo, mientras que otros fueron a pesar de ello fusilados.

En Valencia funcionaron tres de estos talleres. Uno de ellos fue el de la Cárcel Modelo, cuya organización y puesta en práctica surgió del pintor *Tonico* Ballester. En este centro estuvieron presos, entre otros, Rafael Pérez Contel, Vicente Beltrán Grimal (director de San Carlos), Rafael Bargues Asensio, Francisco Badía, Francisco Carreño, José Sabina, Eleuterio Bauset, Antonio Ballester, Francisco Caro, Ángel Gaos, Alfredo Torán Olmos o Alfredo Gomis Vidal. Estos dos últimos fueron fusilados en Paterna en 1940, donde también había sido ejecutado el dibujante Carlos Gómez Carreras, *Bluf,* al terminar la guerra. Otro de los talleres funcionó en el monasterio de San Miguel de los Reyes, por aquel entonces utilizado como prisión. Por último, también en el sanatorio de Portaceli funcionó un taller, fundado por el cartelista, grafista y pintor Rafael Raga Montesinos (1910–1985)[11].

Del mismo modo, y en la línea de lo ocurrido en San Carlos (aunque sin las mismas graves consecuencias), durante el acto de la primera Junta de profesores tras la contienda, que fue celebrada

10 Agramunt Lacruz (Valencia, 1948). Periodista y académico, ha publicado numerosas investigaciones sobre la vida y obra de artistas que murieron durante la guerra civil y, lo que es más triste, en los años posteriores, así como de todos aquellos que, de un modo u otro, fueron represaliados, viendo así condicionado el desarrollo de su trayectoria como artistas. Este autor también concede especial interés a los artistas y la obra de aquellos que sobrevivieron y siguieron trabajando, a pesar de las dificultades.

11 Se da la inaceptable circunstancia de que, pocos días después de ser ocupada Valencia por las tropas nacionalistas, se convocó a todos los profesores y catedráticos de Dibujo a una reunión en la Escuela de Bellas Artes de San Carlos. No era más que una gran encerrona, pero decidieron acudir a la reunión, siendo detenidos inmediatamente. (Agramunt, 1987).

el 21 de septiembre de 1939 en la Escuela de Artes Aplicadas de Valencia, según consta en acta, «el director pronuncia un exaltado y autoritario discurso e impone la dolorosa y perversa humillación de reconocer su cobardía al profesorado que se ha mantenido en sus puestos de trabajo durante el periodo de la contienda» (Soldevilla, 2000: 111).

La Comisión de Depuración había abierto un expediente a los profesores y maestros de taller que eran miembros del claustro de la Escuela de Artes Aplicadas: Juan Castro Prades, Francisco Caro Ferrando, Vicente Canet Cabellón, Gaspar Polo Torres, Rafael Bargues Asensio, Francisco Ramil López, Rafael Estellés Bartual, Rafael Blasco y Lorenzo Miralles Salva. En este primer acto público se procedió a

> [...] la solemne entronización en la escuela del Cristo crucificado [...]. La Escuela de Artes y Oficios Artísticos de Valencia también recoge en el acta el honor de ser la primera en erigir un monumento conmemorativo en el vestíbulo del centro para celebrar la Liberación (Soldevilla, 2000: 112).

Pese a estas circunstancias difíciles en las que, por añadidura y como es de esperar en una situación de dictadura, el régimen propició:

> [...] la adaptación a un espacio en el que se favoreció la reconsideración de los valores tradicionales. Hay que reconocer en beneficio de nuestros pintores que, salvo actitudes puntuales, en el País Valenciano no se detecta de manera significativa, en la Posguerra, una tendencia estética vinculada con la exaltación del nuevo régimen (Muñoz, 1994:23).

Según los textos consultados, los distintos autores parecen coincidir en este sentido. Sin embargo, esto no quiere decir que toda la actividad intelectual y artística no estuviera silenciada o, en todo caso, transcurriera necesariamente dentro de una actitud de prudencia y discreción.

Durante la década de los años cuarenta, los artistas empezaron a normalizar sus vidas, aunque a menudo bajo la obligación de tener que presentarse periódicamente ante las autoridades. Este fue el caso, por ejemplo, del escultor Manuel Silvestre de Edeta. Encarcelado, juzgado y condenado a veinticinco años de cárcel y un día (luego conmutados por quince años); cuando más tarde se revisó su expediente, fue puesto en libertad condicional y tuvo que presentarse en la comisaría de policía todas las semanas, hasta 1946[12]. El artista relató a Jordan Calduf la Valencia que encontró a su salida de la cárcel:

> Un populisme buit y despolisitat... La major part dels intel·lectuals i els artistes que havien contribuït tant a elevar el nivell cultural del País Valencià i de l'Estat espanyol durant els anys trenta, romanien ara morts, a la presó, a l'exili o en la marginació interior mes absoluta (Jordan, 1981: 65).

Según los datos aportados por Real Alarcón[13], en la Valencia de los años cuarenta podíamos encontrar:

12 Manuel Silvestre ingresó en la cárcel de Liria, su ciudad natal, en junio de 1939. El 25 de octubre del mismo año fue juzgado por la causa n.° 13 485–V y el delito que se le imputó fue su «adhesión a la rebelión». En 1941 fue trasladado a la prisión de San Miguel de los Reyes, en Valencia, donde trabajó en el taller y realizó una escultura de un San Francisco Javier bautizando un indígena, que fue instalada en los jardines del preventorio de Campanar. En 1942 se le concedió la libertad vigilada hasta que, finalmente, en 1954 se canceló la nota de antecedentes penales.

13 Manuel Real Alarcón (1910–1988). Animador, conocedor y mecenas de artistas, crítico de arte. Autor de una extensa obra de azulejos cerámicos, decorados con motivos costumbristas entre otros. Participó en Artistas del Mediterráneo y Arte actual. Elaboró y custodió los *Diez Libros de Oro de las tertulias de pintores y escultores,* interesante

> La Sala del Círculo de Bellas Artes prosopopéyica, templo y reducto de los artistas intocables valencianos [...]. Y, como sala moderna, la casa de Muebles Abad, en la calle Pintor Sorolla 16, mensualmente habilitaba una de sus salas para celebrar exposiciones, y en la que exponían el grupo Los Siete [...]. Obligado es citar aquí la Sala Blava, eslabón perdido al empezar la guerra en 1936. Era el trazo de unión con la pintura contemporánea y que empezaba a destacar como tal. Y cuya actividad encabezaba el escultor–pintor–escritor–catedrático, Rafael Pérez Contel. Estaba situada en la calle de la Rendición número 27 [...]. La Sala Prat, en la calle Colón; la Sala Mateu, ceramista Mateu, sala diletante del arte que rigió por muchos años el mundo de la élite artística en la ciudad. Fue Eusebio Sempere uno de los primeros artistas que ha traído a la Sala, desde París, la nueva información pictórica. Y cerca de la calle Poeta Querol, la antigua y decimonónica Sala Braulio... Y luego, la sala de Colón 36, de Genovés, padre del pintor Juan Genovés, donde exponía de 1947 a 1950 el Grupo Z. El Grupo Z venía de la calle Morozeit, de una librería de viejo que, regentada por Salvador Sanz Faus, celebraba una exposición mensual en la trastienda (Alarcón, 1986: 17).

Es en estas salas mencionadas fue donde se empezó a recuperar, poco a poco, el tejido artístico en la ciudad. De un lado, porque comenzaron a surgir nuevos nombres en la escena artística valenciana. Y, de otro lado, porque muchos artistas, cumplida su pena de cárcel, se incorporaron y retomaron otra vez su trabajo plástico con valentía y renovado compromiso.

Con el paso del tiempo y según se percibe en la lectura de los acontecimientos artísticos de la ciudad de Valencia, durante la década de 1950, los artistas más jóvenes empezaban a incorporaban al mundo del arte sin el lastre de los acontecimientos pasados. En la lectura de las crónicas se percibe un interés por mostrar la obra, por transcender y afianzarse en el mundo del arte, lo que les llevó a buscar y a encontrar los recursos necesarios para conseguirlo.

Con este propósito, lo mismo les sirvió la trastienda de una librería de segunda mano, como fue la de Salvador Faus, que la casa de Emilio Bello en la calle Quat n.º 13, donde en el mes de enero de 1954 expusieron:

> Agustín Albalat, Manuel Benet, José García Borillo, Néstor Casani, Pérez Contel, Juan Garín, Genaro la Huerta, Custodio Marco, Adolfo Martínez, Luis Prades Perona, Eusebio Sempere, José Tamarit, José Vento y Salvador Vitoria. En el mes de julio lo hacen Albalat, Isidoro Balaguer, Ángeles Ballester, el propio Emilio Bello, Vicente Castellano, Jacinta Gil, Gimeno, Gumbau, Lahuerta, Lozano, Llorens Riera, Custodio Marco, Adolfo Martínez, Michavila, Montesa, Pérez Contel, Scals, Sempere, Tamarit, Vento y Salvador Vitoria (Real, 1985: 18).

Frente a las propuestas oficialistas, académicas y conservadoras, una de las estrategias que pusieron en práctica los artistas más renovadores fue la de agruparse, lo que les permitió desarrollar y dar a conocer sus planteamientos teóricos. Con ellos se abrió un periodo durante el cual, en la ciudad de Valencia, se generaron puntos de encuentro en tertulias y espacios expositivos, muchas veces improvisados o de evolución necesaria, después de los debates sobre la función social del arte que se produjeron en la segunda República (en la línea de la ruptura que las vanguardias europeas habían empezado más de medio siglo antes sobre su integración en la sociedad, su función y su propia identidad). Esta modalidad para el debate y la comunicación tuvo en España otros ejemplos en Deu al Set (Barcelona, 1948), Equipo 57 (Córdoba, 1947) o El Paso (Madrid, 1957), entre los más significativos. En Valencia ya hemos citado el Grupo Z, fundado en 1947. Más tarde, en 1949, nació el Grupo de Los Siete. Estos dos grupos, en la figura de algunos de sus componentes,

documento que permanece inédito hasta el momento. Real Alarcón es restaurador del Museo Nacional de Cerámica «González Martí» y vicepresidente de *Arte Actual* de Valencia.

junto a nuevos integrantes, darían lugar en 1956 al reconocido Grupo Parpalló. Los artistas que lo integraron realizaron una interesante experiencia con el material, las técnicas y los procedimientos cerámicos.

Otro acontecimiento destacable fueron los Salones de Otoño celebrados en la sociedad Ateneo Mercantil de Valencia, cuyo primer certamen en esta modalidad tuvo lugar en 1954. En las distintas convocatorias fueron premiados, cronológicamente, Agustín Albalat, Joaquín Michavila, Salvador Soria, Agustín Montañana, Ricardo Llorens, Andrés Cillero, Juan de Ribera Berenguer, Monjales–Alcón–Heras, Ramón Castañer, Vicente Pastor Pla, Francisco Javier Sebastiá Mares, La peyese del río, Manuel Boix, Antonio Sacramento, José Palomar, Alfonso Parra, Juan Francés, José Quero, Óscar Borrás, Antonio Marco, Adrià Pina, Abel Puche, Joaquín Gascó Peris y César Primo. Todos los trabajos que alcanzaron este galardón eran de pintura figurativa, excepto el de Juan Francés, de neoabstracción.

El mismo cronista citado, Real Alarcón, describe uno de los centros de «efervescencia» de la ciudad: el Club Universitario de la calle Comedias, donde también se celebró una exposición. Dicho club estuvo frecuentado por Andrés Cillero, Joaquín Michavila, Nassio Bayarri y el asiduo Wolfgang Natusch, autor de los dos paneles cerámicos que estuvieron situados en la fachada del que fuera Club Universitario de Valencia.

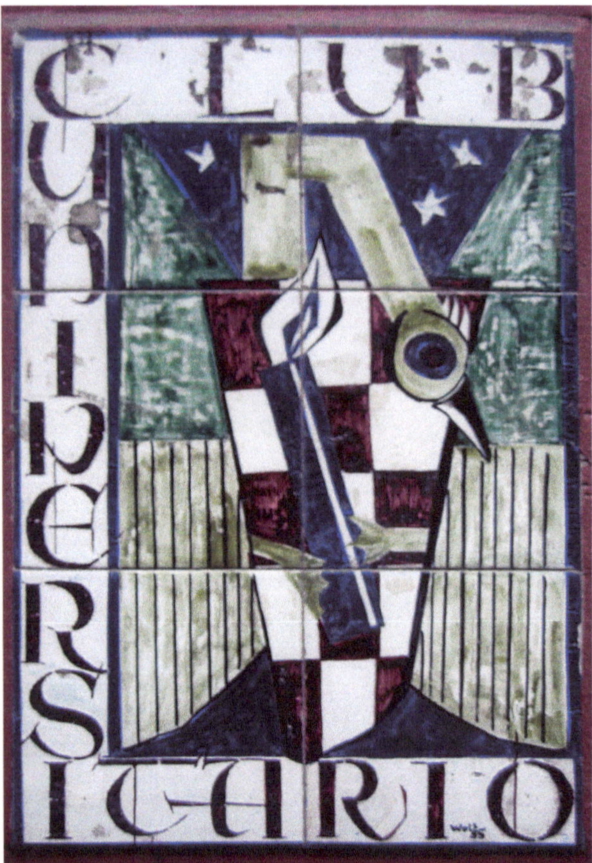

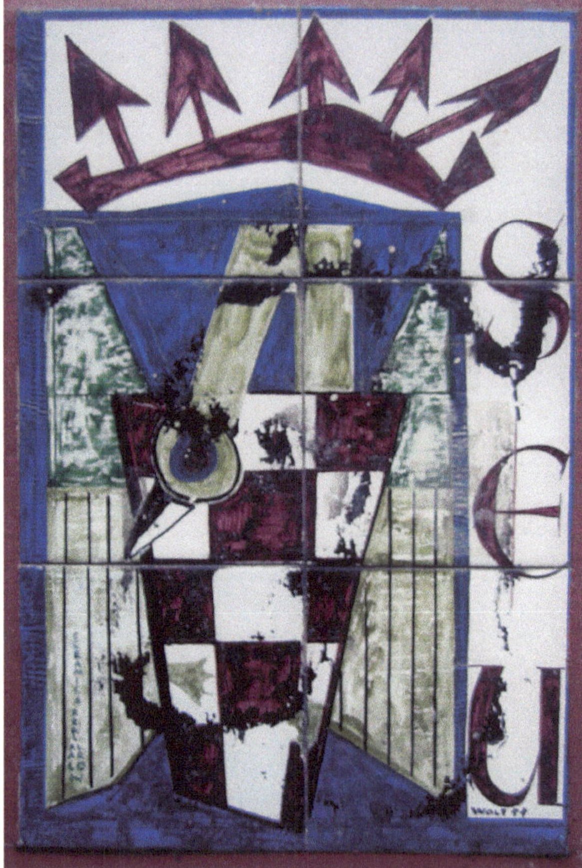

Figuras 1 y 2. Paneles cerámicos situados en la calle Comedias de Valencia hasta 2013. Actualmente, en la colección particular de Francisca Martínez Ferrer. Fotografías de la autora.

Deslindando las principales tendencias identificadas en España dentro del periodo que nos ocupa, ya desde los años cincuenta encontramos a diferentes artistas sumergidos en las investigaciones sobre la forma, la geometría y el análisis del espacio. Dentro de estas tendencias constructivistas, Vicente Aguilera Cerni, desde Valencia, analizó el papel social y ético del arte, exponiendo sus ideas en diferentes textos. De ellos, el más paradigmático fue *El arte además*. La propuesta arraigó en Valencia, donde se realizó la primera exposición de arte normativo español. El Grupo Parpalló organizó esta exposición que tuvo lugar en el Ateneo, del 12 al 26 de marzo de 1960. Según la fotografía del mismo, en la Biblioteca Nacional de Madrid, el catálogo apareció redactado en estos términos «Grupo Parpalló y sus invitados: Manuel Calvo, Equipo 57, Equipo Córdoba y José María de Labra» (Barreiro, 2005:169).

Esta corriente artística hundió sus raíces con profundidad en el arte valenciano de finales del siglo xx y parece ser que aún resuena en las nuevas propuestas. Recientemente, el Centre de Documentació d'Art Valencià Contemporani, adscrito al Institut Universitari de Creativitat i innovacions Educatives (ICIE) de la Universitat de València, organizó la exposición «Room Art 2013», sobre la poética de lo espacial. Su comisario, Ricard Silvestre, propone en ella la observación de una continuidad en el arte contemporáneo o emergente valenciano de los códigos estéticos y formales que dieron vida al arte normativo. Entre los artistas incluidos en esta muestra encontramos a Juan Ortí, que es, sin duda, uno de los alumnos de Enrique Mestre que reúne todas las condiciones para ser considerado como tal discípulo.

Nos detenemos para acotar un núcleo de hechos. En 1960, Mestre ingresó como estudiante en la Escuela de Cerámica de Manises, en el mismo año en el que se presentó al «Premio Senyera» en la sección de pintura. El artista, que contaba en aquel momento con 23 años, estaba decidido a ser pintor. Aún no conocía lo que la cerámica le podía aportar y se había presentado, como hemos explicado, a un prestigioso concurso de pintura en Valencia. No lo podemos imaginar ajeno a un acontecimiento como la exposición de arte normativo o, como mínimo, impregnado de los debates que fluían en el arte valenciano y que, como hemos visto, afectaban no solo a cuestiones sobre la plástica. También, y lo que es muy importante, había un constante debate sobre la función social del arte y el compromiso del artista con su obra y con su tiempo.

La fractura que en estos temas supuso la guerra civil no fue, a pesar de su crueldad, capaz de acallar y neutralizar la fuerza de los artistas que retomaron un debate que Enrique Mestre, en plena formación, posiblemente captó. No debemos olvidar que una de las consignas de la corriente artística era entender el arte como responsabilidad social y la técnica como el camino directo para conseguir los fines. Esto suponía reconocer, por tanto, el incuestionable lugar que tuvo *paideia* en tales propuestas. De tal modo que, si consideramos esta relación, no podremos por menos dejar de reconocer un posible encadenamiento de circunstancias. Cuando preguntamos al artista al respecto no recuerda hechos concretos, pero si nos remitimos a su trayectoria, esta nos sugiere cuáles fueron sus principales puntos de interés.

La situación que se ha descrito y la influencia que, según proponemos, debieron tener los acontecimientos artísticos en la formación de Mestre, podría parecer lo más natural y probable. Es, sin duda, una circunstancia que se repite en otros artistas: realizar una obra que responda al momento histórico, que sea la expresión de aquello que absorbe el artista en su entorno. La diferencia en este caso radica en la decidida aplicación que Mestre hizo de tales planteamientos al lenguaje cerámico, rompiendo con una arraigada tradición. Y es aquí donde debemos hacer una puntualización sobre lo que consideramos fueron los elementos que construyeron, en Mestre, esa actitud renovadora que propició los hechos estudiados.

En este punto de la investigación, una vez analizada la trayectoria del artista, en la primera etapa todavía no podemos hablar de él como ceramista. En 1960 observamos, con toda claridad, que su formación y su dedicación lo vinculaban al mundo de la pintura y la gráfica profesional, en el sector de la publicidad. En aquel momento contaba con 24 años pero, al revisar su biografía, entendemos que hay una innegable madurez personal y profesional. Mestre se sentía, a nuestro modo de ver, artista pintor, lo que le llevó a afrontar la cerámica desde esa perspectiva. Recordemos que ingresó en Manises sin demasiado interés. Una vez en la Escuela de Manises, entró en contacto con el material cerámico y conoció a Blat, que le habló de otra tipología cerámica: la cerámica monocroma deudora de Oriente. Mestre fue entonces consciente de que había otras opciones más allá de la tradición cerámica. Como consecuencia, decidió investigar e iniciarse en el material cerámico desde lo que conocía en el arte, emprendiendo caminos que, hasta el momento, en Valencia estaban muy poco transitados

Elementos dinamizadores de la cultura cerámica valenciana en la década de los cincuenta

La cerámica nunca ha sido ajena a los artistas plásticos que, con frecuencia, se han interesado en este material por propia iniciativa. En otros casos, han sido contratados por empresas, fabricantes o artesanos que necesitaban un buen pintor o escultor para trabajos especiales. Del mismo modo, por supuesto, también se han dado fructuosos encuentros personales entre ceramistas y artistas plásticos que, en diferentes combinaciones, han producido obra cerámica. Esta circunstancia se ha visto propiciada, de un modo especial, en la ciudad de Valencia, que cuenta con una larga y arraigada tradición, consolidada en una floreciente industria hasta épocas muy recientes. Estas colaboraciones han supuesto un medio para obtener recursos económicos, tal como reconoció el escultor *Nassio* Bayarri en conversación informal sostenida con dicho artista, durante el transcurso de la cual tuve la oportunidad de preguntarle por las razones que parecen indicar que artistas interesados por la cerámica en sus años de su juventud, con el paso del tiempo parecen haber desdeñado este material, Bayarri apunta: «eran trabajos alimenticios». Al parecer, esta misma necesidad «alimenticia» o de supervivencia económica, condujo al escultor Pérez Contel, en 1948, a desarrollar «una gran actividad como escultor modelista de cerámica» (Agramunt, 1987:61). En esta línea, recordemos que el propio padre de Mestre, artista litógrafo, había construido un horno de leña en el patio de la vivienda familiar en Alboraia, con el objetivo de organizar una pequeña empresa familiar de cerámica con fines puramente económicos[14].

Josep Pérez Camps, experto investigador en la historia reciente de la cerámica valenciana, ha dedicado atención especial hacia algunos artistas que trabajaron en las técnicas cerámicas y que lo hicieron sobre una sólida formación académica; artistas que adquirieron un reconocido prestigio en el medio cerámico. En este sentido, Pérez Camps destaca, entre otros, al pintor Francisco Dasí Ortega (1834–1891); al escultor Mariano Benlliure (1862–1947), que realizó esculturas, relieves, y recipientes cerámicos; al escultor Teófilo García de la Rosa, (1854–1937) o a Ismael Blat (1901–1976), pintor y hermano del ceramista Alfons Blat. El mismo autor menciona como los primeros ceramistas a Antonio Peiró Mezquita (Onda, 1881–Valencia, 1954) y a Luis Bolinches Compañ (Algimia, 1895–Valencia, 1980), ambos escultores[15].

14 Mestre explica en las entrevistas que él siempre se mantuvo ajeno a este proyecto de su padre.

15 Cuando hacemos referencia a la figura del «ceramista» estamos hablando de un profesional que cuenta con conocimientos técnico–procedimentales suficientes como para solucionar cualquier contingencia en su trabajo. A esto cabría

Otro de los escultores que se interesó por la cerámica entre los años 1928 a 1934 fue *Tonico* Ballester (Valencia, 1911–2001). Este reconocido escultor valenciano colaboró con el ceramista Alfons Blat en el diseño y la realización de distintas piezas. De ellas, se encuentran catalogadas nueve piezas esculpidas por Tonico sobre las que Blat aplicó los esmaltes; se trata de una serie de obras «realizadas entre 1932 y 1935: Monjitas, Jirafas, Osito, Toritos y montañas, Visitación, Pierrot y Colombina» (Pérez Camps, 1999: 44).

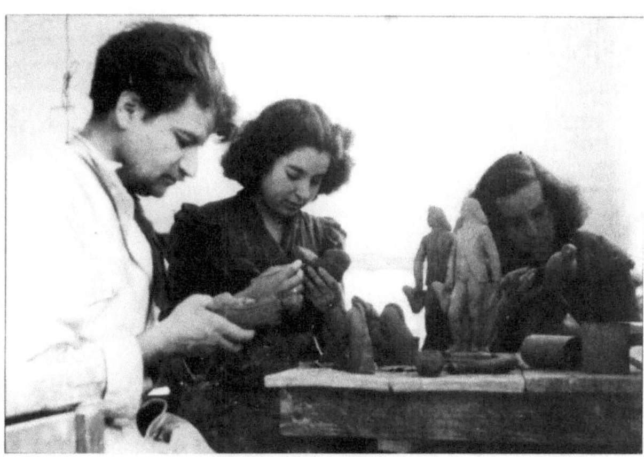

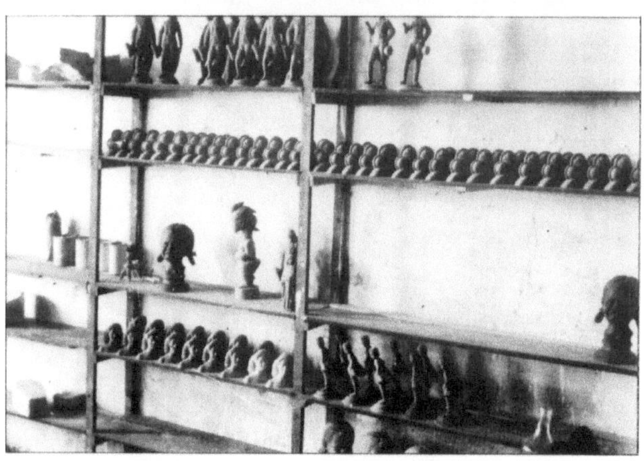

Fígura 3. Pérez Contel y su esposa en el taller de Ruzafa. (Fuente: catálogo de Pérez Contel, 1987).

En el momento que nos ocupa, durante la segunda mitad del siglo XX, encontramos en Valencia algunos profesionales muy implicados en la cerámica que hicieron un esfuerzo para conseguir que los artistas se introdujeran en el mundo de los procesos y materiales cerámicos. Entre ellos, Manuel Real Alarcón (Cuenca, 1917–Valencia, 1986) que, siendo ceramista y escritor, desempeñó una destacada labor como iniciador de pintores y escultores en las técnicas cerámicas al proporcionarles apoyo técnico y la posibilidad de trabajar en su taller. Entre las actividades de Real Alarcón resulta de especial interés el seguimiento que hizo de «las tertulias de escultores y pintores valencianos» en *Los libros de oro*. El primero de ellos abarcó el periodo de 1948 a mayo de 1956; el segundo, del 18 de mayo al 26 de octubre de 1956 y, el tercero, del 2 de noviembre de 1956 al 27 de abril de 1957. En ellos hizo un relato de los acontecimientos artísticos de la ciudad, así como de las actividades de los artistas más sobresalientes del momento. De estas crónicas, lo que más nos interesa es que nos aportan noticias específicas de trabajos cerámicos realizados por artistas destacados; trabajos que podrían haber pasado por alto sin las notas de Real Alarcón.

Como resultado de este encuentro, en Valencia se disfrutó de muchas obras cerámicas. Por lo general consistieron en paneles cerámicos de *racholes,* pintados sobre cubierta de barniz blanco. Algunos de ellos fueron encargos para espacios públicos, entre los que se tiene noticia del mural cerámico de Joaquín Michavila (1955) pintado para la Delegación en Valencia del Patronato de Apuestas Mutuas Deportivo–Benéficas en la calle Periodista Azzati, en la actualidad desaparecido.

Muchas otras producciones cerámicas corrieron la misma suerte y no se conservan en nuestros días. Este fue el caso de otra obra referenciada por Real Alarcón, ejecutada por el pintor Monjalés en una farmacia situada en Benimaclet[16]. Otro de los murales perdidos es el realizado por Manolo

añadir un conocimiento de los recursos plásticos y estéticos oportunos para que la obra tenga carácter e identidad propios, si fuera el caso.

16 Esta farmacia continuó existiendo, pero en una reforma se destruyó el panel «porque estaba pasado de moda», según la respuesta.

Gil para la cafetería del Ateneo Mercantil (1957). También Salvador Montesa Manzano produjo en 1956 un trabajo cerámico para la Casa de Valencia en Sevilla del que hace referencia Real Alarcón en la crónica del viernes 29 de junio de ese mismo año, tal como se recoge a continuación:

> [...] Salvador Montesa está en Sevilla, pintando murales de cerámica, en la casa de Valencia (Alarcón, 1985: 57).

Montesa tenía conocimientos sobre técnicas cerámicas adquiridos en la Escuela de Cerámica de Faenza (Italia). Aunque en su *curriculum vitae* el pintor hizo mención de estos murales, no especificó que fueran de cerámica, pero sí puntualizó que fueron destruidos en 1960. A esta lista negra de trabajos cerámicos perdidos, podríamos añadir el mural y toda la decoración de una cafetería situada en la Gran Vía Fernando el Católico de Valencia, realizados por el ceramista Faus y que se encentran también desaparecidos.

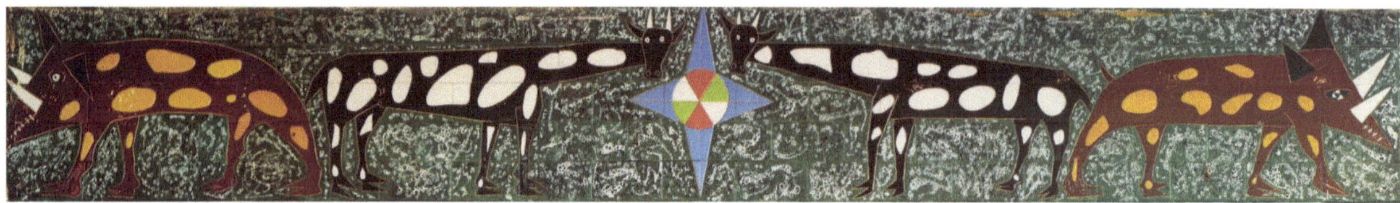

Figura 4. Mural de Faus desaparecido por reforma del local en 2016 (fotografía Encarna Arnal)

Queremos señalar que se ha hecho referencia a pintores de relevante prestigio en la plástica valenciana de la historia reciente que realizaron trabajos cerámicos dentro de sus propias pautas de expresión. Dichas producciones formaron parte de su obra pictórica, con la particularidad de haber sido ejecutadas en material cerámico. Ha pasado medio siglo y, por desgracia, ya no podemos disfrutar de muchas de ellas, pero fueron en su momento acercamientos muy interesantes por parte de los artistas hacia el material cerámico. Por este motivo, atendiendo a su magnitud y a su representatividad, conviene no olvidar dichas aproximaciones a la cerámica encabezadas por un buen número de artistas destacados en aquella época.

Otra de las iniciativas que promovió Real Alarcón fueron distintas exposiciones, donde los artistas presentaron trabajos realizados en material cerámico. En concreto, tenemos referencia de cuatro. La denominada «I Exposición de Cerámica» tuvo lugar del 17 al 25 de mayo de 1955. Así se anunciaba en el Catálogo presentado por Carlos Senti Esteve: «Pintores y escultores pintan azulejos, presentados por Manuel Real Alarcón en Club Universitario». Se trataba en total de 75 paneles efectuados por 36 artistas; entre ellos, Michavila, Salvador Montesa, Eusebio Sempere, Salvador Victoria, etc.

La segunda exposición se celebró un año después, del 16 al 26 de noviembre de 1956 en el Ateneo Mercantil, bajo el siguiente rótulo: «Manuel Real Alarcón expone cerámica de pintores y escultores». En esta otra ocasión, la muestra quedó compuesta por 73 paneles de 30 artistas, siendo algunos de los más distinguidos: *Nassio* Bayarri, Salvador Montesa, Michavila, Monjales, Octavio Vicente y su hermano Carmelo Vicent, Manolo Gil o Faus.

El texto escrito por el escultor Octavio Vicent (Valencia, 1913–1999) refleja en qué medida los artistas se interesaron por la cuestión de la cerámica, orientando buena parte de sus producciones en esta dirección. Así lo demuestra el siguiente documento redactado para el folleto de presentación de dicha exposición, del cual extraemos una parte que nos da testimonio del momento que se vivía:

> La gran labor de Real Alarcón, guiada por su intuición, animado por un espíritu de artista y con una voluntad de enamorado del arte, ha previsto la necesidad de que la actual generación de pintores y escultores de Valencia sienta inclinación por la cerámica. Real Alarcón, él solo, con su único esfuerzo, está creando una etapa en la historia del arte valenciano. No somos quien para aquilatar el valor técnico de la presente exposición, aunque sí el valor artístico, que es magnífico; los responsables de las deficiencias técnicas, si las hay, bastante bien harán con callar, avergonzados[17] (Vicent, 1956).

La tercera exposición, bajo el título «Manuel Real Alarcón expone cerámica de pintores y escultores» se organizó del 10 al 21 de noviembre de 1957 en el Salón Dorado de la Diputación Provincial. En este caso, el catálogo fue presentado por Genaro Lahuerta y la muestra albergó 87 paneles de 39 artistas, entre los cuales destacaron los nombres de Andrés Alfaro, Esteve Edo, *Nassio* Bayarri, Octavio Vicent y Ribera Berenguer, entre otros. Por último, la cuarta exposición a la que nos referimos tuvo lugar una década más tarde, del 10 al 20 de abril de 1967, en el salón del Palacio de Baylia, en Valencia: «Real Alarcón expone cerámica de pintores y escultores» (Capolongo, 2008: 90). El catálogo contó con unas palabras introductorias de Adolfo Cámara.

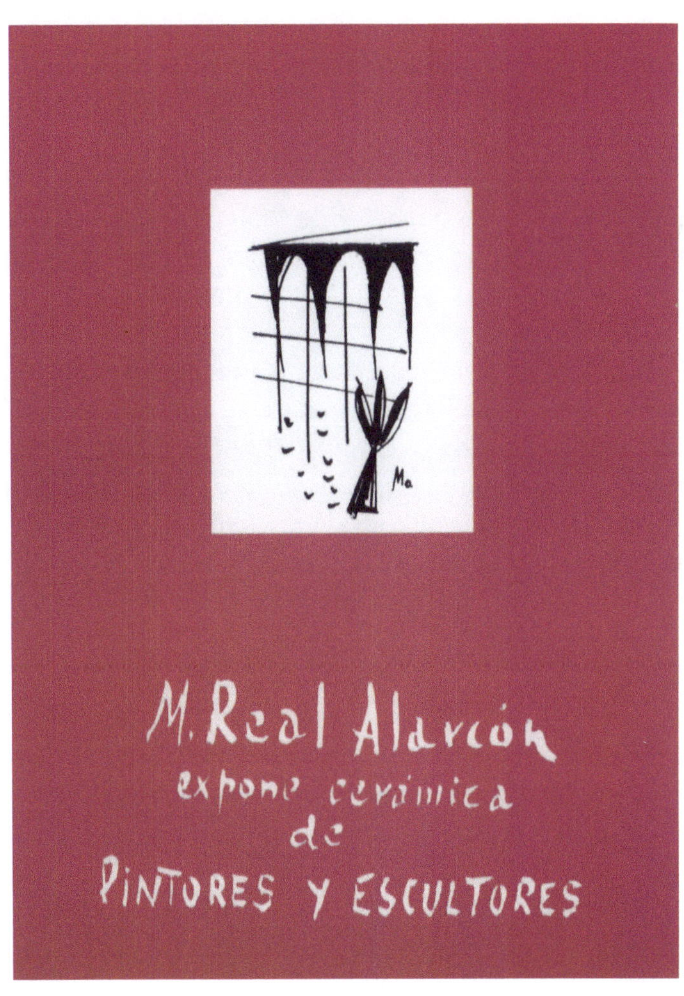

Catálogo de la «III Exposición de Cerámica de pintores y escultores», presentada por M. Real Alarcón, en El Salón Dorado de la Diputación Provincial (Capolongo, 2008: 86)

Pero, sin duda, uno de los acercamientos más interesantes hacia la cerámica como material de expresión fue el realizado por los componentes del ya mencionado grupo Parpalló. Este fue creado en Valencia en 1956 y, de sus miembros, los que mayor interés mostraron por la cerámica fueron Manolo Gil Pérez (1925–1957), Salvador Soria (1915–2010), José Soler Vidal (más conocido como *Monjalés,* 1932) y Joaquín Michavila (1926). Todos ellos realizaron sus trabajos cerámicos con la colaboración de Real Alarcón y el industrial de Manises José Luis Lahuerta, junto las orientaciones y el apoyo de Manuel González Martí. Al lado de estos artistas y unido por una estrecha amistad (sobre todo con Manolo Gil), también se sitúa el ceramista Salvador Sanz Faus (1914–1997).

Desconocemos la repercusión que pudo tener la figura de Mestre en cuanto

17 Octavio Vicent, en su escrito, nos da noticia de la agria polémica que tradicionalmente afectó al mundo de la cerámica. En realidad, esta polémica en torno a la correcta solución técnica no debe entenderse como ajena a otras manifestaciones artísticas. Sin embargo, en el caso de la cerámica, esta querella alcanzó puntos especialmente álgidos, dado que estuvo estrechamente ligada al criterio de la industria.

a estas pioneras aproximaciones que los referidos artistas valencianos realizaron con el material cerámico. Tal vez, la noticia de artistas pintores haciendo cerámica fuera para Mestre, si estuvo al corriente de esta tendencia, una razón de estímulo. En todo caso, la obra de Mestre se desmarca de las propuestas descritas. Es más, tal y como ya hemos avanzado, Mestre afirma no recordar nada concreto al respecto, añadiendo que cuando terminaba sus clases corría para no perder el tren.

Manuel González Martí y su relación con los nuevos códigos de la cerámica en Valencia

Manuel González Martí (Valencia, 1877–1972) estudió Derecho y Bellas Artes. Coleccionista de cerámica, en 1909 ya contaba con una considerable compilación que fue exhibida en la exposición regional que ese mismo año se organizó en Valencia. La colección privada era mostrada también a quienes solicitaban la visita. Durante la guerra civil, su casa, la biblioteca y la colección fueron incautadas. Ya en los años cuarenta, una vez terminada la contienda, González Martí se centró en la fundación de un Museo Valenciano de Cerámica constituido por su propia colección, que pensó en donar a la ciudad de Valencia con la condición de que nunca saliera de ella. De tal modo que, el 7 de febrero de 1947, se creó por decreto el Museo Nacional de Cerámica. Asimismo, en 1952, González Martí consiguió que el Ministerio adquiriera el palacio del Marqués de Dos Aguas como futura sede donde instalar las piezas, abriendo finalmente sus puertas en 1954.

Dada la trascendencia de esta figura en el panorama cultural de la cerámica valenciana, consideramos fundamental hacer un breve repaso a su trayectoria profesional. En este sentido, González Martí se incorporó como profesor de Estudios Prácticos de Evolución Técnica y Artística de la Cerámica cuando, en 1914, se creó la Escuela de Cerámica de Manises de la mano de Vicente Vilar David y Vicente Mora Arenes. En 1916, cuando la Escuela se oficializó, ocupó el puesto de secretario hasta que, en 1922, tomó la dirección de la misma. En 1936, la guerra civil española supuso un paréntesis en este recorrido. Con todo, finalizada la contienda fue restituido en su puesto, que asumió hasta su jubilación, en 1947, cuando fue sustituido en el cargo por el ceramista Alfons Blat.

Como hemos explicado, los fondos del museo procedían en su origen de la colección privada y contenían tipologías tradicionales. Principalmente, estaba conformada por piezas creadas para una función decorativa, como las baldosas o los plafones, y también por todo tipo de cuidados objetos destinados a la decoración o al menaje doméstico. No cabe duda que todas ellas eran producciones valiosas e interesantes, pero alejadas de los lenguajes contemporáneos en los que se centra esta investigación. Con todo, González Martí, más allá de su faceta de coleccionista de piezas antiguas, también fue sensible a la contemporaneidad y tuvo una posición activa en este sentido. Al respecto, destaca la aportación que Picasso hizo a la ciudad a través de González Martí: la donación de cinco platos pintados que se exhiben a día de hoy en las vitrinas del museo y que fueron entregados a González Martí durante el congreso de la Academia Internacional de Cerámica[18], que en 1955 tuvo lugar en Niza, donde fue nombrado académico de número. Dos años más tarde, en 1957, la Academia organizó en Cannes una gran exposición «La céramique espagnole du XIIIe siècle a nos jours» y González Martí seleccionó para su presentación las obras de Faus, Manolo Gil y Víctor de Nalda.

18 Con sede en Ginebra.

Esta clara apuesta del director vitalicio del Museo de Cerámica por abrir el abanico hacia las nuevas aportaciones que la plástica contemporánea estaba vertiendo a la cerámica, tuvo su continuidad en la obra de Alfons Blat. La presencia de este otro ceramista queda muy bien representada en el museo, que también cuenta con alguna pieza de Llorens Artigas y Cumellas.

En la actualidad, podemos disfrutar en la exposición permanente de los ya nombrados Blat, Cumellas y Artigas, junto a un importante mural cerámico de Arcadio Blasco (1928–2013), ceramista de Muchamiel, Alicante. El museo también ha sido receptor de colecciones contemporáneas, entre las que destaca la del alemán Adolf Egner (1932–2010), en la que están representados los más destacados ceramistas contemporáneos; sobre todo, ingleses y alemanes.

La política del museo, que tiene su referencia en las piezas históricas, se abre con estas colecciones como instrumento de comunicación entre las nuevas generaciones de ceramistas, artistas que encuentran en sus salas un espacio para presentar su obra cerámica. En paralelo, los fondos permanentes del museo se han visto enriquecidos por la donación de importantes colecciones de cerámica contemporánea. El museo cuenta en sus almacenes, asimismo, con la obra de distintos artistas ceramistas contemporáneos.

La inauguración del Museo de Cerámica de Manises en 1967 y la celebración en 1972 del primer concurso de cerámica son acontecimientos que, como veremos, también han contribuido al denso tejido cerámico valenciano. De todo lo expuesto concluimos que, los dos museos nombrados, junto con el histórico concurso de Cerámica de Manises, constituyen algunos de los ingredientes que han contribuido a la construcción de un sólido contexto para la cerámica contemporánea, dentro del marco investigado. En este ámbito se desarrollará la experiencia docente de Enrique Mestre Estellés.

Por ultimo convendría ampliar esta información explicando que con el tiempo y dentro de la Comunidad Valenciana se han organizado otros importantes certámenes cerámicos —Alcora (Castellón) y Ciudad de Castellón— y han crecido otros importantes museos de ceràmica —Alcora y Onda—. Esta ampliación de la oferta cultural especializada, queda fuera del ámbito que abarca esta investigación, pero influye de un modo determinante en la situación actual. La razón no es otra que la cercanía geográfica, el contacto entre todos los profesionales implicados, y el paralelismo histórico. Todo ello aporta y añade, a lo descrito, para constituir, como ya se ha dicho el contexto contemporáneo.

Contexto docente: antecedentes

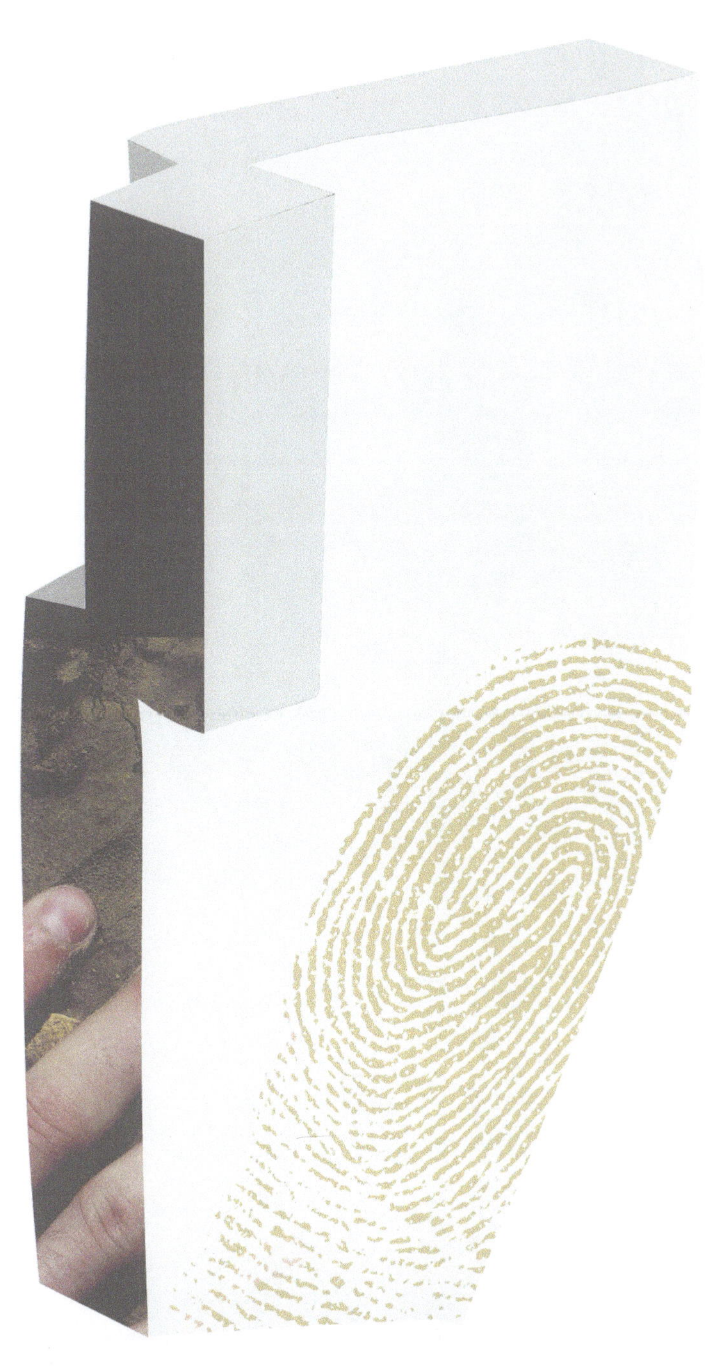

Aproximación inicial

Definir, acotar y describir el contexto docente en el que, durante treinta y dos años, Enrique Mestre desarrolló su magisterio como maestro de taller de cerámica, es un paso imprescindible para la posterior comprensión de la influencia que el profesor Mestre ha ejercido en las diferentes generaciones de alumnos. Por esta razón, en este capítulo expondremos, en primer término, una breve síntesis sobre la historia de la implantación de los estudios de cerámica dentro del sistema educativo[1] hasta el momento de la incorporación de Mestre.

En esta síntesis histórica, destacaremos aquellos aspectos que ayuden a entender, por una parte, la función de los talleres en las enseñanzas artísticas y, por otra parte, la figura de sus responsables: los maestros de taller que impartían la asignatura. Asimismo, estudiaremos ambas cuestiones, primero, desde una perspectiva general, para centrarnos después en los maestros de taller que precedieron a Mestre en la Escuela de Valencia.

Otro punto de interés en este capítulo será justificar que, para situarnos correctamente en la trayectoria de normalización académica de los estudios de cerámica, deberemos atender a las diferentes ofertas educativas dentro de esta disciplina. De tal modo, resultará imprescindible referir que la ordenación académica para la enseñanza de la cerámica en la Escuela de Artes Aplicadas y Oficios Artísticos de Valencia, en la que Mestre ejerció su docencia, no fue la única oferta educativa de cerámica dentro del marco geográfico–temporal que investigamos.

Al respecto, cuando se ha explicado el período de formación de Mestre, ya se ha hecho referencia de la Escuela de Cerámica de Manises, donde Mestre realizó los estudios de esta especialidad. Dichos estudios le dieron la oportunidad de ocupar, más tarde, la plaza de maestro de taller de Cerámica. Conocer las dos escuelas nos conducirá hacia una mejor y más clara comprensión de la totalidad del contexto en la que Mestre trabajó, puesto que en dicho contexto, la cercanía entre las dos escuelas promovía el debate en las opiniones de los distintos implicados, profesores y alumnos, sobre cualquier hecho en que se encontraban involucrados: un concurso, la concesión de una beca o la opinión de qué enseñar, cómo enseñar o por qué y para qué. En este sentido, entendemos que el debate, como cualquier debate, puede ser enriquecedor si está bien gestionado por las partes.

En el sistema educativo español han existido dos modalidades de enseñanza de la cerámica. Por una parte, la modalidad en las escuelas de Artes Aplicadas, que incluyen la cerámica como una más de sus especialidades y, por otra parte, los planes de estudio de las escuelas de Cerámica que, como se deduce, están dedicadas única y exclusivamente a la enseñanza de la Cerámica. En el caso de Valencia, y dentro del marco que venimos exponiendo, han coexistido los dos tipos de escuela. Así pues, nos encontramos, por una parte, la especialidad de Cerámica en la Escuela de

1 Este resumen es muy sintético y no da razón de muchos de los cambios y vicisitudes de las enseñanzas. Explicar de forma clara, integral y correcta todo el proceso requiere una extensión que nos confundiría y quda fuera del objetivo de nuestra investigación.

Artes Aplicadas y Oficios Artísticos de Valencia, y por otra, la oferta de la escuela de Cerámica de Manises[2].

Durante los años que estamos investigando, en los dos centros se transmitían técnicas y procesos propios del material cerámico, pero en cada uno de ellos se respondía a un perfil diferente de escuela con su particular proyecto educativo. Para una explicación correcta de estas diferencias, necesitamos hacer una incursión comparativa en la historia de estas enseñanzas, que en el caso de las escuelas de Artes Aplicadas y Oficios Artísticos, tienen un largo recorrido. Este camino resulta inseparable de las vicisitudes tanto políticas como del pensamiento sobre las artes, así como de su relación con la industria. En el caso de las escuelas de Cerámica la situación es diferente, como veremos.

Fundación de la Escuela de Cerámica de Manises

Cuando decimos «fundación» estamos utilizando un término preciso que define con claridad cómo surgió la Escuela de Cerámica de Manises. Por el contrario, la Escuela de Valencia, como justificaremos posteriormente, se fue formando al compás de las necesidades sociales, culturales, económicas y docentes de cada época.

La Escuela de Cerámica de Manises tiene un claro punto de partida, relativamente reciente. En 1914, Vicente Vilar David, ingeniero industrial, natural de Manises, y Vicente Mora Arenes, industrial de la cerámica y alcalde de Manises, fundaron la Escuela Elemental de Aprendizaje. Su objetivo fue proporcionar una adecuada formación profesional, artística y técnica para cubrir las necesidades de la industria. Con la colaboración de la Agrupación Local de Fabricantes de Cerámica de Manises, la escuela empezó a funcionar contando con los profesores Rafael Doménech (primer director), Vicente Vilar David, Gregorio Muñoz Dueñas, Luis Soria, Antonio Sánchez Ocaña y Manuel González Martí (secretario).

Las clases se iniciaron en locales provisionales e, incluso, se utilizó el salón de actos del Ayuntamiento hasta que, por el Real Decreto de 13 de octubre de 1916, el Estado la incorporó al sistema educativo. En la misma orden se reconoció al profesorado que, hasta ese momento, había estado subvencionado por el municipio. En el mes de noviembre del mismo año, Julio Burrell, ministro de Instrucción Pública, redactó la Real Orden de 16 de noviembre firmada por Alfonso XIII, en la que se establecía su régimen y organización industrial. El 8 de marzo de 1935, siendo ministro de Instrucción Pública el valenciano Joaquín Dualde Gómez, el profesorado quedó incorporado al escalafón de Artes y Oficios. Esto abrió la puerta a un proceso que culminó, una vez maduras las legislaciones de los dos centros, en un paralelismo desde el punto de vista administrativo. De tal manera, que el profesorado pasó a regirse por los mismos escalafones de rango, normas de funcionamiento, salarios, etcétera. De igual modo, los titulados en una y otra escuela podían optar a los mismos reconocimientos; por ejemplo, en cuanto a la solicitud de becas o el acceso a los mismos puestos de trabajo.

En 1917, el Ayuntamiento de Manises adquirió un solar para la construcción de la antigua Escuela de Manises. La primera piedra se colocó en 1918 y, en 1925, se procedió a la inauguración

2 Manises es un municipio cercano a la ciudad de Valencia con una arraigada tradición de industria cerámica. En algunas ocasiones, los profesores han ejercido docencia en las dos escuelas, siendo también bastante frecuentes los ejemplos de alumnos que han estudiado en los dos centros. En cualquier caso, lo cierto es que las dos escuelas, dada la cercanía y el constante contacto en diferentes ámbitos, se han mantenido observantes la una con la otra a lo largo de los años.

del centro, que contaba con unas instalaciones dotadas de hornos, laboratorios, aulas de modelado, pintura, cerámica, química y dibujo. En sus inicios, el director de la escuela fue Manuel González Martí[3], que ejerció este cargo en el período comprendido entre 1922 y 1948, fecha en la que la dirección pasó al ceramista Alfons Blat.

El primer claustro, después del definitivo reconocimiento oficial de la Escuela de Manises, lo constituyeron los siguientes profesores: Gregorio Muñoz Dueñas (comisario regio o director), Manuel González Martí (secretario), Vicente Vilar David, Antonio Sánchez Ocaña, Luis Soria y Antonio Pérez (maestro de taller).

En 1948, siendo Alfons Blat director y contando con el apoyo del Marqués de Lozoya, director general de Bellas Artes, un grupo de profesores se propusieron dar un nuevo impulso a las enseñanzas de la escuela con el fin de superar su nivel, teniendo como modelo las escuelas europeas. Como resultado de este esfuerzo, se publicó el decreto de 1949 por el que se reorganizaron las enseñanzas y su régimen de funcionamiento, al tiempo que se empezaron a impartir los dos perfiles profesionales entre los que el alumno podía optar: Perito en Cerámica Artística o Técnica[4].

El profesional que la escuela tenía que formar, según Blat, quedaba sujeto a los siguientes requisitos:

> [...] el que sustituya la vieja rutina de empíricas tradiciones por el concepto moderno, el cálculo matemático y la mecanización, el que asimila y ejecuta con interpretación personal, las corrientes artísticas en boga; el técnico que la industria necesita para acotar la distancia que nos separa de la vanguardia europea (Pérez Camps, 1986)[5].

Compararemos aquí los objetivos que se desprenden de las diferentes propuestas que hicieron González Martí y Blat. Esta comparación nos servirá para entender alguno de los posicionamientos que, a lo largo de los años, han ido construyendo los debates internos en cerámica. El primero, González Martí, buscó a través de la reproducción de tipologías históricas el antiguo esplendor de las producciones de Manises. Frente a él, Blat, inmerso en lo contemporáneo, propuso un cambio hacia la modernidad, ya implantada en Europa, y que él conocía bien puesto que había viajado y permanecido en escuelas de cerámica europeas[6]. Esto es, una propuesta conservadora frente a la propuesta renovadora y contemporánea. La actitud de González Martí referente a los enfoques de la escuela no parecen coincidir con otras decisiones aperturistas que él mismo tomó al frente del Museo de Cerámica de Valencia que llevaría su nombre y del cual, como hemos visto, fue fundador. No obstante, González Martí no fue el único en reflejar esta aparente dicotomía. Como más tarde comentaremos, sorprenden contradicciones similares en el caso de Blat, defensor de una

3 Manuel González Martí, como ya se ha explicado, fue el fundador del Museo Nacional de Cerámica que lleva su nombre en Valencia. Participó en la Escuela de Cerámica desde sus comienzos, siendo en 1914 su primer secretario y, posteriormente, entre 1922 y 1948, su director. Durante los años en que asumió la dirección de la Escuela de Manises pretendió resucitar la vieja cerámica del siglo xv, la cerámica dorada, trabajando sobre modelos del siglo xviii.

4 Según datos publicados en 1985 por Josefina Bolinches Molina.

5 Este texto está recogido en el documento titulado «Escuela práctica de Cerámica de Manises. 1° Memoria» (Manises, 30 de junio de 1954), que fue publicado en el catálogo de la exposición Alfons Blat 1904–1970.

6 Blat había visitado numerosos centros europeos de enorme prestigio, como el Instituto Nacional de Cerámica y Manufactura de Porcelana de Sevres o las Industrias de Porcelana de Limoges y Viceron, en Francia; el Liceo de Arte Industrial de Praga o el Laboratorio de Materiales Cerámicos de Fróhlich (Roumenice), en Checoslovaquia; las Manufacturas de Porcelana de Meyssen (Sajonia) y de Nimphenburg (Babiera), en Alemania; o de Gouda, en Holanda (Pérez Camps, 1986).

apertura que no se acababa de aplicar en la Escuela ni en su aula. Contradicciones sorprendentes, insistimos, pero fruto de las condiciones socioeconómicas y culturales en las que se desenvolvió la enseñanza de la cerámica desde su institucionalización, a principios del siglo xx. Ciertamente, dicha disciplina ha sido siempre deudora, por una parte, del gran arraigo popular y, por otra, de su consideración industrial, como así fue desde los inicios de la civilización humana. Esta cuestión, que remonta la cerámica a una de las primeras industrias, entronca con un tercer factor, no menos importante, a tener en cuenta. Nos referimos al enorme peso que supone la ampliación del concepto del *patrimonio cultural* y que ha permitido la valoración de ciertas prácticas y objetos histórico–artísticos que, tiempo atrás, no gozaban de este reconocimiento.

Tenemos que decir que todos los datos aportados con relación a la Escuela de Cerámica de Manises han sido extraídos de información institucional, fruto de la bibliografía consultada. Por el contrario, la información histórica sobre la Escuela de Valencia, aunque procede también de documentos bibliográficos, estos, han sido elaborados por sus autores. Estas últimas fuentes permiten conocer los debates internos, el día a día de un claustro con sus buenas y sus no tan buenas decisiones, reflejadas en comentarios y situaciones que, según se traduce, fueron en muchas ocasiones bastante subidas de tono y, pese a no poder presentarlas en toda su magnitud, en el transcurso del capítulo explicaremos algunos detalles.

La enseñanza institucionalizada de los oficios: antecedentes históricos de la Escuela de Artes Aplicadas de Valencia

Para hacernos una idea de cuán diferente fue el proceso de creación de las escuelas de Artes Aplicadas —y en concreto, la de Valencia, respecto de la creación en Manises de su Escuela de Cerámica—, resulta esencial remitirse a algunas fuentes y hechos de referencia.

En particular, el documento bibliográfico al que se ha recurrido para conocer la historia de esta institución docente de Valencia y, al tiempo, la historia de la implantación reglada de las enseñanzas artísticas, ha sido la publicación hecha por la Institució Alfons el Magnánim sobre su colección Formas Plásticas, bajo el título *Del artesano al Diseñador. 150 años de la Escuela de Artes y Oficios de Valencia.* En ella se recoge la investigación realizada por Maota Soldevilla Liaño sobre el origen y la evolución de la Escuela de Artes y Oficios de Valencia.

Es pertinente sacar este texto a colación, en gran medida, por dos razones. La primera es que su contenido nos da idea del largo y costoso itinerario de las enseñanzas artísticas. Valga para entenderlo que Soldevilla hace referencia en la investigación de un total de 93 anotaciones sobre legislación, órdenes y decretos que abarcan un vasto período de tiempo. En concreto, la primera de las normativas referidas se remonta al 14 de febrero de 1746, mientras que la última está fechada en 1999 (por tanto, recoge los principales documentos reglamentarios hasta el momento de edición de la obra, que tuvo lugar en el año 2000). Tras esta legislación (y, algunas veces, como consecuencia de ella) hay 250 años de debate sobre las enseñanzas artísticas aplicadas; debates que quedan ampliamente reflejados en los libros de juntas, las actas, las memorias y los reglamentos que consultó la autora para su investigación.

Estos documentos internos de la Escuela abarcan un período comprendido entre 1866 y 1982. En segundo lugar, debemos decir que, pese a contar con la información proporcionada en esta obra, decidimos dirigirnos a la Escuela de Valencia con objeto de contrastar estos datos y conocer, de primera mano, algunos documentos de mayor interés para la presente investigación. Sin embargo, la dificultad de acceso a esta información hizo todavía más valiosa la consulta de la obra comentada, que se sitúa así y en lo que se refiere a esta investigación, como la única fuente documental sobre la historia de la Escuela de Artes Aplicadas de Valencia[7]. Este relato bibliográfico trataremos de completarlo con los testimonios recabados en las entrevistas realizadas.

A pesar de tomar como hilo conductor la obra de Soldevilla, en esta introducción también hemos recurrido a la investigación hecha por Felipe M.ª Garín Ortiz de Taranco sobre la historia de la Academia Valenciana de Bellas Artes. En dicha investigación encontramos las primeras iniciativas docentes para la formación de artesanos. Se trata de la creación de La Sala de Flores y Ornatos de la Academia de San Carlos de Valencia:

> [...] sala separada para el estudio de las flores, ornatos y otros diseños adecuados para tejidos... en servicio de las necesidades estéticas de la manufactura sedera y por la cual hemos hecho particular reseña de esa disposición carolina. Esta nueva Enseñanza fue el núcleo de la futura clase, independiente y equiparada, de *Dibuixo de Flores y Ornatos* con cuya consagración definitiva en 1784, expira, según se advirtió, el plazo de niñez de la Academia (Garín, 1993: 77).

La anotación que el profesor Garín hace sobre el inicio de esta modalidad docente para el estudio de enseñanzas artísticas, encaminadas a formar profesionales para la industria, continúa en los párrafos siguientes. En ellos se citan cuáles tienen que ser, según el criterio de la Academia, las características de los alumnos que cursen las nuevas enseñanzas:

> La Academia cuidará de destinar a este nuevo estudio a aquellos de entre sus discípulos, que manifestando quizás menos talento para hacer grandes progresos en algunas de las tres nobles artes, descubran acaso aquel genio y varia inventiva que se requiere para semejante especie de diseños: bien que no se admitirá en dicha sala a discípulo alguno que no sepa ya diseñar las partes del cuerpo humano, en cuyo ejercicio pueden solo adquirirse la exactitud y corrección necesarias; sin que el número de estos dibujantes pueda exceder por ahora de doce. Y a fin de que abunden en ideas, y se formen el gusto, procurará la Academia de San Carlos adquirir las colecciones de estampas de grotescos y ornatos antiguos, que nos ha quedado de los mejores Profesores de las Artes, donde la diversidad compite con lo exquisito y agradable de la invención (Garín, 1993: 77).

Pese todo, Garín constata que el inicio de la Sala de Ornatos y Flores fue «limitado y medroso, y desatendido por la Academia» y menciona, como testimonio de ello, una carta de oficio del marqués de Albaida como director de la Sociedad de Amigos del País solicitando que

> [...] se ponga en práctica el nombramiento del maestro para la enseñanza del dibujo de flores, según está previsto por orden R. L. Orden de 24 de Octubre de 1778, y expresando al mismo tiempo los perjuicios que ocasiona a la Fábrica de Texidos de seda la suspensión de dicho nombramiento (Garín, 1993:87).

A nuestro entender, estas citas resultan oportunas, de entrada, porque documentan el germen de lo que, con el tiempo, serían las enseñanzas artísticas encaminadas al aprovechamiento industrial. Además, nos dan noticia del talante de los implicados en las decisiones, que eran fervientes defensores de las artes puras, anclados en un concepto romántico del arte. En última instancia, estas

7 La autora citada, Maota Soldevilla, forma parte del claustro de profesores como docente de Historia, habiendo ocupado cargos de dirección. Fruto de esta circunstancia, goza de una mayor movilidad y acceso directo a todo tipo de fuentes, lo que ha favorecido su análisis y posterior divulgación.

referencias testimonian la influencia positiva que las Reales Asociaciones Económicas de Amigos del País ejercieron en favor de una formación artística aplicada a las producciones industriales. Al respecto, el pensamiento ilustrado, sin duda contribuyo al progreso, de la revolución industrial.

Con el proceso de industrialización de lo que fueron las antiguas artesanías se impusieron los cambios necesarios en los sistemas de producción y, en consecuencia, se generó la necesidad de formar profesionales fuera del ámbito de los obradores y las fábricas. Por otra parte, esa misma industrialización y la creciente burguesía acomodada crearon un floreciente comercio para los objetos suntuosos de todo tipo, lo que aumentó la demanda de productos. Esto se tradujo en la expansión de las industrias, que requerían de buenos profesionales para solucionar las necesidades artísticas ligadas a las técnicas de producción.

Para este fin, el gobierno impulsó la reforma de las Academias de Bellas Artes y publicó el Real Decreto de 31 de octubre de 1849, que regularizó las Academias de Provincias. En Valencia, el citado Real Decreto de 1849 abrió paso a la Academia de San Carlos para organizar sus propias enseñanzas de Bellas Artes. Por medio de él, no solo se establecieron los estudios tradicionales de Pintura, Escultura y Grabado, sino que, además, se crearon los Estudios Elementales de Dibujo enfocados a atender la enseñanza del artesanado dedicado a la industria, tal y como venía ocurriendo en toda Europa. Los recién incorporados Estudios Elementales de Dibujo para atender la enseñanza del artesanado, no daban lugar a ninguna titulación y se podía acceder a ellos desde la edad de diez años, siendo el único requisito saber leer y escribir. Tanto la dirección como las juntas de profesores fueron comunes. Con ello, asistimos al inicio de las enseñanzas artísticas vinculadas a los objetivos industriales que, con el tiempo, darían lugar a las Escuelas de Artes y Oficios.

El origen común de las dos modalidades de estudios, unido a la circunstancia de compartir profesorado y dirección, fueron las condiciones que generaron continuas tensiones desde sus inicios hasta la total segregación, legislada en 1895. Las discrepancias estuvieron marcadas, fundamentalmente, por dos objetivos diferenciados: de un lado, por el objetivo artístico demandado por los académicos artistas (que se fundamentaba, como ya sabemos, en el dibujo como herramienta) y, de otro, por las enseñanzas que pretendían una mayor aplicación a la industria. También están sobradamente documentadas las polémicas sobre espacios, presupuestos, plazas docentes, etc. Las vicisitudes políticas no fueron tampoco ajenas a estas luchas, puesto que las diferentes órdenes y contraórdenes publicadas por los sucesivos gobiernos fueron largamente debatidas en las juntas de profesores, generando un sinfín de contrapropuesta críticas y enfrentamientos de todo tipo. Según parece, por parte de los gobiernos progresistas hubo una cierta tendencia hacia la protección de la opción profesionalizadora.

Más allá de las tensiones aludidas, el avance de las propuestas del perfil profesionalizador resultó imparable. En consecuencia, los profesores que lo defendieron promovieron durante años el debate, interpelando al Gobierno para que tomase decisiones. Y el Gobierno, finalmente, publicó el decreto del 5 de mayo de 1871 que daba inicio a una red estatal de escuelas de Artes y Oficios. La primera de ellas se localizó en Madrid con el encargo de impartir la formación popular industrial.

Por último, después de intrincados debates en los que, en muchos casos y como suele ocurrir, se habla de relaciones de poder y no de docencia, el nuevo Real Decreto de 16 de diciembre de 1910 abrió el camino definitivo de las enseñanzas artísticas aplicadas en la entonces provincia de Valencia. Desde nuestro punto de vista, la falta de tradición en la legislación de estos estudios, cuyo proceso de institucionalización ha sido mucho más reciente, condicionó que el Real Decreto de 1910 se mantuviese vigente hasta 1963. A grandes rasgos, este Real Decreto de 1910 advertía de la necesidad de orientar las enseñanzas de Artes y Oficios hacia la especialización profesional. De hecho, la posterior legislación que acompañara al decreto incluiría, entre otras, «las prácticas de cerámica» dentro del catálogo de enseñanzas.

Dicha legislación de 1910 fue la que estaba vigente cuando Mestre inició sus estudios con doce años hasta que ingresó en Bellas Artes, donde cursó distintas asignaturas en la Escuela ofertadas por el mencionado plan de estudios. Luego, como profesor, atendió a alumnos que estudiaban en el taller según este plan (monográficos) junto los alumnos del Plan del 63. También, y por otra parte, todo ello supuso el definitivo inicio del taller de cerámica que se mantendría hasta su desaparición, en el año 2007.

La creación de los talleres en las enseñanzas artísticas: primer intento de taller de cerámica

El Real Decreto de 16 de diciembre de 1910 introdujo la Enseñanza de Taller como la enseñanza prioritaria de las nuevas escuelas que pasaban de denominarse Escuelas de Artes e Industria a ser denominadas Escuelas de Artes y Oficios. Del mismo modo, se recomendó la necesidad de orientar las Enseñanzas de Artes y Oficios hacia la especialización profesional aunque, en la práctica, los contenidos se siguieron orientando hacia el estudio del dibujo aplicado.

En el Real Decreto del 12 de agosto de 1913 se hizo solicitud expresa a las escuelas de Artes y Oficios para que implantasen los talleres más adecuados según el tejido industrial de la zona. En la Escuela de Valencia,

> [...] en la junta de profesores del 22 de agosto de 1913 se discuten cuáles pueden ser los más adecuados, proponiéndose los de Abaniquería, Carpintería artística o Mosaicos. El profesor de Composición Decorativa, Juan Peyró, defiende la creación del de Cerámica [...], que forma parte de su asignatura (Soldevilla, 2000: 96).

Con anterioridad, y desde el principio de la lucha por incluir los talleres, en las escuelas de Artes y Oficios había estado presente la figura del profesor Juan Peiró Urrea, director en dos etapas, del que conocemos diferentes noticias por las constantes polémicas de vecindad con la Academia de San Carlos[8]. Todas estas noticias nos parecen indicativas del interés de Peiró Urrea por implantar el Taller de Cerámica, tal y como mostró ante el claustro de profesores:

> [...] buscando un prestigioso maestro de taller para que se haga cargo de su enseñanza y equipando el taller con la infraestructura necesaria. Su propuesta es aceptada y por Real Orden del 10 de julio de 1914 se conceden 6000 pts para la instalación del taller y sueldo del maestro, nombrándose como maestro de taller a Gaspar Polo Torres con un jornal de 12 pts. En 1915 entra como ayudante de taller José Marmenén, con un jornal de 6 pts. (Soldevilla, 2000: 69)

Finalmente, el taller se instaló en la planta baja del convento del Carmen después de pedir un informe que garantizase la seguridad de la ubicación de los hornos y que realizó un técnico de la fábrica de cerámica de Valdecabres, en julio de 1914. Como resultado, se construyeron dos hornos: uno para vidrio y otro para trabajos de biscuit. En paralelo, con la construcción de los hornos comenzaron, en 1914, las clases en el taller de cerámica.

8 Ambas, la Escuela y la Academia, compartían entonces los locales del convento del Carmen.

El periodo de la guerra civil y la posguerra

Durante la guerra civil, las clases se interrumpieron desde enero de 1937 hasta octubre de 1938. Reanudada la actividad docente, en el curso de 1939–40, el Taller de Cerámica contaba con 30 alumnos matriculados, siendo Alfons Blat su responsable hasta 1966. La primera junta de profesores se celebró el 21 de septiembre de 1939. Se inició entonces un primer período marcado por acusaciones y depuraciones de profesorado, encontrándose entre los docentes expedientados el maestro de taller de cerámica Gaspar Polo Torres. Otra de las consecuencias de la situación política fue la colaboración con las ideologías impuestas por el momento.

El primer acto público de la dirección fue la solemne entronización en la Escuela del Cristo Crucificado, con la asistencia del magistrado de la Real Capilla de Nuestra Señora de los Desamparados. La Escuela de Artes y Oficios Artísticos de Valencia también recogió en acta el honor de ser la primera en erigir un monumento conmemorativo en el vestíbulo del centro para celebrar la «Liberación». El solemne acto se recoge en el diario *Las Provincias* el día 31 de marzo de 1940, en el número extraordinario 30 753 dedicado a la Liberación.

Otra consecuencia resultante del nuevo clima político fue la incorporación de las asignaturas de Religión y de Política Social y Patriótica. Contrariamente a la tendencia republicana de coeducación, se separaron las clases de hombres y mujeres, añadiéndose:

> [...] que las alumnas abandonen sus respectivas clases diez minutos antes de la hora de salida y que se ejerza una estrecha y especial vigilancia en los claustros por el personal subalterno, restableciéndose así el servicio que antaño y precisamente por iniciativa del propio director, se prestaba (Soldevilla, 2000: 112).

La misma autora, aporta datos sobre la colaboración de la Escuela con la reconstrucción de diferentes ornamentos en la ciudad destruidos durante la contienda. Del mismo modo, Soldevilla alude a la participación de la Escuela en ferias y exposiciones en las que se mostraban trabajos realizados por los alumnos del centro. En este sentido, en 1951 se celebró en Barcelona la «II Exposición Nacional» y, entre las piezas aportadas por los distintos talleres de la Escuela de Valencia, el Taller de Cerámica, en concreto, presentó cinco platos de diferentes dibujos y tamaños, varios azulejos, dos joyeritos y doce búcaros (Soldevilla, 2000).

Consolidación de los talleres

Tal como hemos referido en la sucesión de decretos y leyes destinados a la organización de las enseñanzas artísticas en nuestro país, el Gobierno español impulsó la creación de los Estudios Elementales de Dibujo en 1849, con el objetivo prioritario de formar artesanos para la industria. Con posterioridad, a este objetivo se unieron las nuevas corrientes de pensamiento sobre la producción de objetos. Nos referimos al movimiento *arts & crafts,* surgido en Inglaterra como contestación a los excesos decorativos en objetos industriales del momento. El movimiento, liderado por William Morris[9], incluía en su ideario la propuesta de potenciar la creatividad y el arte frente la producción

9 William Morris (1834–1896) se formó en Oxford, donde se relacionó con los prerrafaelistas. Fruto de sus investigaciones, propuso la reflexión sobre el modelo deshumanizador de la incipiente sociedad industrial y lo hizo desde la perspectiva del arte. Morris realizó vidrieras, cerámica, mobiliario, tejidos y papeles para paredes, todos ellos de elaboración artesanal. En líneas generales, consideró que el individuo podía mejorar la calidad de vida de la sociedad a través del arte.

en serie. Dicho movimiento se divulgó con rapidez y contó con una gran aceptación entre el ambiente artístico de toda Europa.

Todo ello suponemos que contribuyó a la apertura de nuevas vías de pensamiento respecto al interés, por parte del profesorado, de desarrollar los talleres. Refiriéndonos a cerámica, podemos destacar dos posturas estéticas. La primera quedaría representada por planteamientos puramente pragmáticos; esto es, basados en el interés de preparar a artesanos para trabajar en las fábricas. Frente a ella, la segunda propuesta sería deudora de los debates sobre arte e industria y estaría secundada por aquellos que, más allá de los aspectos industriales, reclamaban la necesidad de apreciar otras cuestiones de índole estética y cultural. Ambas posiciones implicarían, por tanto, dos maneras de entender la formación artística aplicada, siempre referida en este caso a la cerámica

Haremos aquí un pequeño inciso para decir que, de los dos casos expuestos con anterioridad, situamos al profesor Alfons Blat y al propio Enrique Mestre entre los profesores que entendieron la cerámica como un recurso expresivo. En el caso de Blat, apostó por mantener las obras cerámicas en la línea de los trabajos de torno, que tradicionalmente han estado más vinculadas al ámbito de las artesanías, pero referenciándolas como objeto único y con valor significante[10]. Por lo que respecta a Mestre, nos encontramos con la pura expresión artística ligada al arte contemporáneo.

Asimismo, la evolución del concepto de diseño propició también, años más tarde, la experiencia educativa de La Bauhaus fundada por Walter Gropius en Weimar (Alemania), en 1919. Todo ello, suponemos que alentó un clima de renovación que estaría en la base de los debates protagonizados por los profesores de la Escuela de Artes y oficios de Valencia. A través de ellos, se intentó romper con un concepto tradicional de las enseñanzas artísticas, basado en la metodología academicista. Dicha metodología, durante años, había hecho del dibujo el eje central de todo aprendizaje y había aceptado aquellos talleres tan solo sujetos a la hegemonía de los profesores de dibujo. Como se ha visto, era necesario un avance en las líneas que se estaban imponiendo en toda Europa, fruto del pensamiento contemporáneo, que ya había superado los primeros estadios de la llamada Revolución Industrial. Con todo, en las escuelas se mantenía enrocado el debate sobre la capacidad de los maestros de taller para idear diseños y el lugar que estos debían ocupar dentro de la jerarquía docente.

Por último, no olvidemos que, en aquel momento, las escuelas se encontraban ante una enseñanza encaminada hacia la formación puntual de operarios, artesanos. Nos referimos a que no estamos hablando de ninguna titulación sino, por el contrario, tan solo a la adquisición de destrezas útiles para aplicar a un oficio. También, y en algunos casos, esta formación era utilizada por los estudiantes como preparación previa al ingreso en Bellas Artes, puesto que la organización académica[11] permitía a los alumnos matricularse en asignaturas sueltas, según sus intereses. En estas condiciones, nos introducimos en la nueva etapa de las escuelas de Artes aplicadas y Oficios Artísticos, la etapa que requiere nuestro mayor interés por tratarse del plan de estudios vigente durante toda la permanencia de Mestre en la Escuela como docente.

La nueva etapa: implantación del Plan del 63

Siendo director el pintor Genaro Lahuerta López, que lo fue en el período de 1958 a 1970, se apro-

10 Como ya se ha explicado con anterioridad Blat no volcaba en el aula los conceptos que aplicaba en su obra personal. Por el contrario Mestre siempre proyectó todos los criterios plásticos en el aula.

11 Legislada, como se ha visto, por la ley vigente hasta 1963.

bó la nueva reglamentación de los estudios de la Escuela. Esta se concretaría en el Plan del 63 para la especialidad de Cerámica, el cual estuvo vigente hasta la jubilación de Mestre. En este sentido, la posterior Orden de 10 de junio de 1965 otorgó a la escuela de Valencia las siguientes especialidades:

— Sección de Decoración y Arte Publicitario: Decoración, Escaparatismo, Proyectos, Rotulación, Figurines, Dibujo Publicitario, Carteles e Ilustración Artística.
— Sección de Diseño, Delineación y Trazado Artístico: Diseño, Trazado, Calcado y Delineación Artística.
— Sección de Artes Aplicadas al Libro: Encuadernación, Grabado, Litografía, Taquigrafía y Mecanografía.
— Sección de Talleres de Artes Aplicadas y Oficios Artísticos: Ebanistería, Cerámica, Cincelado en Metales, Vidriería Artística, Repujado en Cuero, Vaciado, Orfebrería, Dorado y Policromado, Bordados y Encajes, Corte y Confección, Talla en Madera, Talla en Piedra, Abaniquería, Joyería, Carpintería de Ribera, Alfombras, Serigrafía, Fotografía Artística y Taracea (Soldevilla, 2000: 117).

En este punto, aun sin entrar en un análisis pormenorizado, queremos hacer una reflexión sobre la gran diferencia que hubo entre la ordenación de la Escuela según las leyes arrastradas desde 1910 y las perspectivas que abrió el Plan del 63. En el primer caso, la organización docente de las escuelas ofertó asignaturas que el alumno podía escoger según su decisión para establecer su propio currículum, pero el hecho de cursar estas asignaturas no daba lugar a ninguna titulación. Por el contrario, el nuevo plan de estudios de 1963 se organizó en base a un currículum de obligado cumplimiento para obtener la titulación de Diplomado en Artes Aplicadas y Oficios Artísticos de la especialidad correspondiente. Esta especialidad la definía el taller que se había cursado, en este caso, el de cerámica. De este modo, por fin, los tan ansiados talleres formaban parte obligatoria del programa docente y las enseñanzas dejaban de girar en torno al dibujo, para hacer de los talleres el núcleo que generase las necesidades educativas en otras asignaturas.

El carácter de las coordinaciones entre el taller y el resto de asignaturas se estimaba adecuado y recomendable, pero funcionaba según la afinidad de los distintos profesores. También la figura del maestro de taller tomó un protagonismo que nunca antes había tenido, a pesar de ser un cuerpo docente inferior en rango académico y administrativo y, por supuesto, económico. La nueva organización del currículum docente se inspiraba en los talleres y la maestra o maestro de taller, especialista en el oficio que enseñaba, adquiría en el claustro una cierta influencia como especialista que lo era en su campo[12]. Más tarde, y con la implantación de los estudios superiores para las enseñanzas artísticas, volvería a decaer la apreciación de la figura de los maestros de taller.

Paralelamente a la implantación del Plan del 63, se continuó ofertando al alumnado la asistencia a talleres según la legislación de 1910. Explicaremos esta circunstancia ubicándola en el Taller de Cerámica de la Escuela de Artes Aplicadas de Valencia en 1969, año de ingreso de Mestre como maestro de taller. Así lo explica una de las alumnas de Mestre:

> Cuando me matriculé, se podía hacer el monográfico y, entonces, yo estaba trabajando por interiorismo y acudiendo a las clases de monográfico y tal. Entonces alternaba e iba cuando quería. Entonces me matriculaba, consecutivamente, en monográficos, que estuve dos o tres años, hasta que el director

12 Esta afirmación no es válida para todos los casos. Como ya se ha dicho, se estimaba adecuado y recomendable, pero dependía mucho del talente de los implicados. Así, nos constan casos de todo lo contrario. No olvidemos que, en lo referente a la enseñanza, los cambios en los planes de estudios son aplicados por los mismos profesores, que deben adaptarse a nuevas perspectivas y que no siempre o no todos lo aceptan del mismo modo.

> (que entonces era Marcelino), me dijo que lo querían hacer especialidad y que querían quitar monográfico (...) Y dije: «Es que no se si voy a poder asistir». Y dijo: «Pero eso es lo de menos, pero tienes que matricularte». Y entonces me matriculé de oficial. Y mientras tanto formé una familia, tuve una hija, etcétera. Estuve diez años, por lo menos. Hasta los veintiocho. Diez años en el taller. (Entrevista a Ángeles Roca).

Según datos aportados por Maota Soldevilla, el Taller de Cerámica contaba con las siguientes matriculaciones por curso: 17 alumnos (curso 62–63), 10 alumnos (curso 63–64), 8 alumnos (curso 64–65), 9 alumnos (curso 65–66), 11 alumnos (curso 66–67), 28 alumnos (curso 67–68), 15 alumnos (curso 68–69), 12 alumnos (curso 69–70)[13], 22 alumnos (curso 70–71), 19 alumnos (curso 71–72), 58 alumnos (curso 72–73) y 69 alumnos (curso 73–74).

Simultáneamente, en el curso 1963–64 se abrió la matrícula del primer curso de comunes de la nueva enseñanza, registrándose una inscripción de 143 alumnos en la totalidad de la Escuela. Este nuevo alumnado respondía a otras necesidades. La matrícula se incrementó y en el curso 67–68 se disparó hasta la suma de 522 alumnos entre todas las especialidades. Según los datos de la primera reválida, que tuvo lugar en el curso académico 1972–73, se matricularon seis alumnos de Cerámica.

Con el tiempo, los Talleres Artísticos disminuyeron la matriculación. Los motivos de esta falta de interés los podemos encontrar en un cambio de necesidades en la sociedad y la industria, con la excepción de la especialidad de Cerámica, que mantuvo su demanda:

> Resultado también de la importante labor realizada por Enrique Mestre desde que se hace cargo de la enseñanza de Cerámica en 1969 y que se refleja en la denominación de «Escuela de Mestre» que utilizan sus alumnos para indicar el origen de su formación (Soldevilla, 2000:133).

La posterior evolución de las escuelas de Artes Aplicadas y Oficios Artísticos: evolución de los talleres

Las inicialmente llamadas escuelas de Artes Aplicadas y Oficios Artísticos evolucionaron con el tiempo desde la artesanía y la manualidad hacia el sobrevalorado diseño, para unos, y la necesaria adaptación a la modernidad, para otros. Al respecto, el diseño se entendió como una actividad en la que el diseñador recurría al fabricante o al artesano para realizar el producto. Haciendo referencia a las más novísimas soluciones de la creatividad aplicada, el tiempo ha satisfecho a los que opinábamos que cada creador tiene en su ADN las características propias de su personalidad creadora. Es decir, desde nuestra consideración, el sujeto creador es capaz por sí mismo de establecer su particular perfil profesional, valiéndose de los recursos que les resultan útiles y adaptándolos a sus propias destrezas y habilidades. A pesar de ello, esta capacidad requiere un sistema de enseñanza abierto que sirva de estímulo, lejos de constreñir y limitar sus posibilidades artísticas. Podríamos poner como ejemplo la propia Escuela de La Bauhaus que, en 1919, contaba entre su profesorado con diseñadores que revolucionaron la estética de los objetos cotidianos desde sus ideas; pero también, y en muchos casos, desde su capacidad para realizarlas.

Sin embargo, las escuelas de Artes Aplicadas pasaron un duro sarampión que dejó algunos cadáveres, entre ellos, la Especialidad de Cerámica. Es muy paradójico que, en el mismo ámbito donde se luchó tanto para implantar los talleres, no se haya sabido adaptarse a los cambios, preservando lo que durante años fue el rasgo diferenciador de las escuelas de Artes Aplicadas.

---

13 Siendo el curso en el que Enrique Mestre se incorporó como maestro de taller.

Las nuevas titulaciones de grado en diseño ofertadas por las escuelas, en la actualidad denominadas Escoles d' Art i Superiors de Disseny, no incluyen talleres en su currículo. Desde nuestro punto de vista, estimaríamos positivo sumar y construir sobre lo que fue la razón de ser de las escuelas de Artes Aplicadas y Oficios Artísticos. No obstante, en esta cuestión, como en otras, los avatares están abiertos a la evolución y el tiempo; por tanto y según indicios, no descartamos un nuevo giro hacia un mayor interés sobre las técnicas, los procesos y los materiales[14].

La evolución de la Escuela de Cerámica de Manises

La Escuela de Cerámica de Manises ha presentado también notables cambios en el transcurso de su historia, ya centenaria. De la información consultada sobre los años de andadura de esta escuela, se desprende que también en el caso de Manises existió un cierto debate. En primer lugar ya se ha documentado la pugna entre la tradición y la modernidad. También nos consta una cierta batalla entre el conocimiento científico–técnico y el relacionado con lo artístico. De tal modo que, a nuestro entender, las luchas jerárquicas que se libraron en la Escuela de Valencia entre profesores de Dibujo y maestros de taller, tuvieron su correspondencia en las querellas acontecidas en la Escuela de Manises entre químicos y maestros de taller (o profesores de asignaturas artísticas).

Por otra parte resulta constatable que la Escuela de Manises dilató en el tiempo su fidelidad a la tradición. Así lo acreditan algunos de sus profesores, convencidos de que esta postura conservadora sería la mejor manera de contribuir al beneficio de la industria de Manises. En este sentido, se expresa Manuel González Martí, que fue un ferviente defensor de la tradición en las enseñanzas de la Escuela y, al mismo tiempo, un progresista impulsor de las cerámicas de nuevo cuño producidas por artistas.

En los últimos tiempos y, sobre todo, tras la conversión de la Escuela de Manises en Escuela Superior de Cerámica[15], los contenidos docentes de las enseñanzas de cerámica en Manises, como en todas las escuelas, fueron evolucionado y normalizándose. Refiriéndonos siempre a la Comunidad Valenciana, conviene explicar que, actualmente, se imparte cerámica en la modalidad de estudios superiores, tanto en la Escuela de Alcora (Castellón), creada en 2005, como en la Escuela de Manises (Valencia). Ambos centros se han constituido, en la actualidad, como Escuela Superior de Cerámica y, aún hoy, se encuentran ubicadas ambas escuelas en municipios de histórica tradición ligada a la industria cerámica. Esta ubicación de los centros de estudio en los núcleos fabriles resultaba muy útil cuando los trabajadores y aprendices tenían que salir de una dura jornada de trabajo y acercarse a la escuela para perfeccionar su oficio, en una época en la que los medios de comunicación eran precarios. Esto nos lleva a plantearnos algunas cuestiones como, por ejemplo, cuál sería en nuestros días la ubicación más adecuada para una escuela de cerámica. Es una duda que nos planteamos y cuya respuesta nos parece pertinente, aunque no la abordaremos en este trabajo por escapar a los objetivos propuestos en la investigación.

En cualquier caso, en las dos escuelas referidas se puede seguir el itinerario artístico y el itinerario técnico, del mismo modo que también es posible cursar en ellas los ciclos formativos de la familia cerámica. No nos extenderemos más sobre los contenidos puesto que, de hecho, acceder hoy a toda la información y oferta educativa de ambos centros es muy sencillo. Como cualquier otra institución formativa, difunden a través de la red sus principales contenidos.

14 Tal y como prueba el auge que en la actualidad ha adquirido el Taller de Joyería que se imparte en dicha escuela.

15 Dependiente también, como la escuela de Valencia, del Instituto Superior de Enseñanzas Artísticas ISEACV.

En otro orden de cosas, y ampliando el marco que nos ocupa, comentaremos que tras considerar la información que se desprende de la consulta de las convocatorias para concursos, ferias y eventos relacionados con la cerámica como recurso expresivo, artesanal o lúdico, encontramos un gran número de participantes. Lo cual muestra un evidente interés en el campo artístico cultural que defendemos.

También en este sentido se expresara Mestre durante las entrevistas realizadas:

> Es curioso porque... porque las escuelas están cada vez más vacías, incluso perdiendo profesorado y perdiendo de todo. Y en cambio, en el exterior, todo es organizar premios de cerámica por todos los sitios, ¿eh? Y dices: bueno, aquí algo me falla, hay algo que no tiene coherencia una cosa con la otra, ¿no?, porque hay que ver la cantidad de premios nacionales de cerámica que hay por todos los lados, por pueblecitos de estos, y dices: bueno, ¿y quién se presenta ahí?, ¿Sabes?... ¿Y dónde han aprendido cerámica y tal? ( ) O sea... Sí, que muchos son francotiradores, que aprenden... ( ) No sé si habrán hecho cursillos de verano o eso, eso no lo sé porque yo no he seguido esas historias demasiado. Yo he sido más bien un oficialista en el aspecto de la cerámica, ¿no? Pero sí que es curioso, lo he observado muchas veces (Entrevista a Mestre n.º 3).

Desde esta realidad, observamos cierta contradicción en la significativa valoración que hacen algunas escuelas, (en el contexto general de la cerámica), del perfil científico técnico, encaminado hacia la industria. Cabría analizar la función del binomio «ceramista–industria» en el siglo XXI, máxime cuando observamos que los propios centros educativos, pese a valorar en su oferta el itinerario técnico, proceden a promocionar a la Escuela desde las propuestas artísticas y artesanales. Otra cosa sería conocer el porcentaje de matriculación entre los distintos itinerarios. Esta demanda de formación artística existente en las escuelas de Estudios Superiores de Cerámica es atendida por el profesorado, siempre dentro de la movilidad que los planes de estudios permiten. En suma, sin extendernos más, estamos hablando de unas enseñanzas, las referentes a cerámica, que nacen a principios del siglo pasado y que en nuestro tiempo cumplen un siglo. En esta trayectoria ya consolidada esperamos se abra un necesario debate.

La figura del maestro de taller en las escuelas de Artes y Oficios

Cuando en 1910, las escuelas de Artes e Industrias se convirtieron en escuelas de Artes y Oficios, continuaron impartiendo unas enseñanzas que mantenían la histórica influencia de la Bellas Artes y giraban en torno al dibujo como destreza imprescindible. Por el contrario, la voluntad del Gobierno fue la de introducir la enseñanza de taller como prioritaria. En este sentido, se expresó el Decreto de 16 de diciembre de 1910, por el cual, el Gobierno, conocedor de la situación real en las aulas, declaró que hasta el momento:

> Han seguido atendiendo únicamente al dibujo y considerando las Escuelas de Artes e Industrias, en sus enseñanzas generales, como escuelas de Dibujo Aplicado únicamente (Soldevilla, 2000: 95).

Tendremos que esperar a la legislación del plan de estudios de 1963 para que los talleres formen parte del currículo docente y de obligado cumplimiento, que les permita obtener la titulación de graduado en Artes Aplicadas[16].

No obstante, la figura de maestros de taller en las escuelas pasó por un período en el que la situación cambió con claridad. Así, por una parte, desde la década de los sesenta, el interés por el

16 Título que fue equivalente a segundo grado de Formación Profesional.

diseño pasó a estar en alza y la escuela se involucró para dar respuesta a estas necesidades. Por otra parte, la escuela se encontraba en aquellos años inmersa en un proceso de democratización, siendo las especialidades más demandadas Decoración y Dibujo Publicitario[17].

En 1981, Marcelino Gómez Pintado (Mora, 1937–Valencia, 1983) fue elegido director de la Escuela de Valencia. Este nuevo director, de talante progresista[18], permaneció en el cargo desde el 21 de mayo de 1981 (fecha de la junta —claustro— en la que fue elegido con 40 votos a su favor, seguido por otra candidatura que solo obtuvo 17 votos), hasta septiembre de 1983 (fecha de su fallecimiento). Estos escasos dos años, luctuosamente interrumpidos, fueron muy significativos para la definitiva apertura de la Escuela. Entre las decisiones que mejor reflejan este talante de apertura cabe destacar que nombró, por primera vez en la historia de las escuelas, a una mujer, María Luz Ródenas, para ocupar el cargo de subdirectora dentro de su equipo docente. Otro de los gestos de apertura de Gómez Pintado fue incluir en la dirección a un maestro de taller, José Miguel Romany, como jefe de estudios; hecho que solo había sucedido en una ocasión, durante el período republicano[19]. Por otra parte, será Gómez Pintado el que, con su gestión, impulsará definitivamente la escuela hacia una conversión en escuela de diseño.

Esta apertura propiciará un cambio significativo. Después del inesperado fallecimiento de Gómez Pintado, este fue sustituido por la vicedirectora que él mismo había nombrado para su equipo, M.ª Luz Ródenas Núñez, que fue directora entre septiembre y diciembre de 1983, siendo hasta hoy la única mujer que ha ocupado un cargo de dirección en la Escuela de Valencia. El cargo de Ródenas fue provisional hasta que se presentaron al claustro nuevas candidaturas para la votación de la nueva dirección. En esta votación resultó elegido Arturo Catalá Bonet, que ejerció como director desde 1984 hasta 1986. Esta elección por parte del claustro entra de lleno en el interés de esta investigación, pues se da la circunstancia de que Catalá, exalumno de la Escuela, fue maestro de taller de la especialidad de Decoración. Entenderemos así el cambio que debió suponer este nombramiento, votado por el claustro, en una escuela en la que durante años se puso en duda la figura de los maestros de taller.

Como vemos, se estaba gestando una etapa en la que tanto las enseñanzas de taller como sus responsables, los maestros de taller, adquirieron un valor renovado dentro de la organización decente de la Escuela de Valencia. Al mismo tiempo, será la etapa de consolidación de la Escuela de Valencia como Escuela de Diseño, que desembocaría finalmente en la actual denominación de Escola d'Art i Superior de Disseny, en la que se imparten estudios de grado en diferentes especialidades de Diseño. En esta nueva organización académica no se contempló la figura del maestro de taller ni tampoco la asignatura. En este sentido, y como colofón, aportaremos la narración que hace el propio Mestre de la síntesis del problema:

---

17 Mercado laboral en el que, como hemos visto, Mestre trabajó con reconocido éxito antes de ser profesor.

18 En la entrevista realizada por Juan Antonio Tinte en 2008 y publicada en el Museo Virtual de Materiales y Técnicas por la Universidad Complutense de Madrid, el entrevistado, Luis Parra, hace alusión al ambiente estudiantil y político de Madrid en los últimos años anteriores a la democracia. En concreto, hace referencia a Gómez Pintado como estudiante políticamente comprometido, y Parra dice: «Marcelino Gómez Pintado, que murió ya ese chico, este pertenecía al PCE, muy activo, además, ya con ideas» (Tinte, 2008). Esta cita nos refuerza la percepción de que Gómez Pintado era, según se desprende de sus decisiones, un hombre comprometido y progresista, tal como nos lleva a pensar el hecho de su militancia en el PCE en los años inmediatamente previos a la democracia.

19 El Gobierno de la segunda República fue el que incorporó a los maestros de taller como cuerpo docente. Por las fuentes consultadas de este período, sabemos que los maestros de taller no cesaron en sus reivindicaciones para defender sus derechos. En esta línea, por ejemplo, está documentada la denuncia de que los trabajos realizados en los talleres nunca resultaban premiados, por lo que consideraban que sus alumnos sufrían una discriminación respecto a otros en la distribución de premios económicos.

> Históricamente, en las escuelas de Artes Aplicadas, los maestros de taller tenían una función clarísima, que era enseñar a trabajar a la gente. Entonces, los directores de las escuelas elegían: para joyería, ¿quién hay en Valencia que sepa de joyería bien? E iban a un taller de un señor que sabía joyería, que tenía un taller abierto y que vendía sus piezas. Y entonces le decían: «¿usted quiere enseñar joyería? Pues le contratamos y usted viene». Eh… ¿Encuadernación? También. Y estaba Llorens, que era medalla nacional de encuadernadores y tal. O sea, gente de prestigio. Iban y lo contrataban. Después eso, poco a poco, fue cambiando, ¿eh? Y ya empezaron a querer ser profesores porque se les pagaba un poquito más. Pero entonces ya venía la cuestión de oposición, ya venía que si sabían dibujar, si no sabían… O sea, ese tipo de historias que… que vamos, que nos ha llevado hasta ahora. Que hay muchos que entran de enseñantes y no han hecho nada de lo que van a enseñar [Risas], pero… pero así, como te lo digo. Que han hecho los cursos oficiales, han aprendido cuatro cosas, se presentan a la oposición y, recién salidos, entran de maestros de taller. Y claro, como tú comprenderás, esos señores no son maestros de taller; son aprendices que han hecho una oposición y la han ganado. Pero así está la enseñanza actualmente. Y después se han hecho planes de… ¿qué te diría yo? Planes superiores. Y entonces hay más todavía de lo que te estoy diciendo. Gente que se presenta y sabe mucho de esto, de lo otro, de historia, de no sé qué, pero a la hora de los trabajos… (Entrevista a Mestre n.º 3).

Este último periodo, (que empieza con la dirección de Gómez Pitado), en el que la figura del maestro de taller alcanzó una preponderancia importante[20], terminó con la desaparición o la reducción a mínimos que supuso la implantación de los Estudios Superiores de Diseño y la conversión de las escuelas de Artes Aplicadas en Escoles d'Art i Superiors de Disseny.

Los maestros de taller de Cerámica en la Escuela de Artes y Oficios de Valencia

En 1920 se jubiló Juan Peyró y fue sustituido en su puesto por Antonio Fillol Granell en la plaza de término de Composición Decorativa. Entonces comenzaron los problemas respecto a las atribuciones docentes en el taller de Cerámica. Recordemos que fue Juan Peyró el que había defendido, en la junta de profesores del 22 de agosto de 1913, reconvertir en taller la clase de Cerámica que formaba parte de su asignatura, para lo cual fue nombrado como maestro de taller Gaspar Polo Torres. Una vez jubilado Juan Peyró, podemos suponer que la sintonía del nuevo profesor de Composición, Fillol Granell, con el maestro de taller, Polo Torres[21], no fue la misma. Para argumentar su opinión ante el claustro de profesores, al que no tenían acceso los maestros de taller, Granell se remitió al reglamento de 1910, aprobando por unanimidad:

> Obedecer las órdenes del profesor correspondiente, que será su jefe inmediato y bajo cuya inspección deberá dirigir la enseñanza practica de los alumnos (capítulo x, art. 5.º del Reglamento de 1910).

Años más tarde, en 1929, Antonio Fillol Granell sería nombrado catedrático de Dibujo del Natural de Bellas Artes (Soldevilla, 2000: 99).

Sin extendernos más sobre la interminable polémica, estimamos interesante transcribir dos afirmaciones extraídas de sendas juntas de profesores celebradas en 1933: «Los talleres no encajan en la Escuela y siempre serán lo que son» (junta de profesores de 13 de mayo de 1933) y «Los talleres son un error del legislador, no son nada» (junta de profesores de 20 de noviembre de 1933). Frente

---

20 Siempre hay que matizar esta afirmación, puesto que ni todas las escuelas son iguales ni todos los grupos funcionan igual.

21 Polo Torres había sido nombrado en 1914.

a esta postura contraria a los talleres nacidos en el seno de la Escuela, se argumentaron opiniones en su defensa. Este fue el caso de la réplica realizada por el director del centro, José Bellver:

> Si en estas escuelas no hay talleres se tendrá que suprimir la denominación de escuelas de Artes y Oficios Artísticos y volverlas a denominar escuelas Elementales de Dibujo. En Málaga, Sevilla y Madrid existen magníficos talleres y también tiene que tenerlos la ciudad de Valencia (Soldevilla, 2000:104).

Para llegar a esta consolidación, tendremos que esperar a que el Gobierno de la segunda República incorpore a los maestros de taller como cuerpo docente en la plantilla oficial de las escuelas; incorporación que no estuvo exenta de polémicas. En 1933, a propuesta del profesor Catalá Alberich de la Escuela de Artes y Oficios de Valencia y según consta en el libro de actas (junta del 22 de septiembre de 1933), siendo aceptada por el claustro, se acordó permitir la asistencia a las juntas de los maestros de taller, aunque sin voz ni voto. No fue hasta el 18 de febrero de 1935 cuando, por primera vez, participaron los maestros de taller en la junta de profesores con derecho a expresarse y hacer valer su opinión, lo que abrió la puerta un año más tarde, el 8 de abril de 1936, a que también entrasen a pertenecer a la junta económica (Soldevilla, 2000: 106).

Respecto los maestros de taller de cerámica, que en la Escuela de Artes Aplicadas de Valencia precedieron a la incorporación de Mestre, cabría puntualizar que todos ellos respaldaron su actividad docente con una producción propia, proporcionándoles esta actividad profesional una mayor experiencia que transmitir a su alumnado. De este modo, vieron cumplido el requisito propuesto en aquel momento de creación de los talleres en las escuelas de Artes y Oficios, cuyo objetivo era contratar a profesionales del oficio. Cabría destacar que pese los ataques recibidos por parte de algunos profesores —al menos en lo que al taller de Cerámica se refiere— los maestros de taller lo eran por su conocimiento del oficio, pero también contaron con formación académica. Así, entre los maestros de taller que a lo largo de estos años han impartido docencia en la Escuela de Valencia, encontramos figuras de reconocido prestigio en la historia de la cerámica valenciana. Empezaremos este recorrido haciendo mención de Juan Peyró Urrea.

Juan Peyró Urrea: impulsor del taller de Cerámica en la Escuela de Valencia (1847-1924)

Juan Peyró Urrea ha sido claramente el precursor de las enseñanzas de taller de Cerámica en la Escuela de Valencia.

Pintor nacido en 1847 en Villanueva del Grao de Valencia, estudió Bellas Artes en la Escuela de San Carlos. El 16 de agosto de 1898 fue nombrado por instrucción pública director de la Escuela de Artes y Oficios. Sus fuertes discrepancias con la Academia provocaron, en 1899, su cese por parte del mismo organismo promotor de su anterior nombramiento. No obstante, en un segundo período volvió a ocupar el cargo, por la Orden del 27 de abril de 1901, asumiendo de nuevo un papel fuertemente reivindicativo de los intereses de la escuela oficial ante la academia.[22]

Los documentos de esta época son prolijos en descalificaciones mutuas entre ambas instituciones y en ellas se aprecia la determinación de Peyró Urrea por la defensa de las enseñanzas aplicadas:

22 Recordemos que la academia defendió las artes nobles y, según se desprende de la información consultada, Peyró Urrea fue, por el contrario, un fuerte defensor de las enseñanzas aplicadas. También apreciamos en la bibliografía analizada que se implicó en el devenir de la Escuela de Valencia con probada pasión.

> Como consecuencia de la nueva reforma de las escuelas de Artes e Industrias por el Real Decreto del 6 de agosto de 1907 repercute en la Escuela de Valencia en el cambio de denominación de la asignatura de Dibujo Aplicado a las Artes Decorativas que pasa a llamarse Composición Decorativa: Pintura, denominación que según el profesor Peyró Urrea, se adapta mejor al contenido de la enseñanza, pues su programa no sufre modificación. No obstante esta asignatura, a cargo del profesor Juan Peyró Urrea, es la primera que crea un taller para la especialidad decorativa aplicada a la cerámica. Aunque su propuesta de adquisición de una mufla para cocer piezas es rechazada por la Junta de profesores al no tener espacio para su ubicación en planta baja, además al no haber más que un alumno dedicado a la decoración cerámica, se estima que puede cocer las piezas en cualquiera de las fábricas de la ciudad (Soldevilla, 2002: 93).

Por el Real Decreto de 12 de agosto de 1913, el Gobierno demandó a las escuelas de Artes y Oficios que solicitasen los talleres que considerasen necesarios, atendiendo a la conveniencia y utilidad de los mismos en la localidad. Como resultado, en la junta de profesores de 22 de agosto de 1913 se discutió cuál se consideraba el más adecuado para la Escuela de Valencia, proponiéndose los de Abaniquería, Carpintería Artística o Mosaicos. El profesor de Composición Decorativa, Juan Peyró, marcó un hito en el desarrollo de la disciplina estudiada al defender con firmeza la creación de un taller de Cerámica. Sus argumentos fueron que tanto la ebanistería como la abaniquería eran oficios muy florecientes en la región, por lo que considera más adecuado reconvertir en taller la clase de Cerámica que hasta ese momento formaba parte de su asignatura. Pese la agria polémica de esta figura en defensa de las enseñanzas de taller para las escuelas de Artes Aplicadas, por la *Enciclopedia del Museo del Prado* sabemos que Peyró Urrea fue tanto profesor de la Escuela de Bellas Artes como académico. Este doble perfil hace más valiosa su capacidad para entender el carácter de las enseñanzas aplicadas y la función de los talleres. El pintor falleció en 1924.

Gaspar Polo Torres: primer maestro de taller de Cerámica en la Escuela de Valencia

Gaspar Polo Torres fue profesor de Pintura y Composición Decorativa en la Escuela de Artes y Oficios de Valencia. Tuvo a su cargo el taller de Cerámica desde su creación, en 1914, hasta 1944 (y ello a pesar del expediente abierto por la Comisión de Depuración de la Enseñanza contra los profesores del centro).

En Gaspar Polo concurrían las dos cualidades de formación: la formación institucional y la experiencia profesional. Así pues, contaba con una dilatada práctica laboral en la industria cerámica, ya que había trabajado en la industria local, se había especializado en pintura y decoración, y había llegado a ser director artístico de la fábrica de azulejos de Onofre Valldecabres de Quart de Poblet (Valencia). En esta empresa se fabricaban, entre otros, azulejos de pasta blanca decorados con la técnica del entubado, que era una técnica muy de moda en el modernismo. Buena muestra de ello es la obra firmada y realizada por los hermanos Valldecabres y Gaspar Polo en 1916. Se trata de un edificio modernista que se encuentra en la calle Mayor de Cartagena y que, como muchos de la época, decoró su fachada con elementos cerámicos.

Para ilustrar la figura docente de Gaspar Polo, recurriremos a transcribir un manuscrito del cual es autor y que nos aporta información sobre sus puntos de vista respecto a la situación de la cerámica en el momento en que este desarrolló su trabajo. El texto referido cobra mayor significado para el tema que nos ocupa, puesto que es una selección realizada por el propio Enrique Mestre. Este lo incluyó en la presentación escrita para el catálogo de la exposición «Ceramistes formats a l'Escola d'Arts i Oficis de València» (1999), que tuvo lugar en el Museo Nacional de Cerámica y Artes Suntuarias «González Martí» de Valencia. Tal como anunció Mestre con motivo de este evento: «Fue para mí una sorpresa encontrar un manuscrito de Gaspar Polo titulado *La crisis de la industria cerámica de esta región*» (1914, Archivo de la Escuela de Valencia).

Transcribo a continuación algunos párrafos porque me parecen premonitorios:

> La industria cerámica, y especialmente en esta Región, se encuentra atravesando una crisis de carácter agudo, que viene acentuándose cada día más, que como a ella no se aporte savia nueva, no han de pasar muchos años que le veamos languidecer de tal manera, que será una ruina para esta Región bajo el punto de vista artístico y comercial [...] ¿Causas que han determinado nuestro estancamiento? Dos, el arte y el tecnicismo. Nuestros artistas del XIX, salvo alguna pequeña excepción, parece que creyeron que era un menoscabo aportar sus dotes artísticas a una industria que sin el arte no puede vivir, y desde entonces, por falta de artistas que concibieran el arte cerámico, empezó a vivirse en un ambiente tal de rutinarismo, que sus trabajos están faltos de inspiración artística, y solo hacían los que más, procurar asimilarse a aquellos trabajos que les habían legado sus antecesores, seguir aunque torpemente los derroteros de aquellos artistas que vivieron y sintieron el arte de su época, imprimiendo a sus bellas composiciones un sello especial difícil de amoldarse a él (Pérez Camps, Mestre, 1999).

En el mismo catálogo, el comisario de la exposición Josep Pérez Camps hacía mención a un conjunto de documentos denominados «Presupuesto de materiales y herramientas para el taller», fechados en 1918 y 1921 (hoy conservados en el Museo de Cerámica de Manises) y que pertenecieron al archivo particular de Gaspar Polo. En esta relación destaca la cantidad de material para la decoración de azulejos con la técnica del entubado, de la que Gaspar Polo era especialista (ya hemos mencionado su trabajo con esta técnica tan de moda en el Modernismo, como puso de manifiesto en la fachada de un edificio de la calle Mayor de Cartagena). Otro de los materiales más utilizados fueron las materias primas necesarias para el llamado *reflejo metálico,* técnica muy extendida en las fábricas de Manises desde finales del siglo XIX. También consta en la relación la demanda de seis platos blancos en bizcocho de 45 cm de diámetro, doce platos blancos en bizcocho de 25 cm de diámetro, diez cacharros de barro rojo en bizcocho, un ánfora árabe en bizcocho, de 60 cm de altura y, por último, doscientos o trescientos azulejos blancos en bizcocho de 15 x 15 cm.

Como se puede observar, todas las piezas demandadas se pedían en *bizcocho*. Este término hace referencia al barro cocido a menos temperatura de la que se aplicaba en una segunda cocción, después de haber sido decorada la pieza. Esto indica que la actividad del taller se centraba en el ejercicio de las técnicas decorativas, esto es, acabados de superficie, sin intervención por parte del alumno en el diseño del soporte. La concepción por parte de los alumnos de todo el proceso de aprendizaje, desde el soporte hasta el acabado de la superficie será, como veremos más tarde, tímidamente introducida por Blat. Con todo, solo será desarrollada en su totalidad, y desde el punto de vista de la expresión plástica, por Mestre.

El ceramista Alfons Blat Monzó (1904-1970)

El ceramista Blat (1904–1970) tiene para este trabajo un interés especial. Ya hemos explicado su paso por la Escuela de Valencia, actividad que simultaneó con su docencia en la Escuela de Cerámica de Manises, donde fue también director. A ello habría que añadir su propia investigación estética y técnica en cerámica. La suma de todos estos aspectos hace de Blat un referente de la cerámica contemporánea. Nos interesa especialmente la figura del ceramista en cuanto a su relación

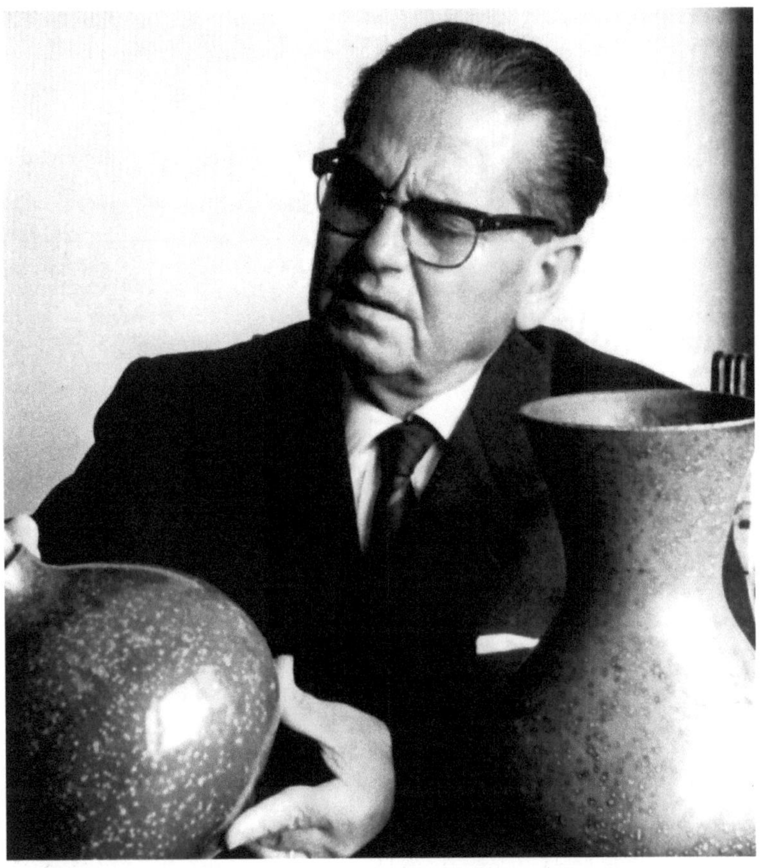

Alfons Blat. Valencia, 1967. Fotografía anónima publicada en 1986 en el catálogo con motivo de la exposición Alfons Blat 1904–1970.

con Enrique Mestre, quien reconoce en Blat al profesor que le aportó la base para desarrollar criterios diferentes a lo establecido en materia cerámica.

Entre 1936 y 1966, Alfons Blat fue responsable del taller de Cerámica en la Escuela de Valencia. En los primeros años fue ayudante de taller —probablemente de Gaspar Polo— y a partir de 1944 ya asumió el cargo como maestro de taller. Dicho trabajo lo compaginó con el de la Escuela de Manises, de la que fue director desde 1948 hasta su muerte, en 1970. En 1966, Alfons Blat pidió la excedencia voluntaria como maestro de taller de la Escuela de Artes y Oficios, después de tener un desagradable incidente con el secretario de la escuela, el pintor José Amérigo. Según consta, durante los exámenes de cerámica de enseñanza colegiada, de cuyo tribunal Blat era presidente:

> Todo parece indicar que su dignidad no pudo soportar el recibir un apercibimiento y sanción leve, impuesta a raíz del incidente por el director del centro, Genaro Lahuerta, el cual tomó partido por su secretario, al parecer, sin escuchar la versión de Blat (Pérez Camps, Mestre, 1999: 79).

En 1935, Blat expuso sus cerámicas en el Círculo de Bellas Artes de Valencia y, en 1936, en la Sociedad Española de Amigos del Arte de Madrid. En ambas ocasiones, los críticos pusieron de manifiesto lo interesante que sería para la enseñanza de la cerámica contar con un profesional con sus conocimientos técnicos y su sentido estético.

Según los documentos depositados en el Museo de Cerámica de Manises del Archivo Alfons Blat, referentes a la Escuela de Artes y Oficios de Valencia, la enseñanza en el taller de Cerámica se centraba en este período, al igual que ocurrió en la época de Gaspar Polo, fundamentalmente, en la decoración. Tal como se desprende del borrador del programa de la asignatura, el taller quedaba dividido en dos cursos: el primero dedicado a la decoración de cerámica vidriada y el segundo a la cerámica sin vidriar. En este segundo curso también se incluyeron manipulaciones y ejercicios elementales con el barro y el torno.

Sin duda, Blat se encontraba en disposición de aportar a sus enseñanzas un carácter renovador, pero sus clases se ceñían a lo establecido. En opinión de Pérez Camps:

> De nuevo parece que nos encontramos con el excesivo encorsetamiento de las enseñanzas de Artes y Oficios, que impedían, en gran parte, las aportaciones individuales de los profesores que contaban con amplios y a veces innovadores conocimientos (Pérez Camps, Mestre, 1999: 79).

Respecto a este mismo aspecto, Enrique Mestre, en la presentación del catálogo de la exposición que se dedicó a Blat con motivo del Congreso de la Academia Internacional de Cerámica en Valencia en 1986, escribe:

> Crec que no orientà les seues ensenyances en la direccció de la seua pròpia manera d'entendre el problema ceràmic, perquè en el seu fur intern pensaba que l'esforç que havia realizat en solitari, no interessava als fills d'una societat que no valorà en absolut el seu treball, la cual cosa per altra banda és freqüent a la nostra terra, i que deixà un pòsit d'escepticisme i amargura en el seu caràcter (Mestre, 1986).

Desde nuestro punto de vista, a pesar de que en la primera mitad del siglo XX el mundo del arte demostró un mayor interés por la cerámica (interés que también existía en Valencia), las escuelas estaban centradas en la industria y la tradición, claramente dominante. Sin duda fue su alumno Enrique Mestre el que, años más tarde, pondría en práctica aquellos conceptos renovadores.

Salvador Sanz Faus (1914-1997)

Salvador Sanz Faus (Vilamarxant, 1914–1997) fue responsable del taller de cerámica de la escuela durante un corto período de tiempo, entre 1967 y 1969, siendo este último el año de la incorporación de Mestre.

Ceramista, pintor, grabador y dibujante, tenía en Valencia una librería de viejo o de segunda mano, en la que a menudo exponían artistas y en la que él mismo vendía su obra. Entre 1955 y 1969 llegó a tener un taller de cerámica en Manises. Existe muy poca bibliografía concreta en lo referente a Faus, un artista y personaje heterogéneo y peculiar, «de formación autodidacta» (Pérez Camps, Mestre, 1999: 79). Su gran dominio del dibujo le permitía representar en la cerámica, con técnicas pictóricas sobre cubierta, animales fantásticos solucionados con mucha fuerza expresiva. Faus fue muy activo en la vida artística valenciana. Aunque no encontramos su nombre asociado a ninguno de los grupos en los que se integraban la mayor parte de los artistas de la época, sí era muy próximo al ya nombrado Grupo Parpalló, dado que le unía una fuerte amistad con Manolo Gil. En 1957, la Academia Internacional de Cerámica, con sede en Ginebra, organizó en Cannes una gran exposición: «La céramique espagnole du XIIIe siècle a nos jours» y Manuel González Martí seleccionó para su presentación las obras de Salvador Sanz Faus, Manolo Gil y Víctor de Nalda.

En las Tertulias de Pintores y Escultores recopiladas por Real Alarcón[23] hay diferentes anotaciones sobre el ceramista, como refleja la que se transcribe a continuación:

> El creador del arte *Facho* Salvador Sanz Faus ha inaugurado días pasados una exposición de cerámica en Sala Lafuente con alto éxito crítico y económico. Los críticos Manuel Rodríguez Cuevillas y López Chavarri Marco lo exaltan sobresalientemente, teniendo en cuenta que es uno de los primeros expositores individuales de cerámica contemporánea (Real, 1985: 62).

---

23 Manuel Real Alarcón (1910–1988). Crítico de arte, animador, conocedor y mecenas de artistas. Autor de una extensa obra de azulejos cerámicos decorados con motivos costumbristas, entre otros. Participó en las exposiciones Artistas del Mediterráneo y Arte actual. Elaboró y custodió los Diez Libros de Oro de las tertulias de pintores y escultores, interesante documento que permanece inédito hasta el momento.

En este sentido, ante la falta de referencias bibliográficas concretas, deducimos por la orientación de su trabajo personal, el cual conocemos, que los contenidos de sus clases respondían a la pintura sobre un soporte, empleando para ello diferentes técnicas

Síntesis final

Las características de este capítulo requieren una síntesis final. En ella, debemos admitir algunos saltos narrativos en la legislación referente a las Escuela de Artes Aplicadas. Todo ello agravado por los constantes cambios de nomenclatura que las enseñanzas han tenido a lo largo de los años. También es evidente una cierta confusión respecto de los vaivenes de la figura del maestro de taller. Esto se debe a que hay que considerar los hechos desde varias perspectivas. En primer lugar, debemos atender a las cuestiones legislativas, que están claramente reflejadas en las leyes publicadas. En segundo lugar, nos encontramos con los juicios de valor de otros profesores y su particular opinión de cómo había que hacer las cosas y de qué asignatura debía ser, jerárquicamente, la predominante. El relato de esta segunda circunstancia es más complejo y está reflejado en las actas que transcriben las reuniones celebradas por los miembros del claustro. No obstante, estas declaraciones están sujetas al libre albedrío de los participantes, lo que con el paso del tiempo añade confusión. En tercer y último lugar, no podemos presentar las distintas polémicas como válidas siempre y en todos los casos. En este sentido, para ser rigurosos deberíamos desmenuzar taller por taller, escuela por escuela y caso por caso.

Demostrativo de lo dicho es que en esta investigación encontraremos razones para darnos cuenta de que, ciertamente, no todos los casos son iguales. Si observamos el currículum de los profesores que ocuparon la plaza del taller de Cerámica en la Escuela de Artes Aplicadas antes de Mestre, veremos que todos ellos contaban con una sólida formación académica, con la excepción de Faus que, al parecer, fue el único docente que careció de dicho perfil formativo[24]. Por todo lo apuntado y a modo de conclusión, destacaremos que en el desarrollo de la etapa docente de Mestre y en las condiciones del contexto en el que trabajó, su caso es significativamente diferente, como veremos a lo largo de este trabajo.

24 Presumimos, pues, que esa fuera la razón por la que solo trabajó en la Escuela por un corto periodo de tiempo.

La incorporación de Enrique Mestre Estellés como maestro de taller de Cerámica en la Escuela de Artes y Oficios de Valencia

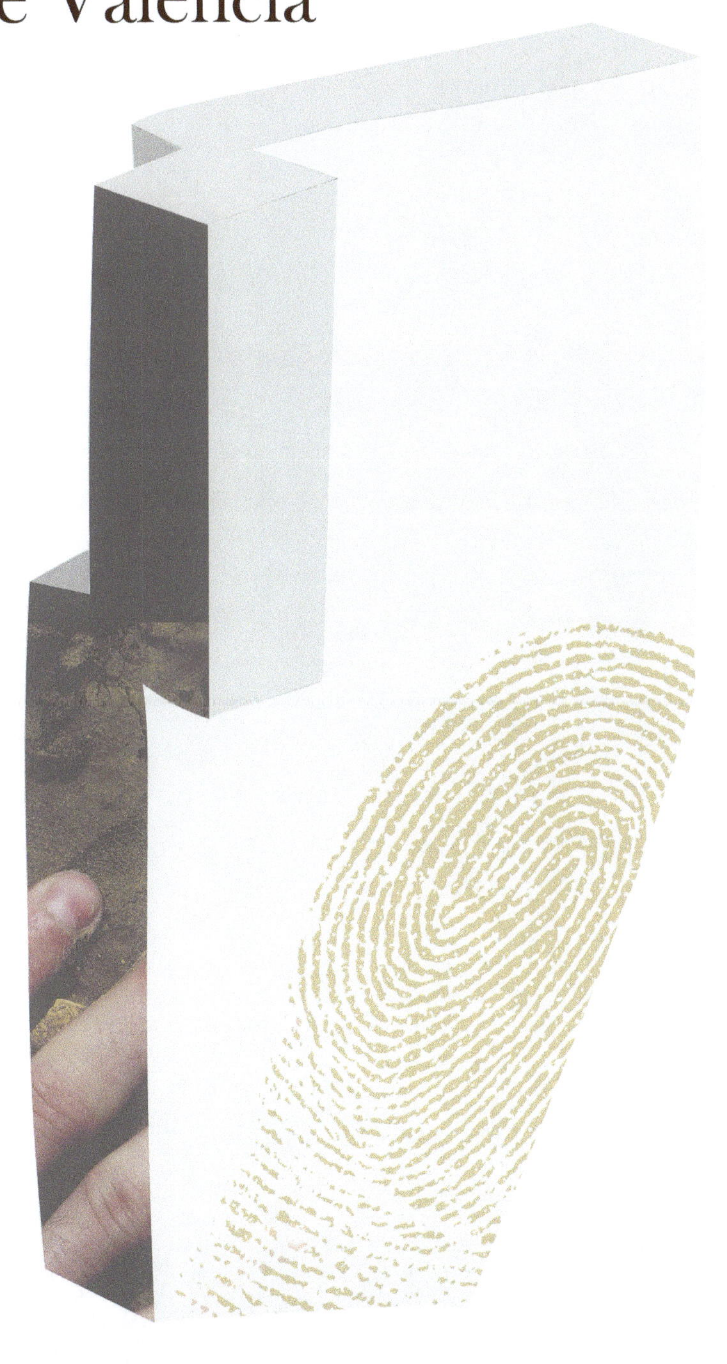

Breve contextualización

Hasta el momento, y como preparación para la correcta lectura del presente capítulo, ha sido necesario hacer todo un recorrido histórico sobre los antecedentes del contexto docente en torno a la disciplina de la cerámica, dentro del marco investigado, hasta llegar al momento en el que se incorporó Mestre. Este es un requisito imprescindible para poder entender, por comparación, los cambios que se produjeron en el momento de dicha vinculación. Pero también, y como se puede suponer, era necesario conocer la trayectoria personal y profesional del artista. Con este fin, se han recogido y analizado los principales acontecimientos biográficos del mismo, considerándolos siempre inmersos en el contexto socio–histórico en el que sucedieron. A partir de ellos, se ha hecho un trabajo de relación y de síntesis, tanto de las fuentes documentales como de los testimonios recopilados en esta investigación. La conjunción de todos estos elementos ha contribuido a entender el singular desarrollo de esta figura, en su doble faceta personal y académica. En este capítulo centramos el interés en el periodo docente que Mestre desarrolló entre 1969 y 2001.

El espacio físico donde trabajó nos remite al taller de Cerámica de la Escuela de Artes Aplicadas y Oficios Artísticos de Valencia[1] y los lugares (edificios) que dicho taller ocupó. Sin embargo, más allá de esta localización espacial, el taller de Cerámica constituirá todo un espacio simbólico de referencia; esto es, de apertura y difusión de las resonancias que han propagado el eco de un particular modo de ver y transmitir la cerámica. Si bien esta visión no siempre ha sido compartida por todos, los resultados producidos con el paso del tiempo nos han conducido a valorar su interés y a dedicarle este estudio. Así pues, estos intangibles que hemos llamado resonancias, tienen su génesis en actividades, acontecimientos y circunstancias que iremos narrando y documentando convenientemente.

En consecuencia, se abre el núcleo central dentro del marco de estudio: aquel que es la razón de esta propuesta de investigación y donde se sitúa la acción más decisiva; advertiremos un cambio sustancial respecto a cuando hablábamos de la influencia del entorno, en un Mestre aún en periodo de formación. De ahora en adelante empezamos a hablar de un artista que inicia lo que será una larga trayectoria docente paralela a la propia producción artística[2]. En el transcurso de la lectura del capítulo debemos observar cómo ambas figuras, la de docente y la de artista, se desarrollan en simbiosis, o lo que es lo mismo, ya no hablaremos de la influencia captada por Mestre, como ocurría en el periodo de formación. Estamos, pues, ante un punto de inflexión: ante un Mestre que ha tomado el control de su vida profesional y, desde esa toma de conciencia, inicia la labor de transmitir su concepto de *paideia*.

1 Desde este momento, nos referiremos a ella como Escuela de Artes Aplicadas o como Escuela de Valencia, indistintamente.

2 La insistencia sobre la obra artística en paralelo a la labor docente la reiteraremos alguna vez más a lo largo de este capítulo. De hecho, también Mestre hace referencia a ello en la transcripción de alguna entrevista, y es que esta dedicación a la propia obra tiene una importancia capital para entender la transcendencia del magisterio de Mestre.

También abordaremos en este capítulo, como no podía ser de otro modo, todo lo referente al equipo docente que trabajó con Mestre, puesto que ha sido parte activa en los hechos investigados. Este factor ha condicionado su participación en calidad de informantes. De este modo explicaremos la contribución e influencia de este colectivo profesional en el proyecto educativo sobre cerámica que estamos analizando. Adelantándonos a lo que se expondrá a continuación, queremos afirmar desde aquí lo positivo de su actitud y su colaboración como agentes determinantes en los acontecimientos estudiados.

Comenzaremos el capítulo analizando, en primer lugar, los cambios que se producen coincidiendo con los primeros años de la incorporación de Mestre para, acto seguido, hacer un seguimiento en el tiempo[3] de su trayectoria institucional. Dado que este seguimiento abarca un largo periodo de tiempo de nada menos que treinta y dos años, hemos de considerar que el ritmo de los acontecimientos, como siempre sucede, marcará el pulso de cada momento.

Por último, es nuestro propósito que de todas las consideraciones que se expongan en este capítulo se desprendan las razones por las cuales la propuesta educativa sobre Cerámica liderada por Enrique Mestre Estellés fue diferente. De igual modo, trataremos de concretar cómo y porqué este profesor transciende la figura docente propiamente dicha, para ser considerado Maestro en el sentido que nos explica María Zambrano cuando habla de «el maestro–el guía» y apunta:

> El maestro es él, él, el maestro y por eso se le distingue del profesor que es un profesor, alguien que llega a enseñar algo sin que se la note en el mejor de los casos —cuando cumple—. Solo si lo hace mal, o en forma que rompa los cánones inveterados, se advierte su singularidad. No es él propiamente, sino uno, un funcionario… El maestro transciende. Por eso, aun estando quieto y silencioso, sigue estando presente (Zambrano, 2002: 255).

Esta es la característica, sin duda, que permite a Mestre ser generador de *paideia* y, partiendo de este punto, continuaremos analizando cómo se desarrolló su faceta pedagógica.

Un cambio radical

Procederemos ahora a explicar lo que fue un cambio radical en el taller de Cerámica de la Escuela de Valencia y lo haremos dividiendo la información en dos bloques. En primer lugar, expondremos las cuestiones que son consecuencia de las decisiones de la Administración. En segundo lugar, sopesaremos los cambios resultantes de la incorporación de Mestre como maestro de taller. En base a los resultados aportados en ambos casos y siguiendo la norma de esta investigación analizaremos, por un lado, todos aquellos hechos y razones que las causaron e influyeron. Y, por otro lado, las consecuencias que se derivaron de ellas, tanto las que quedaron respaldadas mediante la constitución de un marco legal, como las que estimemos razonablemente lógicas, aun sin poderlas documentar. Observaremos que las primeras —las legislativas— fueron en gran medida el resultado de presiones y decisiones con vocación de progresar, dado el carácter de la época. De ahí que propiciasen las segundas, las que dependieron de la acción de Mestre, tal como recogemos a continuación[4].

3 Este seguimiento es transversal en el texto o, lo que es lo mismo, se desprende de la lectura; no podemos compartimentar lo que ha sido una evolución constante, sumergida en una amalgama que tenemos que analizar a través, sobre todo, de recuerdos de difícil datación.

4 Nos referimos a las décadas de los setenta y los ochenta del siglo XX en España.

Efectivamente, aquellas cuestiones que dependieron de él las abordaremos desde el convencimiento de que el propio Mestre, como profesor receptor de estas circunstancias, podría haber hecho otro uso de ellas. Incluso, podría no haber percibido en ellas oportunidad ninguna. Por el contrario, en este caso, supusieron una buena cimentación sobre la que Mestre supo construir un proyecto educativo, distinto y valioso, sobre Cerámica. Con ello, generó un cambio respecto a lo que se había hecho con anterioridad en la Escuela de Valencia y también respecto a lo que se estaba enseñando en otras escuelas por esas mismas fechas[5].

Cuando Mestre se incorporó como docente a la Escuela en 1969, habían pasado treinta años desde la finalización de la contienda civil (1936–1939) y la sociedad española empezaba a perder los miedos. La generación nacida después del conflicto estaba madura para tomar las riendas de las instituciones y, como es natural, empujaba para realizar el cambio generacional.

Así, se abre en España un periodo que culminara después de la muerte de Franco en 1975, con las primeras elecciones libres después de la Dictadura. Las escuelas no son sino un reflejo más de la sociedad. Como resultado, en la Escuela de Artes Aplicadas de Valencia se empezaron a sentir opiniones que reclamaban cambios que se plasmaron, por ejemplo, en la reivindicación en el claustro de una gestión más democrática. Según la bibliografía consultada, uno de los docentes que más se implicaron en dichas reclamaciones fue Marcelino Gómez Pintado, profesor de Término de Dibujo Artístico, que se había incorporado al centro en 1975; por tanto, seis años después de que lo hiciera Mestre. Como se ha visto con anterioridad, Gómez Pintado culminó su lucha siendo director de la Escuela y propiciando un periodo de especial apertura hasta su fallecimiento, en 1983.

En otro orden de cosas, la reciente implantación del Plan de Estudios de 1963 supuso una positiva evolución hacia la consolidación de las escuelas, que vieron en ella un cambio para adaptarse a las nuevas necesidades que demandaba el mundo laboral[6]. La nueva legislación otorgó a la Escuela de Valencia las siguientes especialidades:

— Sección de Decoración y Arte Publicitario: Decoración, Escaparatismo, Proyectos, Rotulación, Figurines, Dibujo Publicitario, Carteles e Ilustración Artística.
— Sección de Diseño, Delineación y Trazado artístico: Diseño, Trazado, Calcado y Delineación artística.
— Sección de Artes Aplicadas al Libro: Encuadernación, Grabado, Litografía, Taquigrafía y Mecanografía.
— Sección de Talleres de Artes Aplicadas y Oficios Artísticos: Ebanistería, Cerámica, Cincelado en Metales, Vidriería, Dorado y Policromado, Bordados y Encajes, Corte y Confección, Talla en Madera, Talla en Piedra, Abaniquería, Joyería, Carpintería de Ribera, Alfombras, Serigrafía, Fotografía Artística y Taracea.

5 Los lenguajes sobre los que en aquel momento, y de forma novedosa, se trabajaban en la Escuela de Valencia, suponen hoy en día parte obligatoria en los contenidos habituales de la oferta educativa de cerámica en todas las escuelas. También se imparten en numerosos talleres privados. No en vano, han pasado 45 años en los que la capacidad para difundir imágenes e ideas ha cambiado el mundo.

6 No olvidemos que la legislación del Plan de Estudios de 1963 fue la que estuvo vigente, en el ámbito de Cerámica, durante todos los cursos en los que Mestre trabajó en la Escuela. Los cambios en la ordenación de asignaturas y contenidos efectuados en el curso 1989–90 fueron fruto de acuerdos internos, con el fin de adaptar las enseñanzas a las nuevas demandas del mercado profesional.

Para obtener el título de graduado en Artes Aplicadas (especialidad: Cerámica) el alumno debía cursar cinco años de estudios: dos de ellos eran solo de asignaturas comunes y, en el tercer curso, se incluía la asignatura de Modelado o práctica de taller (Decreto 2127/1963)[7]. Los dos últimos cursos comprendían las enseñanzas de taller correspondientes a la especialidad; en este caso, Cerámica. Durante estos dos últimos años, por regla general, las asignaturas comunes que acompañaban a los talleres solían adaptar sus contenidos a la especialidad. Sin embargo, esta no era una norma de obligado cumplimiento, sino que estaba sujeta a la disposición del profesorado.

Este primer periodo inmediato después del Decreto 2127/1963, coincidió con el interés de la escuela por promocionar las nuevas titulaciones. Observemos que el nuevo Plan de Estudios del 63 introdujo especialidades de nuevo cuño (todas las que tenían que ver con el diseño y la publicidad) y que mantuvo los talleres tradicionales en la llamada Sección de Talleres de Artes Aplicadas y Oficios Artísticos. Nos interesa puntualizar estas innovaciones relacionadas con la implantación del diseño y la publicidad entre las especialidades de la escuela, puesto que dan noticia de las características cualitativas de algunos de sus profesores. Así pues, nos parecen significativas a la hora de valorar los méritos profesionales que Mestre tenía en ese campo[8].

Hubo otra consecuencia resultante de la nueva legislación de 1963 que resulta relevante para la investigación. La Orden del 10 de junio de 1965, que vino a desarrollar la de 1963, estableció las especialidades a cursar en las escuelas de Artes Aplicadas y Oficios Artísticos. Como resultado, introdujo en la Escuela de Valencia, por primera vez, una titulación de Cerámica. Este hecho marcó un giro dentro del marco referencial que estamos investigando al producir la coexistencia de dos titulaciones cerámicas diferentes: la proporcionada en la Escuela de Cerámica de Manises y la de nueva creación otorgada por la Escuela de Artes Aplicadas y Oficios Artísticos.

Estas dos titulaciones respondían a la distinta organización de los currículos docentes. Sin embargo, al ser equivalentes en su titulación, condujeron a la situación paradójica de impulsar dos tipos de profesionales titulados en cerámica con un perfil muy diferente.

A continuación haremos un inciso para introducir una breve información sobre los contenidos del plan de estudios de las dos escuelas[9]. Para no extendernos, solo citaremos los distintos departamentos en los que se ordenaron las asignaturas, lo cual nos permitirá hacernos una idea del carácter de ambos currículos. En primer lugar, nos referiremos a los de la Escuela de Artes Aplicadas de Valencia, que basándose en las asignaturas del Plan de 1963 (Dibujo, Historia del Arte, Modelado, Matemáticas, Derecho y Taller) creó, en el posterior ordenamiento interno del curso 1989–90, los departamentos de Gestión y Derecho, Ciencias y Tecnología, Teoría e Historia, Volumen, Dibujo y Proyectos, de las distintas especialidades. Estas se agruparon para la correcta coordinación de sus enseñanzas, de tal modo que cada una de ellas contó con los profesores necesarios de cada una de las asignaturas[10].

En segundo lugar, por lo que se refiere a la Escuela de Cerámica de Manises, recurriremos a la publicación efectuada por el Excmo. Ayuntamiento de este municipio en 1985, con motivo de la primera Semana Cultural. Dicha publicación estuvo presentada por el director en aquel momento,

7 Nos consta que Mestre inducirá al alumnado a dedicar esas horas al taller.

8 Al respecto, como veremos con posterioridad, consideramos que la experiencia profesional de Mestre en el campo del diseño publicitario fue uno más de los motivos que contribuyeron, desde el primer momento, a su prestigio dentro del claustro.

9 Este inciso rompe el hilo narrativo del capítulo, pero es imprescindible para entender el alcance de esta circunstancia.

10 Esto quiere decir que la especialidad de Cerámica conto con los profesores de Dibujo, Volumen e Historia del Arte necesarios y todos ellos debían coordinarse con los talleres. Esto se repitió para todas las especialidades.

el profesor D. Ramón Gimeno Gil. En ella, la profesora D.ª Josefina Bolinches Molina[11] hizo una síntesis de la historia de la escuela, en la que podemos leer:

> En 1948, tras ese estado de postración que parecía casi definitivo, de nuevo un grupo de profesores, con don Alfonso Blat como director, se animó a hacer resurgir al Centro. Don Federico Gimeno Pales, hijo de Manises y como secretario de la escuela, reunió esfuerzos de autoridades, gremios cerámicos, visitaron al Marqués de Lozoya como director de Bellas Artes, para exponerle la situación de postración de la Escuela. Como respuesta se otorgó el Decreto de 18 de febrero de 1949 por el que se reorganizaban las enseñanzas y régimen de funcionamiento. Se empezó una nueva etapa, poniendo al día las instalaciones y edificio y a nivel académico empezó a impartirse el título de perito en Cerámica Artística o Técnica. Título que sigue impartiéndose en la actualidad. En la década de los 60 se ampliaron los contenidos de ambos peritajes, al igual que en ocasiones sucesivas, adecuando las enseñanzas a las exigencias de una realidad laboral técnica o artística (Bolinches, 1985: 15).

Observemos que según se desprende de la descripción hecha por Bolinches, el Decreto de 18 de febrero de 1949 organizó la Escuela de Manises hasta que entraron en funcionamiento los estudios superiores de Cerámica. Del mismo modo que ocurrió en la Escuela de Valencia, en la de Manises se hicieron distintos ajustes internos —como afirma Bolinches— en la década de los sesenta y en sucesivas ocasiones posteriores, intentando responder a las exigencias que la lógica evolución del conjunto demandaba. Dicho lo cual, pasaremos a mencionar los departamentos en los que se organizaron las materias a cursar en la Escuela de Manises, tal como quedaron distribuidos en 1985: Seminario de Análisis de la Forma, Seminario de Análisis Químico, Seminario de Decoración, Seminario de Dibujo Artístico, Seminario de Diseño Industrial Cerámico, Seminario de Física y Química Aplicada a la Cerámica, Seminario de Historia de la Cerámica, Seminario de Matemáticas y Organización Industrial, Seminario de Preparación Cerámica y Seminario de Tecnología Cerámica.

A la vista de los dos currículos señalados, comprobamos que los estudiantes que se matricularon en las Escuelas de Cerámica, cursaron muchas más horas de asignaturas prácticas referidas a la especialidad cerámica. Asimismo, también apreciamos que estas asignaturas se centraron en técnicas y procesos cerámicos concretos y que fueron impartidas por profesores especialistas en ese apartado puntual. Por el contrario, los estudiantes de escuelas de Artes Aplicadas, cursaron las asignaturas comunes a todas las especialidades y, solo en los dos últimos cursos, tuvieron una asignatura que se llamó Taller de Cerámica (y que en la práctica se ampliaría a tres cursos por incluir el taller de 3.º). De la enumeración de asignaturas del currículo de Artes Aplicadas podemos deducir que solo en la asignatura de Taller se impartieron todos los conocimientos del proceso cerámico que después tendría el titulado. Esta gran diferencia en el diseño del currículo docente, con frecuencia supone el origen de las críticas de unos titulados hacia otros, enraizada estas en los valores que cada uno le otorga a las destrezas o las competencias dentro de la cerámica.

En la actualidad, con las nuevas legislaciones que propician otra organización para los estudios de Cerámica, se han cerrado muchos de estos debates. Lo que no quiere decir que, a nuestro parecer, no continúe abierto el más fundamental: qué enseñar, cómo enseñar y por qué enseñarlo. También se debe decir que las posibles respuestas a estas preguntas formuladas nunca pueden ser eternamente contestadas. Todo lo contrario, deben ser siempre revisadas por los equipos docentes, sean estos

11 Josefina Bolinches Molina fue profesora de Historia en la Escuela de Manises y hermana de la también profesora y maestra de taller de Decoración (cerámica) Amparo Bolinches Molina. Ambas eran hijas del destacado escultor Luis Bolinches Company (Alfara de Algimia, 1895–1980), profesor en la Escuela Superior de Bellas Artes de Valencia y de la ya citada Escuela de Cerámica de Manises.

de la disciplina que sean. Eso sí, siempre entendiendo el debate y el posible conflicto que se pueda generar «como un espacio de discrepancia para aprender y avanzar» (Hernández, 2004: 46).[12]

Explicados los cambios legislativos y sociales, así como la influencia que ejercieron en la totalidad de los hechos, nos centramos ahora en aquellos cambios que tuvieron como actor al maestro de taller Enrique Mestre Estellés. Efectivamente, los nuevos planteamientos en las circunstancias docentes encontraron en Enrique Mestre un receptor adecuado. En primer lugar, porque contaba con una óptima preparación en la materia que tenía que enseñar, pero no solo esto. Lo que es más importante para la lectura de las cuestiones que nos ocupan fue su actitud consciente de que un artista siempre tenía que expresarse según los códigos contemporáneos. Este profundo convencimiento hizo que Mestre, ya desde la etapa de estudiante, rechazara la tradición y el conservadurismo, tanto en la pintura como en la cerámica[13]. En consecuencia, y basándose en los mismos códigos en los que buscó su propia identidad como artista plástico, dio a la enseñanza de la cerámica en la escuela de Valencia un giro radical con respecto a sus antecesores.

Este proceso de transformación en los contenidos y en el enfoque de la asignatura se deduce a partir de la bibliografía consultada y de la obra conocida de los profesores que antecedieron a Mestre. De dicha información se desprende que los ya aludidos maestros de taller que precedieron a Mestre en la Escuela de Valencia, enseñaron técnicas tradicionales; esto es, pintura sobre cubierta, tal vez cuerda seca o entubado. Todas eran técnicas de baja temperatura, cocidas en torno a los 980° o 1000 °C, generalmente sobre soportes ya fabricados y adquiridos para las prácticas de los alumnos. También los lenguajes empleados estarían, por lo general, dentro de los códigos tradicionales, salvo la excepción hecha de la introducción al barro que parece ser que aportó Alfons Blat. De esta última modalidad no conocemos ningún desarrollo, sino que más bien la deducimos por una petición de material, lo cual no es ninguna garantía de que ese material fuera al fin utilizado por los alumnos.

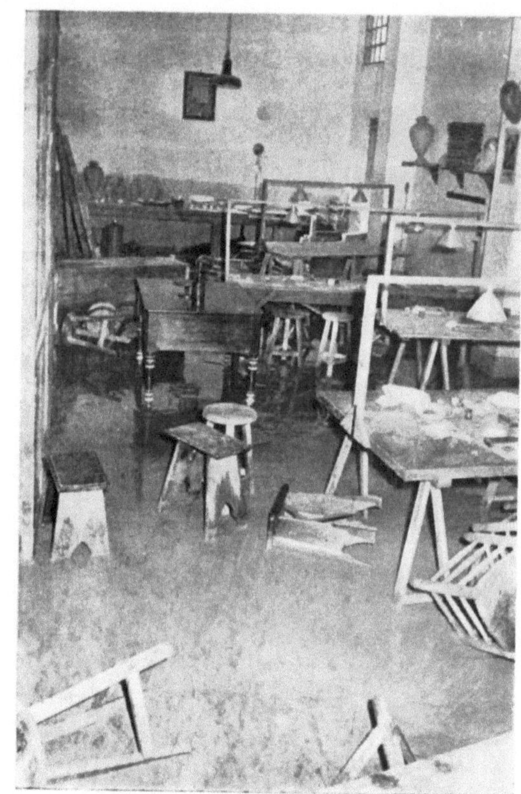

CERÁMICA — Inundaciones octubre 1957

Figura 7. Aula de cerámica después de la riada de 1957 (Informe de daños)

12 En la actualidad se han implantado los estudios de grado tanto en la Escuela de Cerámica de Manises como en la escuela de nueva creación situada en Alcora, municipio de la provincia de Castellón. Los ciclos formativos de Cerámica continúan impartiéndose, tanto en las escuelas de Artes Aplicadas (hoy *escoles d'Art i Superiors de Disseny*), como en las escuelas superiores de Cerámica.

13 Observemos que la cerámica es una de las técnicas que más se ha enrocado en las reproducciones históricas, en las que el sentimiento popular se encuentra muy cómodo. Pongamos, como ejemplo, lo extendido que está aprender la técnica del *socarrat* manteniendo las mismas iconografías copiadas de los modelos antiguos. No obstante, con esto no queremos decir que consideremos que las técnicas antiguas estén desfasadas, puesto que cualquier técnica puede ser válida para crear una obra consistente y contemporánea.

Por otra parte también contamos con las imágenes que del aula de cerámica se publican en el informe de daños que la escuela dirige al Ministerio, en ellas podemos observar atendiendo a las instalaciones (mesas), que el equipamiento era el adecuado para técnicas de decoración y no otras.

Ante estos contenidos precedentes, la diferencia en la propuesta de Enrique Mestre estuvo en la concepción de cada pieza desde sus inicios. Lo que quiere decir que, desde la elección del material de soporte, el diseño o desarrollo de la forma, el acabado de superficie, las características de la cocción, etc. eran decisiones encadenadas. Según esta norma, el ceramista debía trabajar considerando siempre que ninguna de las elecciones era ajena al resto, sino que condicionaban el resultado, que siempre estará sujeto al contenido que el artista pretende expresar. En cuanto a los materiales y las técnicas debemos destacar un cambio muy significativo: la introducción del gres refractario como material de trabajo en el aula y, en consecuencia, la alta temperatura para la cocción de las piezas[14]. A estos cambios en los contenidos tenemos que sumar la metodología que siempre aplicó en su magisterio, en el que el paso lento sobre lo que se hace propicia la constante reflexión sobre la obra, supone un método y es instrumento que toma la función de recurso para el profesor y de autoconciencia para el alumno.

Por último, para cerrar aquellas cuestiones que supusieron los factores de cambio, buscaremos en las motivaciones de Mestre las razones que lo llevaron a trabajar en esta línea. Lo haremos aportando sus palabras cuando dice:

> [...] era lo que yo sentía, lo que yo veía que había necesidad, necesidad, o sea, para mí; por una visión un poco más lejana de lo que era la cerámica tradicional de pintar floritones y margaritas y pajaritos y cosas de esas. Yo lo que quería era implicarme en un terreno más plástico, más artístico. Y lo dirigía todo a eso (Entrevista n.º 2 a Mestre).

Por otra parte apreciamos que Mestre tuvo la valentía de llevar adelante su proyecto a pesar de las fuertes críticas por parte de los sectores más conservadores. Por el contrario, en su escuela, la Escuela de Artes Aplicadas y Oficios Artísticos de Valencia, tal y como deducimos de sus declaraciones y de la observación, Mestre siempre gozó de un prestigio ampliamente admitido por el resto del claustro. Prestigio y respeto que le proporcionaron la libertad necesaria para poder llevar adelantc, y sin trabas, su proyecto.

El prestigio profesional de Mestre en la Escuela de Artes y Oficios

Cualquier opinión o posicionamiento siempre está estrechamente relacionado con el contexto y el funcionamiento de los mecanismos socioculturales en los que se mueve la información. Tomar decisiones y ser capaz de desarrollarlas requiere de las capacidades y el conocimiento adecuados por parte del actor, pero también es deseable un contexto receptivo[15]. Conviene no perder

14 El gres es una pasta cerámica compuesta por arcillas naturales plásticas y refractarias, siendo el feldespato su fundente. La temperatura de cocción adecuada puede oscilar entre 1200° y 1300 °C, dependiendo de su composición. El empleo de este material aparece documentado primero en China y, posteriormente, estuvo muy extendido por Europa. En el caso particular de España, su utilización se difundió desde principios del siglo XX.

15 Sin esta deseable actitud receptiva en el contexto, el actor (en este caso, un profesor o profesora) se verá abocado sencillamente a desistir y adaptarse a la norma o, por el contrario, defender sus propuestas, justificándolas y argumentándolas. Dependiendo de la relación entre las partes, en tales situaciones en las que se le niega al compañero un legítimo voto de confianza, este profesor gastará gran parte de su energía en la polémica, cumpliendo así el objetivo del o de los compañeros poco respetuosos, esto es, desestabilizarlos y devaluar la asignatura en la que han focalizado

de vista tales apreciaciones a la hora de abordar el análisis que se expone a continuación sobre un colectivo cerrado, como fue el caso del claustro de profesores de la escuela en la que Mestre ejerció su docencia. Como venimos insistiendo, Mestre gozó de un gran respeto entre sus compañeros, lo que nos conduce a analizar cuáles fueron las causas que justificaron este reconocimiento generalizado.

Con el fin de situarnos en la perspectiva adecuada para comprender las razones de esta valoración positiva, empezaremos explicando cómo se produjo el ingreso de Mestre en la escuela. Al respecto, nos parece de suma importancia saber que fue la propia dirección la que se mostró interesada y procedió a realizar los trámites oportunos para su contratación, lo que resulta diametralmente opuesto a las directrices que establece la legislación actual. En estos momentos, acceder a un puesto de profesor en las escuelas requiere, por una parte, estar previamente en una lista de candidatos atendiendo a un baremo de méritos estipulados por la Conselleria. Así se accede a una plaza como interino. Por otra parte, para ser titular de una plaza se necesita haber pasado por una oposición y ser funcionario de carrera en la especialidad docente que corresponda. Suele ser frecuente que un profesor ingrese como interino y, después, se presente a una oposición para consolidar su puesto de trabajo. Este fue el caso de Mestre, que desde su situación de interinidad se presentó a la oposición por la cual ocupó su plaza en propiedad. La diferencia entre el caso de Mestre y lo que ocurre en la actualidad es que, para incorporarse a su puesto, él no tuvo necesidad de pasar por el proceso de la bolsa de interinos hasta ser llamado por estricto orden de lista. Simplemente, la dirección pensó en él cómo el profesional más adecuado y esto hizo inminente su requerimiento[16].

Según relata Mestre en las entrevistas y conversaciones sobre cómo empezó a trabajar, fueron a buscarlo el director del centro en aquel momento, Genaro Lahuerta López (Valencia 1905–1985)[17], junto con el también miembro de la dirección de la escuela Francisco Sebastián Rodríguez (Valencia 1920–2013)[18]. Ambos le hicieron a Mestre la propuesta de trabajar como profesor de Cerámica, lejos de los cauces de selección actuales:

> [...] tal vez les habían hablado de mí, o conocían mi trabajo... Y entonces se contrataba a dedo, así: «mira, este tío debe ser bueno». No había ni oposiciones ni nada (Entrevista n.º 1 a Mestre).

Nos imaginamos que ante la necesidad de buscar un profesor para la plaza de maestro de taller de Cerámica, se indagaron las mejores opciones entre los profesionales cualificados en aquel momento. Por tanto, podemos deducir que Mestre contaba con los requisitos adecuados. Para rubricar

---

los desacuerdos. La situación explicada pronto deriva hacia que cualquier propuesta hecha, cualquier iniciativa, sea duramente analizada por colegas y alumnos. En fin, la asignatura y el profesor o la profesora, que por una razón u otra se enreda en esta espiral, dependiendo de cómo sea capaz de solucionar los conflictos y dependiendo también de los recursos que este mismo ambiente le proporcione o le niegue terminará, en el peor de los casos, perdido en la vorágine de las cuestiones ambientales; es lo que llamamos acoso moral. Esta es una situación en la que aun teniendo la capacidad para sortear los obstáculos, la sobrecarga mermará el rendimiento.

16 En este punto, nos parece pertinente señalar que los sistemas de contratación se normalizaron mediante el reglamento interior del centro aprobado en la junta de profesores (claustro) del 26 de febrero de 1982. En él se concretaron las normas para la contratación del profesorado interino. Aunque este todavía continuó siendo seleccionado directamente por la Dirección del centro, «[...] se establecen requisitos de convocatoria pública, anunciada en los medios de comunicación locales, valoración del currículum y entrevista con un tribunal constituido por el director, el jefe de estudios y tres profesores de la especialidad convocada» (Soldevilla, 2000: 128).

17 Pintor integrante del Grupo de los Ibéricos y director de la escuela entre 1958 y 1970.

18 Pintor paisajista que fue director de la Escuela entre 1970 y 1973.

esta suposición, Mestre deja claro que él no conocía de nada a los encargados de realizar entonces este proceso de selección.

Con el fin de entender los motivos que propiciaron el interés por contratar a Mestre repasaremos, esta vez de forma sucinta y comentada, la trayectoria del artista. En 1969 Mestre se había titulado en la Facultad de Bellas Artes. Contaba, pues, con la misma formación que la mayoría de sus colegas. Resulta necesario recordar que en el recorrido sobre la historia de la escuela de Valencia, la figura del maestro de taller se consideró, durante mucho tiempo, subordinada a la de profesor de Dibujo, de modo que a los maestros de taller no se les permitió participar en los claustros o juntas. También conviene reiterar las agrias críticas hacia sus recursos y capacidades. No se ha encontrado información concreta sobre cuáles fueron los requisitos que debían acreditar los maestros de taller para acceder a la plaza antes del Plan de 1963. A partir de esta fecha, sí que es posible documentar que, para acceder a la plaza de maestro o maestra de taller en las escuelas de Artes Aplicadas, había que contar con la titulación en la especialidad correspondiente expedida por dichas escuelas[19]; en este caso particular, con la titulación en Cerámica cursada en la Escuela de Manises[20].

Pero no menos importante que esto, es que Mestre había trabajado desde 1960 en distintas empresas del mundo de la publicidad en Valencia. De hecho, entre 1963 y 1969, llegó a ser el jefe del departamento de creativos en la empresa Mariano Canut Bardina, una de las de mayor envergadura de la ciudad. Esta experiencia profesional de Mestre estaba en clara consonancia con los intereses que existían entonces en el claustro hacia todo lo relacionado con el diseño, que era una disciplina en pleno auge. Hasta tal punto, que la escuela había incorporado en su Plan de Estudios de 1963 las especialidades de Arte Publicitario y Diseño. Por esta razón, resulta presumible que los compañeros dentro de estas especialidades reconocieran positivamente la destacada experiencia del nuevo profesor en el campo de la publicidad, a pesar de no ser este el campo específico para el que se le requería. Tal vez, vieron ante sí a alguien que había destacado en la realidad del mercado laboral, siempre exigente, dentro de una disciplina que se encontraba en pleno crecimiento. Todo ello debió constituir un motivo añadido de interés y de valoración.

A partir de todo lo expuesto, podemos deducir con suficiente certeza que el profesor Enrique Mestre Estellés, cuando se incorporó a su puesto de trabajo como maestro de taller de Cerámica, venía precedido por unos méritos profesionales que lo avalaban y que le proporcionaron el respecto y la admiración de sus compañeros. La percepción que se tenía entre el colectivo receptor de profesores de la escuela fue, al parecer, muy favorable. Esto es lo que se desprende de un razonado análisis de las circunstancias, pero también de la experiencia que Mestre transmitió, repitiendo siempre que nunca se sintió coaccionado en su trabajo. En esta apreciación de Mestre, es obvio que también debió influir, de forma sustancial, una sólida confianza en sí mismo y el autoconcepto que Mestre labró con su propio esfuerzo, el trabajo y la continua revisión de sus destrezas y conocimientos: la búsqueda de la excelencia, de la virtud, que luego volcara en su magisterio. De nuevo, estamos hablando de *paideia*.

En consecuencia, este respeto profesional no pudo ser ajeno a la libertad en la que Mestre afirmó haber trabajado. Y así lo explica al preguntarle por las polémicas tremendas que existían antes de su llegada, sobre si los maestros de taller tenían que hacer lo que los profesores de dibujo les pautaran, dado que a él siempre le respetaron su particular modo de proceder:

19 Si el aspirante aportaba otra titulación superior era a título personal y se valoraba como méritos añadidos.

20 Recordemos que las dos titulaciones en cerámica, la de Manises y la de Valencia, daban opción a las mismas oportunidades.

> [...] jo vaig fer lo que me donà la gana, ningú se ficà en mi... A mí nunca nadie en la escuela me ha dicho: «tú por qué haces esto o aquello, y tal». Nadie, nadie. Vamos..., me sentía absolutamente libre, porque yo pensaba que tenía las ideas claras, ¿eh? (Entrevista n.º 1 a Mestre).

La actividad docente en el taller de Cerámica: profesionales que intervinieron

En este punto hacemos referencia al periodo de tiempo en el que Mestre impartió docencia en el taller de Cerámica de la Escuela de Valencia (1969–2001). Estamos hablando de un periodo de treinta y dos años en el que influyeron innumerables cuestiones de todo tipo que, para más complejidad, evolucionaron en el tiempo. Algunas de ellas ya han sido descritas, otras las comentaremos a continuación. Para facilitar la lectura, iniciaremos la exposición atendiendo a las circunstancias que contribuyen a la comprensión de los hechos analizados. En este sentido, el punto de inflexión ineludible y determinante fue el plan de estudios que reguló los contenidos y la ordenación académica. Pensemos que los puestos de trabajo del profesorado están legislados y ordenados en sus derechos y deberes por las leyes que regulan la función docente. Conocidas estas leyes, en todos los centros de la tipología de los que nos ocupan hay un margen de acción que depende de acuerdos internos. Estos acuerdos se lograron de diferentes modos, según su naturaleza. Así pues, algunos fueron votados en el claustro y aprobados por todo el centro, como el ya nombrado del curso 1987–88 por el que se actualizaron las enseñanzas con el fin de adaptarlas a las demandas. Otros acuerdos fueron tomados en las coordinaciones de seminarios y departamentos. Estos últimos solían revisarse con más frecuencia, puesto que en muchos casos hacían referentes a cuestiones muy cotidianas. Por último, cabría mencionar los acuerdos tácitos o personales que construyen las relaciones intangibles, no menos importantes. Dicho esto, volveremos la mirada hacia el taller de Cerámica de la Escuela de Artes Aplicadas de Valencia y expondremos la evolución en la actividad del mismo.

En dicha trayectoria fueron parte activa y fundamental las maestras de taller que compartieron con Mestre la labor docente durante diferentes periodos de tiempo: Mercedes Sebastián Nicolau (Valencia, 1952), Esperanza Fontecha Martínez (Deusto, 1946) y Ángeles Roca Bañuls (Xàtiva, 1953). Todas ellas fueron ceramistas y discípulas de Mestre, por lo que fueron incluidas en la selección de alumnos de esta investigación. En consecuencia, dichas maestras de taller de Cerámica han actuado como informantes desde los inicios del trabajo. En un primer momento, las tres profesoras accedieron gustosamente a charlar en conversaciones distendidas y amistosas que contribuyeron a centrar las búsquedas.

Una vez iniciada la etapa de documentación formal, cada una de ellas participó, según su decisión y en diferente medida. De tal manera, Roca se prestó sin objeciones a registrar su testimonio oral en una entrevista grabada. Por su parte, con Fontecha se mantuvieron extensas y cordiales conversaciones telefónicas sobre la figura del artista y profesor, pero desde un primer momento, se mostró reacia a la posibilidad de ser grabada en una entrevista; tal vez, por su carácter más discreto y reservado. Tampoco se han podido intercambiar correos electrónicos, como en otros casos, puesto que Fontecha comentó que no utiliza esta herramienta de comunicación. No obstante, manifestó su voluntad de colaborar y aportar su testimonio, por escrito, sobre la importancia que ha tenido la figura de Mestre como protagonista de una experiencia docente, de valor histórico, en la enseñanza de la cerámica en Valencia. Teniendo en cuenta que Mestre fue su profesor y más tarde su compañero de trabajo, se barajó la posibilidad de enfocar este texto hacia la labor docente, aunque en última instancia prefirió no hacer comentarios concretos y desestimó la posibilidad de escribir el mencionado texto.

Por último, con Sebastián se mantuvieron diferentes conversaciones de contenido muy valioso, puesto que fue la primera profesora que se incorporó al taller de cerámica en la Escuela de Valencia; por tanto, fue testigo de todo el proceso de desarrollo de los hechos. Asimismo, Sebastián también respondió en su momento a diferentes consultas a través de correos electrónicos, alguno de ellos incluido en la presente investigación. Aunque siempre dio muestras de su predisposición a colaborar y contestar un cuestionario inicial por escrito, este método de recopilación de información previa no llegó a llevarse a cabo.

Desde nuestra consideración, el relato, la opinión y el punto de vista de estas tres profesoras es imprescindible para entender el funcionamiento interno de los talleres de la especialidad por dos razones. La primera de ellas es, que junto con Mestre, han sido la principal fuente documental de la que disponemos para recopilar la perspectiva del profesorado, dada la escasez de programaciones o memorias de curso disponibles. La segunda razón que aporta especial valor a la información que pueden transmitirnos Sebastián, Roca y Fontecha, es que, por el hecho de ser actoras en el contexto investigado, han aportado noticias del día a día dentro del aula acerca de aspectos intangibles existentes siempre en una interacción humana, sea esta del tipo que sea.

Por lo que respecta a la actividad docente, conviene precisar que haremos solo referencia a las responsables del taller de cerámica y no trabajaremos con los profesores y las profesoras de otras asignaturas. Esta intencionada omisión se debe al interés por centrar la cuestión en el taller que constituye el objeto de nuestro análisis. Esto no quiere decir que desdeñemos en absoluto la importante influencia del resto del equipo docente. Todo lo contrario, estimamos que de su actitud dependió, en gran medida, el flujo de la eficacia operativa que propició los hechos investigados.

Continuaremos ocupándonos de la incorporación de las maestras de taller. En este sentido, la contratación del profesorado en las escuelas estuvo condicionada por las necesidades derivadas de la matriculación de alumnos y del número de grupos establecido. De tal modo que la nueva especialidad de Cerámica en la Escuela de Valencia previó la necesidad de ofertar tres grupos, uno por cada curso y en los que se incluyó el taller, del siguiente modo: el primer y segundo curso fueron comunes a todas las especialidades, mientras que el tercero, cuarto y quinto curso incluyeron el taller de la especialidad.

Por otra parte, y al contrario de lo que ocurría en otras especialidades de talleres artísticos, la Cerámica, desde la incorporación de Mestre, se mantuvo en un ascenso continuo de la demanda[21]. El número de profesores estaba en función de los alumnos matriculados. Con todo, en este caso influyó que al ser la cerámica una especialidad reglada dentro del nuevo plan, estuvieron obligados a ofertar un primer, segundo y tercer curso. Fuera como fuere, lo cierto es que los 58 alumnos matriculados en Monográfico durante el curso de 1972–73, junto los que pudieran ser del Plan de 1963[22], hacían imposible que un solo profesor pudiera atenderlos. Estimamos que esta es la razón por la que, en 1973 se contratase, como veremos, a Mercedes Sebastián.

21 Así lo demuestra la evolución de matrículas de las asignaturas sueltas del Plan docente de 1910 en Cerámica: 17 alumnos (curso 1962–63), 10 alumnos (1963–64), 8 alumnos (1964–65), 9 alumnos (1965–66), 11 alumnos (1966–67), 28 alumnos (1967–68), 15 alumnos (1968–69), 12 alumnos (1969–70, curso de la incorporación de Mestre), 22 alumnos (1970–71), 19 alumnos (1971–72), 58 alumnos (1972–73) y 69 alumnos (1973–74, curso de la incorporación de Mercedes Sebastián Nicolau). (Soldevilla, 2000: 119). Observemos el acusado aumento de alumnos de los dos últimos cursos.

22 No tenemos noticia concreta de cuantos podrían ser los alumnos matriculados en la especialidad reglada. Lo que sí sabemos por las entrevistas es que, en este periodo, algunos alumnos se pasaron de los monográficos a la especialidad por sugerencia de los mismos profesores. Según parece, también Mestre les hizo comentarios sobre la necesidad de rentabilizar mejor el tiempo empleado adquiriendo una titulación.

Efectivamente, tanto en la evolución de la matrícula de talleres desde el curso 1962–63 hasta el curso 1973–74, como en diferentes comentarios aportados por Soldevilla, se enfatiza el creciente protagonismo que fue adquiriendo el taller de Cerámica. Fue, incluso, una excepción en la norma de los talleres artísticos, como muestra la siguiente referencia hecha al curso 1976–77: «En esta época es de destacar el ascenso de la matrícula de Cerámica» (Soldevilla, 2000: 128).

En otro apunte muy significativo, esta misma autora dice:

> La excepción es la especialidad de Cerámica, debido a la demanda y consolidación de su enseñanza en la ciudad de Valencia, por lo que su enseñanza se mantiene como especialidad (Soldevilla, 2000:133).

Esta noticia quiere decir que, si bien los otros talleres artísticos regulados por el Plan de 1963 quedaron incluidos, tras la reforma interna del curso 1987–88[23], como oferta general dentro de las especialidades de diseño, no ocurrió lo mismo con el taller de Cerámica, que se mantuvo como especialidad. El comentario adquiere más significado para esta investigación cuando leemos la nota 247 que acompaña al texto:

> Resultado también de la importante labor realizada por Enrique Mestre desde que se hace cargo de la enseñanza de Cerámica en 1969 y que se refleja en la denominación de «Escuela de Mestre» que utilizan sus alumnos para indicar el origen de su formación (Soldevilla, 2000:133).[24]

Según narran algunos alumnos, en aquel momento, estaban todos juntos en una misma aula y con un solo profesor para todos los niveles:

> En el tiempo que yo estuve, creo que Carmen va… por la misma época. Ese taller, en ese momento era una clase, echando a pequeña, del edificio de Benimarfull que ahora se llama Genaro. Entonces solamente había una persona. Si encima ibas solo al Monográfico, con lo cual no acudías ni a la clase de Dibujo, ni a la clase de Perspectiva, ni a ninguna otra clase,... toda tu formación, toda tu orientación, todos tus conocimientos procedían a las siete cuando entrabas en esa clase, y... bueno se acababan, o los madurabas cuando te fueras, a las nueve cuando te ibas, no había más... maestro de taller que diera cerámica... nadie más, nadie más, nadie más (Testimonio de Teresa Aparicio, en la entrevista grupal con Carmen Sánchez y Su–Pi Hsu).

Tal como relata Carmen Sánchez en esta misma entrevista grupal:

> Sí, en mi época… solo estaba Enrique. Y Enrique, recuerdo una vez un ejercicio que nos puso, íbamos a hacer una pieza y nos la hizo dibujar. O sea, que él se implicaba también en que nos soltáramos, ¿eh?… Nos enseñaba formulación. O sea, que él se implicaba en todo. Era el único que había cuando yo estudié, porque realmente yo solo fui al taller de cerámica.

El creciente número de alumnado, junto a la división de los talleres en tres cursos, fueron las razones por las que progresivamente se amplió la plantilla con la incorporación de más personal docente. Con anterioridad, y durante muchos años, solo había un maestro de taller para impartir las

---

23 Esta reforma interna modificará, a efectos de escuela, el Plan de 1963 que continuaba siendo la legislación oficial.

24 Observemos que estamos situados en el curso 1987–88 y no se hace mención de las también maestras de taller Sebastián y Roca, que ya formaban parte del mismo equipo docente desde hacía varios cursos. Probablemente, el olvido no responde a descortesía de ningún género, sino que se deba, con seguridad, a la potente focalización que desde distintos puntos de vista empezaba a captar Mestre.

enseñanzas de cerámica, tal como determinaba la ordenación de 1910. Sin duda, la incorporación de Sebastián, Fontecha y Roca supuso cambios en las dinámicas de la especialidad e introdujo otros factores que interactuaron dentro del contexto académico que nos ocupa, en la medida que analizaremos a continuación.

Iniciamos el seguimiento con la primera de las profesoras, que se incorporó en 1973. Al preguntar a Sebastián sobre sus inicios en la Escuela, nos explica:

> Entré en una plaza de ayudante de maestro de taller, figura que existía en todas las especialidades y por la que entrábamos todos los futuros maestros de taller, y que cumplía tanto el horario, como las directrices del maestro de taller para el desarrollo de la docencia. Más tarde, en 1982, se convocaron oposiciones a nivel nacional en Madrid y los que quisimos nos presentamos (Entrevista a Sebastián).

En el momento de su incorporación, los dos profesores que había entonces, Enrique Mestre y Mercedes Sebastián, junto con todos los alumnos (esto es, Monográfico y Plan del 63), estaban agrupados en la misma aula de la escuela situada, en ese momento, en la calle Benimarfull. Esta calle, que desde 1986 pasó a llamarse calle Pintor Genaro Lahuerta, era donde se ubicaba entonces la central de las diferentes sedes con las que contó la Escuela de Artes Aplicadas. Por el hecho de estar situada frente los Viveros, fue bautizada coloquialmente con el nombre de «Escuela de Viveros»[25].

Continuando el relato de Sebastián, nos parece oportuno recoger el siguiente testimonio escrito:

> El primer movimiento de reorganización fue cuando la dirección trasladó el Monográfico a la Escuela del Grao y me hice cargo yo [Mercedes]. Mestre se quedó en Viveros con la enseñanza oficial (M. Sebastián Comunicación electrónica, 28 de septiembre de 2013).

Esta circunstancia por la que se separaron los estudios del Monográfico (1910) de los Estudios reglados (1963) abrió una corta etapa en la que los alumnos que se matricularon en el Monográfico, tuvieron como profesora a Sebastián en la escuela del Grao. Por el contrario, los que se matricularon en el Plan del 63 tuvieron como profesor a Mestre en la Escuela de Viveros[26].

La llamada por todos Escuela del Grao, estaba situada en la calle Escalante del Grao de Valencia. En 1953, el Ayuntamiento cedió un solar en dicho lugar para la construcción de una nueva sección de la escuela, en sustitución de la Sección Sorolla que también estuvo en el Grao durante

25 En un principio la sede central de Escuela de Artes y Oficios estaba ubicada en el convento del Carmen. El espacio es compartido con la Escuela de Bellas Artes, lo que genera constantes tensiones. En 1964, el Ayuntamiento cede un solar en la calle Benimarfull y el Ministerio aportará 15 465 220 pts. A este nuevo edificio se traslada la Sección Central, comenzando las clases en 1973 (Soldevilla, 2000: 123).

26 Esta situación por la que el taller quedó dividido, quedando los monográficos en una escuela y los estudios reglados en otra, debió durar un periodo corto. En todo caso, poco después de 1973 (año de incorporación de Sebastián), sabemos que los dos grupos y los dos profesores volvieron a unificarse. Deducimos que esta es la razón por la cual algunos alumnos, a pesar de estudiar después de la incorporación de Sebastián, solo recuerden recibir docencia de Mestre. También estimamos oportuno comentar, al hilo de este apunte, que se han encontrado testimonios de alumnos que simplemente, y según parece, no dieron valor a las aportaciones que Sebastián pudiera haberles aportado. Esto ocurrió en los primeros años de la incorporación de Sebastián en los que profesor y profesora compartieron aula y alumnado, aunque diferente horario. De este modo lo refiere Sebastián: «En mi caso, y dado que Enrique Mestre, por su trabajo personal, tenía el horario "especial reducido", yo me hice cargo desde el principio de mantener el taller abierto durante el tiempo que marcaban los horarios… Yo abría el taller a las 16 h. y Enrique venía a última hora de la tarde» (M. Sebastián, comunicación electrónica, 28 de septiembre de 2013).

la segunda República. En 1955, «el Ministerio aprueba un presupuesto de 3.855.600 pts. para su construcción, que concluye en 1962, comenzando las clases el mismo año» (Soldevilla, 2000: 123).

Las características de las instalaciones de esta Escuela del Grao (algunas veces nombrada también del Puerto) nos interesan para esta investigación, puesto que el edificio que albergaba la escuela contaba con un espacioso patio trasero que comunicaba directamente al exterior y no quedaba encerrado entre fincas. Por todas estas características, este espacio anexo a las aulas de cerámica fue más importante de lo que podría parecer, ya que en él se realizaron una serie de actividades de gran trascendencia para la cohesión del grupo. Esto lo entenderemos mejor cuando, posteriormente, expliquemos el uso y la función que se le dio al patio de la Escuela del Grao. Así relata Sebastián ese cambio de sede a la Escuela del Grao, lo que dio paso a la incorporación de nuevos compañeros:

> Tiempo después —no recuerdo cuando— se trasladó Cerámica (los Estudios reglados por el Plan del 63) a la Escuela del Grao. A partir de entonces, cada uno de nosotros (Mestre, Mercedes, Esperanza y luego Ángeles, por ese orden) teníamos adjudicado un curso (M. Sebastián, comunicación electrónica, 28 de septiembre de 2013).[27]

Este proceso de crecimiento de la escuela continuó su desarrollo con la incorporación de Fontecha, contratada como interina desde 1982 hasta 1985, año en que la plaza salió a oposición. Fontecha decidió no presentarse a dicha oposición, por lo que la plaza fue adjudicada a Ángeles Roca Bañuls, que superó el concurso por oposición quedando en primer lugar; en consecuencia, Roca ha permanecido en dicha plaza de maestra de taller hasta 2013, año de su jubilación. En un primer momento, después de que en el taller ya se contara con tres docentes, los talleres se dividieron en primer, segundo y tercer curso, tal y como corrobora Sebastián. Cada uno de los miembros del equipo elegían por antigüedad, quedando repartidos de la siguiente manera: Roca pasó a impartir el primer curso, Sebastián el segundo curso y Mestre el tercero. Dado que la legislación para el funcionamiento interno de los centros educativos dice que el profesor de mayor antigüedad elige en primer lugar el grupo en el que quiere impartir sus clases, suele ocurrir con frecuencia que este elija el último curso del programa. De tal manera, que el profesor más antiguo se asegura trabajar con alumnos que tienen los conocimientos suficientes sobre la materia y una madurez que les permite empezar los primeros balbuceos de una obra propia.

Como resultado de esta evolución de la especialidad, en 1999, Genaro Lahuerta Galiana escribió en el catálogo editado con motivo de la exposición conmemorativa del 150 aniversario de la Escuela de Artes y Oficios de Valencia la siguiente anotación:

> En esta especialidad los alumnos pasan por distintos proyectos que atienden diferentes ámbitos de creación de la actividad cerámica: piezas seriadas, mural, torno y escultura. El planteamiento que rige esta especialidad mantiene como eje principal la capacidad creativa del ceramista, la generación de propuestas que investiguen en los nuevos lenguajes de la plástica contemporánea, junto con un conocimiento profundo de los materiales y de los procesos (Lahuerta, 1997: 74).

---

27 En esta anotación mantenemos la denominación que la propia Sebastián hace del grupo, cuando dice: «Mestre, Mercedes, Esperanza y luego Ángeles» y la respetamos en nombre de la fidelidad de la información que nos ha sido aportada. También es cierto que siempre que hablamos personalmente con estas tres compañeras, lo hacemos dirigiéndonos a ellas por sus nombres y no por sus apellidos. La misma circunstancia ocurre cuando los alumnos y alumnas en las entrevistas las nombran siempre por el nombre, nunca por el apellido que, por el contrario, sí que utilizan la mayoría de las veces para Mestre. Las razones pueden ser varias, pero en este caso hablaremos de Sebastián, Fontecha y Roca, para unificar criterios y no alterar la línea iniciada de llamar a Enrique por su apellido, Mestre.

Sobre esta organización de los contenidos a impartir, de la que nos ha dado noticia Lahuerta Galiana, también nos informa Mercedes Sebastián:

> En cuanto a los proyectos, a lo largo del tiempo se han hecho de diversas formas: cada profesor dirigía uno, aunque todos colaborábamos en ayudar al alumno a resolver dicho proyecto. Más tarde, al haber otra organización y estar en dos escuelas, el tiempo de desarrollo era el del curso, en un principio, y luego era semestral, aunque podía ampliarse al curso si el tema lo requería (Entrevista a Sebastián).

Ya se ha hecho referencia con anterioridad a la metodología del proyecto, entendida como una forma de trabajo pausada, consciente y metódica, que Mestre siempre exigió en su aula y que él mismo utilizó en su trabajo personal. También se ha dicho que, en los primeros años del periodo docente de Mestre, no estaba muy extendida esta forma de trabajar en cuanto a lo que a cerámica se refiere.

Para la adecuada comprensión de la propuesta metodológica que Mestre aplicó en el aula, podríamos sintetizar diciendo que el profesor inducía al alumno a madurar el trabajo, siempre desde un mismo discurso, hacia las distintas posibilidades de solución, tanto técnica como conceptual. Siguiendo esta norma de aprendizaje, comprobaremos que uno de los rasgos de sus alumnos y alumnas fue precisamente este, que la obra no se resolviera con el impulso de hacer cosas y más cosas, dentro de una suerte de génesis confusa y un objetivo imposible. Más bien al contrario, la obra de quienes se reconocen influenciados por haber recibido la docencia de Mestre tiene como eje central la búsqueda, tanto plástica como conceptual, dentro de poéticas que responden al reto de ser la expresión de una manera de mirar, ver y transmitir. Apreciamos que es en este punto donde conviene destacar la importancia que tiene la circunstancia de que todo el equipo del taller (Sebastián, Roca, Mestre y Fontecha, durante los cursos en que esta última permaneció), compartieran el mismo criterio sobre la metodología de trabajo[28]. Así lo afirma Roca:

> Ha habido cosas como en cualquier especialidad, que entre compañeros siempre hay sus más y sus menos. Sí que está claro que era lo que él decía lo que, más menos, se hacía. De todas formas, a nivel estético, los tres coincidíamos bastante en lo que tiene que ser el cogollito de la historia… (Entrevista a Ángeles Roca).

Por último, en lo referente al método, destacaremos, como probablemente ya se ha intuido, que fue Mestre quine inició la línea de trabajo, como también afirma su compañera:

> Vale. Mira, te contesto. Dentro de… el taller, fue Enrique el que lo inició y el que dijo: «Cerámica Artística va por aquí». Y ya estaba, que es lo que te he comentado antes, que yo, cuando entré, ya estaba impuesta en sí la especialidad, ya se sabía lo que era. Lo que pasa, que era, pues, como primero, segundo, tercero. Después se ha ido renovando, haciendo proyectos y tal, pero la especialidad estaba ya muy, muy, muy definida (Entrevista a Ángeles Roca).

Puesto que estamos haciendo mención de cómo tres alumnas del ceramista se plantearon la labor docente, aplicando los métodos aprendidos, estimamos conveniente comentar aquí otra de las dimensiones resultantes del magisterio de Mestre. Nos referimos a la posterior difusión realizada por alumnos y alumnas que, habiéndose formado según la escuela de Mestre, ejercieron con posterioridad la docencia. Desde luego, siempre en la medida de las circunstancias y en el deseable caso de que la *paideia* recibida hubiese germinado.

---

28 No resulta extraño, pues sabemos que las tres profesoras se formaron en cerámica con Mestre.

Continuaremos en los dos próximos puntos de este apartado argumentando en qué consistió, cómo se desarrolló y qué factores influyeron en la actividad docente del taller de Cerámica de la Escuela de Valencia.

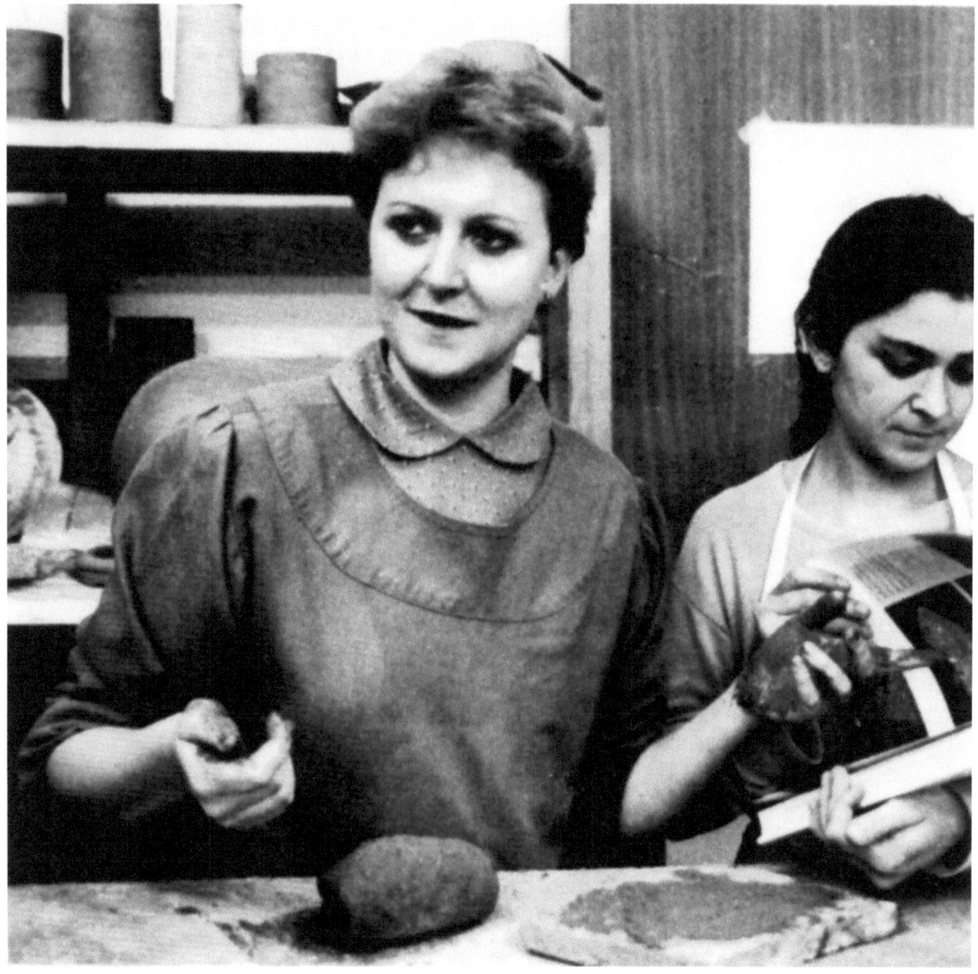

Figura 8. Mercedes Sebastián, 1985. Fotografía de Francesc Jarque (Ayuntamiento de Valencia 1985).

Monográficos de la segunda etapa

Esta opción para matricularse en el taller de Cerámica de la Escuela de Artes Aplicadas y Oficios Artísticos respondía, como ya sabemos, a la posibilidad de cursar solo el taller. La nueva etapa comenzó en 1991. Enrique Mestre se hizo cargo de este taller desde 1995 a 2001, fecha de su jubilación. Le siguieron Mercedes Sebastián, de 2001 a 2002, y Ángeles Roca, de 2003 a 2007, fecha de desaparición de los Monográficos.

Esta segunda etapa de los Monográficos, iniciada por Enrique Mestre, se planteó como una formación de posgrado. Parece ser que para ingresar se seleccionaba a los alumnos y se les pedía que propusieran el desarrollo de un proyecto propio[29]. El alumnado procedía principalmente de

29 No obstante, no tenemos documentación acreditativa de esta forma de proceder.

otras escuelas, sobre todo, de Manises y de la Facultad de Bellas Artes de Valencia. Por tanto, eran alumnos con una sólida formación previa, que acudieron al centro atraídos por la resonancia que adquirió el prestigio de Mestre. Por esta razón, en la mayoría de casos se matricularon con la intención de recibir docencia del reconocido ceramista, aunque no adquiriesen titulación ninguna. También se matricularon en estos talleres alumnos que habían cursado la especialidad y querían continuar en la escuela por varias razones. La primera de ellas sería prolongar el asesoramiento del profesorado y, desde luego, de Mestre. Y, en paralelo, disfrutar del taller y las instalaciones, que resultaban muy costosas de conseguir con recursos propios.

Después de la jubilación de Mestre, la oferta se mantuvo durante cinco cursos. Después se procedió a la extinción definitiva de los estudios de cerámica en la Escuela de Valencia. En este sentido, nos parece muy revelador el testimonio de la siguiente informante, que nos relata cómo tuvo noticia de estos cursos:

> Yo recuerdo que un día se organizó una y era Enric Mestre el que iba a dar la conferencia… Pero el caso es que Enric venía a presentar, en una conferencia suya..., vino a presentar el primer Monográfico de hermanamiento entre Bellas Artes y Artes y Oficios… Yo asistí a eso y creo que incluso me *pelé* una clase o llamé a los alumnos y fuimos todos para allá, no sé. Y quedé fascinada... quedé fascinada por su, por su… en valenciano decimos *pachorra,* pero no es eso, ¿no? Era su… su manera de estar, ¿no? De una humildad tremenda, siendo que yo sabía que era importante y famoso, ¿no? Y además se molestó en preparar una conferencia muy, muy amplia, en la cual la cerámica tenía todo tipo de presencias, ¿no? Y me llamó mucho la atención que decía: «¿Cómo no va a ser importante la cerámica si los chips de los ordenadores están hechos con silicio, con cerámica?», ¿no? Y hasta está el Silicon Valley ahí en Estados Unidos y tal, ¿no? Bueno, a mí eso me llamó mucho la atención, ¿no? Me hablaba de un hombre, pues muy abierto, muy culto y me fascinó su persona, ¿no? También su madurez, eso… eso es muy atrayente… Entonces, tengo el honor de haber asistido al primer Monográfico que celebró Enric Mestre y al último, porque luego soy de la última promoción de Enric Mestre antes de jubilarse… El último año que lo hice era complicado porque estaba yo haciendo la tesis y tenía mucha obligación de acabarla. Pero también tenía mucha ilusión porque me enteré, y tampoco sé muy bien cómo me enteré… que se jubilaba. Y yo, en ese momento ya me sentía madura, en el sentido de que ya no aceptas que cualquier persona te enseñe (en ese sentido hablo de madurez, porque en realidad era yo muy jovencilla). Pero madurez en el sentido de que solo a ciertas personas las quieres tener de maestro, ¿no? Y Enric es una (Entrevista a Carmen Marcos).

Las palabras de la informante nos dan las claves de cómo se enfocaron los Monográficos de la segunda etapa, que terminó en 2007[30] con la jubilación de Roca. A modo de epitafio y por el esfuerzo de la última profesora de la especialidad, que fue Ángeles Roca Bañuls, durante el año 2007 se realizó en el Museo Nacional de Cerámica y Artes Suntuarias «González Martí» de Valencia una exposición que mostraba los trabajos de los alumnos del Monográfico de Cerámica de la Escuela de Valencia entre los años 2000–2006. En la presentación del catálogo de dicha exposición podemos leer:

> Desde ese lugar de enseñanza no reglada, seguimos formando alumnos que llegan al taller con inquietudes creativas, en busca de un espacio donde poder expresar sus ideas a través de la cerámica. Esta exposición representa el espíritu de los alumnos que en estos años de olvido administrativo y el consecuente deterioro [...] (Roca, 2007: 7).

La importancia de estos Monográficos de la segunda etapa es significativa para entender algunos aspectos de la selección de alumnos que aportaremos en esta investigación. Como veremos, en

30 Los cursos de la especialidad reglada habían terminado en 2004.

dicha selección encontramos a algunos artistas con una sólida formación, que habían construido un lenguaje propio a partir del conocimiento y la aceptación de algunas influencias en este ámbito, y que encontraron en Mestre todo un referente que arraigaría profundamente en ellos en lo sucesivo.

Apreciación de las características del equipo docente

Como ocurre en todas las relaciones sociales que se establecen entre los miembros de un mismo grupo concurren distintas circunstancias que ayudan a comprender la singularidad de las mismas. Concretamente, el grupo que estamos estudiando no quedaría suficientemente explicado sin asumir la preponderancia que alcanzó la figura de Enrique Mestre sobre el resto del equipo. Sería excesivamente repetitivo insistir en sus méritos, que ya conocemos bien. Con todo, quedaría pendiente desarrollar algunas de las características identificativas del grupo.

Al respecto, en las distintas comunicaciones, charlas y entrevistas, una de las señas de identidad más reiteradas ha sido la asimetría dentro del grupo. Aunque los alumnos entrevistados en este trabajo comparten palabras de aprobación y respeto hacia las mencionadas profesoras que se incorporaron al taller de Cerámica, siempre pesa más el recuerdo, el reconocimiento y la valoración de la figura de Mestre. Sin embargo, también apreciamos una evolución en la percepción que los distintos grupos tienen de Sebastián y Roca. A nuestro entender, entran en juego diversos factores que ayudan a explicar tal circunstancia. Así pues, podemos comprobar que los alumnos y alumnas de las primeras etapas después de la incorporación de Sebastián (1973) y Roca (1985) se encontraron con unas muy jóvenes Mercedes Sebastián y Ángeles Roca. Ambas adquirieron con el tiempo experiencia y confianza, lo que les otorgó mayor respetabilidad ante un alumnado cada vez más joven con respecto a ellas. Otra de las características del grupo son las que se derivan de las cuestiones de género, frecuentemente aludidas por actores, informantes y observadores fuera del entorno de Mestre, todas ellas en la línea de la presente cita:

> Mestre ingresa como docente de Cerámica en la Escuela de Artes y Oficios de Valencia, trabajo que desempeñó hasta 2001. Desde su puesto de profesor, ha ejercido una gran influencia sobre numerosos alumnos —alumnas en su mayoría—, que han llegado a destacar en el terreno cerámico (González Borrás, 2006: 69).

Ante esta afirmación, nos preguntamos si, en el caso de ser alumnos en su mayoría, se haría mención de ello. Puede sorprender el hecho de que esta puntualización sea aportada por parte de una mujer, abriría si cabe, con más motivo, el debate sobre las influencias de género. Sin duda, resulta muy significativa la gran proporción de alumnas frente a los alumnos que se matricularon en Cerámica, no solo en la Escuela de Valencia, también en todas las demás escuelas. La Cerámica se puede inscribir históricamente con nombre de mujer. El análisis de esta interesante circunstancia pasaría por el recorrido histórico, desde la prehistoria hasta el periodo industrial y, posteriormente, por todas las nuevas utilizaciones socioculturales, lúdicas, etc., en las que la cerámica es protagonista y tiene como protagonista a las mujeres en una gran mayoría.

Aún hoy, encontramos lugares donde todavía se practica la alfarería de forma tradicional siguiendo técnicas ya presentes en el Neolítico y que tienen como responsables de todo el proceso cerámico a las mujeres de la comunidad: desde la recogida y preparación de las arcillas, pasando por toda la manufactura que incluye la cocción. Hablamos de artesanas en África o América del Sur que continúan haciendo las mismas producciones tal y como aprendieron de sus antepasadas, también mujeres. Curiosamente, cuando la cerámica adquirió valor de industria en las primeras manufacturas del siglo XVIII, la figura de la mujer desapareció como responsable y quedó tan solo relegada a la mano de obra, sobre todo, en la fase decorativa. Esta vinculación volvió a resurgir cuando se ha extendido y popularizado el interés por las técnicas de expresión, que son en la actualidad ampliamente practicadas por un gran número de personas con diferentes niveles de compromiso. Entre ellas, la cerámica ha sido la técnica elegida por muchas mujeres. Desde un posicionamiento que propondría una deseable funcionalidad paritaria entre hombres y mujeres, no podemos negar que en las dinámicas y rutinas de grupo siguen influyendo cuestiones de género, y no me refiero solo a las discriminaciones. También, y lo que es más grave, al posicionamiento inconsciente de hombres y mujeres respecto al género de quien tengan delante[31].

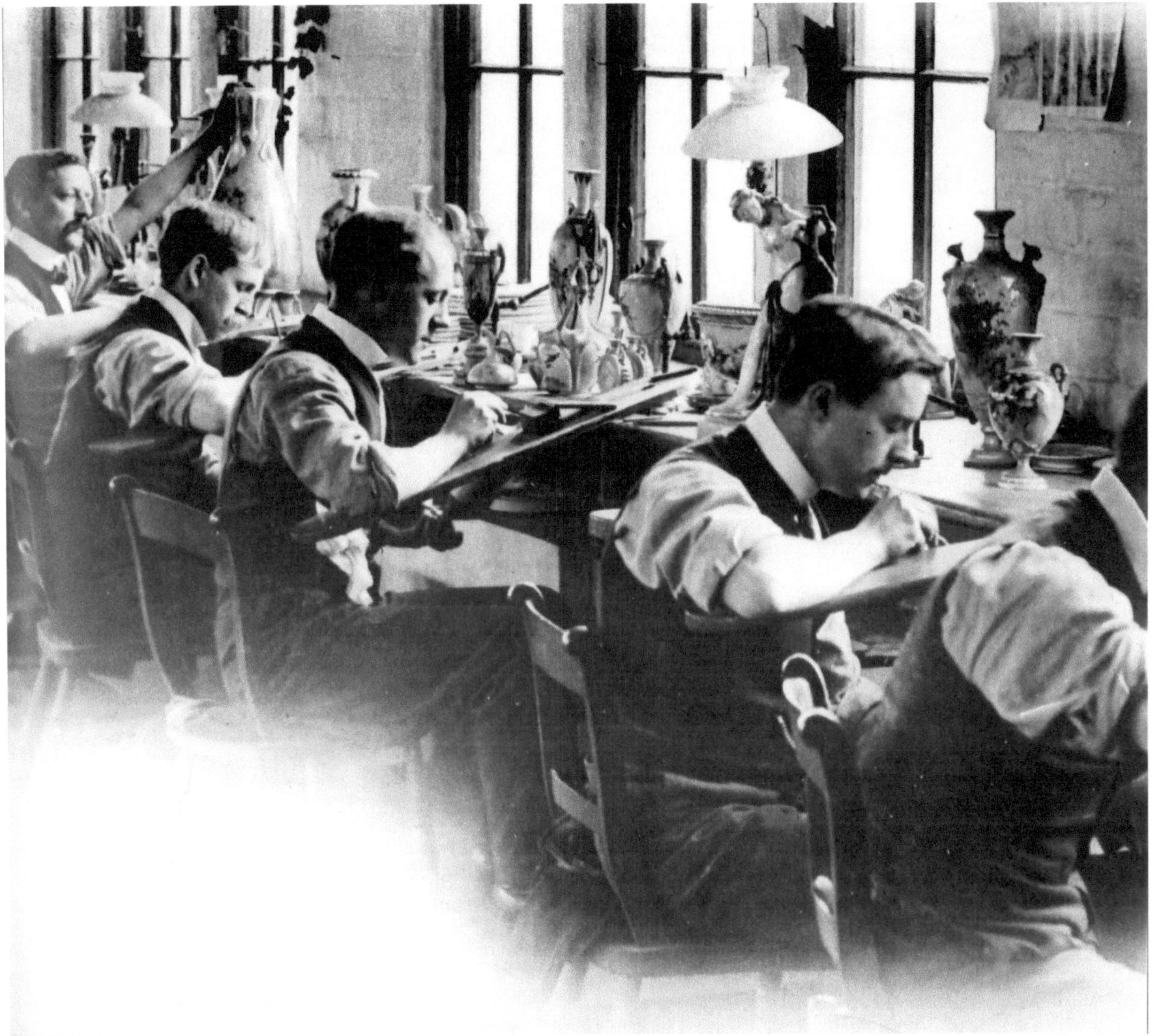

Figura 9. Decoración pintada. Departamento de Pintura de la Real Fábrica de Worcester a principios del siglo XX (Morley Fletcher, 1996: 21).

31 Téngase en cuenta que nuestra sociedad pese los muchos avances en este aspecto, sigue presentando rasgos de cultura patriarcal, sexista y androcéntrica, aún latentes.

Aun siendo conscientes, como somos, de la influencia de estas circunstancias en el ámbito del grupo que estamos estudiando —tanto profesores como alumnos—, no es competencia de esta investigación profundizar en ello. Es más, consideramos que tal vez incurriríamos en el hecho que criticamos si le otorgáramos más atención que la de nombrar su influencia, pero estimamos e insistimos en el interés del tema[32].

Por todo lo demás, en lo que se refiere a la situación administrativa, solo Fontecha trabajó como maestra de taller durante tres cursos, en la situación de interina. Exceptuando su caso, Sebastián, Roca y Mestre eran funcionarios de carrera y, por tanto, tenían su plaza en propiedad. Esta situación en la que todos los compañeros son funcionarios con plaza fija favoreció la relación entre el profesorado, al no existir ningún agravio comparativo entre compañeros fruto de una diferencia en la situación laboral. En esta misma línea, también destacaremos que las profesoras y el profesor pertenecían a la llamada por la Administración, plaza de Maestros de Taller de Cerámica Artística. Esta denominación general permitía al profesor impartir cualquier técnica cerámica. En otros centros sucedió todo lo contrario, pues el nombre de las plazas de los maestros de taller respondió a distintas técnicas: torno, técnicas decorativas, montaje de porcelana, colado y vaciado, etcétera[33].

En conclusión, la situación administrativa en la Escuela de Valencia fue la misma para todo el profesorado del taller de Cerámica, lo cual, aun no siendo una garantía, tendió a favorecer un buen ambiente.

Hasta aquí han quedado comentadas algunas de las características intangibles dentro del equipo docente del taller de cerámica de la Escuela de Valencia. Las hemos explicado porque era necesario desarrollar la que hemos llamado «asimetría» dentro del grupo. Esta circunstancia de asimetría es observada con claridad en el contexto y los hechos investigados pero, por el contrario, muy delicada de explicar. La razón es que en ella actúan factores múltiples ante los que no hay que desestimar el indudable esfuerzo que, en su doble condición de artistas y docentes, presentaban las profesoras que, junto a Mestre, compusieron el equipo de maestros de taller de cerámica en la Escuela de Valencia. Otra cosa es, como ya sabemos, la paradigmática circunstancia que supone la cercanía y consecuente comparación con una figura de gran proyección, como es el caso de Mestre en el grupo que nos ocupa.

Llegados a este punto, en el próximo apartado abriremos camino a una temática nada desdeñable, para explicar y comprender la proyección de los hechos investigados: las actividades docentes complementarias que propiciaron una especial socialización. Todo ello resultará importante también

32 En este hipotético análisis referenciado en el marco de la docencia actuarían dos grupos. Por una parte, profesoras y profesores y, por otra parte, alumnas y alumnos, con todas las interacciones posibles. El estudio debería encontrarse inserto en una perspectiva más amplia respecto del binomio «cerámica–mujer» y desde un posicionamiento que entiende la relación entre iguales sin la dualidad de los géneros. En el sentido de que también aquí, en la cerámica, existen mitologías encaminadas a relacionar una manera de hacer y vivir la cerámica desde la perspectiva mística de lo femenino, frente a una manera masculina de abordar el mismo problema. Esta hipotética investigación sobre género, referenciada en la cerámica y enmarcada en la docencia, podría tener como excusa un grupo concreto —por ejemplo, el que nos ocupa—, pero solo sería un referente para analizar cuestiones universales, como el autoconcepto en el que cada uno de los géneros construye su relación con el grupo, desde su propia situación de género. Lo cual afecta a cómo se inserta, según su constructo de género, a sí mismo y de cómo posiciona a la persona que tiene delante en relación al grupo (valor, poder, reconocimiento) en una escala de valores a todas luces subjetiva.

33 Estas diferencias suelen responder a los criterios de las diferentes propuestas educativas sobre Cerámica, en este orden: escuelas de Cerámica (división de asignaturas por técnicas) y escuelas de Artes Aplicadas (unificación en Cerámica Artística). A pesar de ello, encontramos ejemplos que alteran la norma, ya que hubo talleres en las escuelas de Artes Aplicadas que mantuvieron plazas con la denominación de las técnicas como asignaturas.

para entender la continuidad en el tiempo y la consolidación de lo que será una forma de practicar el oficio de ceramista impregnado por *paideia* y, en consecuencia, de una propuesta pedagógica liderada por el artista Enrique Mestre.

Las actividades complementarias: cohesión del grupo de alumnado

Es poco frecuente encontrar grupos de las características que presentaban los alumnos de la especialidad de Cerámica en la Escuela de Artes y Oficios de Valencia. Todos ellos mostraron en común una estrecha vinculación, generación tras generación, sin que existiera una organización que los coordinase, como sería el caso de un colegio profesional, una asociación o cualquier otro sistema establecido. Ante esta carencia, el entorno de Mestre se mantuvo conexionado por las propias dinámicas del grupo.

En esta investigación nos centramos en aquellos alumnos y alumnas que ejercieron una posterior labor profesional. No obstante, el tejido que sustentó esta conexión de grupo también incluiría a los alumnos que no se mantuvieron activos en la producción artística personal, pero sí en el seguimiento de las actividades que se fueron produciendo, como fueron las exposiciones. Asimismo, abordaremos también el caso de aquellos estudiantes que en la actualidad trabajan como docentes en otros centros o en talleres fuera del sistema educativo. En estos últimos, aunque no hacen obra, el mismo hecho de dedicarse a la docencia les permite estar al día de los acontecimientos.

En este contexto resultan determinantes las relaciones personales establecidas en los años de estudios y en las actividades de aquel momento y posteriores, dado que la identidad colectiva es un factor influyente en el análisis de los hechos estudiados:

> De hecho, en la última exposición que habla de los alumnos de Mestre, la de Zaragoza, la diferencia generacional es... Y, sin embargo, todos nos conocemos. No hay ninguno que... o sea, nos conocemos. Y en cierta manera, aunque no sea muy a menudo, pero estamos relacionados. Luego hay… ese entorno es lo que él ha sabido crear (Entrevista a Carmen Sánchez).

No debemos olvidar que, tanto en esta, como en todas las escuelas de cerámica, el alumnado comparte muchas horas de taller al verse obligado a utilizar las instalaciones comunes de hornos, materiales, etc. Esta estrecha convivencia durante tantas horas puede propiciar dos cosas: por una parte, se pueden generar conflictos pero, por otra parte, también da lugar a fuertes vínculos. El trabajo manual, a pesar de estar fundamentado, en este caso, en la reflexión y el ejercicio del intelecto, requiere de muchas operaciones rutinarias y automáticas, lo que favorece la charla distendida con el compañero de mesa. Luego, es frecuente un alto para merendar o tomar un té. Precisamente, esta costumbre de reunirse en torno a un té está muy extendida en las aulas de cerámica como descanso a media tarde y se cuenta para ello con los utensilios necesarios. Entre ellos se incluyen los boles que hacen los propios alumnos para este fin y que son objeto de intercambio entre ellos, a modo de presente. La costumbre de preparar y tomar el té estaba establecida en el taller de Cerámica de la Escuela de Valencia y también en el estudio personal de Mestre[34]. Desde nuestra perspectiva,

34 Recomendamos para conocer los matices de este ritual, en el contexto de los talleres de cerámica, visionar el vídeo realizado por RTVE, emitido por La 2 por primera vez en 2012, dentro de la serie *Los oficios de la cultura*. Esta grabación, que supone toda una lección magistral del artista hacia sus alumnos Su–Pi Hsu y Juan Ortí, culmina con un té compartido, donde los tres participantes, alumnos y maestro, charlan mientras acarician la calidez de un bol perfectamente torneado, sintiendo, en sus manos de ceramista, el carácter del esmalte que lo recubre.

deberíamos reconocer este momento como uno más de los recursos pedagógicos dentro de algunas aulas de cerámica, como se dio en el caso de la de la escuela de Valencia.

En esta misma línea acerca de la conexión entre alumnos, estimamos oportuno relatar una conversación en la que tuvimos oportunidad de participar con ocasión de un encuentro casual. Fue una conversación que transcurrió, pausada y tranquilamente, con alumnos que participaron en algún momento en los hechos investigados. Sin embargo, el carácter inesperado e informal del encuentro impidió el registro del relato, con la consiguiente imposibilidad aportar trascripciones literales. A pesar de ello, y como investigación de campo, consideramos que no podemos eludir esta información, dado el interés de los conocimientos que proporciona en este punto de la investigación. El informante describe que todos los días, al terminar las clases, las relaciones entre compañeros y profesor continuaban fuera del centro. Así pues, recuerda que cuando el bedel les hacía salir del aula en la Escuela de Viveros, tras lavarse las manos, recogían y el grupo se reunía en torno al profesor en la esquina izquierda, nada más al salir. Allí seguían charlando y todos terminaban tomando una *mistelita* en un bar cercano. Luego, la especialidad de Cerámica se trasladó a la Escuela del Puerto, pero continuaron manteniendo esta costumbre al terminar las clases, que se mantuvo durante mucho tiempo hasta instaurarse como una tradición. Este mismo informante relata que, entre 1977 y 1980, los sábados era frecuente salir juntos a ver alguna exposición, ya que había entonces hambre de ver y muy poca oferta. Era un encuentro informal, dado que no se establecía de antemano una cita previa ni se llamaban el fin de semana para concertarla[35]. Más bien, la propuesta o recomendación por parte de algún compañero durante la semana, de alguna forma, se transmitía y se hacía extensiva a los demás, que aprovechaban para ir a visitar ese espacio expositivo el sábado. En estos encuentros fortuitos también era frecuente coincidir con Enrique Mestre y Ana Beltrán, su esposa, que terminaban uniéndose al grupo.

Al respecto, otro informante dice acordarse de una exposición[36] que Mestre recomendó ir a visitar en el aula. En ese caso, el grupo presente decidió ir el siguiente sábado por la tarde, coincidiendo allí con el artista Pérez Contel y el profesor Enrique Mestre. Este otro informante relata el privilegio que supuso contar con la presencia del propio artista Pérez Contel durante la visita, así como la lección que Metre les dio hablándoles de los dibujos, las pinturas y las esculturas. En este sentido, según comentan los informantes, dicha exposición estaba compuesta por un número considerable de pequeñas esculturas que, como el mismo autor manifestó, tenían vocación de realizarse a mayor escala, pero este proyecto no fue posible por falta de presupuesto económico. De tal modo que se expusieron pequeñas piezas inéditas, dispuestas en el centro de la sala, acompañadas en las paredes por bocetos y dibujos, contemplándose tan solo algunas esculturas de mayor formato. El profesor destacó en esta ocasión la callada labor de reflexión en el desarrollo de las ideas a través del dibujo y los bocetos, como paso previo y esencial antes de enfrentarse con la obra definitiva. En todo momento, puso a Pérez Contel como ejemplo de artista comprometido con su obra y transmitió con sus palabras el respeto que sentía por el profesional. Por todas estas razones, las narraciones aportadas en esta conversación informal conducen a pensar que aquella fue una tarde que dejó positivamente impresionado al grupo de alumnos que tuvieron la suerte de coincidir con Mestre y Pérez Contel[37].

35 En esos años no existían los teléfonos móviles, pero el circuito de oferta expositiva era reducido y muchos coincidían en los mismos espacios que, previamente, habían sido comentados o recomendados en el aula.

36 En concreto, el informante hace referencia a la exposición celebrada del 6 al 29 de marzo de 1980 en la desaparecida Galería Nike, que se localizaba en la calle Conde Salvatierra 34 de Valencia.

37 Incluso, apuntan que años después tuvieron ocasión de descubrir que Pérez Contel fue también un hombre comprometido con los momentos históricos que le tocó vivir. En particular, de dicha exposición que abarcaba obra de 1929

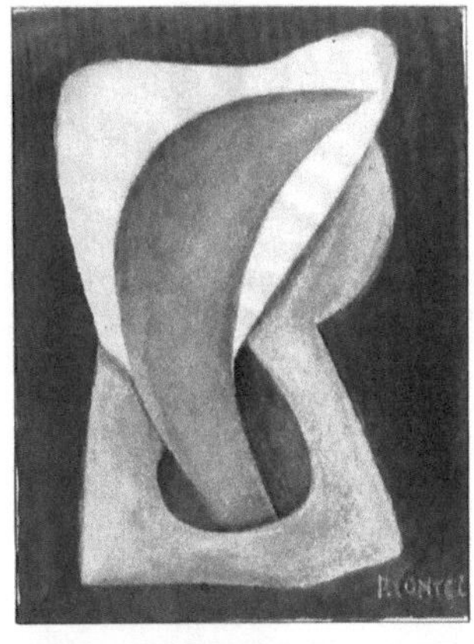
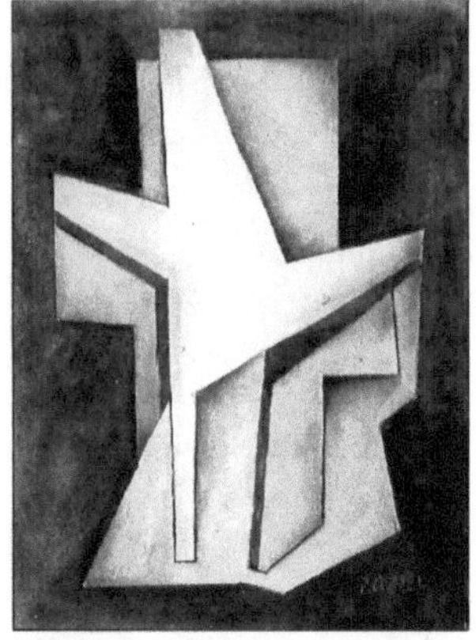
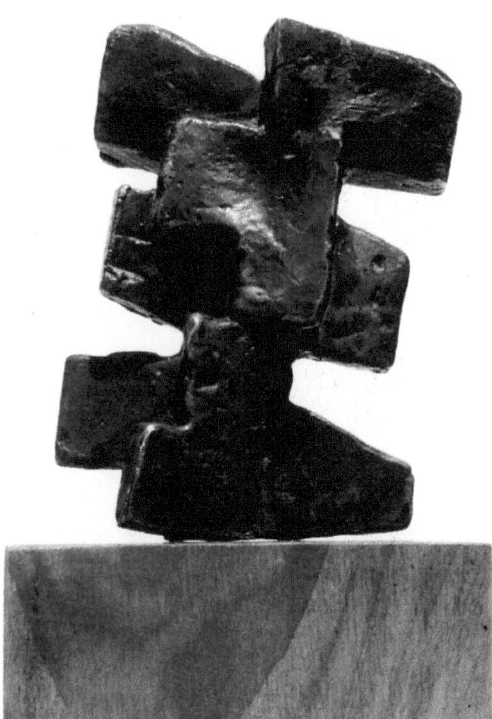
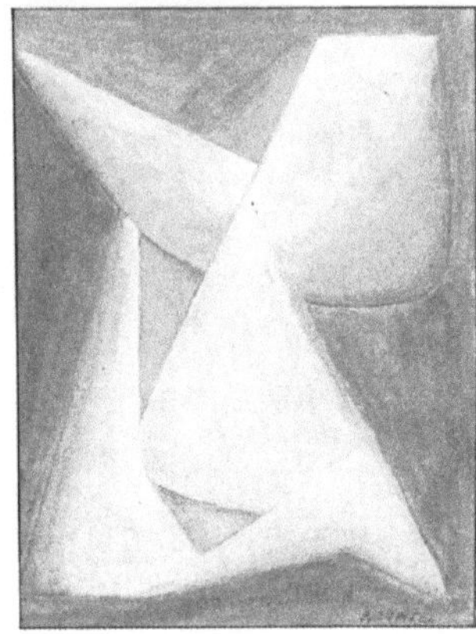
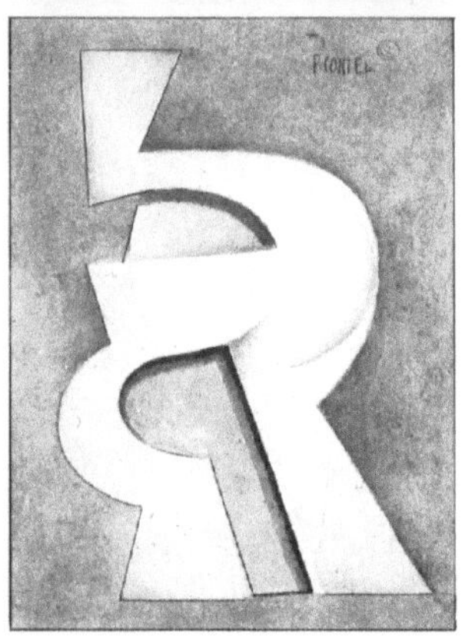

Figura 10. Imágenes de la izquierda: *Abstracción* (aguazo). Pérez Contel (sin fecha). Imagen de la derecha: *Abstracción* (bronce). Pérez Contel, 1961 (Pérez Contel, 1987).

Al recuerdo de un alumno de la primera época, debemos añadir, a continuación, la frescura de las percepciones de otro alumno de la última época, uno de esos alumnos que abandonó la escuela cuando, en 2007, desapareció incluso el Monográfico de la segunda etapa, que pervivió después de desaparecida la especialidad en 2004:

> Siempre hemos tenido contacto y siempre ha habido mucha camaradería, en realidad. Que no ha habido ninguna rivalidad... Yo creo que esa es una de las cosas grandes que ha dejado Enrique, la buena... sintonía. Siempre, entre todos (Entrevista a Juan Ortí, junto a Juan Luis Tortosa y Miriam Jiménez).

Y, tal como continúa apuntando Juan Luis Tortosa en esta misma entrevista:

> Eso, eso hace mucho, porque el convivir tanto tiempo junto a estas personas diferentes, pues te hace conectar... Claro, o sea, siempre teníamos esas inquietudes (Entrevista a Juan Luis Tortosa, junto a Juan Ortí y Miriam Jiménez).

hasta 1979, nos habla el autor del prólogo en el catálogo publicado para la ocasión: «Esta selección, según creemos, ilustra bien todos los momentos de la producción del artista,... Pérez Contel hacía y sigue haciendo un arte extraordinario, original y sólido» (Azcárraga, 1980: catálogo sin paginar). La obra de Pérez Contel se mueve entre la figuración y la abstracción, en un *feedback* que se mantiene en el tiempo y transluce, sin duda, la investigación formal en torno a distintas opciones plásticas: «Del mediterranismo a la abstracción, pasando por las propuestas post–cubistas, estructuralistas y surreales, Pérez Contel huyó siempre de caer en la tentación de hacer una escultura de retrato» (Blasco, 1987:130).

Parece ser que, como estamos viendo, el entorno de Mestre estuvo ampliamente enriquecido por todo tipo de situaciones como las descritas, lo que nos lleva a comprobar un hecho fundamental: Mestre no dejó colgada en su aula, junto la bata gris y el delantal que siempre le acompañó, su condición de *Maestro,* término más amplio y apropiado en este caso. Todo lo contrario, Mestre se mantuvo comprometido con su magisterio, el cual ha sido, junto con su condición de artista, una forma de vida, una forma de existir. Entendida esta manera de existir como la actitud de ser ante la contraria posición de tener. Hacemos en este caso alusión a la idea principal que extraemos de la lectura del ensayo titulado *Tener o Ser,* de Erich Fromm. Para comprender el papel que las actividades complementarias y otros eventos jugaron en los hechos investigados, procederemos a describir y comentar los que nos parecen más destacados, aun adelantando que no constituyen la totalidad de ellos. Por tanto, no es nuestra intención hacer un compendio integral de este tipo de actividades, sino seleccionar, en base a un criterio de discriminación, aquellas que resultan más relevantes para la investigación.

El patio, los hornos y las actividades en la Escuela del Grao

En diferentes entrevistas, los informantes se refieren a las actividades en el patio de la Escuela del Grao como un referente imprescindible de aquellos años de aprendizaje. Este espacio fue, en realidad, una prolongación de las aulas de taller. Las acciones cerámicas tenían en el patio un talante más relajado, como en el recreo: los propios profesores podían adoptar una actitud más cercana, las pautas docentes de dentro del aula dejaban de existir y las cocciones de leña o la práctica del *raku*[38] se constituían en un taller abierto, sin horarios. Los alumnos y los profesores, se incorporaban según acuerdos previos para vigilar las hornadas. Así lo comenta Presentación Rico en la entrevista grupal realizada junto a Anna Pastor y Teresa Guerrero:

> Aquellas cocciones que hacíamos en el patio de la Escuela, aquellas paellas, aquella… que se montaba una historia, aquello… Corría una energía… contagiosa, buena, no sé. Es verdad. Y mucha marcha, que luego nos íbamos todas y… ¿Cómo se suele definir la década de los ochenta? La de la movida. La movida valenciana. La movida, lo que pasa es que… la movida en realidad fue madrileña, pero aquí… Yo recuerdo, mira… cuando hablan de la movida, para mí la movida era la que vivíamos en la Escuela en Valencia cuando se iba a la discoteca esa, ¿cómo se llama? Ay, a la que está en la playa (Entrevista a Presentación Rico).

No obstante, y con todo, había en realidad unos contenidos de aprendizaje cerámico serio y fundamentado. La oportunidad de contar con un lugar abierto donde poder cocer con leña era un recurso docente muy interesante. Frente a este procedimiento, cabe destacar que las cocciones cerámicas en las escuelas solían ser en hornos eléctricos, que aportaban mucha mayor autonomía. En este caso, los sistemas digitales permitían programar las distintas curvas de cocción, conectar y desconectar el horno automáticamente y aportar en todo momento los datos del estado de la cocción. De tal manera que se podía confiar plenamente en que el proceso cumpliera correctamente el ciclo establecido, sin necesidad de estar presente en ningún momento. Otra tipología de hornos bastante frecuente en las escuelas fue el de gas, que también contaba con dispositivos de control. Frente a estos mecanismos, conocer y practicar cocciones de leña resultaba una aportación muy valiosa en la formación de un ceramista. Por una parte, porque la leña aporta unas condiciones de cocción que pueden ser un recurso plástico que entre a formar parte de las poéticas propias del artista, si así lo decide. Por

38 El *raku* es una conocida técnica oriental para la cocción.

otra parte, porque la construcción de hornos de leña para cerámica es toda una ciencia y necesita de conocimiento y experiencia. Cocer con leña requiere una constante atención. Es una herramienta sutil, ya que hay que conocer bien en cada horno cómo circulan la llama, el calor, las cenizas. Hay que conocer la leña y utilizar la más adecuada. Así pues, es necesario entender el fuego y ver, en su color, qué pasa dentro del horno. La leña se suministra en el hogar según un tiempo establecido y en la cantidad adecuada, lo que obligaba a los alumnos a turnarse en grupos para cuidar el ritmo de las caldas. Y, en última instancia, esto daba lugar a las ya descritas interacciones sociales.

En suma, Mestre aplicó y transmitió su conocimiento y experiencia en el campo específico de las cocciones con leña, dado que dirigió la construcción de dos hornos y las posteriores cocciones. Este dato no debe sorprendernos sabiendo que el primer horno con el que Mestre trabajó fue uno de leña que su padre había construido, para otro fin, en el patio de la casa familiar de Alboraya. A la luz de todo lo aportado podemos decir, una vez más, que la propia experiencia de Mestre se convirtió en soporte posterior de sus enseñanzas.

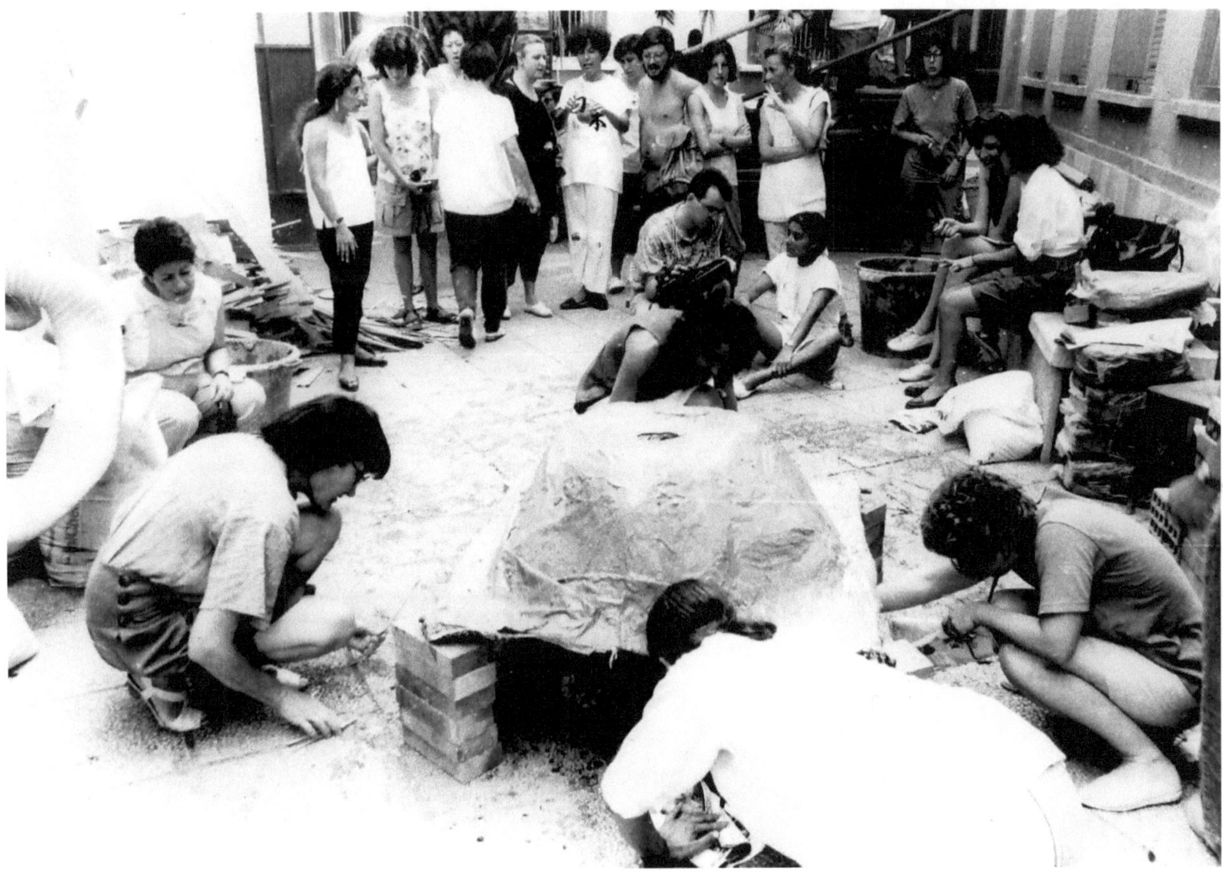

Figura 11. Construcción de un horno de papel en el patio de la Escuela del Grao

En definitiva, el patio de hornos cumplió, por una parte, la función de recurso pedagógico y, por otra, propició la socialización del grupo, como explica el siguiente informante:

> Eso, eso hace mucho, porque el convivir tanto tiempo junto a estas personas diferentes, pues te hace conectar. Y, hombre, nosotros nos hemos ido de nochevieja… con los hornos, con el horno de leña…

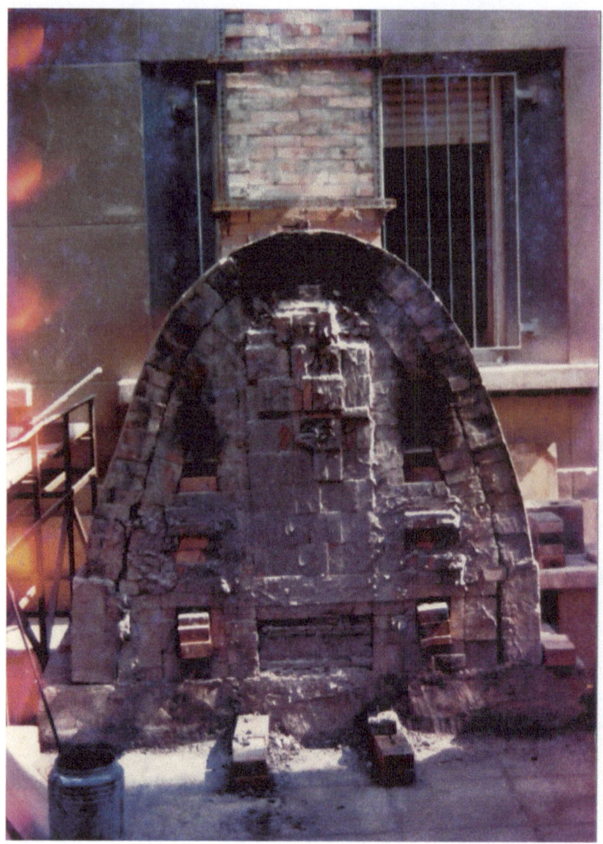
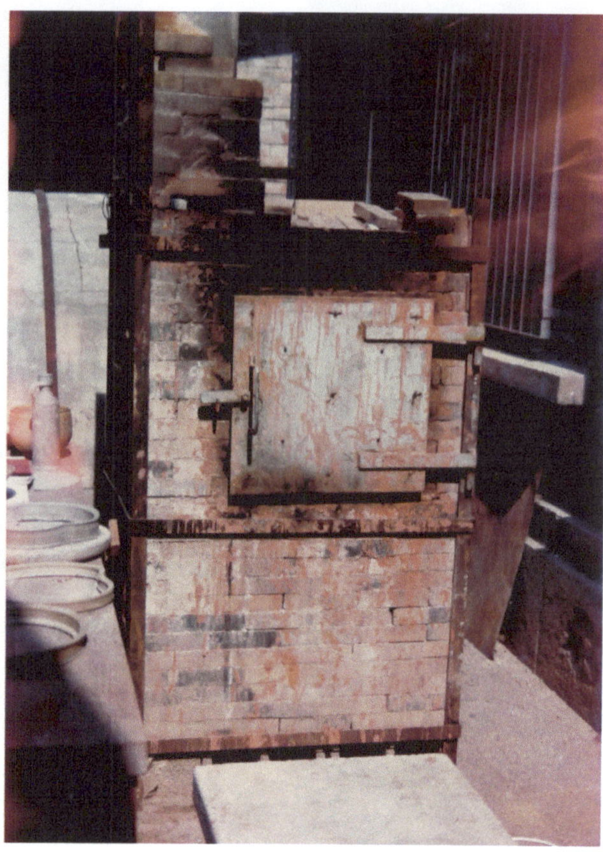

Figuras 12 y 13. Los hornos de leña en el patio de la Escuela del Grao (imagen archivo propio)

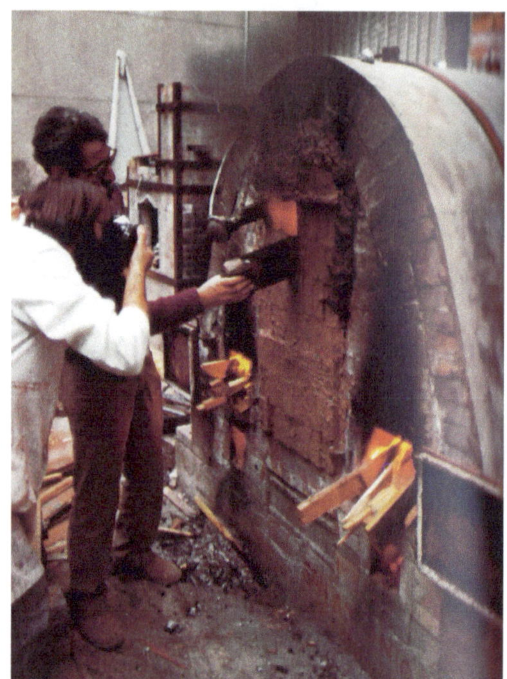

Figura 14. Horno de leña en el patio de la Escuela del Grao. Mestre y Jordi Segura (alumno). Fotografía publicada por la Escuela de Artes Aplicadas y Oficios Artísticos (1985).

siempre hemos quedado para comer y ¡ale! hacer una cocción (Entrevista a Juan Luis Tortosa)

La cocción en un horno de leña, independientemente del carácter de la producción que se esté cociendo, es por norma general un acontecimiento que cierra, con el rito del fuego, largas jornadas de trabajo. Puede tratarse de la última remesa de tejas o de la más exquisita obra del más insigne ceramista. En cualquier caso, el momento de la cocción en el horno de leña, da inicio al ancestral ritual del fuego, que hace de la cerámica magia y de la magia la más absoluta consciencia. En el sentido de que, en cerámica, solo después de la cocción y a la vista de los resultados, se extraen las conclusiones técnicas definitivas.

Las experiencias de este tipo, nos consta que sobrecargan el estricto cumplimiento de las obligaciones que dependen de un profesor convencional. En el caso de la Escuela de Valencia, sección del Grao, se supo hacer del patio un recurso pedagógico muy valioso, en el que Mestre participó con todo su conocimiento. Pero no podemos desdeñar la labor de equipo. En este sentido, podríamos haber encontrado un equipo enfrentado entre sí sobre la conveniencia o no de estas experiencias o un equipo que creara dificultades para el buen desarrollo de las actividades en el patio o que, parte de él, se mantuviera ajeno a ellas. No fue así. En las mismas fotografías aportadas observamos a Sebastián que, junto a Roca, formaron siempre parte de todos los eventos organizados.

Jornadas cerámicas: una apertura hacia la cerámica internacional

Las «Jornadas Cerámicas» celebradas del 3 al 9 de julio de 1987 contaron con dos importantes ceramistas europeos: el francés Jean–Claude Crousaz y el lituano Rimas T. Visgirda.

Esta experiencia resultó ser un éxito de asistencia y tuvo como patrocinador a la firma de Vicente Díez[39]. Otro de los artistas invitados fue el interesantísimo escultor Peteris Martnsons Latvain (1931).

Con ocasión de estas actividades, el patio de la escuela del Grao se convirtió en un centro muy activo donde los artistas invitados instalaron su espacio de trabajo. En él permanecían todo el día: trabajaban, explicaban sus técnicas, conversaban y compartían tiempo libre, tanto con los alumnos, como con exalumnos que se acercaban según su disponibilidad de tiempo. Esto fue posible porque el patio contaba con una puerta trasera que facilitaba el acceso a cualquier hora del día.

El contacto con ceramistas de otros países, propiciado por Mestre y planteado como recurso docente, nos llevan de lleno al ingreso de Mestre, en 1979, en la Academia Internacional de Cerámica, con sede en Ginebra (Suiza). Dicha vinculación institucional le proporcionó información de primera mano acerca de todo lo que pasaba en la cerámica internacional. Desde entonces, Mestre no faltó a ninguna de sus reuniones, que se realizan con carácter bienal en distintos países del mundo. En estos congresos tuvo oportunidad de conocer a los más relevantes ceramistas internacionales. La organización de estos congresos bienales se encarga de programar visitas y eventos, siempre en torno a la cerámica propia del lugar de origen. Asimismo, coincidiendo con el congreso, la Academia se encarga de organizar una exposición de obras en el lugar de reunión, lo cual facilita que todos los miembros estén al corriente del trabajo que sus colegas están haciendo en cada momento.

Figura 15. Cartel de las Jornadas Cerámicas

39 Figura que posteriormente describiremos con detalle.

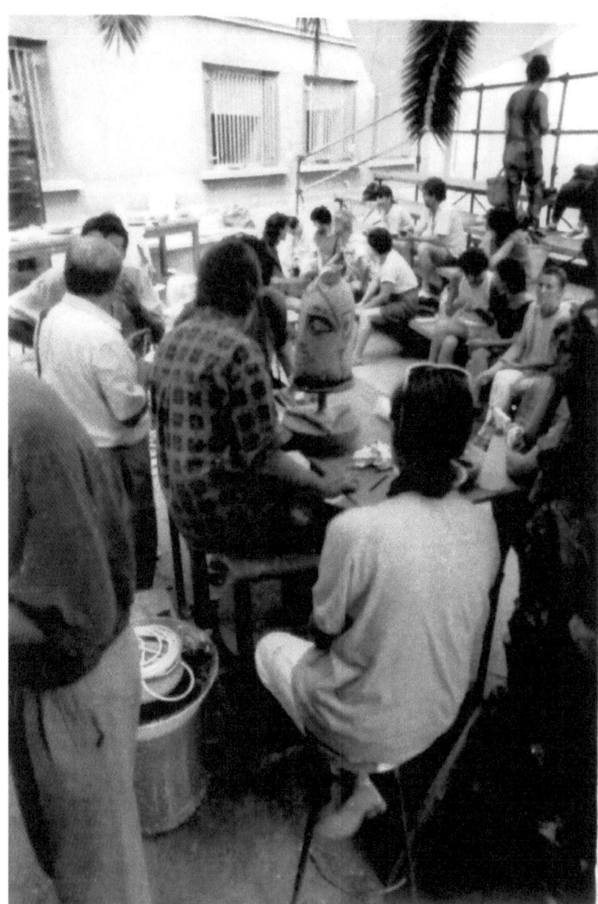

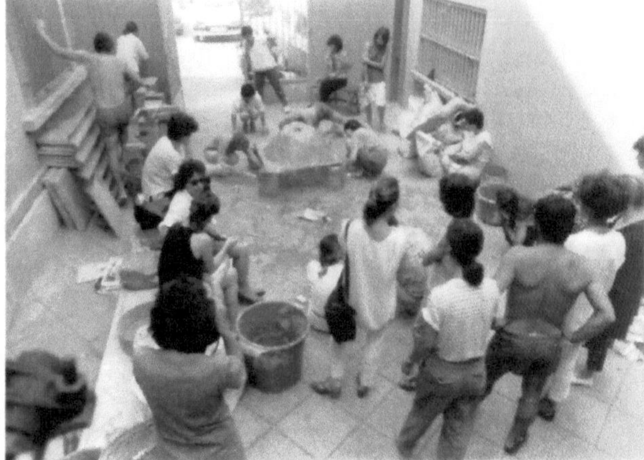

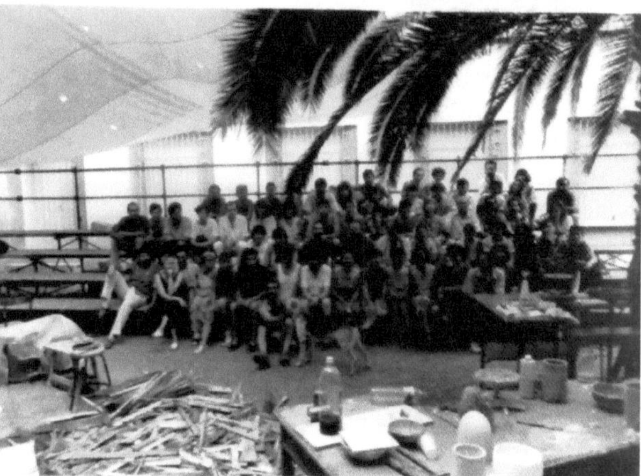

Figuras 16, 17 y 18. Imágenes facilitadas por los alumnos y publicadas en el catálogo de la exposición celebrada en Muel (2012) «Maestros de la cerámica y sus escuelas. Enric Mestre»

Estamos hablando de 1979, fecha aún muy distante de la era digital. En consecuencia, contar con un profesor que difundiera imágenes e información de todo lo que en cerámica se estaba haciendo por entonces en otros lugares del mundo era un auténtico privilegio, al que no tenían acceso otros grupos de alumnos. Además, las imágenes se podían documentar con la experiencia directa que el profesor aportaba al conocer de primera mano las piezas mostradas y a sus autores. Esta información estimamos que influía en dos sentidos. Por una parte, el alumno conocía qué estaba pasando con la cerámica en diferentes partes del mundo, ofreciéndole una visión más amplia de las posibilidades de trabajo. Por otra parte, el profesor, estando bien informado, abría sus horizontes hacia la comprensión de cualquier propuesta por muy ajena que fuera a sus propios planteamientos estéticos.

Metre asistió a todos los congresos que se realizaron por la Academia desde su ingreso en esta institución, en 1979, hasta 2008, cuando decidió no asistir al certamen que en aquella fecha se organizó en China ni a los sucesivos[40]. En las diferentes fotografías a las que hemos tenido acceso,

40 Aportaremos la muy larga lista de países que Mestre visitó como miembro de la Academia Internacional de Cerámica desde 1979, fecha de su ingreso: Barcelona (1979), Kioto, Japón (1980), París, Francia (1982), Siklos Castele, Hungría (1982), Zurich, Suiza (1983), Boston, USA (1984), Valencia, España (1986; este congreso celebrado en Valencia y en cuya organización participó Mestre, será comentado en las actividades de los alumnos), Sydney, Australia (1988), Edinburgo, Gran Bretaña (1990), Estambul, Turquía (1992), Praga, Checoslovaquia (19994), Saga, Japón (1996), Watrelo, Canadá (1998), Frechen, Alemania (2000), Atenas, Grecia (2002), Icheon, Corea (2004), Riga, Le-

podemos comprobar que Mestre siempre iba pertrechado de su cámara de fotos para hacer diapositivas que luego proyectaba en el aula. A los desplazamientos con motivo de los congresos habría que añadir las múltiples ocasiones que le permitieron desplazarse por todo el mundo, reclamado para impartir conferencias, cursos y clases magistrales. De igual modo, esto revirtió en que la obra de Mestre fuera reconocida y apreciada en el mundo de la cerámica a escala internacional.

Retomando el hilo conductor con el que iniciábamos este punto, las «Jornadas Cerámicas» fueron un aspecto más de esa información internacional sobre cerámica que Mestre siempre procuró acercar a sus alumnos. En consecuencia, estimamos que el significativo empuje del entorno de Mestre se puede relacionar con la viveza de un ambiente donde circulaba una constante renovación de la información. Dicha circunstancia propició tanto el debate como la generación de ideas renovadoras. Otra de las influencias positivas resultantes de los constantes desplazamientos del artista por el mundo fue la capacidad que desarrolló Mestre para apreciar y guiar cualquier proyecto de los alumnos, por muy alejado que este estuviera de sus inquietudes, intereses y propuestas personales. Así lo aseguran aquellos alumnos que lo conocieron en sus primeros cursos como docente y continúan teniendo con el *Maestro* una estrecha relación en nuestros días.

La beca de Cerámica de la Diputación

La beca «Pensión de Cerámica» concedida por la Diputación de Valencia estaba destinada a estudiantes recién titulados en Cerámica de cualquiera de las dos Escuelas[41] y dinamizó el mundillo del entorno de Mestre en la Escuela de Cerámica de Manises.

El tema tiene interés para la investigación por ser un dato para valorar la proyección de los alumnos de la Escuela de Valencia durante un periodo que comprendió, desde la primera convocatoria en 1981 hasta 1990, año en el que observamos, según los datos, que la Diputación dejó de conceder la beca por cuestiones presupuestarias. A su vez, consideramos adecuado incorporar este episodio en nuestra investigación por considerarlo una más de las actividades del entorno de Mestre que merecen nuestro interés. En concreto, la convocatoria de la beca de la Diputación fue el resultado de una competición, en la que se vieron implicados múltiples factores, de los cuales nos ocuparemos al final de este punto. Antes sería conveniente hacer un análisis de los datos extraídos de las memorias anuales publicadas por la Diputación de Valencia.

La primera noticia anotada en 1981 hace referencia a la convocatoria, por acuerdo plenario de 11 de junio, de las Pensiones de Ampliación de Estudios en varias especialidades, entre las que se encontraba la de Cerámica Artística y Técnica. No hay otro referente hasta que, en la memoria de 1983, en el punto VI sobre Concesión de pensiones, se informa que:

> En la sesión plenaria de 13 de julio de 1983 fueron concedidas diversas pensiones que habían sido convocadas en el pasado año y que corresponden a: beca de Cerámica: Concedida a doña Sara Giménez Caramiñana y doña Marta Ponsoda Toro (Diputación de Valencia, 1983: 520)

De las dos becadas podemos afirmar que Marta Ponsoda Toro fue una alumna titulada en la Escuela de Valencia. Por su parte, en el caso de Sara Giménez Caramiñana, se ha comprobado en

tonia (2006). Estos fueron todos los congresos a los que Mestre nos confirmó haber asistido. En 2008, el congreso se realizaría en Xiam, China y fue el primero que no contó con la presencia de Mestre desde su ingreso en la Academia.

41 Ya hemos aludido, de forma sucinta, a la polémica que se generó en torno a los titulados de Manises y los de Valencia.

su currículum que apunta ser titulada en la Escuela de Manises, pero algunos testigos consultados la sitúan entre 1979 y 1982 en la Escuela del Grao. Esto no debe resultarnos extraño, puesto que muchos alumnos cursaron Cerámica en las dos escuelas. A dicha circunstancia cabe añadir que, según se ha consultado en la base de datos del Museo de Arte Contemporáneo de Villafamés, consta Giménez Caramiñana como escultora en activo. Asimismo, también en su currículum se cita como titulada en Bellas Artes, lo cual nos hace pensar que ambos proyectos eran de cerámica artística[42]

En la Memoria correspondiente al ejercicio de 1985, se informa:

> Becas de investigación. En sesión a plenaria de 30 de diciembre fueron convocadas las siguientes becas: dos becas de Cerámica, Técnica y Artística, dotadas con 400 000 pesetas cada una ((Diputación de Valencia, 1985: 331).

El mismo año 1985, pero en un apunte posterior, se amplía la información nombrando al tribunal que la juzgará:

> Se informa Beca de Cerámica. Fue convocada por acuerdo plenario de 26 de noviembre de 1984, con una dotación de 800 000 pesetas. El tribunal estaba compuesto por los siguientes miembros: Presidente: José Escrihuela Vidal. Vocales: Pascual Timor Hermano (profesor en la Escuela de Manises), Esperanza Fontecha Martínez (profesora en la Escuela de Valencia) y Agustín Escardino Belloch (catedrático numerario de Universidad de Ingeniería Técnica). Secretario: Carmen Sanmartín Guerricabeytia (secretaria de la Diputación) (Diputación de Valencia, 1985: 334).

Este apartado de la misma Memoria de 1985, continúa diciendo:

> Fue concedida en la comisión de Gobierno de 27 de septiembre de 1985, a doña Roser García Peris, para realizar un proyecto de investigación de Cerámica, dirigido por el profesor don Enrique Mestre Estellés. Pasaron a ser propiedad de la corporación los trabajos realizados en la misma consistentes en: *Paquete n.º 1 en negro,* de 35 x 13 centímetros. *Paquete n.º 2 en ocre,* de 29 x 15 centímetros. *Paquete n.º 3 en blanco,* de 21 x 11 centímetros. *Paquete n.º 4 en ocre,* de 19 x 16 centímetros. También pasó a ser propiedad de la corporación la obra realizada por doña Nieves Chisbert titulada *Contemplación,* mural de 46 centímetros de ancho, realizado en cerámica (Diputación de Valencia, 1985: 334).

En el apunte siguiente, correspondiente a 1986, también encontramos información específica sobre Cerámica:

> Fue convocada por acuerdo de 30 de diciembre de 1985, con una dotación de 400 000 pesetas. El tribunal estaba compuesto por: Presidente: don Francisco Castell Millán Sánchez. Vocales: don Francisco Castell Landete, don Pascual Timor Hermano (ambos profesores en la Escuela de Manises), doña Mercedes Sebastián Nicolau y doña Ángeles Roca Bañuls (ambas profesoras de la Escuela de Valencia). Secretaria: doña Carmen Sanmartín Guerricabeytia. Fue concedida a doña Ángeles González Doñate, en la Comisión de Gobierno de 16 de julio de 1986, para realizar un trabajo titulado *Los efectos de la variación sobre el punto de cocción de una serie de porcelanas por adición de dos mineralizadores: óxido de cal y óxido de magnesio,* dirigido por el profesor don Luis Ferrer Olmos (profesor técnico en la Escuela de Manises) (Diputación de Valencia 1986: 500).

---

42 Aceptamos esta denominación de Cerámica Artística puesto que parece haber sido normalizada. A pesar de ello, disentimos de esta nomenclatura, dado nuestro convencimiento pleno de que esta forma de referirse a algunas producciones cerámicas solo contribuye a la paradigmática confusión dentro del campo de la Cerámica.

Sin duda, la candidata que obtuvo la beca en la convocatoria de 1986 era alumna de la Escuela de Cerámica de Manises, puesto que presentó una investigación técnica que fue dirigida por un profesor de este centro: Luis Ferrer Olmos. Es la primera vez que se ha encontrado una anotación que le otorga la beca a una investigación técnica, a pesar de estar especificadas en la convocatoria las dos posibilidades, la técnica y la artística. La cuantía de la beca era solo de 400 000 pesetas. Por el contrario, en convocatoria anterior de 1985, la beca en su totalidad fue concedida a un proyecto de cerámica artística, con una cuantía total de 800 000 pesetas. De lo que deducimos que, en 1985, tal vez se debió dividir la cuantía entre técnica y artística.

Del mismo modo, también en 1986 se anota la segunda entrega de los trabajos de Roser García Peris, de los cuales se hace la pertinente descripción y se indica «la entrega por parte de doña Ángeles González Doñate del justificante correspondiente al primer cuatrimestre relativo a trabajos de investigación» (Diputación de Valencia, 1986: 497).

En segunda anotación se especifica lo que sigue:

> En la sesión de la Comisión de Gobierno de 16 de abril de 1986 se hizo entrega de la obra final de la becaria de cerámica doña Laura Romero Fuster, titulada *Negro sobre blanco número 1, 2, y 3,* con las siguientes dimensiones: figura n.º 1, de 19 x 13 centímetros, figura n.º 2, de 26 x 12,5 centímetros; figura n.º 3, de 24 x 13 centímetros, y las figuras tituladas *Entre,* de 28´5 x 8 centímetros, y *En,* de 28 x 8,5 centímetros, realizadas en cerámica. Por la pensionada de cerámica doña Antonia Carbonell Galiana se hizo entrega de las obras correspondientes al segundo semestre, tituladas *Tres elementos:* figura n.º 1, de 27 x 16 centímetros; figura nº 2, de 24 x 15 centímetros (crema), y figura n.º 3, de 20,5 x 14 centímetros (crema) (Diputación de Valencia, 1986: 497).

A pesar de haber hecho una búsqueda exhaustiva, no se ha encontrado apunte alguno referente a la convocatoria ni al tribunal que otorgó estas dos últimas becas, pero en cuanto al seguimiento propuesto sobre la procedencia académica de los becados podemos afirmar que, las dos becadas en esta ocasión eran alumnas de la Escuela de Valencia.

En referencia a la Memoria de 1987 se hace constar:

> En la comisión de Gobierno de 16 de septiembre de 1987 fueron adjudicadas las becas de Cerámica a doña Presentación Rico Azorín, para llevar a cabo el proyecto de trabajo cerámico sobre: *Los platos y las piezas cilíndricas,* aplicándoles distintas intensidades en la textura y el color, así como la distribución de dichas texturas sobre la superficie, cociéndolas tanto en atmósfera oxidante como reductora. Así como formas inspiradas en la figura del guerrero de Moixent, ello bajo la dirección del profesor don Enrique Mestre Estelleres[43] (Diputación de Valencia 1987: 329).

En este otro caso, también Presentación Rico fue alumna titulada en la Escuela de Valencia y una de las informantes seleccionadas para esta investigación. La otra beca fue...

> [...] adjudicada a doña Sofía Jesús Porcar Ramírez, para llevar a cabo el proyecto de trabajo cerámico sobre: *Control y ensayo de materias primas; estudio de la pasta cerámica denominada gres; las porcelanas; estudio detallado de la obtención de vidriados y cubiertas; estudio de óxidos para la coloración y vidriados; cubiertas para gres y porcelanas; los engobes,* bajo la dirección de los profesores don Luis Ferrer Olmos y don Enrique Sanisidro Paredes. La dotación de cada beca es de 400 000 pesetas (Diputación de Valencia, 1987: 329).

43 Se refiere a Enrique Mestre Estellés, por lo que el apellido aparece escrito de forma errónea en la memoria.

La becada, Sofía Porcar, según consta en su currículum, estudió Cerámica en la Escuela de Valencia entre 1976 y 1982. Posteriormente, cursó los estudios de Cerámica impartidos en la Escuela de Manises entre 1982 y 1985. Por tanto, Porcar contaba con las dos titulaciones de Cerámica Artística. Resulta paradójico, en consecuencia, que habiendo cursado por dos veces y en las dos escuelas la disciplina de Cerámica Artística, se presentase en 1987 a la beca de la Diputación con un proyecto técnico. Según recoge la Memoria de la gestión realizada por la Excma. Diputación Provincial de Valencia del año 1987:

> El tribunal estaba integrado de la siguiente forma:
> Presidente: don José L. Gil Gómez.
> Vocales:
> Profesores designados por la Escuela de Manises:
> Cerámica Artística: don Pedro Peña Vila.
> Cerámica Técnica: don Francisco Costell Landete.
> Profesores designados por la Escuela de Artes Aplicadas y Oficios Artísticos de Valencia: doña María Ángeles Roca Bañuls.
> Técnico designado por la Corporación: don Antonio Bosch Asensi.
> Secretario: por delegación del de la Corporación: doña Carmen Sanmartín Guerricabeytia
> (Diputación de Valencia, 1987, 329)

De esta última anotación nos llama la atención que es la primera vez que se hizo constar de forma paritaria la especialidad de los dos profesores procedentes de la Escuela de Manises: uno de Cerámica Artística y otro de Cerámica Técnica, que integraron la composición del tribunal.

En esta última convocatoria de 1987, quedó claro que se convocaban y se otorgaban dos becas con una dotación de 400 000 pesetas. Por los contenidos del proyecto, Presentación Rico obtuvo la beca artística, que fue dirigida por Mestre, y Sofía Porcar consiguió la modalidad técnica, siendo dirigida por Ferrer Olmos y Sanisidro Paredes, profesores ambos de la Escuela de Manises. Recordemos que esta última alumna había cursado estudios de Cerámica en las dos escuelas.

En la Memoria de 1988 se hace anotación de la entrega por parte de «la becaria de Cerámica, doña Presentación Rico Azorín, de la obra titulada *Casiopea rosa,* de 63 x 23 centímetros, correspondiente al primer cuatrimestre» (Diputación de Valencia, 1988: 534).

De igual modo, en la memoria de 1989 se hace mención a «incidencias de pensionados» y, en la sesión de comisión de gobierno de 18 de septiembre de 1989, se anota:

> [...] en la misma sesión fue emitido informe técnico por el profesor de la Escuela de Cerámica de Manises, don Joan Viqueira Pérez, relativo a la tercera y última entrega del becario de cerámica don Jesús Vela del Pozo, titulada *Chica lámpara,* de 81 x 32 x 81, quedando dicha obra propiedad de la corporación (Diputación de Valencia 1989: 493).

La última información de la que disponemos es la anotada en 1990, en la que el Servicio de Cultura puntualiza:

> En el momento de redactar la memoria correspondiente al año 1990, hay que manifestar diversas circunstancias que se produjeron y que son las siguientes: I.– La corporación aprobó una modificación de créditos, que afecto, de modo negativo, a las consignaciones presupuestarias correspondientes al servicio, determinando la imposibilidad de llevar a cabo los siguientes programas: A) Convocatorias de las pensiones de ampliación de estudios universitarios, correspondientes a los siguientes grupos [...] VII.– Becas de Cerámica: Artística Técnica (Diputación de Valencia, 1990: 432).

Denegada la concesión de presupuestos para las becas de Cerámica convocadas hasta entonces en ambas modalidades (Artística y Técnica), en lo sucesivo se interrumpió la asignación de estas prestaciones. Con ello, también concluyen aquí los datos obtenidos en las memorias anuales de la Excma. Diputación Provincial de Valencia.

Haciendo una valoración general de la documentación consultada en esta materia, podemos decir que, en líneas generales, las anotaciones resultan un poco dispersas e incompletas. Esta falta de sistematicidad pudo estar debida, seguramente, a las variaciones en el criterio del profesional de la persona encargada de redactarlas o a la información que le fue facilitada en cada momento.

Ateniéndonos a lo escrito, podemos observar que en la composición de los tribunales hay una cuidada paridad entre los profesores de un centro y otro. De los becarios nombrados, hasta donde conocemos, cinco de ellos —Marta Ponsoda Toro, Roser García Peris, Antonia Carbonell Galiana, Presentación Rico Azorín y Laura Romero Fuster—, fueron alumnas de la Escuela de Valencia, siendo esta su única titulación en Cerámica. Sara Giménez Caramiñana, si bien era titulada en Manises, sabemos que también asistió a la Escuela de Valencia, aunque desconocemos por cuánto tiempo. Asimismo, Jesús Vela del Pozo procedía de Manises y presentó un proyecto que, al parecer, estaba enmarcado en la investigación artística. Tal vez por ello eligiese como tutor a Juan Viqueira, que desde 1985 fue maestro de taller de Torno en dicha escuela, tras haberse formado con Mestre en la Escuela de Valencia[44]. Del mismo modo, deducimos que Ángeles González Doñate fue muy probablemente alumna de Manises por el título de su proyecto *Trabajos de investigación.* Por último, no hay ningún dato que nos permita situar a Nieves Chisbert.

Con la exposición de este punto se ha aportado información sobre una más de las actividades dinamizadoras del contexto investigado. Pero también, y del mismo modo, se ha pretendido ejemplarizar el estrecho límite, siempre presente, de la relación entre las dos escuelas. El desarrollo de ambas debe entenderse como un proceso ininterrumpido de construcción mutua, resonando la una en la otra para autoafirmarse[45].

Vicente Díez Alós: un industrial comprometido

Vicente Díez ha dirigido hasta su jubilación una empresa que fue de su propiedad, dedicada desde 1920 a la fabricación de pastas cerámicas de baja temperatura destinadas a las producciones de la industria de Manises. Según publica la empresa en su página, es a finales de los años setenta del siglo XX cuando empezó a comercializar pastas de alta temperatura para el mercado artístico, entre ellas, el gres. Mestre realizó muchas de sus esculturas con este material y, siguiendo su norma de aplicar en el aula sus propias experiencias de taller, decidió introducir gres como material de trabajo, una pasta de uso poco frecuente en aquel momento.

Este cambio en el material utilizado dentro del aula, merece una atención adecuada, puesto que se imbrica directamente con los nuevos lenguajes que el profesor proponía. Para adentrarnos en este argumento que nos ocupa debemos considerar en primer lugar que, hay mucha diferencia entre el aspecto visual de las cerámicas realizadas con pastas de baja temperatura y las hechas con gres, del mismo modo que las técnicas y los acabados de superficie (decoraciones) son también de características diferentes. Por ultimo debemos decir que como bien es sabido, una cosa son las técnicas y

44 Este ceramista, Viqueira, está incluido en la selección de alumnos de esta investigación.

45 Hablamos de Escuela de Valencia puesto que esta es la institución en la que se encontraba inserta la especialidad de Cerámica, pero en realidad conviene aclarar que en todo momento estamos refiriéndonos a los talleres de Cerámica.

los materiales, y otra muy distinta la génesis de la obra; esto es: cualquiera de los materiales puede ser soporte de una buena obra artística.

Aclarado este aspecto, nos refreiremos a continuación al momento en el que en Valencia se empezó a normalizar y divulgar la utilización del gres de alta temperatura para el trabajo de los artistas que se expresaban en material cerámico.

Conviene una ligera aproximación para explicar en qué consiste este material: *gres* es el término que designa una pasta cerámica que combina materiales plásticos, desgrasantes y fundentes en distintas proporciones y que, junto a variantes de color, ofrecen a los artistas una gran cantidad de recursos expresivos. Su punto de cocción parte de los 1200 ºC dependiendo de su composición química. El manejo de este material ofrece gran versatilidad, y su dureza y vitrificación, después de ser cocido. confiere a las piezas conseguidas fuerza y expresividad.

En aquellos primeros años del taller de Cerámica en la Escuela de Valencia, todos los alumnos en el periodo de docencia y luego en sus talleres, eran clientes de la empresa Díez. La pasta se comercializó en un principio de dos tipos: el gres de torno y el gres refractario, con más contenido en chamotas, muy resistente a las deformaciones y roturas, de secado y cocción. Si algún alumno quería otro tipo de gres (por ejemplo, coloreado), preparaba la pasta él mismo mezclando convenientemente la arcilla, la chamota y los óxidos correspondientes. Solo algunos años después, y como consecuencia, deducimos, de la divulgación de la cerámica como obra de autor, Vicente Díez empezó a ampliar sus producciones, diversificando la oferta con pastas de muy diferentes texturas, colores, temperatura de cocción y características físico–químicas. La amplia difusión que ha ido acrecentándose año tras año sobre la cerámica como medio de expresión plástica, ha propiciado el aumento de la demanda. Como consecuencia de esta creciente demanda condujo a la apertura de diferentes negocios en Valencia y en Manises con el fin de suministrarlos. Este cambio descrito, resulta muy significativo para comprender por una parte la evolución dentro del contexto y por otra la contribución que el industrial de Manises Vicente Diez aporto al inusitado impulso que la cerámica de creador inició en Valencia durante la década de los ochenta del pasado siglo XX.

Los alumnos de las primeras generaciones vivieron este proceso de cambio, desde una situación en la que aprovisionarse de materiales para trabajar estaba bastante limitado, teniendo en muchas ocasiones y siempre que se quisiera obtener un material especial que recurrir a la formulación y preparación de dicho material: pastas, esmaltes, engobes incluso fabricarse herramientas o adaptar lo que encontraban en el mercado. Esta circunstancia condicionó en gran medida los proyectos de los alumnos a través del tiempo; esto quiere decir que en los primeros años en el taller de cerámica se investigaban pastas y materiales que años después se podían comprar ya preparados y evitar así el trabajo invertido en tal preparación.

Tal proceso de cambio es introducido por la ceramista Teresa Aparicio:

> Sí que hay una diferencia, pues, con Manises y con todo lo que se hace por aquí. Mestre empieza haciendo gres. Nosotros empezamos con gres. No sabíamos nada y para nosotros gres era lo que... la base. Lo que era la cerámica (Entrevista a Teresa Aparicio).

Al hilo de este testimonio se entiende que Vicente Díez recurriese al alumnado de cerámica de la Escuela de Valencia para diseñar el estand de su empresa para la Feria de Cerámica en dos ocasiones diferentes. Del mismo modo que como ya se ha descrito en el capítulo dedicado a las actividades del entorno de Mestre, el estand que la empresa Vicente Díez S. L. presentó para

Cevider'85 fue diseñado por el colectivo Atmósfera Reductora, compuesto por artistas que procedían de la Escuela de Valencia.

Asimismo, la última aportación de Vicente Díez en su labor filantrópica a favor de la cerámica, fue la promoción y el patrocinio de un Premio de Diseño dentro de la Bienal de Cerámica de Manises, dedicado a la memoria de su hijo Javier Díez.

Por último justificamos la decisión de incluir estas notas precedentes dedicadas al fabricante y distribuidor de pastas cerámicas Vicente Díez, puesto que suponen un reconocimiento a la función dinamizadora, que sin duda propició su actitud, ante las propuestas emergentes en la cerámica valenciana de los últimos cuarenta años, no solo como proveedor de materias primas, sino también como constante colaborador económico de numerosos proyectos relacionados con la cerámica. Por otra parte, también es poseedor de una interesante colección de cerámica contemporánea. En fin, concluiremos que estamos hablando de un mecenas.

Relato del viaje a Italia en 1978

Esta es la descripción de una de las historias más entrañables que forman parte del imaginario colectivo de los compañeros que compartieron la Escuela desde los inicios de la docencia de Mestre. Se trata del viaje a Italia, mil veces comentado por los alumnos de la primera generación. Su interés reside, precisamente, en la posibilidad que ofrecen estas anécdotas para reconstruir el momento en el que se empezó a gestar «el entorno de Mestre». Para ello hay que remontarse al verano de 1978, cuando hacía nueve años que Mestre era profesor en la escuela. Tan solo un año después, en noviembre de 1979, se inauguró la primera exposición de alumnos de Mestre, en la que participaron seis de los integrantes del grupo que viajó a Italia.

El relato se ha recopilado a través del testimonio de Teresa Aparicio, que accedió a contarlo por escrito. Dado el interés que nos parece que tiene este documento, a continuación incluimos su transcripción íntegra:

> En la primavera de 1978, se convocó una reunión para ver diapositivas en el taller de Mestre, a la que acudió un grupo de alumnos de cerámica y unos pocos alumnos de BB. AA. En la charla posterior al pase, se planeó un viaje de estudios a Italia. El primer objetivo era visitar el Premio de Cerámica de Faenza y después ir a Venecia, ya que, al ser año par, tocaba la Bienal. Esa misma tarde se acordó día de salida (a primeros de agosto), se designó persona (Vicent) para ocuparse de buscar autobús y se decidió el carácter económico del viaje, a base de camping, tiendas de campaña, bocadillos, etc.
>
> Prácticamente sin muchos más contactos, se llegó al día de salida y el *bus* fue recogiendo a los compañeros en las paradas establecidas. Finalmente, el grupo estuvo integrado por: Enric Mestre y su mujer, Ana, Xoan Viqueira y Trini, Tere Marqués y Vicent, Marta Ponsoda con Ramón y un amigo de ellos, Trini Serrano, Juan Carlos Sorzano, su socio Vicente, la mujer de este y otro amigo, Pilar Peyró, Amparo Boluda, Ana Sáenz, Teresa Aparicio y un estudiante de filosofía que no era conocido de nadie, el conductor del autobús con su mujer, que hicieron el viaje de novios, y otra pareja amigos suyos. En total, 23 personas.
>
> La primera parada fue en Florencia con un recorrido más clásico, Pisa, Bolonia y Siena. Visitamos museos, edificios, alguna exposición de escultura y sobre todo la visita a Siena en la víspera del Palio, fue muy interesante. La segunda parada la hicimos en Rímini, donde Mestre quería enseñarnos el Museo de Arte Africano de esa ciudad. También vimos una exposición de escultura al aire libre en el castillo. Desde allí nos desplazamos a Rávena, y creo que vimos todos los mosaicos que tienen. Después Faenza, allí visitamos, en el Palacio de Exposiciones, el «36º Concurso Internacional de la Cerámica de Arte», la exposición «Carlos Zauli, diez años de escultura en gres» y la de «Selección de obras del 6th. Chunichi International Exhibition of Ceramic Art de Nagoya–Japón», así como el Museo de la Cerámica. Compramos catálogos, libros, conseguimos información, etc.

Última parada en Venecia, con una visita exhaustiva a la 38.ª edición de la Bienal «Della Natura all'arte, dell'arte alla Natura. Arte Visive». Aprovechamos todo el día, desde la hora de apertura hasta que cerraron. Allí nos dividimos en pequeños grupos y asimilamos información, mientras nuestros pies y nuestros cerebros resistieron.

Así fue la parte académica del viaje. Las experiencias personales de este viaje fueron muy intensas y cada participante en el mismo las cuenta según su punto de vista, pero, como resumen, creo que todos podemos coincidir en que, por unas cuestiones o por otras, este fue un viaje que ninguno de los que fuimos a Italia en el 78, podremos olvidar.

Un viaje no tiene necesariamente que crear lazos de ningún tipo entre participantes o entre estos y el profesor que los acompaña, pero en este caso, el viaje a Italia que se realizó en 1978 se presenta como uno más de los variados factores que, como venimos describiendo, han propiciado la conexión del grupo y la configuración del «entorno de Mestre» objeto de nuestra investigación.

Manises: referente imprescindible

Ya se ha hecho referencia con anterioridad y repetidas veces a la Escuela de Cerámica de Manises, puesto que era imprescindible explicar, de forma somera, los dos perfiles educativos para comprender el origen y la razón de tan distintos planteamientos para una misma titulación[46]. Al referirnos a estas dos ofertas, con perfiles tan distintos, consideramos que no se han estudiado con profundidad todos los aspectos que la Escuela de Cerámica de Manises debió albergar en su historia. Sobre esto, y para terminar, es conveniente decir que el hecho de no aportar más datos sobre esta escuela no supone desmerecer su importancia, sino que sencillamente no es el lugar. También debemos dejar constancia de que, pese a estar en completa sintonía con el modelo de aprendizaje que se está exponiendo en esta investigación, esto es, el que se impartió en la Escuela de Valencia, debemos dejar constancia de la importancia capital que durante un largo periodo de tiempo ostentó la Escuela de Cerámica de Manises, como referente ineludible sobre esta disciplina, la Cerámica. En este sentido opinamos que la enseñanza debe ofertar un amplio abanico de respuestas posibles para cada cuestión, propiciando que el alumno encuentre en ellas información adecuada para conformar el perfil profesional que le resulte más afín.

Dicho lo cual, no podemos eludir la necesidad de explicar la gran influencia que esta ciudad, Manises, su Museo de Cerámica y el Concurso que tiene su sede en esta institución, han ejercido en todo lo referente a la cerámica en el entorno valenciano.

El «Concurso de Cerámica de Manises» se celebró por primera vez en 1972, con carácter anual y dentro del ámbito nacional. La sede del concurso siempre fue el Museo de Cerámica, inaugurado el 26 de noviembre de 1967 en lo que fue una mansión del siglo XVIII donada al Ayuntamiento de la ciudad para este fin. Más tarde, en 1987, fue ampliado. En el momento de su inauguración actuaba como director Vicente Ferris, que era concejal de Cultura y cronista de Manises, y estuvo al frente del museo hasta 1970. Posteriormente se hizo cargo de la dirección del Museo, Josep Pérez Camps, que lo hizo entre 1984 y 2013, fecha de su jubilación, siendo sustituido entonces por Sara Blanes Ibáñez, actual responsable del mismo. En su primer formato, el concurso convocaba un número de

46 En la Escuela de Cerámica de Manises, el alumno que superaba los estudios recibía el título de Perito en Cerámica Artística o Técnica y el que lo hacía en la Escuela de Artes Aplicadas de Valencia recibía el título de Graduado en Artes Aplicadas (Especialidad Cerámica).

premios que oscilaba de un año a otro; por ejemplo, los doce premios de 1974 se redujeron a seis en el certamen del año siguiente. Esta variabilidad en el número de galardones estuvo estrechamente relacionada con los cambios en las empresas patrocinadoras, que no fueron siempre las mismas. Con todo, el elevado porcentaje de premios con diferentes dotaciones económicas estimularon la participación entre los aspirantes más jóvenes, que se animaron a presentar sus propuestas durante su etapa de estudiantes. De hecho, muchos de los premiados lo fueron siendo aún alumnos en las escuelas o recién titulados. En este sentido, en el segundo concurso del año 1973, se otorgaron varios premios a alumnos de centros de enseñanzas artísticas, dotados con 2500 pesetas. cada uno. De dichos premios nos interesa, en especial, el detalle de que se estableciesen diferentes categorías para abarcar todas las técnicas[47]. De ello deducimos que los premios para estudiantes estarían convocados exactamente para esas técnicas, puesto que quedaron desiertos el de Piezas torneadas, Entubado y Pintura en colores nitrificantes. Esta información nos da noticia acerca de las técnicas y procesos que, muy probablemente, se estaban enseñando en la Escuela de Manises en 1973. Y muestra una escuela centrada en las técnicas decorativas tradicionales, con la excepción de la convocatoria de uno de los premios dentro de la categoría de Figuras Corpóreas, que fue otorgado a la obra titulada *Olivos*. La celebración de un concurso de cerámica que permitiera optar a distintos premios debió ser un acicate para los estudiantes de cerámica, también para los que cursaron sus estudios en la escuela de Valencia. La cercanía de la ciudad de Manises facilitaba en gran medida el depósito de las obras que se podían entregar personalmente y ahorrase así el gasto de envío. Como resultado, no fueron pocos los alumnos o ceramistas procedentes de esta última que fueron galardonados.

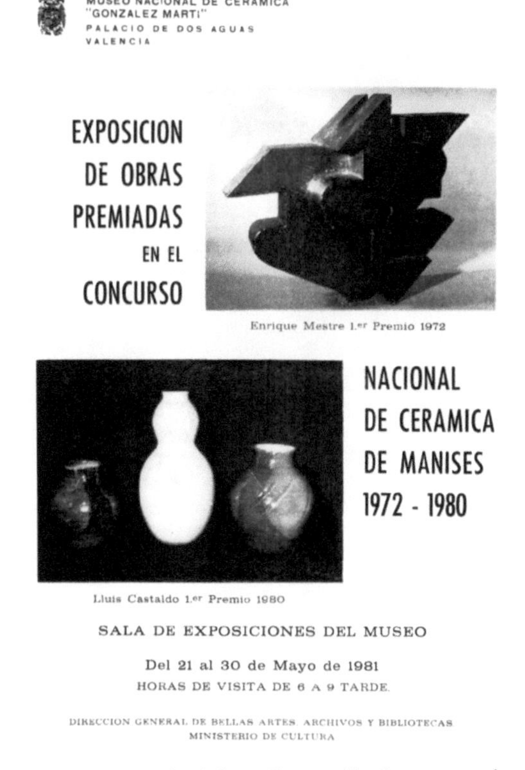

Figura 19. Portada del catálogo editado con motivo de la exposición realizada en 1980 de las obras premiadas en el concurso entre 1972 y 1980

De la lectura de los premios otorgados en las convocatorias posteriores a 1973, no se aprecia que ninguno de ellos fuera específico para estudiantes, hasta que en 1984, la empresa Forns Náber (empresa catalana dedicada a la fabricación de hornos para cerámica) patrocinó un premio para estudiantes menores de 25 años. Este premio estuvo vigente en las ediciones de 1984, 1985, 1986 y 1987, quedando desierto en esta última convocatoria. Más tarde, y siempre siguiendo la información aportada por el Museo de Manises, el concurso pasó a ser de ámbito europeo y bianual, iniciando esta segunda andadura el año 1993[48]. En esta segunda etapa el concurso perdió, tal vez, esa

47 Pintura: *Fuerza,* a José Bes Clavel. Cuerda seca: *Mariposas,* a Vicente Prats Álvaro. Esmaltes artísticos: *Ternura* (no consta nombre, ni autor). Figuras corpóreas: *Olivos* (no consta autor). Pintura estilo valenciano siglo XVIII: (no consta autor) (continua) a la obra n.º 10, sin lema; y *Piezas torneadas,* entubado y pintura en colores vitrificantes: no se adjudica. (Información aportada por el propio museo).

48 El salto cronológico es el que queda reflejado en la relación aportada por el Museo de Manises por medio de correo electrónico.

capacidad de servir de estímulo entre la gente que empezaba y veía más probabilidades de obtener algún reconocimiento entre el elevado número de premios de diferentes cuantías.

Efectivamente, al ampliarse el ámbito de proyección a escala europea, disminuyó la cantidad de galardones establecidos y, de los siete premios de 1987, se pasó a los tres de 1993. No fue hasta 2001 cuando el certamen, manteniendo su alcance internacional, decidió establecer el mismo número de premios y aumentar su cuantía considerablemente[49]. En compensación a la pérdida de convocatoria entre los principiantes locales, el concurso intensificó su interés para la cerámica en Valencia. De tal manera que convoca en cada una de sus ediciones un extenso e interesante muestrario de lo que se está haciendo en cerámica en el momento, siendo sus exposiciones una exhibición de la obra de artistas ceramistas de primera línea y de todas las nacionalidades.

Para cerrar este punto aportaremos un interesante escrito que Felipe Vicente Garín Llombart realizó con motivo de la presentación de la exposición, que se celebró en el Museo Nacional de Cerámica y Artes Suntuarias «González Martí» del 21 al 30 de mayo de 1981. En las palabras de Garín encontraremos una síntesis del nacimiento del concurso, así como una idea del espíritu que, según el autor del texto, inspiró este nacimiento:

> Debo comenzar manifestando que para quien suscribe la presente exposición de las piezas premiadas en sus diversas ediciones por el Concurso Nacional de Cerámica de Manises cumple uno de los deseos más queridos: poder mostrar al público de Valencia esas experiencias cerámicas que desde el primer momento, y no sin lógicas tensiones, marcaron un rumbo de auténtica renovación de la cerámica como género artístico nada secundario.
>
> Tuve la suerte de vivir de cerca la génesis y primeros pasos del certamen. Recuerdo perfectamente las dificultades que debieron superarse y también el entusiasmo de sus iniciadores y generosos promotores. Yo decía entonces que lo importante era la continuidad, y la continuidad en calidad y exigencia. Ello parece ahora asegurado, y no puede negarse que las condiciones del entorno son bien diferentes y han pasado muchas cosas desde el primer año [...]. No sería justo si omitiera en estas líneas la labor que siempre ha tenido el Ayuntamiento de Manises. Siempre de apoyo y nunca de interferencias. Al césar lo del césar. Si el concurso es y ha llegado a donde está, lo ha sido en gran medida por la clara conciencia que ha tenido el Ayuntamiento de Manises de ayudar sin condiciones.

El escrito de Garín nos introduce en el siguiente capítulo, donde documentamos la eclosión que se estaba gestando en torno a la cerámica contemporánea, ajustándonos siempre al marco investigado.

49 Es razonable entender que, para estimular la participación internacional se necesita ofertar premios de mayor cuantía económica.

Las actividades de los alumnos. El entorno de Mestre

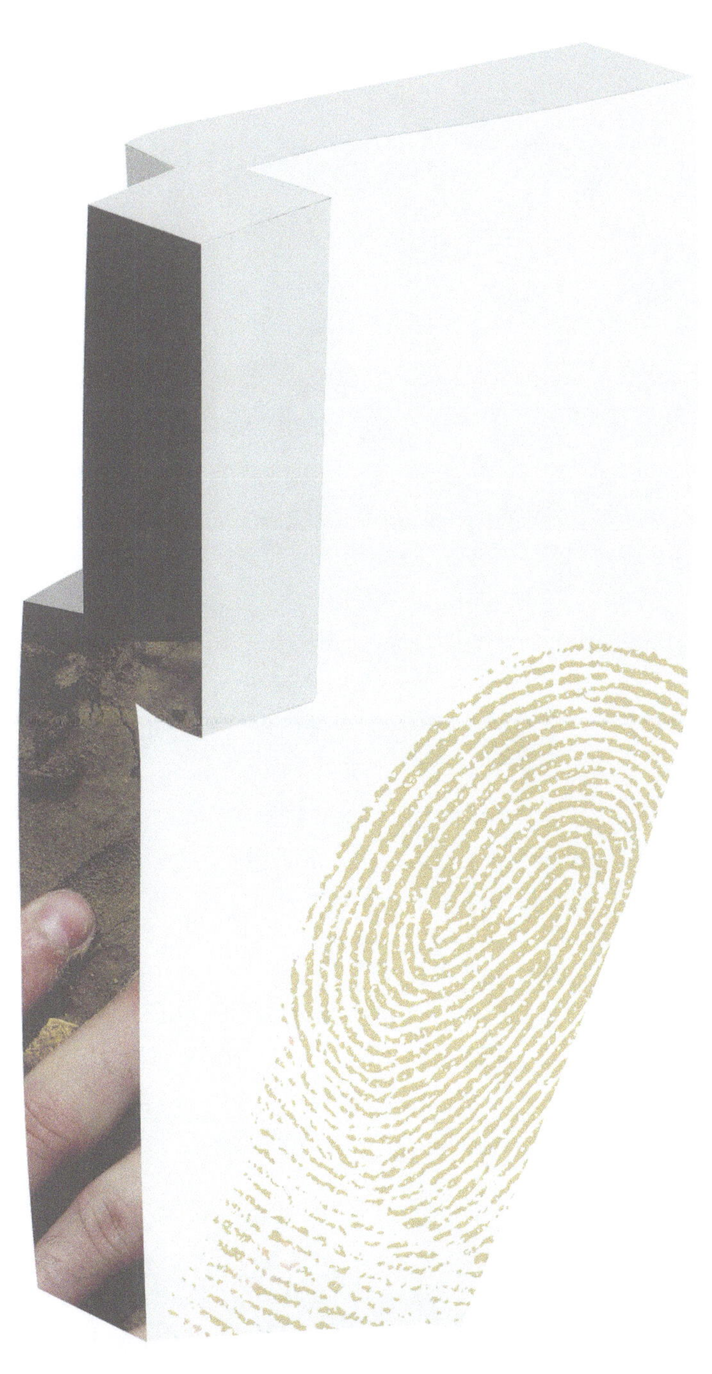

> [...] Las enseñanzas de Mestre han calado profundamente, [...] en todos ellos es posible señalar un mismo rasgo común compartido, un nexo de incuestionable unión: el valor que todos le conceden al proceso de análisis creativo. Un rasgo que de nuevo nos remite a Mestre (Suárez, 2014: 5).

El marco documental

En este quinto capítulo se recoge el primer trabajo de campo que se abordó y que marcó el inicio de la fase de recopilación del material documental. Las razones de tal organización en el orden del proceso documental fueron debidas a que, tal y como explicamos cuando definíamos el carácter de los hechos investigados y las motivaciones que generaron el interés de la investigación, surgían de la duda de que si era acertado hablar de «alumnos de Mestre». Bajo esta denominación queremos hacer referencia a un grupo de artistas que, en su trayectoria profesional, desarrollaron una línea de trabajo influida por las directrices que les transmitió el maestro durante su formación. Para ello, resultó esencial la información bibliográfica recogida en este capítulo, con vistas a vislumbrar la pertinencia de acometer la presente investigación.

El primer paso fue una mera exposición cronológica de todas aquellas actividades documentadas apoyada, sobre todo, en noticias de prensa, en catálogos que contaban con escritos de presentación y en pequeños folletos de mano en los que localizamos referencias a algunas exposiciones. Al ordenar esta información sobre el papel en una secuencia continua, pudimos comprobar que existía suficiente material, contrastado y consistente, para plantear la presente monografía.

Dicho esto, nos disponemos a abordar el análisis que recoge el recorrido cronológico de las exposiciones, artículos de prensa y presentaciones de catálogos referentes a las actividades profesionales de aquellos artistas–ceramistas que contaron con una misma procedencia académica y que, de un modo u otro, se nombraron o autonombraron «alumnos de Mestre».

Teniendo presente que este material documental, además de servir como instrumento para tomarle el pulso al tema de la investigación y considerar su viabilidad, ha cumplido otra función. Con ello queremos decir que, lo que en un principio parecían anécdotas dispersas, sin ningún peso en el devenir de la cerámica dentro del marco estudiado, se revelaron por el contrario de vital importancia. Se trata de documentos en los que toma cuerpo y adquiere sentido una etapa, y que de no haber procedido a documentar adecuadamente, se hubiera disuelto en la nada. Queremos insistir en este punto con, puesto que este factor fue determinante a la hora de definir la forma que tomó nuestra investigación.

Además nos parece oportuno señalar que la presente recopilación de exposiciones, artículos, etc. se considera exhaustiva, haciendo el seguimiento de todas estas exposiciones (desde la primera, celebrada en 1979) a través de la documentación reunida.

Por último, queremos dejar constancia clara de que de forma simultánea a los acontecimientos narrados en este capítulo, se sucedieron otras actividades que también tuvieron en sus artistas la procedencia académica referida. En esta línea podemos traer a colación, y valga como ejemplo de exposición compartida por artistas del entorno de Mestre, la celebrada en mayo del 1984 en el Museo Nacional de Cerámica y Artes Suntuarias «González Martí» de Valencia o aquellas que tuvieron lugar en las ya señaladas Galería Formas o Atifells. Asimismo, también sería un ejemplo representativo la que tuvo lugar del 20 de diciembre de 1983 al 5 de enero de 1984 en l'Hort de Vivanco, sala municipal de exposiciones de Catarroja. En dicha exposición participaron Inmaculada Vidal, Javier Soriano, Laura Romero, Carmen Oller, Antonio Olmos, Gloria Giménez, Roser García y Antonia Carbonell. Todos ellos, con posterioridad, formaron parte del colectivo Atmósfera Reductora. Por otra parte, hay casos como el del artista Xoan Viqueira que, estando presente en la primera exposición de 1979, desplegó un consistente recorrido personal y solo lo volvemos a encontrar dentro de una exposición del entorno de Mestre en la que se celebró en Muel el año 2012. Como podemos comprobar, estamos ante un calidoscopio complejo a la hora de definir sistematizaciones, por lo que ha sido necesario establecer un orden de criterios para articular este capítulo, siendo conscientes de que toda categorización es aleatoria y jerárquica, en la medida que supone una priorización de criterios en detrimento de otros.

Levante

Domingo, 13 de mayo de 1984 — MAGAZIN/9

ARTE

Cuatro ceramistas:

Carmen Sánchez, Marisa Herrón, Antonia Carbonell y Carmen Ballester

JOSE GARNERIA

PATROCINADA por la Dirección General de Bellas Artes, Archivos y Bibliotecas del Ministerio de Cultura, se celebra en el Museo de Cerámica González Martí una muestra de cuatro ceramistas agrupadas en dos variantes: una, correspondiente a lo que con el torno se puede realizar, y otra, que abarca las placas.

Antonia Carbonell y Carmen Ballester son las que se centran en las placas, mientras que Carmen Sánchez y Marisa Herrón lo hacen con el torno. Sin embargo, queda totalmente claro que existe un paralelismo entre todas ellas en cuanto al empleo de las variantes técnicas se refiere, así como en cuanto al cromatismo y a la suavidad de tratamiento. El elemento formal que determina la obra de arte final, por ende, resulta personal y propio a cada artista.

Carmen Ballester, dentro de sus superposiciones en cuanto a lajas-persianas se refiere, denota un conocimiento amplio del espectro cerámico, estética, formal y cromáticamente. Sus obras se presentan como una continua superposición de estratos compartimentados formal y textualmente. Se siente perfectamente su preocupación por la tridimensional de la obra y por lo repetitivo creacional. Estética y conocimiento técnico se unen aquí, ofertándonos obras sensitivas, intelectualizadas y creativas.

Antonia Carbonell resulta ser tal vez la más tranquila de todas ellas, notándose en su obra una preocupación por lo pictórico, y en donde el elemento geométrico tridimensional, estático formalmente, se siente ineludiblemente predispuesto a la deformación y el hallazgo. Sus cerámicas son como esculturas en las que lo vivencial se percibe no sólo por vía del colorido, sino también mediante aquellos aspectos de pura técnica cerámica que coadyuvan al éxito de la obra de arte bien realizada.

Marisa Herrón, dentro de la vertiente del torno, realiza un tipo de cerámica que, indudablemente, tiene que ver con el geometrismo, pero en el cual resultan patentes las influencias informales. Digno de mención resulta su aspecto a la forma y su suavidad en el tratamiento; no en balde la propia artista se introduce en campos algo marginados del torno, para de esta forma ofertar al espectador una obra creativa no condicionada en absoluto a lo formal, sino, por contra, realizada con unas miras de libertad importantes.

Carmen Sánchez, parangonable formal y técnicamente con Marisa, siente una preocupación estética importante por lo grafístico y expresivo-comunicativo, en donde la calidad y claridad del espectro cromático se hace patente. Tal vez no posea la libertad formal de sus compañeras, pero, sin embargo, su obra va acompañada de lo sensitivo y poético. Otra particularidad existente en su obra es la preocupación por la forma, más geométrica y con menos concesiones, a la vez que peca algo de decorativa; ello, sin embargo, resulta positivo a su obra.

Lo importante de esta muestra realizada por las cuatro ceramistas mencionadas no sólo residen en su homogeneidad y personalidad, sino también en el hecho de que se pueda ver lo que nuestros artistas, los nacidos o residentes en Valencia, puedan ir haciendo y ofertando, para bien del arte y del espectador. De hecho, esta es una muestra importante.

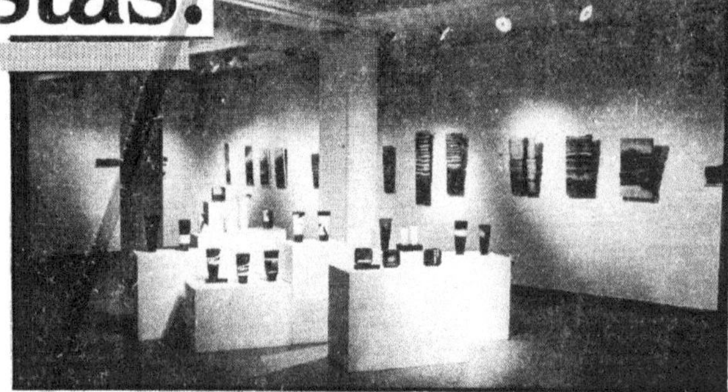

Izquierda, Antonia Carbonell, y al fondo, Carmen Sánchez

Figura 20. Recorte de prensa sobre la exposición, con texto de José Garneria (Levante, 13 de mayo 1984)

Exposiciones, actividades y prensa de 1979 a 2005

Primera exposición en la Sala Gascó, Valencia

El 26 de noviembre de 1979, un grupo de alumnos de la Escuela de Artes y Oficios de Valencia inauguraron una exposición de cerámica en la Sala de Arte Gascó, localizada en la calle Bisbe, 8 (travesía Don Juan de Austria) de Valencia. En esta exposición presentaron sus trabajos Teresa Aparicio, Concha Berrozpe, Teresa Marques, Pilar Peyró, Ana Sáenz, J. Carlos Sorzano y Xoan Viqueira. Hacía exactamente diez años que Mestre se había incorporado como maestro de taller en la Escuela de Valencia, después de que el pintor y ceramista Salvador Sanz Faus dejara su puesto en 1969.

Esta exposición fue la primera que se realizó por un grupo de artistas que habían recibido docencia de Mestre. Con ella se inicia la andadura de las actividades expositivas que, a lo largo de los años, mostrarán la obra de artistas vinculados al entorno de Mestre; andadura que permanece activa en la actualidad. En la cronología de actividades que iniciamos aquí, también haremos el seguimiento de la voluntad de Mestre por arropar a los que fueron sus alumnos en el aula. En este sentido, podremos observar que sus palabras parten de una perspectiva que tiene en el horizonte lo que debe ser la cerámica en la contemporaneidad, diciendo:

> Estos jóvenes ceramistas que con tanta ilusión han preparado esta muestra colectiva, y algunos otros que empiezan a surgir, pueden ser el nuevo germen cerámico del que tan necesitados estamos. Pero harían falta muchos más para recobrar el esplendor cerámico de la Valencia de otros tiempos, pues desde finales del XVIII quedamos en el más absoluto anonimato, perdido el contacto con la más noble tradición, esta no ha sido sustituida por una cerámica que responda a las exigencias técnicas y plásticas del momento que vivimos (Mestre, 1979).

Desde una perspectiva temporal, este primer texto tiene un interesante significado, en la medida que sentó las claves de un compromiso por propiciar, desde su propia aula, el impulso que a su juicio necesitaba la cerámica valenciana. De ahí que en el escrito deje clara una de las razones de importancia capital que se convirtieron en la razón de ser de su labor docente: nos referimos a la repetida consigna de que un artista se tiene que expresar siempre según los códigos de su época.

Panorama de la nueva cerámica valenciana. Exposición en la Sala Adama, Madrid (1984)

El jueves, 15 de noviembre de 1984, se inauguraba en la Sala Adama de Madrid una exposición de cerámica bajo el lema «Panorama de la Nueva Cerámica Valenciana» (el decenio 1974–1984). En ella participaron Jordi Segura, Antonia Carbonell, Laura Romero, Roser García, Miguel Monar, Carmen Sánchez, Marisa Herrón, Antonio Olmos, Bosco Pérez, Amparo Boluda, Ángeles Roca, Mercedes Sebastián, Carmen Ballester, M.ª Luisa Candela, Esperanza Fontecha, Carmen Oller, Isabel Bellot, Salud Valero y Rosa Bernabé.

Para presentar esta exposición, Enrique Mestre preparó un escrito que se publicó en el folleto de la misma, así como en el periódico *Levante* (jueves 24 de noviembre de 1984), con el título de «El poder de la imaginación. Nueva cerámica valenciana en Madrid». De este escrito nos parece relevante destacar el fragmento que citamos a continuación, ya que refleja el punto de inflexión que, a juicio de Mestre, supuso la celebración de este certamen:

Esta exposición colectiva, que ha nacido, creo, gracias al interés que Coclico está demostrando por las manifestaciones cerámicas en general, y por las buenas relaciones que mantiene con algunos ceramistas de la Comunidad Valenciana en particular, se ha gestado prácticamente por la iniciativa y voluntad que ha puesto en ello el ceramista y amigo Vicente Barreira, y viene a demostrar que algo está cambiando en el desfasado, vacío y aburrido panorama cerámico valenciano. La exposición no pretende ser una visión exhaustiva o absoluta de todo lo que se está realizando en estos momentos en Valencia. Se ha llevado a la práctica sin demora, con la esperanza e ilusión propia de la gente que empieza y que se sabe con la fuerza creadora interna, propia de la juventud, que les debe conducir hasta metas insospechadas. Y no es que todos sean jóvenes que recién han terminado sus estudios de cerámica en la escuela de Artes Aplicadas de Valencia (motivo que, por cierto, ha sido la única premisa de selección), los hay que son, ya, muy buenos profesionales que están instalados, trabajan de forma continuada y comienzan a tener estilo propio, y varios de ellos conseguido importantes premios en concursos nacionales.

Pero no era, en realidad de niveles o de premios de lo que quería hablar, sino más bien de la honradez y del exquisito cariño con que cada uno de los autores ha realizado su obra, y que, siendo en su conjunto una exposición que respira actualidad en sus propuestas y técnicas, no se han dejado llevar, para estar al día, por cualesquiera de los movimientos vanguardistas de turno, sino que más bien, han sido capaces de escuchar sus propias voces y de penetrar hondamente por los caminos de sus respectivas sensibilidades [...]. Conociendo como conozco personalmente a los autores, veo reflejada con toda nitidez en sus obras el rasgo fundamental y diferenciador de su personalidad, y es este, a mi modo de ver, el máximo atractivo de la exposición, muy por encima del buen hacer, que, por supuesto, lo hay (Mestre, 1984).

CERAMICA

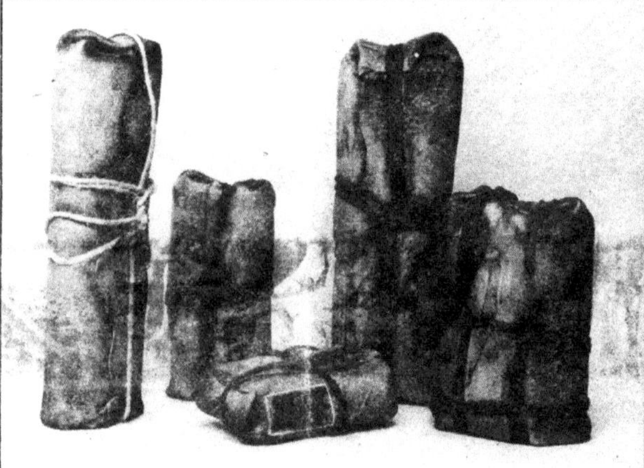

El grupo lo forman Ballester, Bellot, Bernabé, Boluda, Candela, Carbonell, García, Fontecha, Herrón, Monar, Oller, Olmos, Pérez, Romero, Sánchez, Roca, Segura y Valero.

Nueva cerámica valenciana en Madrid

El poder de la imaginación

ENRIQUE MESTRE

ESTA exposición colectiva, que ha nacido, creo, gracias al interés que «Coclico» viene demostrando por las manifestaciones cerámicas en general, y por las buenas relaciones que mantiene con algunos ceramistas de la Comunidad Valenciana en particular, se ha gestado prácticamente por la iniciativa y voluntad que ha puesto en ello el ceramista y amigo Vicente Barreira, y viene a demostrar que algo está cambiando en el desfasado, vacío y aburrido panorama cerámico valenciano.

La exposición no pretende ser una visión exhaustiva o absoluta de todo lo que se está realizando en estos momentos en Valencia. Ni tampoco ha sido preparada con la suficiente antelación para que cada uno de los expositores pudiera mostrar lo mejor de su trabajo. No ha sido ésta su génesis. Ha surgido de la idea (muy valenciana, por otra parte) de mostrar el «aquí y ahora» de una realidad, y se ha llevado a la práctica sin demora, con la esperanza e ilusión propias de la gente que empieza y que se sabe con la fuerza creadora interna propia de la juventud, que les debe conducir hasta metas insospechadas. Y no es que todos sean jóvenes que recién han terminado sus estudios de cerámica en la escuela de Artes Aplicadas de Valencia (motivo que, por cierto, ha sido la única premisa de selección), los hay que son, ya, muy buenos profesionales que están instalados, trabajan de forma continuada y comienzan a tener estilo propio, y varios de entre ellos han conseguido importantes premios en concursos.eacionales.

Pero no era, en realidad, de niveles o de premios de lo que quería hablar, sino más bien de la honradez y del exquisito cariño con que cada uno de los autores ha realizado su obra, y que, siendo en su conjunto una exposición que respira actualidad en sus propuestas y técnicas, no se han dejado llevar, para «estar al d», a», por cualesquiera de los movimientos vanguardistas de turno, sino que, más bien, han sido capaces de escuchar sus propias voces y de penetrar hondamente por los caminos de sus respectivas sensibilidades. Por eso precisamente, la exposición es altamente variada en sus resultados, y por eso también, conociendo como conozco personalmente a los autores, veo reflejada con toda nitidez en sus obras el rasgo fundamental y diferenciador de su prsonalidad, y es éste, a mi modo de ver, el máximo atractivo de la exposición, muy por encima del buen hacer, que, por supuesto, lo hay.

De todo lo anteriormente dicho, se deduce que no es ésta, pues, una muestra espectacular que rápidamente se olvida cuando el «flash» visual se apaga; tampoco una exposición para ver apresuradamente, sino, más bien, una colectiva que obliga a detenerse en cada uno de los artistas, sobre todo si el visitante es un interesado en el lenguaje cerámico, para disfrutar de la autenticidad de los trabajos, desde el de mayor tamaño hasta los más pequeños, no por ello menos interesantes y evocadores. También podrá encontrar formas de expresión tan variadas como puedan ser las de acción directa y violenta, pasando por las racionales, hasta las más intimistas, sutiles y refinadas.

Una exposición, en suma, no tan importante por lo que en realidad hay, sino por lo que se vislumbra y adivina, ya que, seguramente, en ella hay nombres que, si su voluntad y trabajo no flaquean, están destinados a ser importantes ceramistas capaces de inventar nuevas técnicas y de formular propuestas plásticas de elevado contenido, y con ello situar la cerámica valenciana actual a unos niveles de dignidad, creatividad y belleza como los que tuvieron en tiempos pretéritos en nuestra región la cerámica ibérica y la cerámica de Paterna y Manises, dos auténticos hitos de nuestra tradición que debemos tener siempre en cuenta, no tanto para imitar como para que nos sirvan de estímulo y acicate en nuestro esfuerzo diario. Solo dire, para terminar, que los ceramistas son herederos directos de uno de los oficios más nobles y más imperecederos que ha podido crear la imaginación humana.

Figura 21. Noticia del periódico donde se reproduce el texto de presentación de Mestre con motivo de la inauguración de la exposición de cerámica en la Sala Adama, Madrid (Levante, 24 de noviembre de 1984)

La exposición en Madrid supuso el comienzo de una ambiciosa propuesta que Vicente Barreira[1] había lanzado a los ceramistas valencianos, bajo la pretensión de conseguir agruparse y organizarse en un colectivo. En principio, dicha propuesta de agrupación se planteó de forma abierta a todos aquellos que hicieran de la cerámica su medio de expresión, con objeto de hacerse fuertes a la hora de gestionar y divulgar esta tipología de obras. Para explicar sus objetivos específicos, Barreira convocó una reunión, a la que asistió un nutrido grupo de artistas. Entre ellos, no solo se encontraban alumnos de la Escuela de Valencia y ceramistas del entorno del Mestre. Al parecer, también los hubo procedentes de otros ámbitos, aunque en menor número. Las reuniones que se sucedieron bajo esta aspiración asociacionista dieron finalmente como resultado la decisión de constituir el colectivo denominado Nueva Cerámica Valenciana.

Para apoyar documentalmente esta referencia disponemos de dos datos. El primero de ellos que da noticia de lo que referimos, lo podemos encontrar en el folleto de presentación de la exposición realizada en la Sala Formas, (del 1 al 23 de febrero). En esta exposición mostraron sus obras Vicente Barreira, Roser García y Laura Romero. En el catálogo no consta el año pero, en cualquier caso, se realizó con posterioridad a la ya referida «Panorama de la Nueva Cerámica Valenciana» (Madrid, 1984)[2]. Pero, más allá de establecer esta secuencia cronológica, sobre todo nos interesa destacar que en la portada del catálogo se puede leer una mención al Colectivo Nueva Cerámica Valenciana.

A pesar de su proyección inicial, la ambiciosa propuesta de Barreira no dio los frutos deseados. No obstante, la idea de agruparse para gestionar mejor el trabajo tuvo una buena acogida entre algunos de los participantes en aquella reunión que, a su vez, habían tomado parte de la exposición de Madrid.

Así fue como empezó a fraguarse un grupo que, tras varias deliberaciones, se decidió designar Colectivo Atmósfera Reductora[3]. Dicho colectivo desplegó una dinámica sucesión de exposiciones a lo largo de escasos 5 años. A pesar de su corta vida, debemos reconocer su mérito al despertar cierta expectación cuando aún no eran muy frecuentes este tipo de exposiciones cerámicas en el entorno valenciano.

Cuando se constituyó el colectivo Atmósfera Reductora también encontramos a Barreira vinculado a este grupo desde su comienzo. Este dato lo sabemos por la firma de un cartel publicitario, aunque este carece de referencias sobre el lugar y la fecha en que tuvo lugar. Con todo, esta vinculación amistosa no tendría nunca continuidad en la actividad expositiva de Atmósfera Reductora.

Estand «Vicente Díez» en Cevider, Valencia (1985). Colectivo Atmósfera Reductora

Después de la exposición del mes de noviembre de 1984, el colectivo Atmósfera Reductora recibió la propuesta de diseñar para la feria de cerámica y vidrio Cevider'85 el estand de la empresa

1 En la publicación que el Ayuntamiento de Valencia editó en 1985, Barreira confirmó en la entrevista que se le realizó entonces que él fue el contacto para la exposición de Madrid.

2 Esta conclusión se deduce al leer los currículums de dicho catálogo, donde ya se deja constancia de su participación en la exposición de 1984. Así, por ejemplo, en el currículum de Barreira podemos leer que en 1984 organizó la mencionada exposición, del mismo modo que los currículums de García y Romero atestiguan su participación respectiva en ella.

3 El calificativo hace referencia a cualquier atmósfera baja en oxígeno que, en el caso de la combustión dentro de un horno de cerámica, provoca cambios en la coloración de los esmaltes y las pastas.

de Manises, Vicente Díez, S. L.[4] En esta ocasión, los doce artistas participantes fueron[5]: Carmen Oller, Rosario García, Miguel Monar, Mercedes García, Javier Soriano, Laura Romero, Ángeles Roca, Antonia Carbonell, Amparo Boluda, Carmen Sánchez, Bosco Pérez y Jordi Segura.

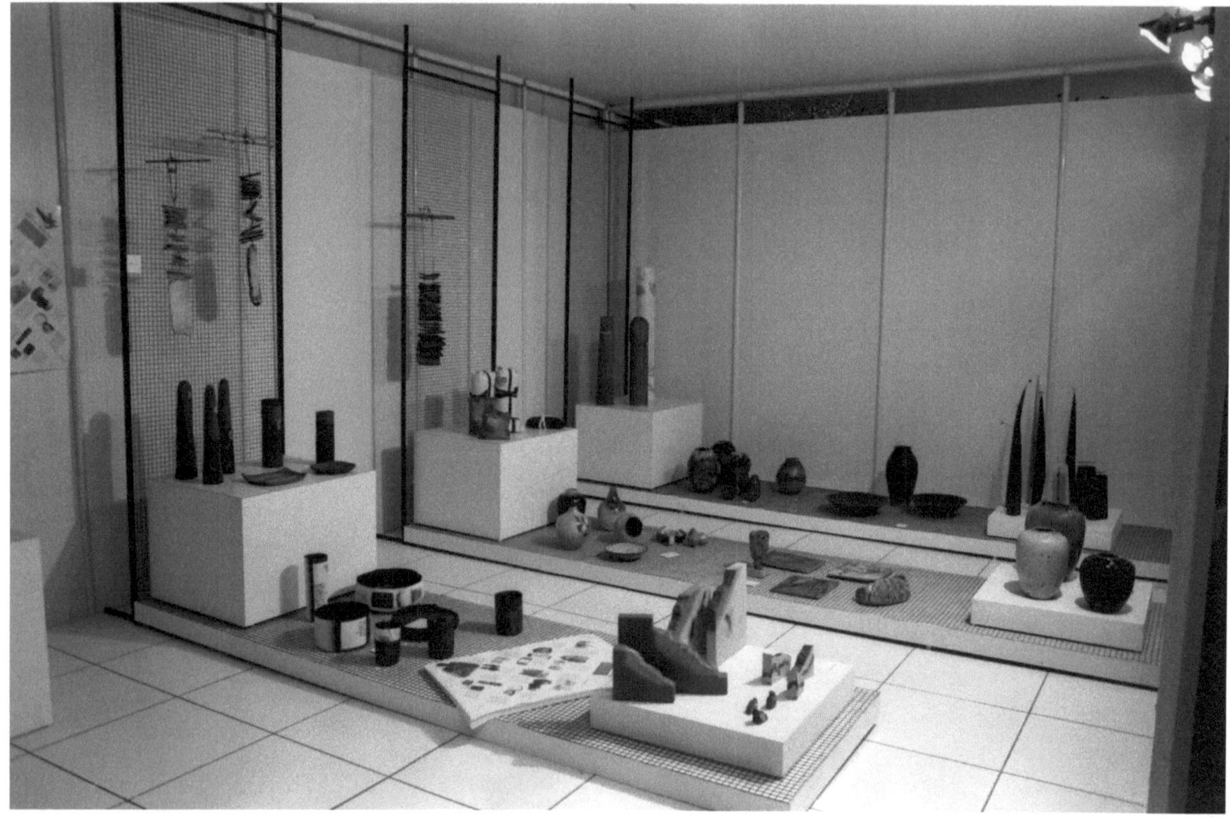

Figura 22. Vista general del estand. Autor: Vicente Moreno Seguí.

En la revista especializada *Arte y Regalo* (1985) se publicó un artículo dedicado al estand de la firma Vicente Díez, S. L. en el que se describía en qué consistía el estand y se comentaba la intención de su promotor al hacer el encargo:

> El interés de esta muestra de ceramistas formados en su mayoría en la Escuela de Artes y Oficios de Valencia [...]. Merece destacarse que esta iniciativa ha partido de un industrial, productor de materiales cerámicos, con visión de futuro que ha sabido ver cómo la labor de estos ceramistas puede y debe ser detectada por la industria y de qué forma esta puede recibir un nuevo impulso que la sitúe en condiciones de afrontar el futuro (Artículo sin firmar, *Revista Arte y Regalo*, 1985: 58).

4 La empresa continúa vigente en la actualidad, después de haber cambiado de dueño, fabricante y suministrador de productos y materias primas para la cerámica. Recordemos que ya se ha hecho referencia al compromiso que su dueño, Vicente Díez, tuvo siempre con los artistas y al contacto especial que este mantuvo con la Escuela de Valencia.

5 Hay que decir que el colectivo Atmósfera Reductora tuvo alguna oscilación en sus componentes por nuevas incorporaciones. Asimismo, no siempre todos sus miembros decidieron participar en la exposición del momento.

El proyecto consistió en una intervención común: ropa tendida, realizada con baño de barbotina de porcelana coloreada fabricada por la empresa de Manises, Vicente Díez. A su vez, incluyó una muestra del trabajo personal de los participantes que fue, al mismo tiempo, una muestra de los recursos expresivos que podían proporcionar los materiales de dicho fabricante.

También en el periódico *Levante* del jueves 25 de abril de 1985, José Vicente Selma hacía referencia a la exposición de la feria de Cerámica Vidrio y Elementos Decorativos (Cevider' 85), como citamos acto seguido:

> Se ha presentado, bajo la denominación de colectivo Atmósfera Reductora, una sugerente muestra de la joven cerámica creativa valenciana. Componen este colectivo catorce ceramistas que en su mayoría han pasado por el aula de cerámica y las enseñanzas de Enrique Mestre, y que proponen un mosaico muy actualizado de las diversas tendencias creativas del momento artístico para la cerámica de renovación formal. Nacidos en su mayor parte en la década de los cincuenta, sus primeras exposiciones se han ido desarrollando casi ininterrumpidamente desde finales de los setenta, en una búsqueda generalizada de experimentación plástica [...]. Una imagen viva de la cerámica creativa valenciana que debe luchar ahora mismo por su difusión, extensión y confirmación, que ha logrado en gran medida.

«Atmósfera reductora»

Vitalidad de la joven cerámica valenciana

JOSE VICENTE SELMA

EN la recientemente inaugurada Feria de la Cerámica, Vidrio y Elementos Decorativos (Cevider 85) se ha presentado, bajo la denominación de colectivo **Atmósfera Reductora,** una sugerente muestra de la joven cerámica creativa valenciana. Componen este colectivo catorce ceramistas que en su mayoría han pasado por el aula de cerámica y las enseñanzas de Enrique Mestre, y que proponen un mosaico muy actualizado de las diversas tendencias creativas del momento artístico para la cerámica de renovación formal. Nacidos, en su mayor parte, en la década de los cincuenta, sus primeras exposiciones individuales y colectivas se han ido desarrollando casi ininterrumpidamente desde finales de los setenta, en una búsqueda generalizada de experimentación plástica, de nuevos recursos gráficos y matéricos, que los distancian con claridad de los formulismos de la llamada cerámica «de calidad», sujeta a los esquemas productivos comerciales, y de la simple reinvención de recursos propia de las tendencias ancladas de la cerámica «popular».

En todos ellos, naturalmente, se genera un interés vivo por la tradición artesanal de la cerámica, tan rica en experiencia técnica —esencial en los procedimientos cerámicos— y eminentemente funcional, pero desarrollando ante todo las propuestas **expresivas** en infinidad de módulos, que hacen difícilmente clasificable esta muestra arriesgada y que les ha llevado a la temperatura más alta de actualidad en el paisaje de ofertas renovadoras de la Feria.

A caballo entre lo escultórico y una nueva experiencia estética de lo funcional, este colectivo desarrolla una ampliación de márgenes para la comprensión del uso y disfrute del mundo cerámico. En un momento artístico en el que fluyen en otras áreas los eclecticismos, la presión de las estéticas y poéticas individuales, la desculpabilización y la utilización de las atmósferias biográficas y cotidianas, la sugerente fragmentariedad de esta muestradeberia agitar los esquemas bajo los que aún se moviliza el circuito de producción de «objetos» cerámicos. Existe en ellos una general conciencia de la pieza «diseñada», del riesgo compositivo y de la necesidad de evolucionar desde las constantes «personales» a una oferta del grupo. Angeles Roca nos propone unas enigmáticas piezas escultóricas; Carmen Sánchez dibuja sobre sus piezas unos grafismos que acentúan el lirismo sobre la reciedad de sus propuestas; Laura Romero y Roser García consiguen con sus «paquetes» y «monolitos» superficies suaves y provocadoras, como las piezas, en otro orden formal, más «tribal», de Antonio Olmos. Antonia Carbonell, Bosco Pérez, Jordi Segura, Amparo Boluda, Carmen Ballester, Miguel Monar, Mercedes García, Javier Soriano y Carmen Oller disponen formal y plásticamente de tan variados recursos que exigirían un estudio pormenorizado de sus preocupaciones personales. Común a todos ellos, una reinvención de formas y una amplia galería de procedimientos, que permiten hablar de un magnífico momento para sorprender en otras geografías, para abandonar los clichés tercermundistas y arriesgarse a proponer dimensiones comerciales controladas por estos sugerentes artistas cuya riqueza compositiva es un manifiesto de humildad y que ya han superado más de una fase «preliminar» al llamado riesgo público de la oferta artística.

A través de ellos se potencia un nuevo espacio de diseño, una caligrafía distinta para los objetos y piezas cerámicas, algo que la sorpresa y el interés general del público suele ver antes que las ofertas productivas se perfilén. Una imagen viva de la cerámica creativa valenciana que debe luchar ahora mismo por su difusión, extensión y confirmación, que ha logrado en gran medida, si observamos su evolución desde los últimos cinco años.

Jordi Segura expone además, individualmente, en Formas, única galería dedicada exclusivamente a cerámica.

Figura 23. Noticia del periódico *Levante* donde se editó el texto de José Vicente Selma acerca de la exposición de la feria de Cerámica Vidrio y Elementos Decorativos (Cevider' 85). (*Levante,* jueves 25 de abril de 1985).

En el artículo del profesor José Vicente Selma, podemos destacar de entre sus reflexiones la que alude a la lucha por la «difusión extensión y confirmación» de la cerámica creativa valenciana. Subrayamos esta reflexión para hacer notar el esfuerzo que los componentes del grupo abanderaron en este sentido; compromiso reflejado en los testimonios de su corta, pero intensa, trayectoria.

Exposición en Vila–real (1985) (C. A. R.)

Siguiendo la secuencia del listado de exposiciones que el propio colectivo publicó en alguno de sus catálogos o en los artículos que se les dedicó, la segunda muestra del Colectivo Atmósfera Reductora se celebró en la Caja Rural de Vila–real, en 1985.

El periódico *Mediterráneo,* que se publica en Castellón, editó el viernes 17 de mayo de 1985 un especial dedicado a Fira y Festes de Sant Pasqual, en donde podemos leer una breve reseña sobre la exposición y los artistas:

> Las cerámicas del colectivo Atmósfera Reductora merecen la atención de una ciudad como Vila–real, en la que tiene tanta importancia el sector cerámico. Es un conjunto de artistas de gran altura, con una sólida formación y un honroso currículum. En la muestra hay obras que van, dentro de la diversidad de materiales, desde la abstracción geometrizada a las preocupaciones más matéricas, pasando por diversos grados de figuración o estilización. Desde el objeto clásico, habitual (el jarro, el bol, el plato) hasta las composiciones más insólitas, que casi nos remiten al *mínimal* o al conceptual. El conjunto que desborda los límites de este comentario, está compuesto por Ángeles Roca, Antonia Carbonell, Bosco Pérez, Jordi Segura, Carmen Sánchez, Roser García, Laura Romero, Antonio Olmos, Amparo Boluda, Carmen Oller, Carmen Ballester, Miguel Monar, Mercedes García, Javier Soriano y María Luisa Candela.

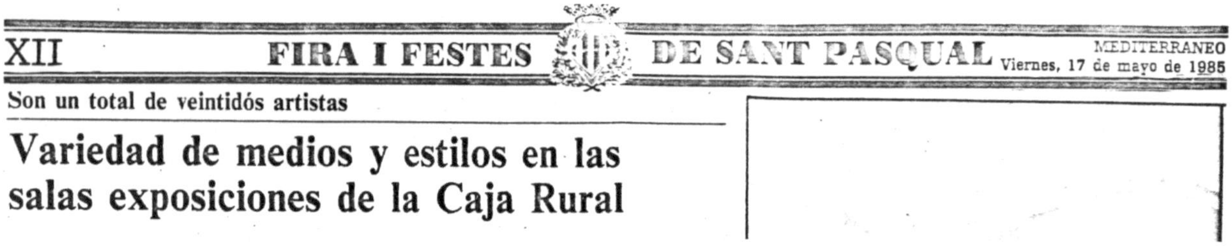

XII FIRA I FESTES DE SANT PASQUAL MEDITERRANEO Viernes, 17 de mayo de 1985

Son un total de veintidós artistas

Variedad de medios y estilos en las salas exposiciones de la Caja Rural

Figura 24. Titular de la noticia publicada en el periódico *Mediterráneo* sobre la exposición celebrada en la Caja Rural de Vila–real (*Mediterráneo,* viernes 17 de mayo de 1985)

Estand de la Conselleria d'Indústria en Europalia, Bruselas (1985) (C. A. R.)

En 1985 se celebró en Bruselas la exposición «Europalia 85», dedicada a las artesanías valencianas. Con motivo de esta muestra, la Conselleria d'Indústria, Comerç i Turisme, editó un catálogo y, en el apartado de cerámica, se hace referencia a la participación del colectivo Atmósfera Reductora. En él también se alude a la sede que en ese momento tenía el grupo, que era el taller compartido por los ceramistas Laura Romero, Rosario García y Miguel Monar en la partida del Milagro 32, en la huerta de Alboraia, junto al taller de Enrique Mestre. En aquellos años, el colectivo empezó a definir más y mejor sus propios objetivos y a vencer la timidez por expresarse, en un contexto bien diferente del actual[6]. Para aquella exposición de «Europalia 85», el colectivo ya había consensuado unas premisas que hicieron públicas por primera vez en el catálogo citado. Estas eran las que siguen:

> El colectivo Atmósfera Reductora surgió de la necesidad de coordinar las inquietudes de un grupo de ceramistas que, trabajando en estudios–talleres individuales, compartimos unos presupuestos básicos ante el panorama confuso y no reconocido de lo que es la cerámica dentro del arte actual: El trabajo de la tierra es tan tecnológico como artístico, lo que enlaza con una característica común a casi todos nosotros y es, que hemos aprendido la técnica y el arte de la cerámica en escuelas.
>
> Este bagaje técnico posibilita enfrentarse con la obra única. Así pues, realizamos una cerámica de investigación estética, formal y técnica que nada tiene que ver con el concepto tradicional de cerámica.
>
> Esta nueva cerámica tiene un lenguaje propio, dentro del mundo de la plástica, como puedan tenerlo la pintura y la escultura. Un lenguaje rico en el que tanto la forma y el color, como la textura, hablan a través de la materia que el fuego transforma en definitiva.
>
> Las formas de expresión en cerámica son muy variadas y coexisten a veces, incluso, en un mismo ceramista varias de ellas.
>
> A grandes rasgos y entre nosotros, se puede hablar de dos formas diferenciadas:
>
> — Formas funcionales: en las que el aspecto funcional de las creaciones personales, está supeditado a las cuidadosas decoraciones.
> — Formas escultóricas y/o pictóricas: en las que se deshecha cualquier aspecto funcional, creándose objetos intrínsecamente de arte.
>
> Tratando ambas a la cerámica como arte independiente, como obra de arte en sí misma, que ha de ser contemplada y juzgada con arreglo a sus propias leyes internas.

La intención del colectivo respondía a la inquietud por definirse y proporcionar herramientas para la comprensión de un posicionamiento que era mucho más insólito hace 26 años que hoy. Pero, contradictoriamente, presentaron su trabajo en una muestra de artesanía. Al hojear el pequeño catálogo, de presupuesto modesto y de maquetación abigarrada, no podemos evitar que la inclusión de la obra del colectivo Atmósfera Reductora nos resulte fuera de lugar al lado de bordados, armas, ganchillo, máscaras, mimbre, tejedores, instrumentos musicales y una selección de industriales artesanos dedicados a las reproducciones históricas en cerámica. No anotaremos el análisis de este maridaje imposible, que aún resulta más chirriante cuando leemos los dos últimos párrafos del texto transcritos anteriormente, en los que se reivindica la obra que hace el colectivo, como una expresión artística. Tan solo valoraremos que esta fue una gran oportunidad para que unos jóvenes artistas, ceramistas, mostraran su obra en Bruselas.

Los ceramistas que participaron en la exposición de Bruselas fueron: Carmen Oller, Rosario García, Miguel Monar, Mercedes García, Javier Soriano, Laura Romero, Ángeles Roca, Antonia Carbonell, Amparo Boluda, Carmen Sánchez, Bosco Pérez, Jordi Segura, Carmen Ballester, Antonio Olmos e Inma Artola (esta última recién incorporada). En la misma exposición de Bruselas también participaron dos ceramistas que, habiendo sido integrantes de la exposición de Madrid, lo hacían en este caso fuera del grupo. Se trataba de Mercedes Sebastián y Marisa Herrón.

6 En primer lugar y en este sentido, debemos pensar que hoy, a golpe de ratón, disponemos de múltiple información. En 1985, en cambio, las fuentes de dicha información eran más lentas y más escasas en según qué temas. En segundo lugar, se contaba con muy pocos referentes cerámicos similares en el entorno próximo.

Casa de la Cultura, Mislata, Valencia (1985) (C. A. R.)

La exposición celebrada en la Casa de la Cultura de Mislata fue inaugurada el día 20 de diciembre de 1985. El boletín de información municipal de Mislata, *La Finestra,* en su número del 24 de enero–febrero, año VII, hacía referencia del acontecimiento en los siguientes términos:

> Atmósfera Reductora es un grupo formado por quince ceramistas, provenientes en su mayoría del taller de Enric Mestre de la escuela Artes Aplicadas y Oficios Artísticos, integrado por: Antonia Carbonell, Carmen Sánchez, Ángeles Roca, Carmen Oller, Inmaculada Artola, Carmen Ballester, Laura Romero, Jordi Segura, Roser García, Miguel Monar, Merche García, Javier Soriano, Bosco, Antonio Olmos y Amparo Boluda […]. Una clara manifestación creativa señala el grado de inquietud, de búsqueda de nuevas formas expresivas en el sector de la cerámica; una buena representación de lo que hoy es capaz el núcleo ceramista valenciano con concepto renovador (Ayuntamiento Mislata, 1985: 41).

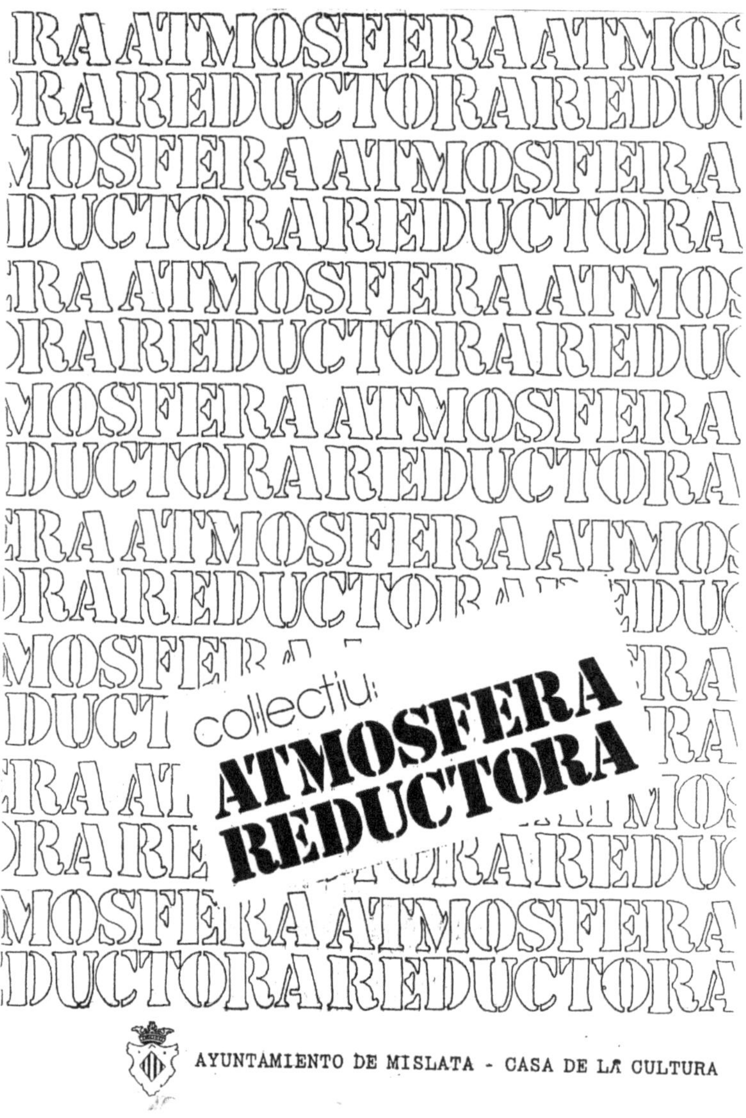

Figura 25. Cartel de la exposición de Atmósfera Reductora celebrada en la Casa de la Cultura de Mislata, Valencia (1985)

Cerámica en Valencia. Publicación del Excmo. Ayuntamiento de Valencia (1985)

De forma simultánea, durante el transcurso del año 1985, el Ayuntamiento de Valencia publicó una recopilación sobre temas cerámicos valencianos, a cargo del fotógrafo Francesc Jarque y de la escritora María Ángeles Arazo. Ambos autores presentaron, a nuestro modo de ver, una azarosa recopilación de diferentes aspectos relacionados con la cerámica valenciana, en una dispersa pero entrañable monografía. De hecho, en la selección que ofrecen podemos intuir el talante vital que conocemos en sus autores. En cualquier caso, el hecho de que encontremos entre sus páginas contenidos tan heterogéneos no le resta ni un ápice de interés al documento, pues consideramos que aporta información de gran valor para quienes quieran conocer el pulso de la cerámica realizada en Valencia en aquel momento.

Centrándonos en el tema que nos ocupa, de los contenidos de esta publicación es de destacar la atención que se presta a otros profesionales que, de una manera u otra, contribuyeron entonces a crear un ambiente que fue enriqueciéndose con los espacios expositivos. Dichos espacios supusieron una alternativa a las galerías de arte y a los locales institucionales, que no eran ni mucho menos tan extensos en su número como son hoy en día. Concretamente, se hace mención de dos espacios expositivos especializados en cerámica en los que, por aquellas fechas, se mostraron los trabajos de muchos ceramistas que iniciaban entonces sus trayectorias profesionales.

El primero de estos lugares fue Atifells, junto a la plaza de Nápoles y Sicilia. Atifells era, como describe Arazo, un lugar de...

> [...] comercio de cerámica y cacharrería popular. Lo adquirieron Javier Albert López, Antonio Molina y Teresa Huesa. Siguiendo el programa trazado ofrecieron el local a ceramistas para presentar exposiciones monográficas; y por allí desfilaron, Antonia Carbonell, José María Morán Berruti, Javier Soriano, Carmen Sánchez, Marisa Herrón… (Arazo, Jarque, 1985: 92).

Del mismo modo que Atifells fue un lugar *amigo* para los ceramistas que entonces empezaban con ilusión y poquísimos recursos la difusión de su trabajo, otra sala, Formas, se sumó a la posibilidad de ofrecer a muchos ceramistas la oportunidad de mostrar sus producciones. Arazo no dudó en elogiar el carácter de su promotora en los siguientes términos:

> Con espíritu emprendedor e idealista, y sin miedo a estrellarse —como le vaticinaron todos—, Chelo Gil inauguró el año pasado, en diciembre exactamente, la Sala Formas, dedicada exclusivamente a cerámica […]. Este mes exhiben su obra Carmen Ballester, Pepe Barrachina y Concha Berrozpe (Arazo, Jarque, 1985: 106).

En otro orden de cosas, el Museo Nacional de Cerámica y Artes Suntuarias «González Martí» de Valencia quedó representado, en aquellas fechas, por María Paz Soler (que era, en ese momento, conservadora del mismo). En el espacio que le dedica Arazo, escribe:

> […] destacados ceramistas que han expuesto, como Arcadio Blasco, Manolo Safont, Loyda Molina, Fernández Navarro, Carmen Sánchez, Marisa Herrón, Carmen Ballester, Antonia Carbonell, Vicenta Cabañas, Jorge Montsalvatge, Vicente Barreira, Martí Royo, Sara Jiménez, José María Herrero (Arazo, Jarque, 1985: 44).

También dedican los autores un espacio al concurso de cerámica de Manises, descrito en el capítulo anterior. Pero sí interesa puntualizar que se publicó un listado de los artistas premiados en la edición de ese mismo año, 1984, pudiendo ver que el jurado otorgó un total de siete premios. De ellos, cuatro fueron adjudicados a alumnos de la Escuela de Artes Aplicadas; en concreto, a Rosa Amalia Bernabé, Rosario García, Antonio Olmos y Sofía Porcar (esta última contaba con la doble titulación expedida, respectivamente, por la Escuela de Manises y la Escuela de Valencia). Recordemos que todos ellos, excepto Sofía Porcar, habían participado en la exposición de Madrid y que tanto Antonio Olmos como Roser García eran integrantes del colectivo Atmósfera Reductora.

Llegados a este punto, a continuación nos centraremos en las entrevistas hechas por Arazo a parte de distintos artistas ceramistas que, a nuestro entender, merecen el interés de esta investigación. El listado se introduce con la figura de Mestre.

Así pues, de la entrevista que Arazo realizó a Enrique Mestre destacamos dos puntos. El primero de ellos son palabras del entrevistado:

> La primera vez que fui a Faenza —recuerda con humor— tuve conciencia de lo atrasados que estábamos (Arazo, Jarque, 1985: 98).

Más adelante, Arazo afirma:

> Se entrega a la docencia con entusiasmo, ya que ve en las generaciones jóvenes la inquietud renovadora, el inconformismo y la creación (Arazo, Jarque, 1985: 99).

La entrevista de Mestre abre la nómina de artistas que están vinculados por su formación con la Escuela de Valencia y que vienen trabajando dentro del marco que nos interesa, pues fueron integrantes de alguna de las exposiciones que estanos documentando.

En primer lugar, Carmen Ballester, que en el momento de ser entrevistada por Arazo estaba exponiendo en la Sala Formas, también explica en dicha entrevista que era maestra de taller de Cerámica en la escuela de Talavera de la Reina. Arazo añade de ella que :

> Nació en Onda y, después de estudiar Arte y Decoración y aprender a ver las cosas de su entorno y valorarlas, se inició en la cerámica en Artes Aplicadas. Como alumna de Mestre, descubrió un campo nuevo, lleno de posibilidades y planteamientos plásticos. Mujer con gran capacidad de trabajo y en constante evolución, Carmen Ballester es de los más firmes valores de la cerámica de hoy (Arazo, Jarque, 1985: 107).

Nos detenemos para destacar algo significativo en el texto de Arazo. Nos referimos a que en el seguimiento que desde el año 1984 se ha realizado sobre textos publicados en diferentes medios, es aquí donde aparece por primera vez la expresión «alumna de Mestre». Hasta este momento, habíamos leído diferentes alusiones que dejaban constancia de que los ceramistas a los que hacíamos referencia habían estudiado en la Escuela de Artes y Oficios y que, en ella, Mestre desarrollaba una destacable labor docente. De ahí que se relacionara clarísimamente a los ceramistas con las enseñanzas de Mestre. Sin embargo, no habíamos encontrado hasta ahora ninguna referencia explícita sobre la relación «alumno–maestro», que sí aparece en el texto transcrito en relación a Carmen Ballester[7].

7 Es muy probable, puesto que nos consta su opinión, que fuera la propia Ballester la que se expresara exactamente con las palabras que Arazo publicó.

En segundo lugar, se encuentra la entrevista a Marisa Herrón y Carmen Sánchez, que en aquel momento compartían taller en la calle Turia de Valencia. En particular, Marisa Herrón afirma:

> Creo que influyó mucho tener a Mestre como profesor, contagia seguridad y ha conseguido revalorizar la cerámica, a nivel de plástica (Arazo, Jarque, 1985: 104).

En tercer lugar, cabe destacar la entrevista que Arazo realizó a Esperanza Fontecha, de la que dice:

> [...] se termina de instalar en el estudio de la calle Ciscar [...]. Del 71 al 74 siguió los cursos de cerámica en la escuela de AA. OO.[8] y, desde 1982, es profesora de taller en el departamento de Cerámica en la citada Escuela.

Asimismo, en la entrevista da referencias respecto a las enseñanzas que Fontecha recibió de Enrique Mestre:

> No rechazó ningún lenguaje plástico. Esta actitud es una de las lecciones que da Enrique Mestre [...] Mestre ha roto los esquemas conservadores hasta hoy; y a él se debe el movimiento ceramista actual en Valencia. Cada curso se titulan unos veinte alumnos, pero observamos que ha aumentado la matrícula; que los ceramistas exponen y que el público se interesa por objetos, paneles y formas plásticas, sin importarles ya la utilidad" (Arazo, Jarque, 1985: 100).

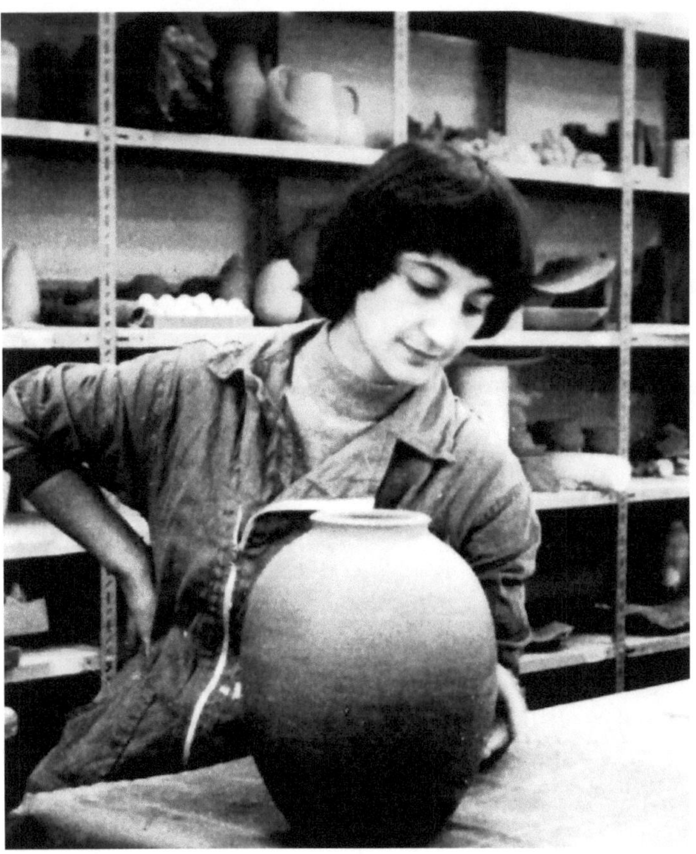

Figura 26. Esperanza Fontecha. Fotografía de Francesc Jarque publicada en Cerámica Valenciana.

8 Siglas para nombrar Artes y Oficios.

En la página contigua se nombra a Vicente Barreira. En este otro caso se hace referencia a cómo fue el punto de conexión entre un grupo de ceramistas valencianos y la galería Adama, regentada por Coclico. En concreto, esta simbiosis dio lugar a la exposición «Panorama de la Nueva Cerámica Valenciana», de la que ya hemos hablado.

En esta secuencia de informantes entrevistados por Arazo para su volumen, nos parece asimismo relevante referirnos a la entrevista realizada a Mercedes Sebastián y Antonia Carbonell, en la que leemos:

> Mercedes soñaba con vivir en una alquería; y lo consiguió. Está situada en plena huerta de Carpesa, junto a naranjales. Y, en la antigua cuadra de la Alquería Ballester, ella y Antonia Carbonell instalaron hace tres años un definitivo taller (Arazo, Jarque, 1985: 102).

Conviene recordar que tanto Sebastián como Fontecha eran, en ese momento, profesoras en la Escuela de Valencia, junto a Mestre.

Por último, citamos las palabras que Arazo utiliza para terminar la nominación de ceramistas del entorno de Mestre:

> Además de las breves semblanzas que hemos reseñado, y aun conscientes de que pecaremos de omisión, merecen citarse Jordi Segura, Laura Romero, Roser García, Miguel Monar, Antonio Olmos, Bosco Pérez, Amparo Boluda, Ángeles Roca, María Luisa Candela, Carmen Oller, Isabel Bellot, Salud Valero, Rosa María Bernabé… seguidos de otros ceramistas que trabajan e investigan con el mismo rigor y entusiasmo (Arazo, Jarque, 1985: 107)[9].

La Nueva Artesania. Levante Magazine

En el *Levante Magazine* (domingo 12 de enero de 1986), Javier Orus publicó un extenso artículo que encabezaba con las siguientes palabras:

> Algunos piensan que la artesanía es un concepto muy deteriorado, desprestigiado y cuya muerte esta próxima. Y ciertamente, delimitar en la actualidad entre artesanía, arte e industria no es tarea fácil. Mientras, otros pretenden el desarrollo de las técnicas artesanas tradicionales (muy propias de la Comunidad Valenciana) junto a proyectos más o menos comerciales. *Levante Magazín* ha querido conocer las dos visiones, los dos campos de acción.

Javier Orus presentaba en su artículo dos enfoques diferentes en el procedimiento de utilización de materiales y técnicas propias de dos artesanías históricas.

Por un lado, Salvador Torondell hablaba de su trabajo como artesano desde el concepto clásico de conocedor del proceso. Al mismo tiempo, era gestor de una pequeña empresa que pretendía sobrevivir y, de hecho, lo lograba con su producción. Por otro lado, y en contraposición al modelo artesanal anterior, el colectivo Atmósfera Reductora plasmaba su propuesta de la cerámica como medio de expresión. En relación a este último caso, en el citado artículo continuamos leyendo:

> Atmósfera Reductora es un grupo de quince ceramistas, que nace a raíz de una exposición en la Sala Adama, de Madrid, bajo el lema «Panorama de la nueva cerámica valenciana». Luego vendrían las

9 Por lo demás, de todo hay en las 112 páginas de las que consta la publicación: desde Lladró hasta la cerámica en lápidas de los cementerios, pasando por una representación de distintos artesanos, además de un escueto listado de términos populares para referirse al oficio.

exposiciones en un stand de un fabricante de pastas en Cevider, en otro de la Generalitat Valenciana, en la Feria de Muestras de Barcelona y en Europalia. Hace unos días, mostraban sus obras en la Casa de la Cultura de Mislata [...]. Esta tendencia indagatoria en el mundo de la cerámica es reciente en nuestro país. Tendrá unos veinte años y tiene en el profesor de la Escuela de Artes Aplicadas de Valencia y miembro de la de San Carlos, Enrique Mestre, a uno de sus promotores más esforzados.

ATMOSFERA REDUCTORA: LA CERAMICA COMO MEDIO DE EXPRESION

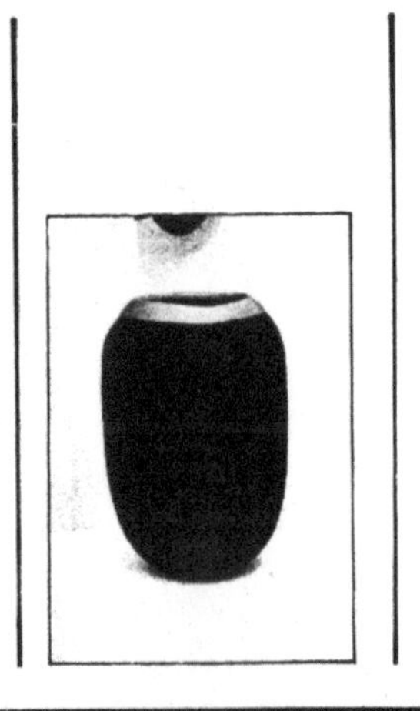

Atmósfera Reductora es un grupo de quince ceramistas, que nace a raíz de una exposición en la sala Adama, de Madrid, bajo el lema «Panorama de la nueva cerámica valenciana». Tras la experiencia positiva, y como medio más práctico a la hora de solicitar una sala, de completar una muestra, etc., se constituye el grupo, aunque no con la totalidad de los participantes, en Madrid. Luego vendrían las exposiciones en un «stand» de un fabricante de pasta en Cavider, en otro de la Generalitat valenciana, en la Feria de muestras de Barcelona y en Europalia. Hace unos días, mostraban sus obras en la casa de cultura de Mislata.

¿Hay algo más que una a estos creadores? Sí, sus recelos a ser denominados artesanos. Y no por el origen noble de esta palabra y profesión, sino por ser, en la actualidad, un concepto deteriorado y ofrecer un panorama demasiado amplio y confuso. **«Los artesanos, hoy, se dedican a reproducir piezas que hacían sus antepasados... Piezas funcionales sin, en la mayoría de los casos, ninguna utilidad en nuestros días (cántaros, jarrones, etc.)... Hoy no crean, imitan»,** afirma Roser García, integrante del colectivo Atmósfera Reductora. Así, y dentro ya del terreno de la cerámica, ésta se utiliza en multitud de campos, desde para los cuartos de baño, pasando por distintas finalidades decorativas, hasta para, dentro de poco, la fabricación de motores para automóviles (la cerámica es muy resistente, aguanta en gran medida la temperatura y no sufre desgaste). Sin embargo, hay personas que están interesadas en este material noble como medio de expresión (como podrían utilizar otros materiales: hierros, bronce, etc.), que desean investigar sobre la técnica, el color, el concepto... Creadores preocupados por el diseño y la significación. El colectivo Atmósfera Reductora está compuesto por personas con esa motivación. Su nombre hace referencia a una técnica de cocción en la que se usa un horno de gas y leña con sus entradas de oxígeno totalmente eliminadas. Este horno facilita la consecución de colores rojos.

Esta tendencia indagatoria en el mundo de la cerámica es reciente en nuestro país. Tendrá unos veinte años y tiene en el profesor de Escuelas de Artes Aplicadas de Valencia y miembro de la Academia de San Carlos, Enrique Mestre, a uno de sus promotores más esforzados. Por el contrario, en Europa existe una tradición continuada en «cerámica de investigación», que arranca del Modernismo. Este movimiento lleva a Francia una exposición japonesa, y se produce a partir de ella un «boom» importante. No se debe olvidar, por otra parte, que en Oriente la China existen más museos cerámicos que de pintura. En país existen monumentos nacioales que son un bol de té. A partir de los descubrimientos técnicos procedentes de los países orientales y presentados en Europa por el Modernismo, el desarrollo de la cerámica de investigación ya no cesará (se emplearán nuevas técnicas de cocción, aparecerá el primer horno de gas, etc.).

Dentro de esta tendencia hay que localizar a los integrantes de Atmósfera Reductora. Ellos investigan sobre el lenguaje de la cerámica y sobre sus cuatro leyes internas: forma, color, textura y fuego. Este último elemento es el factor definitivo y que convierte en perdurable e irreversible la obra realizada. Aunque el artífice deberá tenerlo bajo su control, el fuego puede dar resultados más o menos azarosos. La última palabra la tiene él. Tras pasar por el horno, respetándose las reglas, una pieza sale maravillosa, y otra, únicamente, bien, sin la misma magia, misterio, que la anterior... Es tan dramático y arriesgado este final del proceso, que hay creadores que «pasan» de él (de la cocción), a un a sabiendas de que el barro, si no se cuece, con el tiempo se deteriora.

El aprendizaje para poder trabajar la cerámica es muy largo. El control de su técnica puede llevar años. No es extraño el caso de un ceramista que exponga después de seis años practicando con ese material. Mientras, la mayoría de ceramistas tendrán que apoyarse para poder comer en otros trabajos asalariados que poco tendrán que ver con sus aficiones artísticas, o ir «trapicheando» con premios, subvenciones (ambos se han multiplicado en los últimos años desde distintas instituciones) y las ganancias de reducidas producciones artesanales. No obstante, el aumento de la ayuda oficial reseñada, la política en este país con respecto a los ceramistas, se presen-

Pasa a la página siguiente

Figura 27. Artículo de prensa publicado en el *Levante Magazín* (domingo 12 de enero de 1986) acerca del colectivo Atmósfera Reductora (1986)

Por una parte, este artículo nos conduce, una vez más, hacia la situación ya señalada al hilo de la exposición de Europalia celebrada en Bruselas; esto es, a la fuerte vinculación del material cerámico con la artesanía. Por otra parte, nos consta que los componentes del colectivo, aun siendo conscientes de la confusión resultante de ser incluidos en según qué artículos o exposiciones, también sabían que este era el único camino para darse a conocer.

En este sentido, consideramos que no estuvieron desencaminados, puesto que debemos reconocer toda la labor y constancia de las distintas generaciones de artistas. En primer lugar, coincidimos con las impresiones manifestadas por Soler en su entrevista con Ortiz, cuando afirma que fueron «Mestre, Vigrellos y Blasco los tres padres de la actual tendencia ceramista valenciana» (Ortiz, 1986: 38). Efectivamente, esta fue la generación precedente a los artistas que nos están ocupando en el presente capítulo. La segunda generación coetánea que estamos abordando en estas páginas, «nacidos, en su mayor parte, en la década de los cincuenta» (Selma, 1985), ronda en estos momentos una edad comprendida entre los 60 y 70 años[10].

10 Selma hace referencia a los miembros del colectivo Atmósfera Reductora y se refiere a la primera mitad del siglo XX.

Desde nuestra posición en el marco de la investigación, consideramos que la línea correcta para entender esta sucesión generacional a la que acabamos de aludir empezaría con Mestre y su obra personal. Dicha experiencia profesional del artista se volcó, tal y como ya se ha explicado, en la docencia. En consecuencia, Mestre, en su magisterio, añadirá la transmisión de *paideia* al conocimiento y aprendizaje de técnicas y procesos. Esta labor docente propició en los alumnos y las alumnas una manera de ejercer la profesión que, sin ninguna duda, quedó reflejada en la siguiente generación, de la que nos estamos ocupando en este capítulo. A nuestro modo de ver, esta generación, que comenzó sus actividades en la década de los ochenta del siglo XX, fue pionera en un ámbito que eclosionaría después, ampliándose en lo que muy acertadamente se ha venido a llamar Pléyade (agrupación de ceramistas que estudiaremos posteriormente).

Orus continúa su artículo haciendo un comentario referente a la ya consolidada tradición, de la cerámica de autor, que tuvo su punto de inflexión en el modernismo. En última instancia, termina con la noticia de un acontecimiento que se esperaba entre los ceramistas de Valencia con expectación:

> El año próximo, los valencianos tendrán una posibilidad histórica para aprender algo sobre el mundo de la cerámica. La academia internacional de este arte, con sede en Suiza, celebrará durante septiembre, en Valencia, su congreso anual, con la expectante intención de conocer a los ceramistas españoles. Al mismo tiempo se realizarán actos paralelos, tales como exposiciones en Madrid, Barcelona y en la ciudad del Turia (en esta última, en las instalaciones del Museo Nacional de Cerámica «González Martí»)[11]. (Orus, 1985: 6).

Los nuevos signos de la cerámica valenciana, 1986 (artículo de prensa)

En marzo de 1986, el profesor José Vicente Selma publicó en la revista *Papers* una entrevista con los componentes del colectivo, que contó con un significativo texto introductorio, razón por la que lo transcribimos en su totalidad:

> En el inventario de la producción artística valenciana de los años ochenta no suele tenerse en cuenta la fuerza de la joven cerámica artística que aquí se cuece. Todo balance de la actualidad en las artes parece ir remitiendo al reforzamiento de los medios clásicos, como pintura y escultura, a la expansión y reconocimiento del diseño, preferentemente en el campo de la moda, al interiorismo, al mundo del sonido; pero nada, absolutamente nada, parece pasar con este medio de expresión diversificado en técnicas y objetivos formales que llamamos comúnmente cerámica.
>
> A pesar de la pretenciosa y dudosamente entendida interdisciplinariedad de los artistas de última hora, de la resurgida poética del *happening* y los montajes visuales de signo más variado, parece que nos hemos liberado de la especialización forzosa de nuestra mirada en los oficios artísticos tan solo en parte, puesto que seguimos considerando, por ejemplo, la obra escultórica y cerámica de maestros como Picasso, como un nivel de expansión previo a un gran periodo pictórico. Por el contrario, la interdisciplinariedad no entiende de niveles. Si la creación es inicialmente un proyecto, una intención, consciente o inconsciente de formar con el espacio y la materia una idea, de corregirla o liberarla, construirla en el mundo de los objetos, parece evidente que cada técnica puede entreverarse con otras más o menos afines en las intenciones del artista.
>
> Así, el mundo de la cerámica entendido por el grupo Atmósfera Reductora es un espacio múltiple de dimensiones e influencias, donde, como investigación estética formal y técnica (fuera de los esquemas

11 Acontecimiento que explicaremos llegado su momento.

de la cerámica tradicional, sea artesanal, artística o industrial), como hacer fluir a su través, desde sus infinitos lenguajes, las más diversas ideas o influencias temáticas y técnicas.

Formado el grupo en 1985, habiendo pasado gran parte de ellos por uno de los mejores talleres de cerámica creativa del país (el de Enric Mestre, en la Escuela de Artes y Oficios de Valencia) y nacidos en su mayoría en la década de los cincuenta, la diversidad de su obra colectiva se ha llegado a exponer incluso en Amberes, en la Europalia 85.

En esta ocasión ha sido más importante reflejar sus opiniones y mundos personales que insistir en una mirada atenta de lo que pasa más allá de la filosofía de la moda del fin de siglo.

Aquí están sus voces y sus piezas, a través del fuego: signo alquimista y poético este arte (Selma, 1986: 22).

En la entrevista se incluyen los artistas: Merche García, Inmaculada Artola, Javier Soriano, Ángeles Roca, Carmen Ballester, Jordi Segura Simó, Amparo Boluda, Carmen Sánchez, Antonia Carbonell, Carmen Oller, Roser García, Miguel Monar, Bosco (Pérez), José Antonio Olmos López y Laura Romero. Componentes todos ellos del colectivo Atmósfera Reductora. En el texto también se hace constar que todos los artistas entrevistados habían estudiado cerámica en la Escuela de Artes Aplicadas de Valencia, con la única excepción de Javier Soriano, quien se definía a sí mismo como autodidacta.

Interesa destacar en primer lugar, cómo el profesor Selma supo transmitir en la introducción de las entrevistas una muy buena y acertada valoración de la línea de trabajo de los artistas integrantes del grupo. Por otra parte hace referencia el texto al hecho ya ampliamente comentado de cómo el material afecta a la valoración de la obra, en un momento —1986— en el que en Valencia tales planteamientos aún se podían considerar como emergentes.

Congreso Internacional de la Cerámica (15 de Septiembre–11 de Octubre de 1986)

Entre el 15 de septiembre y el 11 de octubre de 1986 tuvo lugar en Valencia un importante evento de ámbito internacional en lo que se refiere a la cerámica. Este evento que nos disponemos a comentar, tuvo en Mestre uno de los organizadores más activos, tal y como apuntan los créditos del catálogo publicado con ocasión de dicha exposición: «Idea i coordinació Enric Mestre amb la col·laboració de Mari Paz Soler i Josep Pérez Camps». Con tal motivo, en el periódico *Levante* se publicó un artículo de José Garneria titulado «La Cerámica: síntesis de la escultura y la pintura», (jueves, 2 de octubre de 1986), donde el autor escribió:

La celebración en nuestro país del congreso de la Academia Internacional de la Cerámica ha permitido que este se celebrara a caballo entre Madrid y Valencia.

Con tal motivo, en Valencia han tenido lugar diversas exposiciones de importancia ligadas a esta faceta del arte que, sin lugar a dudas, reúne los conocimientos técnicos, sin los cuales difícilmente podrían obtenerse las piezas que los diversos artistas realizan.

Cuatro han sido las muestras principales que hemos podido ver, alguna de las cuales ya ha tenido que ser clausurada. En primer lugar, y con la loable participación de la Galería Temple, la del colectivo Atmósfera Reductora, integrado por Carmen Ballester, Antonio Olmos, Roser García, Miguel Monar, Merche García, Javier Soriano, Laura Romero, Antonia Carbonell, Carmen Sánchez, Amparo Boluda, Ángeles Roca, Bosco, Carmen Oller, Jordi Segura e Inmaculada Artola. Una muestra muy importante de la cerámica valenciana en la que Enric Mestre tiene bastante que ver como gran maestro de muchos de ellos (Garneria, 1986: 10).

Galería TEMPLE
Gobernador Viejo, 26 - 46003-Valencia - Teléfono 332 20 95

CERAMICAS
Inauguración, 17 de septiembre de 1986

CARMEN BALLESTER
ANTONIO OLMOS
ROSER GARCIA
MIGUEL MONAR
MERCHE GARCIA
JAVIER SORIANO
LAURA ROMERO
ANTONIA CARBONELL

CARMEN SANCHEZ
AMPARO BOLUDA
ANGELES ROCA
BOSCO
CARMEN OLLER
JORDI SEGURA
IMMACULADA ARTOLA

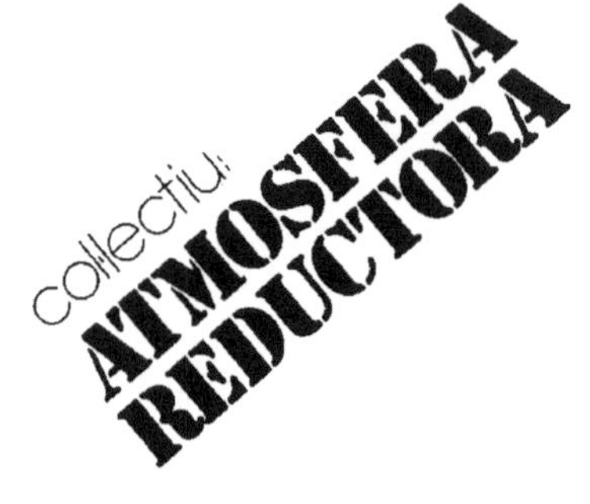

Figura 28. Tarjeta que publicita la exposición del colectivo Atmósfera Reductora en la desaparecida Galería Temple de Valencia, con motivo del Congreso Internacional de la Academia de Cerámica (1976)

En este punto cabría dejar constancia de que, como ya se ha comentado con anterioridad, todos ellos —los integrantes del colectivo Atmosfera Reductora— habían sido alumnos de la Escuela de Valencia, por tanto habían estudiado cerámica con Mestre, exceptuando a Javier Soriano. Por otra parte y al hilo de lo comentado, queremos señalar que todos ellos pertenecen a las primeras generaciones que habían finalizado sus estudios unos años antes y recibido docencia en el taller de Cerámica únicamente de Mestre; cuestiones todas que conviene argumentar.

Por otra parte, Garneria continúa su artículo describiendo dos exposiciones: la primera de ellas dedicada a los aspirantes a ingresar en la Academia y, la segunda, celebrada en honor del ceramista valenciano Alfons Blat, para finalizar con la que comenta en tercer lugar:

> Por último, la exposición celebrada en el Museo de Cerámica «González Martí» titulada «Cerámica actual a la Comunitat Valenciana», recoge la obra de nuestros más importantes artistas: Angelina Alós, Carmen Ballester, Rosa Amalia Bernabé, Arcadi Blasco, Héctor Buigues, Luis Cámara, Antonia Carbonell, Conxa Espí, Esperanza Fontecha, Roser García, Teresa Guerrero, Marisa Herrón, Joan Manuel Yacer, Carmen Martínez, Enric Mestre, Jordi Montsalvatge, José M.ª Moran, Carmen Oller, José Antonio Olmos, Laura Romero, Manuel Safont, Carmen Sánchez, Mercedes Sebastián, Vicent Verdevio. Como vemos, muchos de los jóvenes, pertenecientes al grupo que exponía en Temple (Garneria, 1986: 10).

El artículo finaliza destacando el esfuerzo de los dos académicos, Mestre y Arcadio Blasco (Mutxamel, Alicante, 1928 – Majadahonda, Madrid, 2013) para conseguir que se celebrara este congreso en Valencia. Refiriéndose a la misma exposición, el domingo 21 de septiembre de 1986 se publicó en el periódico valenciano *Las Provincias* una entrevista realizada por Pedro Ortiz a María

Paz Soler, conservadora del Museo Nacional de Cerámica y Artes Suntuarias «González Martí» de Valencia con el título «Cerámica contra Cerámica». (1986) En dicho artículo podemos leer:

> Mestre, Vigórelos y Blasco —los tres padres de la actual tendencia ceramista valenciana— están representados por sus obras en esta muestra, que el lunes se inaugura. Una exposición que recoge las obras seleccionadas de los últimos años de los principales ceramistas de la Comunidad Valenciana y que se celebra con motivo del congreso de la Academia Internacional de Cerámica [...] María Paz Soler coincide con Mestre en que la cerámica no puede quedarse anclada en el pasado, y ha de evolucionar como el resto de las artes; quizás la obra expuesta signifique un choque frente a la cerámica tradicional, como otras artes lo significaron en su tiempo.
>
> Varios son los artistas valencianos que exponen sus volúmenes en el Museo de Cerámica: Alós, Ballester, Bernabé, Blasco, Buiges, Cámara, Carbonell, Jordà, Fontecha, García Peris, Herrón, Llacer, Martínez Calpesa, Monsalvatje (Jorge), Morán, Oller, Olmos, Romero, Safont, Sánchez Oroquieta, Sebastián, Verdevio (Ortiz, 1986: 38).

Esta exposición en el Museo Nacional de Cerámica y Artes Suntuarias «González Martí» de Valencia contó con la publicación de un catálogo, patrocinado por la Conselleria d'Indústria, Comerç i y Turisme de la Generalitat Valenciana, junto con la colaboración del Ministerio de Cultura.

En la presentación del catálogo, Mestre hacía una referencia al pasado cerámico de la Comunidad Valenciana como uno de los centros productores de cerámica con más prestigio internacional, para continuar afirmando:

> Toda esta gloria pasada ha hecho que a partir del siglo XIX viviéramos del recuerdo. Hemos contemplado impasibles los grandes movimientos de Europa de principios de siglo, a pesar de estar liderados por artistas españoles de renombre universal y que, además, como en el caso de Picasso y Miró, dedicaron a la cerámica importantes periodos de su vida. Pero al nivel nacional, y en el territorio estrictamente cerámico, solo dos nombres destacan como partícipes de esta renovación que se estaba produciendo: Llorens Artigas y Antonio Cumella, ambos catalanes, y a los cuales habría que añadir el valenciano Alfons Blat... Esto era prácticamente todo el panorama cerámico español, mientras en Europa, sobre todo en los países escandinavos, Inglaterra e Italia se consolidaban las nuevas tendencias y orientaciones de la cerámica, que se muestra como medio expresivo libre de toda connotación artesanal; nosotros seguimos aferrados al pasado, especialmente y por contraste, la Comunidad Valenciana, que debía por su rica tradición histórica haber sido pionera en todo tipo de innovación.
>
> Por esto, esta muestra de «Cerámica Actual» que se celebra en el Museo Nacional de Cerámica «González Martí» de Valencia tiene, según nuestra manera de ver, un doble interés. Primero porque está patrocinada por la Conselleria de Industria, que de esta manera demuestra que comienza a tener conciencia de la existencia, en el extenso y variado campo de la cerámica, de un colectivo que no puede incluirse dentro de las clasificaciones normalizadas de la Administración, sino más bien en el apartado de artistas o creadores, y que además, para producir su obra necesitan de hornos y energía como cualquier industria artesana. Segundo, y eso es lo más importante, porque comienza a visualizarse a través de los trabajos un futuro esperanzador. Son muchos los jóvenes interesados en la cerámica y cuando los intereses culturales caminan en la misma dirección, las ideas se multiplican y florecen. Somos conscientes de que el nivel de la muestra no está aún a la altura que nos gustaría, en relación a otros países, pero si pensamos que en la Valencia de hace unos años era imposible poder ver una exposición de cerámica de cualquier tipo, mucho hemos avanzado; la exposición demuestra que hay inquietudes y si la diferencia de calidad entre unos trabajos y otros es grande, no lo es menos las edades de los expositores que incluyen gente con toda una vida de dedicación y jóvenes acabados de salir de las escuelas [...]. Pero no habremos avanzado mucho, si esta cita de los ceramistas de la Comunidad Valenciana no se repite con una cierta periodicidad y da opción a los jóvenes que con su esfuerzo forman el futuro de nuestra cerámica, a mostrar sus obras y crear el clima necesario para que de nuevo seamos considerados un pueblo que de verdad estima la cerámica y trabaja para conservar su tradición (Mestre, 1986).

El texto que Mestre redactó para esta exposición ilustra la voluntad de su autor para conexionar, aglutinar y propiciar un futuro para la cerámica contemporánea en Valencia. En él transluce su esfuerzo personal y el entusiasmo por los que, según su criterio, estaban en el camino correcto aunque aún tuvieran por delante un largo recorrido.

La información que proporciona este escrito para nuestra investigación ha devenido en valiosa con el paso del tiempo. En este sentido, podríamos decir que el texto tiene algo de premonitorio cuando hace referencia al futuro que se vislumbra y que Mestre deseaba. Al respecto, Mestre no solo manifestó esta aspiración con claridad, sino que además, y lo que es más importante, trabajó para conseguirlo desde la docencia, dentro de su aula, así como desde la labor pública.

La otra exposición que se celebró con motivo de la reunión de la Academia de Cerámica en Valencia es la que se presentó en el Centro Cultural La Caja de Ahorros de Valencia, del 15 al 27 de septiembre, bajo el título «10 Ceramistas para la Academia». Los ceramistas participantes eran aspirantes para ser miembros de la Academia Internacional de Cerámica. Estos ceramistas fueron: Rosa Amorós Bernardo (Barcelona; estudios de Cerámica en la Escuela Massana, Barcelona, en el Sunderland Collage of Art, Inglaterra y licenciada en Bellas Artes, Barcelona); Claudi Casanovas (cofundador de la Cooperativa de Ceramistas Coure de Olot, Gerona); Lluís Castaldo (Sóller, Mallorca; estudios en la Escuela de Artes y Oficios de Palma de Mallorca); Alfonso d'Ors (San Sebastián, Guipúzcoa; estudios en la Escuela de Cerámica de Madrid); Benet Ferrer i Boluña (Sabadell, Barcelona; estudios en la Escuela de Artes y Oficios de Sabadell y en la Escuela Massana de Barcelona); Vigreyos (Alcoy, Alicante; estudios en la Universidad de Murcia y Valencia, Boston Museum School of Fine Arts y Master's Degree en Columbia University, New York); Ángel Garraza (Allo, Navarra; desde 1976 es profesor de escultura de la Facultad de Bellas Artes de Bilbao); Magda Martí Coll (Barcelona; estudios en la Escuela de Artes y Oficios «Lonja», Sant Lluc, Barcelona y Escuela del Trabajo de la Diputación de Barcelona); Antonio San Juan Martín (estudios en The Highbury Manor Institute, Londres, en la Escuela de Cerámica de Madrid y en la Escuela de Artes Aplicadas y Oficios Artísticos de Toledo); Xavier Toubes (La Coruña, actividades Goldsmith Collage, University of London; trabaja en el taller de cerámica Winchcombe Pottery con Raymond Finch).

En ese momento, Enrique Mestre era miembro de la Academia desde 1979, y tendría que pasar algún tiempo para que Mercedes Sebastián, Marisa Herrón y Presentación Rico, ceramistas valencianas del entorno de Mestre, entraran a formar parte de la Academia, en 1999[12].

Última exposición del Colectivo Atmósfera Reductora en San Sebastián, del 7 al 28 de mayo de 1988

El domingo 22 de mayo de 1988, el diario vasco *Ver* dedicó unos comentarios sobre esta exposición, extraídos del texto de José V. Selma que se incluía en el catálogo. A partir de este escrito, el autor del artículo Iñaki Moreno Ruiz de Eguino, añade una importante anotación: «uno de los motivos por los que han formado un grupo, es el de la falta de un reconocimiento de la cerámica dentro del arte actual, en lo que ellos consideran un panorama confuso». Para terminar el segui-

12 La Academia Internacional de Cerámica fue fundada en 1953 como una asociación sin fines lucrativos. Es miembro consultivo de la Unesco y tiene su sede en el museo Ariadna de Ginebra (Suiza). Su propósito es estimular la cooperación cultural internacional entre artistas ceramistas de todos los países.

miento del itinerario de exposiciones del colectivo Atmósfera Reductora, anotaremos la reseña sobre actividades que se publicó en el catálogo de la última exposición en Guipúzcoa. En él constan, además de las exposiciones descritas, las siguientes: Feria Muestrario Internacional de Barcelona, Estand de la Comunidad Valenciana (1985); Sala Palau (Paterna); «Cerámica y Ceramistas», Zaragoza (1986); exposición itinerante por Simat de la Valldigna, Tavernes de la Valldigna, Benifairó y Barx (1988). Con esta última exposición (Guipúzcoa, 1988) concluyó la actividad del colectivo como grupo, aunque muchos de sus miembros continuaron trabajando de forma independiente y han seguido en activo hasta la actualidad. Precisamente, en esta investigación se han incluido los nombres de Carmen Sánchez, Amparo Boluda, Ángeles Roca, Carmen Ballester y el ceramista, ya fallecido, Bosco Pérez.

Conforme finalizó la actividad del grupo, en las nuevas generaciones de alumnos comenzaron a perfilarse otros proyectos, con artistas más jóvenes que imprimían un sello diferente, como diferente era también el momento. De este modo, a finales de los años ochenta del pasado siglo, una vigorosa renovación se había instalado en todas las actividades y el ámbito de la creación experimentaba un cierto punto subversivo. Este carácter de rebeldía estuvo visible, de forma muy gráfica, en la propuesta que llevó por nombre ¡Qué punto, qué fuerte! y que pasaremos a describir a continuación, a partir de la poca información a la que hemos tenido acceso.

¡Qué punto, qué fuerte!

Para hacernos una idea de las características de este grupo, citaremos el encabezamiento de la nota de prensa que Chavarri Andújar les dedicó en el periódico valenciano *Las Provincias* el 19 de julio de 1988, donde los caracterizó como «[...] una exposición de jóvenes rabiosamente actual» En esta reseña, asimismo, se nombraba a los componentes del grupo, que eran: Ana Carbonell, Ana Pastor, Amparo Villanueva, Ana Felipe Royo, Begoña Méndez, Isa Llano, Rosal García, Pablo Ruiz, Matías R. R. y Javier Montsalvatje. Chavarri también anotó que el grupo se originó en el taller de cerámica de la Escuela de Valencia: «[...] son alumnos de antes y ahora, de Artes y Oficios» Centrando nuestra atención en la exposición del museo, hemos recopilado también la nota de prensa de Olga del Real, que apareció publicada en el *Levante,* el día 27 de julio de 1988:

> «Estamos en obras», título que responde a la circunstancia de las obras que en ese momento se realizan en el museo y que los artistas han utilizado como argumento para montar la exposición.

Los dos textos referidos tienen en común su insistencia en la calidad del trabajo presentado, tal como destaca Real:

> Rasgo común a todos ellos parece ser, a primera vista, la importancia del componente analítico, inclusive racional y también lírico, con salvedades y matizaciones (Real, 1988).

Dada la información conseguida[13] sobre este grupo, se decidió contactar con uno de sus miembros, Xavier Monsalvatje. En una primera instancia, y por medio del correo electrónico, Montsalvatje manifestó que el grupo no tenía otra intención que la reunión de amigos que se

13 Solo se han podido consultar tres escuetas notas de prensa proporcionadas por el archivo de prensa del Museo Nacional de Cerámica y Artes Suntuarias «González Martí».

sentían cómodos juntos y vieron la conveniencia de unirse para exponer. Con posterioridad, se procedió a entrevistar al artista con objeto de recabar mayor información para esta investigación, tal como demuestra el siguiente testimonio:

> Era muy creativo (…) Se hizo más de una [exposición], ¿eh? Se hicieron tres o cuatro (…). Sí, aquello salió hasta el recorte de prensa y todo (Entrevista a Montsalvatje).

En relación al número de exposiciones, solo tenemos constancia de dos de ellas: la celebrada en el Museo Nacional de Cerámica y Artes Suntuarias «González Martí» de Valencia y otra realizada en Paterna (desconocemos el espacio donde se localizó). Tenemos noticia de esta segunda exposición por medio de una brevísima nota de prensa, sin firmar, publicada por el *Levante,* el 19 de octubre de 1988, con un único encabezamiento que reza «Paterna». En ella podemos leer:

> EXPOSICIÓN DE ESCULTURAS Y PINTURA
>
> Desde el pasado viernes, día 14, los paterneros pueden visitar una exposición original e impresionante en el sentido literal de la palabra. Se trata de la tercera exposición del taller Pepita, formado por jóvenes artistas plásticos, algunos de ellos paterneros. Hasta el día 30, el colectivo ¡Qué punto! ¡Qué fuerte! intentará atraer a los visitantes y curiosos intrigados por el reclamo publicitario: «La irresistible ascensión de… ¡Pepita! deliberadamente ambiguo y expresamente confuso».

Esta nota de prensa no deja claro si todo lo escrito pertenece a una misma exposición o, tal vez, esté haciendo referencia a dos. Lo que sí podemos ver con claridad, por una parte, es que de la nota se deprende cierto inconformismo. No en vano, seguramente fue una deliberada provocación, en la línea que parece ser la del grupo. Por otra parte, esto no debe resultarnos nada extraño si nos situamos ante un grupo joven y emergente en el final de los años ochenta del siglo pasado. Esta clarísima rebeldía del grupo se revela muy significativa para esta investigación. En este sentido, los entrevistados reconocen este rasgo como un claro reflejo del momento histórico, el cual también tuvo su resonancia en el ambiente del taller. Así lo explican algunos de los informantes entrevistados:

> Yo creo que vivimos la mejor época, porque eran los años ochenta. Eran los años ochenta. Era el estallido, el *boom*. Yo creo que en aquellos momentos confluyeron muchas cosas, muchas cosas se unieron (…) e hizo que aquello eclosionara (…). Claro, eran los años ochenta, la movida (…). Todo confluyó en ese momento y aquello… ¡pum! Vamos, estalló (…). Fue la moda, fue la fotografía, fueron muchas cosas. Se unió todo, y al unirse, desde luego en la cerámica, la figura de Mestre fue lo que aglutinó todo eso y empujó hacia arriba (…). Todo tiene un momento y luego, claro, viene el declive. Y ya, eso no se ha continuado. Tampoco ha habido otra figura sustituta, que siguiera ese cambio (…). Y luego la libertad, porque los años ochenta, a pesar de todo, fueron años de libertad, en que uno se sentía libre, se sentía que cada uno hacía lo que quería (…). Yo creo que nos sentíamos todos… ¡buf!, creativos, muy creativos (…). Y no solo era en el ámbito del barro, no solo era la cerámica; era en todos los órdenes de la vida: en el atuendo personal, en la forma de estar (…). El Matías que si se ponía la cresta, aquellas mallas de lunares, no sé cuántos… Era todo, toda una pasarela aquella Escuela (…). Era el momento, ese momento. Ahora no hay lugar, a lo mejor (Entrevista a Teresa Guerrero).

En esta misma línea se sitúa esta otra afirmación:

> Sí, algo caló. Fue un momento especial (…) A partir de los ochenta, aquello fue el punto álgido (…) Claro que tiene que ver con los ochenta, con la movida (Entrevista a Ana Pastor).

Efectivamente, el inicio de la década de los ochenta del pasado siglo XX fue un momento de cambio y apertura que venimos señalando en el transcurso de la investigación. En este sentido, como ya se ha explicado en el capítulo anterior, el ambiente en el taller de Cerámica de la Escuela de Valencia era efervescente. La escuela estaba situada en aquellos años en la Escuela del Puerto, con el patio de hornos y, como hemos visto, generó una intensa actividad tanto docente como social. Este impulso estuvo en consonancia con el periodo de euforia cultural y apertura de todas las manifestaciones artísticas que se dio, de forma simultánea, en todo el país. Así se comprende mejor la particular situación de la Escuela de Valencia, que en esta década inició su apertura como institución. Su primer golpe de impulso se produjo con la dirección de Marcelino Gómez Pintado de 1981 a 1983, que fue sustituido después por Arturo Catalá Bonet, entre 1984 y 1986. Esta última dirección resulta significativa, en tanto que fue el primer maestro de taller (y estimamos que el único) que ejerció como director del centro.

Es absolutamente lógico que en la obra, el pensamiento y el proceder de este grupo se colara el espíritu de su tiempo, de lo contrario no podríamos estar hablando de ello.

En lo que respecta a la documentación sobre la trayectoria de actividades en el entorno de Mestre, y refiriéndonos al grupo ¡Qué punto, qué fuerte!, debemos confesar que, lo que en un principio nos parecía una anécdota atendiendo a la poca información de la que disponíamos, se ha revelado como una de las piezas que le faltaba al puzle de la información previa. De tal manera que la recomendación de Sanmartín de proceder con «paso lento y sostenido» (Sanmartín, 2000: 110), ha dado su fruto.

Para entender la importancia de esta agrupación entre alumnos de Mestre de la Escuela de Valencia, debemos saber que de los integrantes del grupo ¡Qué punto, qué fuerte!, en la selección previa de informantes potenciales para esta investigación, se incluyó a tres de sus componentes: Ana Pastor, Xavier Monsalvatje y Pablo Ruiz[14].

Al considerar la idoneidad de escoger a estos alumnos siguiendo un criterio de discriminación, tomamos conciencia de que existía una ruptura generacional entre artistas[15]. Esta ruptura se expresaba en el sentido de que la obra de estos tres artistas, exceptuando algunos momentos de Montsalvatje, era en sus códigos diametralmente opuesta a la obra de Mestre. Asimismo, también resultaba muy diferente, tanto al trabajo de grupos predecesores, como de artistas posteriores. Por tanto, desarrollaron un lenguaje particular que les confirió una propia y marcada singularidad. Sin embargo, a pesar de utilizar lenguajes tan distantes, nunca negaron su vinculación con el maestro. Bien es cierto que, en algunos casos, relativizaron la posible influencia que Mestre pudo tener sobre ellos pero, en cualquier caso, mostraron siempre un claro respeto hacia la figura de su mentor. En este sentido, tal vez sea Ana Pastor la que acepta sin reparos lo determinante que fue la figura de Mestre en sus decisiones artísticas y la que más valor le atribuye a sus enseñanzas. Así se deduce de su propio discurso:

> Yo también le tenía un cierto (...) miedo, el primer año (...). Y se te ponía detrás (...), si no decía nada y se iba [hace un respiro], respirabas [Risas] (...). La verdad es que a mí Mestre nunca me vino ahí, a pegar, me dejaba, ¿no? Y eso me daba mucha libertad y me daba seguridad. Y empecé a sentir que, realmente, podía. Es decir, yo con Mestre aprendí a ver y a conocer el arte; no la cerámica, sino el concepto interior, ¿no? Eso que dices, ¿qué hay aquí que no lo conozco y te va abriendo puertas? Entonces

14 Finalmente, solo fue posible concertar una entrevista con los dos primeros candidatos: Ana Pastor y Xavier Monsalvatje.

15 Siempre refiriéndonos a los tres artistas seleccionados.

> eso es lo puro, el alma, un poco, que hay ahí dentro. Lo que sí que es verdad, que yo el primer año y el segundo, pues he estado en cerámica, pero yo hasta que no entré en tercero, que estuve con Mestre, no descubrí el interior de aquello y me vi, me vi muy dentro y empezó a salir de mí (...) cosas que las tenía ahí, muertas, ¿no? Él me despertó, me despertó todo lo que tenía dentro, ¿no? No sé ni cómo lo hizo. Pues supongo que será química, o será (...) no sé, esas cosas, porque tampoco eran algo que te decía o no decía. Era algo que a veces intuyes (Entrevista a Ana Pastor).

Por su parte, Xavier Monsalvatje, artista también entrevistado, matiza las influencias aun sin negarlas en absoluto. Así narra su experiencia:

> Yo acabé el taller de cerámica (...) en el 85, 86, 87, por ahí. Yo tuve a Ángeles en el tercero, a Mercedes Sebastián en el cuarto y a Mestre en el quinto (...). Y no tan enfocado a la cerámica, no te creas, ¿eh? (...). Entonces ibas por proyecto (...), sí, cada profesor tenía ahí su librillo, ¿no? Y con Enrique sí, Enrique te daba opción a elegir más o menos, aunque sí que ponía unas pautas, como Mercedes. Pusieron unas pautas (ahora no me acuerdo bien): de descomposición del cuadrado, la descomposición de no sé qué, hacer moldes (...). Había una línea de trabajo, ¿no? Pero luego dejaban mucha libertad para hacer lo que tú quisieras, ¿no? Sí, sobre todo en el proceso de trabajo. Quizás en el proceso de trabajo, quizás hubo (...), sí, quizás hay ciertas cosas que a mí sí que me interesaron de él; otras no, pero a nivel plástico había ciertas cosas que sí que me interesaban, ¿no? Como de Mercedes (...). De Ángeles ya no tanto, porque yo era muy jovencito, entonces estás empezando (...). Pero influencias tienes siempre, de mucha gente, ¿no? De la gente que estaba trabajando en ese momento ahí: pues de Arcadio, hay unos referentes, ¿no? Lo que sí que es verdad, que lo de Enrique al final te atrapa más, quizás porque, pues bueno, tú llevas ahí una línea de trabajo en ese aspecto, ¿no? (...). De su trabajo a nivel de placas, o sea, los paneles cruzados por las piezas, a un nivel arquitectónico, que a mí me interesa mucho la arquitectura también. Al haber ciertos intereses comunes, ¿no? Sí que te sientes con más sintonía, con él y con más artistas, evidentemente, ¿no? Siempre hay muchas referencias. Yo siempre digo que nadie inventa nada, todo está inventado. Vas ahí con una mochila detrás y vas cogiendo lo que te interesa o las influencias que uno tiene, ¿no? Que siempre están ahí, siempre están presentes porque siempre hay guiños a eso. Cada maestro tiene sus influencias, ¿no? Claro (Entrevista a Monsalvatje).

Por último, en el caso de Pablo Ruiz, cabe señalar la percepción que él mismo refiere en el catálogo de la exposición «Pléyade Keramos. Dos culturas, dos maestros y su legado» (Ulpiano, Coll, 2010). Así pues, en las páginas del dicho catálogo dedicadas a Pablo Ruiz, podemos observar una obra de perfecta factura en la que aparentemente no hay nada que la relacione con Mestre. No obstante, las palabras del artista en este sentido resultan reveladoras, dado que aportan la medida de cuál ha sido esa particular relación con el maestro:

> Más que en mi obra, Mestre influyó en mi forma de trabajar: con absoluta libertad, sin influencias de ningún tipo (Ulpiano Coll, 2010: 46).

El análisis de todo lo expuesto nos lleva a afirmar que el carácter de subversión y provocación, propio de los míticos años ochenta, también debió tener su correspondencia dentro de las aulas de la especialidad de Cerámica en la Escuela de Valencia, tal como sucedió en muchos otros ámbitos. La comprobación de los hechos nos permite extraer dos conclusiones. La primera de ellas es que el posicionamiento de Mestre de que todo artista trabaje según los lenguajes del momento en el que se desarrolla su obra, realmente se estaba cumpliendo. Y la segunda conclusión se refiere a una muy comentada apertura que el propio Mestre experimentó con el paso del tiempo, lo que le llevó a entender más y mejor cualquier propuesta de trabajo por parte de sus alumnos y alumnas.

Cabría hacer aquí una reflexión sobre la evolución del propio Mestre. Aunque este aspecto lo desarrollaremos con mayor profundidad en las conclusiones, bastaría de momento con comparar la obra de los grupos predecesores. En este punto, al analizar las obras de los componentes de Atmósfera Reductora o las que se estaban realizando independientemente por artistas como Mercedes Sebastián, Marisa Herrón o Presentación Rico, podemos establecer una clara evolución desde lenguajes más contenidos (basados en la forma, la textura y el control del color), en los que no se advierte un predominio del discurso narrativo. Por el contrario, ¡Qué punto, qué fuerte! se situaría en el extremo opuesto. Según percibimos, tanto en las notas de prensa consultadas como en la obra de algunos de sus componentes, esta generación apostó por un uso desinhibido del color, la inclusión de formas naturalistas en algunos casos y, por supuesto, un discurso narrativo. Dicho discurso remite hacia significados más allá de lo puramente estético y formal que definía la obra de grupos anteriores. Como resultado, si estos lenguajes se estaban gestando dentro del aula (y nos consta que así era), no cabe duda que los presupuestos de Mestre en su magisterio fueron evolucionando hacia planteamientos aperturistas[16].

En conclusión, y volviendo al grupo que nos ocupa, en el estudio de ¡Qué punto, qué fuerte! dentro de su marco temporal, se han podido construir las razones que nos permiten articular correctamente la obra de los tres artistas del grupo que, *a priori,* se seleccionaron para esta investigación. Con ello queremos decir que, antes de estudiar a Monsalvatje, Pastor y Ruiz dentro del continuo narrativo y de su propio contexto sociocultural, advertíamos una gran disonancia en los lenguajes plásticos de estos autores con respecto a otros alumnos de Mestre de generaciones posteriores. De tal modo que hemos podido comprobar cómo el análisis del contexto sociocultural nos ha permitido trazar unas claves de identidad generacionales que ayudan a comprender esta heterogeneidad de planteamientos artísticos.

Las exposiciones de la especialidad de Cerámica. La Renfe (1997)

El 14 de noviembre de 1997 se inauguró en la sala de exposiciones de la Estación del Norte de Valencia una muestra colectiva en la que participaron los siguientes alumnos: Silvia Arguedas Gutiérrez, Mercedes Asensio Montero, Julia Blasco Alonso, Ana Rebeca Bordonau Navarro, Ignacio Bou Tamborero, Begoña Branchadell Sebastián, Manuel Campos Barreda, Ramón Díaz Martí, Joan Esquerdo Ivars, Dora Fornés, Miguel Ángel García Grande, Luis García Moreno, Vicente Giner Cuñat, Alicia Gispert Terrasa, Ángeles Jiménez Sánchez, Asunción Llana Belloch, Asunción Martínez Tárrega, Alicia Matíes Ariño, Juan José Navarro Roig, María Otal Palacios, Ana Pastor Asensi, Concha Planells Montaner, Rosa Rodríguez Romero, Pablo Ruiz, Isabel Sanjuán Ríos, Su–Pi Hsu y Amparo Tortajada Honorato. Esta exposición, a diferencia de otras, nació como resultado de un cuidado proyecto institucional, de tal modo que la iniciativa de esta propuesta no surgió de los alumnos, sino del interés de los docentes por mostrar los resultados de sus aulas. En este punto, consideramos que en esta exposición se dio una diferencia sustancial frente a las muestras referidas con anterioridad. En este caso, los intereses asociados al equipo docente y a la propia Escuela, se hicieron también patentes en el escrito de presentación enunciado por el entonces director de este centro académico:

16 En las entrevistas efectuadas a alumnos de las primeras etapas hay alusiones a esta apertura, también las hay respecto de su evolución hacia actitudes más afectivas y bondadosas.

> Desde su fundación en 1849 hasta hoy, la Escuela de Artes y Oficios de Valencia ha visto desaparecer algunos oficios artísticos, despojados por el tiempo y el progreso de su finalidad educativa, mientras otros, mortalmente heridos, solo podrían sobrevivir mediante una reformulación generosa como patrimonio cultural. No obstante, la mayor parte de las tradicionales «Artes Aplicadas y Oficios Artísticos» han podido pervivir gracias al esfuerzo de los colectivos implicados, los cuales, en su compromiso de responder a las necesidades de la industria, han modificado y actualizado sus enseñanzas que hoy reciben justamente la denominación de «Artes Plásticas y Diseño» (Lahuerta, 1997).

Genaro Lahuerta prosiguió su discurso nombrando al equipo docente en activo que actuó como responsable tanto del taller de cerámica propiamente dicho, como de otras asignaturas durante aquel curso académico de 1997. Dicho equipo estuvo integrado, entre otros, por Antonio Crespo (profesor de Modelado de entrañable recuerdo para algunos de los antiguos alumnos de la Escuela), Cipriano Vicente (responsable de moldes y matrices) o Paco Cuello (profesor de Dibujo). Junto a ellos, se incorporaron en el taller el propio Enrique Mestre, Mercedes Sebastián y Ángeles Roca.

Antes de finalizar este punto, conviene hacer dos matizaciones. En primer lugar, como ya hemos advertido, esta exposición de 1997 no estuvo concebida en ningún momento bajo el denominador común de alumnos de Mestre. El nexo de unión fue, por el contrario, la especialidad en Cerámica, razón por la cual el director hizo cuidada mención de todos los profesores del departamento de Cerámica. Y, en segundo lugar, quisiéramos reseñar que, en la mencionada exposición, participaron algunos alumnos que forman parte de los artistas seleccionados para esta monografía; nos referimos a Ana Pastor Asensi, Pablo Ruiz y Su–Pi Hsu.

150 años: la Escuela de Valencia

En el Museo Nacional de Cerámica y Artes Suntuarias «González Martí» de Valencia se presentó, del 14 de octubre al 5 de diciembre de 1999, una exposición bajo el título de «Ceramistes formats a l'Escola d'Arts i Oficis de València».

La muestra estuvo muy arropada por su dimensión institucional, como consta en las palabras del entonces ministro de Educación y Cultura, Mariano Rajoy Brey:

> Ens satisfà enormement poder acollir al Museu Nacional de Ceràmica i de les Arts Sumptuàries «González Martí» l'exposició commemorativa del 150 Aniversari de la fundació de l'Escola d'Arts i Oficis de València, en la qual es mostra l'obra dels alumnes més destacats de la secció de ceràmica (Pérez Camps, Mestre, 1999: 7).

El catálogo también contó con un escrito de Manuel Tarancón Fandos, conseller de Cultura, Educación y Ciencia. Asimismo, el presidente de la Caja de Ahorros del Mediterráneo, Vicente Sala Bello, en nombre de la entidad que actuó como patrocinador, escribió:

> L´exposició «Ceramistes formats a l'Escola d'Arts i Oficis de València» ens ofereix l'oportunitat de conéixer les obres de prestigiosos artistes amb una visió nova i enriquedora sobre la ceràmica artística actual (Pérez Camps, Mestre, 1999: 11).

Pero la definición más exacta de la intención de esta exposición la expresó el director de la Escuela, Genaro Lahuerta Galiana, tal como reflejan sus palabras:

> En esta exposició hem volgut arreplegar una mostra del treball d'alguns dels ceramistes que s'han format a l'Escola en els últims 25–30 anys. Són, sens dubte, obres de professionals, però creiem que són tambe un magnífic exemple de les orientacions de l'activitat pedagògica i dels objectius que s'hi abasten. A tots ells i a molts altres deven que l'Escola ocupe hui un lloc important en la formació de ceramistes (Pérez Camps, Mestre, 1999: 14).

Existen matices diferenciadores entre esta exposición y la realizada, en 1997, en la Sala de la Renfe. Si bien en el certamen anterior fue el equipo docente el que presentó el trabajo de un grupo de alumnos, en esta otra ocasión, cuyo objetivo era conmemorar los 150 años de la Escuela, se llevó a cabo una selección de artistas[17].

En primer lugar, observemos que entre los participantes encontramos a Mercedes Sebastián y Ángeles Roca, que lo hacen en condición de alumnas del taller de Cerámica en la Escuela de Valencia; en el caso de Sebastián, entre 1967 y 1972 y, en el caso de Roca, entre 1978 y 1982. La presencia de estas dos profesoras del taller de Cerámica en el momento de celebrarse el certamen, en calidad de alumnas de la escuela y del aula de Mestre, cambia el matiz de esta exposición y aporta datos que amplían los ya expuestos en el capítulo anterior. En segundo lugar, hechas las presentaciones ya mencionadas para resaltar la dimensión institucional de este evento, Josep Pérez Camps, comisario de la exposición y director del Museo de Cerámica de Manises, hizo un interesante recorrido por la historia del taller de Cerámica en la Escuela de Artes y Oficios de Valencia. En su discurso se remontó al año 1914 por ser la fecha en que, por primera vez, encontramos las primeras referencias documentales con motivo del nombramiento del pintor y ceramista Gaspar Polo Torres como maestro de taller de la especialidad de Cerámica. Gaspar Polo, Alfons Blat y Salvador Sanz Faus fueron los ilustres antecesores de Enrique Mestre al frente del taller de Cerámica. Pérez Camps enunció una síntesis de la trayectoria profesional de todos ellos, incluyendo imágenes de sus respectivos trabajos. De este modo, y refiriéndose a la aportación de Mestre, escribe Pérez Camps:

> La incorporación en 1969 de Enrique Mestre como maestro de taller en la Escuela de Artes y Oficios de Valencia supuso un punto de inflexión ascendente en la trayectoria del taller de Cerámica. Coincidió, es cierto, con una época de auge de la cerámica como medio de expresión artística, que favoreció la aparición de un enseñamiento potenciador de la creatividad, basada en la utilización de los materiales cerámicos al servicio de la idea, y que deja de estar basado solo en el aprendizaje de procedimientos decorativos (Pérez Camps, Mestre, 1999: 79).

Pérez Camps ofreció una clara explicación del germen sobre el que se desarrolló, en el transcurso del tiempo, el aprendizaje de los alumnos en la escuela de Valencia. A su vez, relacionó el prestigio y la creciente demanda de alumnos que tuvo este centro docente, con la reconocida carrera artística y docente de Mestre:

> Su prestigio como ceramista —tanto dentro como fuera del Estado español— conseguido por un trabajo profesional intenso y riguroso, junto su manera de entender el arte basado, entre otras cosas, en la idea que la técnica no es nada sin la creatividad, es una de las claves que explica el éxito y la continua afluencia de alumnos —muchos de ellos después de haber acabado los estudios en otras escuelas— que ha tenido el taller de Cerámica en las dos últimas décadas (Pérez Camps, Mestre, 1999: 79).

17 Desconocemos los criterios específicos de selección, pero estimamos que se procedió a elegir a los alumnos más destacados que habían pasado por la Escuela.

La transcripción de los párrafos citados, correspondientes al discurso del entonces director del Museo de Cerámica de Manises, vienen a confirmar los argumentos expuestos a lo largo de la investigación sobre el potencial, pedagógico y profesional, que desplegó Enrique Mestre entre sus sucesivas generaciones de alumnos. Por tanto, no podemos más que coincidir con Camps cuando hace referencia al «punto de inflexión ascendente» que supuso el acceso de Mestre en esta institución. Del mismo modo, compartimos su apreciación de que la «la técnica no es nada sin la creatividad», que fue una de las máximas que trató de transmitir Mestre desde su posición como maestro de taller de Cerámica en la Escuela de Artes y Oficios de Valencia.

Pérez Camps concluyó su escrito reconociendo la labor que, junto a Mestre, desempeñaron otros compañeros del taller de Cerámica:

> Pero no sería justo referirnos a la destacada labor docente de los últimos años del taller de Cerámica de la Escuela de Artes y Oficios de Valencia si no mencionáramos los otros profesores que han colaborado para que esto fuera posible, nos referimos a las ceramistas Mercedes Sebastián y Ángeles Roca, así como a otros profesores y profesoras que se ocupan de asignaturas comunes (Pérez Camps, Mestre, 1999: 80).

Por último, también encontramos en el catálogo de esta significativa exposición un texto del propio Mestre en el que, tras una extensa reflexión sobre la historia del taller, hacía una síntesis de la exposición. Por ello, quisiéramos cerrar este epígrafe con sus palabras:

> La exposición que el Museo Nacional de Cerámica «González Martí» presenta en la conmemoración del 150 Aniversario de la Escuela de Artes y Oficios de Valencia, es solo una pequeña muestra de la labor acometida hace ya algunos años. En ella se dan cita excelentes ceramistas, algunos de ellos de reconocido prestigio internacional, con otros que han acabado recientemente sus estudios. En todos ellos se puede observar una personalidad diferenciada, una excelente elaboración y acabado en relación a la idea que se propone y, sobre todo, un intento de conectar las formas con los movimientos plásticos actuales.
>
> En estos momentos, después de treinta años dedicados a la enseñanza y casi a punto de dejarla, me es grato ver en esta exposición algunos de los frutos del trabajo constante en la obra de estos autores. Muchos otros, me consta, se han dedicado al campo de la enseñanza, donde espero que desarrollen su trabajo con la máxima responsabilidad [...]. Para finalizar, mi agradecimiento a mis compañeras Mercedes Sebastián y Ángeles Roca, y a todos los que temporalmente han contribuido, con sus conocimientos específicos, a formar un equipo coherente (Pérez Camps, Mestre, 1999: 76).

Exposiciones recientes (2005-2014)

Pléyade Keramos

Bajo el denominador común de Pléyade Keramos se unieron un grupo de alumnos y alumnas de Mestre, conscientes del elevado número de estudiantes que habían pasado por la Escuela de Valencia. Al mismo tiempo, eran conscientes también de que ese periodo docente en las aulas del taller de Cerámica había supuesto, para muchos de ellos, un momento significativo dentro de sus trayectorias profesionales. En consecuencia, y con objeto de ser coherentes, hicieron una propuesta abierta que no estuviera limitada en sus componentes. De ahí la denominación de Pléyade.

Para ilustrar el nacimiento del grupo, recurrimos a citar la conferencia que Nozomi Kitao, una de sus integrantes e impulsoras, pronunció con motivo del acto de inauguración de la exposición titulada «Relación cerámica. Dos maestros, dos culturas», celebrada el 26 de febrero de 2010 en el Instituto Cervantes de Tokio. La artista dio comienzo a su discurso con las siguientes palabras:

> Durante mi estancia en Valencia, pensé que sería bueno realizar actividades colectivas a través de la cerámica, no como objetivo individual, sino como una manera de relacionarnos. Lo hablamos con los compañeros del último curso de Mestre. Ya habían pasado 5 años desde que salimos de la Escuela, era muy buena ocasión para conocer el paso de cada uno. Todos estábamos de acuerdo y concretamos cómo organizarnos. De este modo empieza el grupo Pléyade Keramos.

El itinerario del grupo se inició en 2005 con una primera exposición en el Centro Cultural de Jóvenes en Benaguasil (Valencia). A esta siguieron otras, como la realizada en el Centro Cultural Chiva (Valencia, 2007), en la Galería Onomachi Department (Wakayama, Japón, 2008). En estas fechas, un grupo de ceramistas japoneses viajaron a España y, por recomendación de su maestro Yasuo Hayashi (Kioto, Japón, 1928), visitaron a Enrique Mestre en la Escuela de Valencia. Acudieron al cetro en horario docente y, durante la visita, entraron en contacto con una alumna de su país, la ceramista Nozomi Kitao (Chiba, Japón) que era, como hemos apuntado, miembro inicial de Pléyade. Tras entablar diálogo y como un gesto de cortesía, Nozomi los invitó a una cena a la que también asistió otra compañera de Pléyade, Bibiana Martínez. Fruto de la buena comunicación, se planteó un proyecto expositivo para Japón que pudiera tener su continuidad en España. El proyecto se consolidó con el impulso de los Izawa, que corrieron con los gastos para la presentación y difusión de la exposición.

Para esta primera muestra que el grupo Pléyade organizó en Japón, se decidió ampliar el número de integrantes, invitando a participar a otros ceramistas de generaciones anteriores. En este sentido, conviene aclarar que el alumnado integrante del grupo, en un principio, fueron alumnos de los últimos años de docencia de Mestre. Con esta ampliación respecto las anteriores exposiciones de Benaguasil (2005) y Chiva (2007) organizadas en Valencia, los artistas integrantes en las siguientes serían: Anna Pastor, Antonia Carbonell, Carmen Ballester, Carmen Marcos, Carmen Sánchez, Concha Regne, Fanny Galera, Juan Luis Tortosa, Juan Ortí, Myriam Jiménez, Nozomi Kitao, Pablo Ruiz, Su–Pi Hsu, Teresa Aparicio, Bibiana Martínez y Xavier Montsalvatje.

Relación cerámica. Dos maestros, dos culturas. Galería Onamachi, Wakayama, Japón (2008)

Este proyecto partió de la iniciativa de proponer una exposición que relacionase la pléyade de alumnos de Mestre con otra pléyade de alumnos formados en la universidad de Osaka (Japón), en torno al también ceramista Maestro Hayashi. La exposición se realizó en 2008 en la galería del centro comercial de Onomachi, en la ciudad nipona de Wakayama, bajo el título integrador de «Relación cerámica. Dos maestros, dos culturas». Los ceramistas españoles que participaron fueron los ya mencionados integrantes de Pléyade Keramos tras la ampliación, mientras que entre los ceramistas japoneses estuvieron Toshihiko Okuno, Miki Okuda, Youichirou Kamei, Takeshi Simada, Kazumi Sumikura, Takashi Hinoda, Yasuko Hinoda, Masanori Izawa, Sachico Izawa y Yasuo Hayasi. También expusieron, como es de suponer, el Maestro japonés Yasuo Hayasi[18] y Enrique Mestre.

18 Yasuo Hayashi (Kioto, 1928) se ha convertido en «[...] el primer artista japonés de cerámica abstracta. Durante más de seis décadas ha contribuido a crear un vocabulario totalmente nuevo y ha dado un nuevo significado a la escultura cerámica, inspirando a generaciones de artistas en Japón. Hayashi ha encontrado la manera de honrar las tradiciones del pasado, explorando nuevas formas de la escultura de arcilla. Sus primeros trabajos fueron mostrados junto a los de figuras internacionales como Wassily Kandinsky e Isamu Noguch (Ulpiano, Coll, 2010: 28).

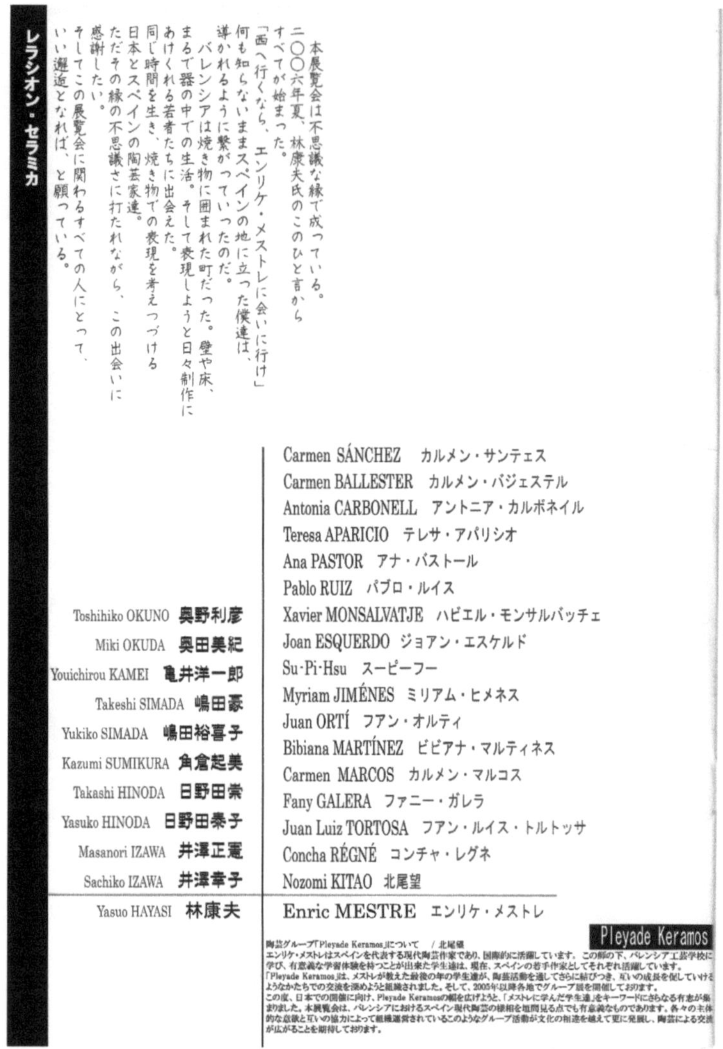

レラシオン・セラミカ

本展覧会は不思議な縁で成っている。
二〇〇六年夏、林康夫氏のこのひと言から
すべてが始まった。
「西へ行くなら、エンリケ・メストレに会いに行け」
何も知らないままスペインの地に立った僕達は、
導かれるように繋がっていったのだ。
バレンシアは焼き物に囲まれた町だった。壁や床、
まるで器の中での生活。そして表現しようと日々制作に
あけくれる若者たちに出会えた。
同じ時間を生き、焼き物での表現を考えつづける
日本とスペインの陶芸家達。
ただその縁の不思議さに打たれながら、この出会いに
感謝したい。
そしてこの展覧会に関わるすべての人にとって、
いい邂逅となれば、と願っている。

Toshihiko OKUNO 奥野利彦
Miki OKUDA 奥田美紀
Youichirou KAMEI 亀井洋一郎
Takeshi SIMADA 嶋田豪
Yukiko SIMADA 嶋田裕喜子
Kazumi SUMIKURA 角倉起美
Takashi HINODA 日野田崇
Yasuko HINODA 日野田泰子
Masanori IZAWA 井澤正憲
Sachiko IZAWA 井澤幸子

Yasuo HAYASI 林康夫

Carmen SÁNCHEZ カルメン・サンテェス
Carmen BALLESTER カルメン・バジェステル
Antonia CARBONELL アントニア・カルボネイル
Teresa APARICIO テレサ・アパリシオ
Ana PASTOR アナ・パストール
Pablo RUIZ パブロ・ルイス
Xavier MONSALVATJE ハビエル・モンサルバッチェ
Joan ESQUERDO ジョアン・エスケルド
Su-Pi-Hsu スーピーフー
Myriam JIMÉNES ミリアム・ヒメネス
Juan ORTÍ フアン・オルティ
Bibiana MARTÍNEZ ビビアナ・マルティネス
Carmen MARCOS カルメン・マルコス
Fany GALERA ファニー・ガレラ
Juan Luiz TORTOSA フアン・ルイス・トルトッサ
Concha RÉGNÉ コンチャ・レグネ
Nozomi KITAO 北尾望

Enric MESTRE エンリケ・メストレ

Pleyade Keramos

陶芸グループ「Pleyade Keramos」について / 北尾望
エンリケ・メストレはスペインを代表する現代陶芸作家であり、国際的に活躍しています。この師の下、バレンシア工芸学校に学び、有意義な学習体験を持つことが出来た学生達は、現在、スペインの若手作家としてそれぞれ活躍しています。
「Pleyade Keramos」は、メストレが教えた最後の年の学生達が、陶芸活動を通してさらに結びつき、互いの成長を促していけるようなかたちでの交流を深めようと組織されました。そして、2005年以降各地でグループ展を開催しております。
この度、日本での開催に向け、Pleyade Keramosの輪を広げようと、「メストレに学んだ学生達」をキーワードにさらなる有志が集まりました。本展覧会は、バレンシアにおけるスペイン現代陶芸の様相を垣間見る点でも有意義なものであります。各々の主体的な意識と互いの協力によって組織運営されているこのようなグループ活動が文化の相違を越えて更に発展し、陶芸による交流が広がることを期待しております。

Figura 29. Contraportada del catálogo de la exposición «Relación cerámica. Dos maestros, dos culturas», en la que constan los nombres de todos los participantes en 2008

Posteriormente, y aprovechando que la obra estaba en Japón, Nozomi decidió solicitar la inclusión de esta misma muestra, «Relación cerámica. Dos maestros, dos culturas», en el programa de exposiciones del Instituto Cervantes de Tokio. Para ello, Nozomi redactó una carta donde, en alusión la exposición realizada en Wakayama, escribió:

> Además, la exposición ha estado rodeada de unas circunstancias muy especiales que han hecho que tenga mucho éxito y haya sido visitada por gente de muchos lugares: Osaka, Shigaraki, Kioto...

Instituto Cervantes. Tokio, Japón (2010)

Esta misma exposición se trasladó en 2010 al Instituto Cervantes de Tokio gracias a la buena gestión de Nozomi Kitao y la colaboración de Sachico y Masaroni Izawa, que trasladaron por su cuenta la obra hasta Tokio. La presentación del acto inaugural, que tuvo lugar el 26 de febrero de 2010, corrió a cargo de Nozomi. En ella explicó las características y el origen de Pléyade, así como las motivaciones de la exposición que se presentaba, «Relación cerámica. Dos maestros, dos culturas». Pero, de todo el texto, queremos extraer aquí la opinión de Nozomi:

> Hoy en día no hay mucha diferencia cultural por los medios de transporte tan cómodos, o por la información tan rápida. Aun así, hay algo que nos identifica por el contexto cultural de cada uno. Desde mi punto de vista, la cerámica japonesa tiene una energía que lleva humedad. Y la de España, es tanto rigurosa como apasionada, una pasión seca como su propia tierra.

Valencia, Museo Nacional de Ceramica y Artes Suntuarias «González Martí» (2010)

Los miembros del grupo Pléyade consideraron de enorme interés presentar esta «Relación cerámica. Dos maestros, dos culturas» en España. Tras plantear la propuesta al Museo Nacional de Cerámica y Artes Suntuarias «González Martí» de Valencia, la exposición se inauguró en junio de 2010.

No obstante, en esta ocasión, los artistas presentaron obra nueva. La razón fue, por una parte, que algunas obras quedaron en Japón por distintas razones. Y, por otra parte, que al tener que trasladarla hasta Japón, se había optado por formatos pequeños que abarataban el coste de transporte. Por tanto, el hecho de exponer en Valencia ofrecía la ventaja de poder mostrar trabajos de mayor formato. Por parte de los japoneses solo se contó con la presencia de Kazumi Simikura, Masonori Izawa, Sachiko Izawa, Toshihiko Okuno y el maestro de todos ellos, Yasuo Hayashi. La razón de la disminución del número de japoneses presentes no fue otra que la económica, ya que no todos pudieron afrontar los costes que suponía traer la obra hasta España dado que, además, este ciclo de exposiciones no contó en ningún momento con otro recurso que los propios.

Para la exposición del museo se editó un catálogo en el que, junto a una fotografía de la obra presentada y otra personal del autor, se publicó una breve reseña biográfica de cada uno de los artistas. En ella se aludía, de forma específica, a la influencia que sendos maestros ejercieron, respectivamente, en el caso de los artistas españoles y nipones. Quisiéramos destacar la presencia de los ceramistas japoneses Masanori Izawa y Sachico Izawa el día de la inauguración, durante la cual Nozomi Kitao volvió a hacerse cargo de las palabras de presentación. En el catálogo, el director del museo, Jaume Coll, hacía referencia a la amistad entre Mestre y el ceramista y maestro japonés Yasuo Hayasi. De igual modo, planteaba una interesante reflexión, acerca de cómo en Occidente hemos pasado de admirar las rarezas orientales como algo exótico, a buscar en la propia filosofía oriental nuevos caminos. A su vez, Rosa Ulpiano aportaba, en el mismo catálogo, un comentario introductorio a la obra de cada uno de los artistas participantes.

Museo Ruiz de Luna, Talavera de la Reina (2011)

Para finalizar, en 2011, la misma exposición que se había presentado en Valencia, se trasladó al Museo Ruiz de Luna en Talavera de la Reina (Toledo) de la mano, en esta ocasión, de la ceramista Carmen Ballester, que se encargó de establecer la comunicación entre los dos museos. El Museo Nacional de Cerámica y Artes Suntuarias «González Martí» de Valencia empaquetó y envió la obra, mientras que el Ruiz de Luna (Talavera de la Reina, Toledo) se encargó de su recepción y exhibición. Con todo, el montaje de la exposición corrió a cargo de la propia Carmen Ballester.

Sobre esta exposición en Talavera de la Reina podemos leer, en el blog *Ceramicanova*, una noticia publicada por la administración el 1 de junio de 2011 que dice así:

> La semana pasada visité el Museo Ruiz de Luna, de Talavera de la Reina (Toledo) [...]. Lo primero que hay que destacar es que la muestra tiene un altísimo nivel, tanto la parte española como la japonesa demuestran la importancia de un buen maestro. Aunque cada artista ha tomado su propio camino, y quizá simplemente como ejercicio teórico, se podría llegar a establecer alguna relación entre los alumnos de Enrique Mestre; si hubiera que elegir esta cualidad común, yo diría que sería la limpieza de formas y líneas, el gusto por la factura perfecta de las piezas y el uso contenido del color.[19]

Maestros de la cerámica y sus escuelas

Escuela Taller de Muel (2012)

La Escuela Taller de Muel, dependiente de la Diputación Provincial de Zaragoza, inició en 2012 un proyecto expositivo que se desarrollaría en ocho fases. Su objetivo era difundir la obra de ceramistas reconocidos, tanto por su trabajo, como por la influencia que han ejercido sobre otros artistas que se identifican como sus alumnos.

La primera exposición se inauguró el 21 de octubre de 2012 y estuvo dedicada a Enrique Mestre. En esta ocasión, los alumnos seleccionados fueron: Anna Pastor, Antonia Carbonell, Ana Felipe, Bibiana Martínez, Carmen Ballester, Carmen Marcos, Carmen Sánchez, Concha Regne, Fanny Galera, Hisae Yanase, Juan Luis Tortosa, Juan Ortí, Miriam Jiménez, Pablo Ruiz, Su–Pi Hsu, Teresa Aparicio, Xavier Montsalvatje y Xoan Viqueira.

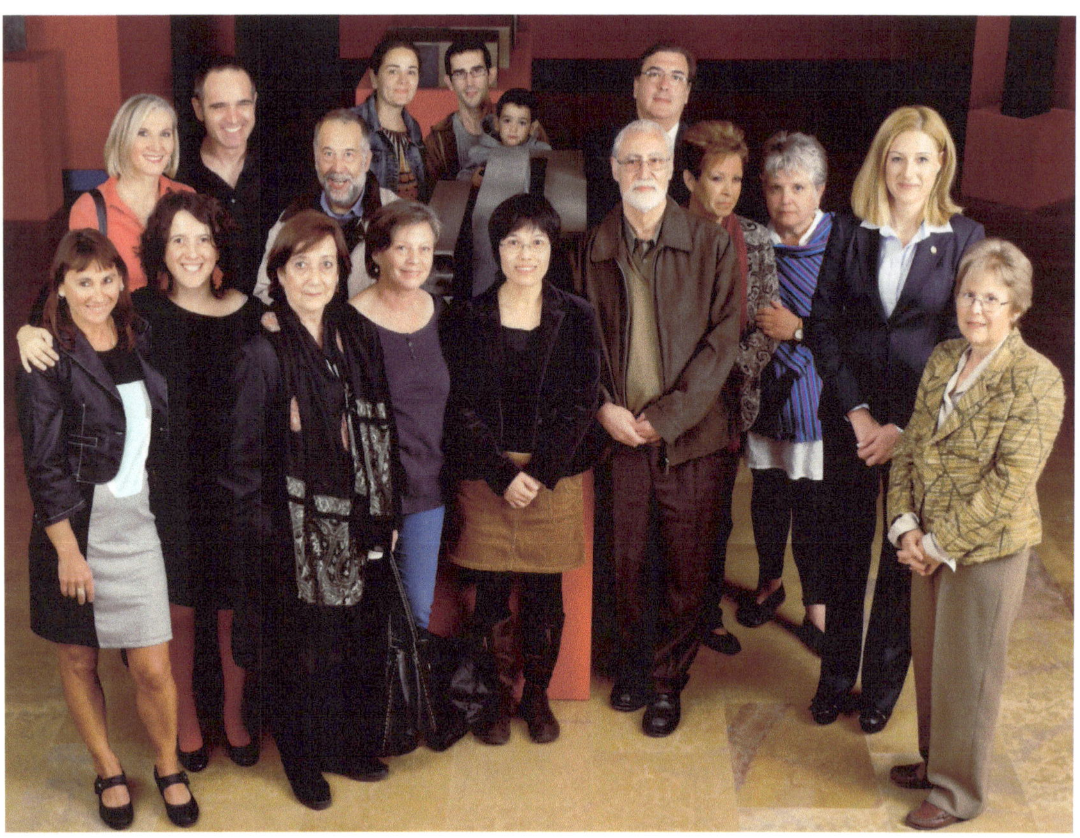

Figura 30. Fotografía de los artistas participantes en la exposición de 2012 junto a Enrique Mestre, facilitada por la Escuela Taller de Cerámica de Muel

19 http://www.infoceramica.com/2011/06/pleyade-keramos/

La exposición fue comisariada por Alberto Andrés y contó para la presentación con la publicación de un catálogo con textos de Luis María Beamonte Mesa, presidente de la Diputación Provincial de Zaragoza, y del crítico de arte Fidel Ferrando. Asimismo, la crítica de arte Rosa M. Ulpiano Cogollos escribió la introducción a la obra de cada uno de los artistas participantes.

Nos parece fundamental destacar un hecho con respecto a esta exposición que supuso un giro considerable con respecto a las muestras cerámicas celebradas con anterioridad. Nos referimos a que fue la primera vez que, a instancias completamente ajenas al entorno de Mestre, surgió una propuesta expositiva motivada por el reconocimiento de un nexo común entre los artistas. Dichos artistas compartían entre sí una misma formación de procedencia, pues habían adquirido o consolidado sus conocimientos en cerámica en la Escuela de Artes y Oficios Artísticos de Valencia, en la cual impartía su magisterio Enrique Mestre Estellés.

Museo Nacional de Cerámica y Artes Suntuarias «González Martí», Valencia (2013)

Por último la muestra que tuvo lugar en Muel, fue trasladada y exhibida en el Museo Nacional de Cerámica y Artes Suntuarias «González Martí», desde noviembre de 2013 hasta febrero de 2014.

Salvo los cambios que siempre imprimen las características e influencia del espacio expositivo a la lectura del conjunto, atendiendo a la distinta relación espacial de las obras, nos encontramos con la misma exposición técnicamente hablando. Con todo, el espacio expositivo de Muel y el de Valencia ofrecían diferentes e interesantes lecturas, al cambiar la relación formal entre las distintas piezas. Además, la exposición de Valencia resultó significativa para el grupo y, sobre todo, para Mestre. Pensemos que esta exposición se realizó en el Museo Nacional de Cerámica y Artes Suntuarias «González Martí», tan vinculado a la cerámica valenciana, y con la presencia de numerosos alumnos en los que Mestre contemplaba la amplia proyección de su extensa labor docente.

Situación y valoración final del capítulo

Ya hemos indicado que la trayectoria y el alcance de los hechos investigados no tienen un punto final y que el tema empieza precisamente a cristalizar adecuadamente con la perspectiva que el tiempo le otorga, por lo cual se hace preciso cerrar este capítulo dedicado a las actividades que en el entorno de Mestre realizaron los alumnos desde dinámicas vinculadas al profesor y maestro.

Haciendo referencia a los alumnos que, seleccionados por Alberto Andrés, participaron en la exposición «Maestros de la cerámica y sus escuelas. Enric Mestre», el Museo de Cerámica y Artes Suntuarias «González Martí» publicó en el número 20 de la *Gaceta Folchi* algunos comentarios que queremos destacar por su interés:

> Un conjunto de autores entre los cuales las enseñanzas de Mestre han calado profundamente, y a los que ha sabido transmitir una lección de libertad inculcándoles la necesidad de que cada uno debe buscar su propio camino artístico y personal. Un camino en cuyo recorrido han aprendido a construir su particular lenguaje plástico que los singulariza como artistas, como creadores. El reflejo de estas lecciones se aprecia en las propias obras exhibidas, llenas de talento, fuerza y expresividad. Y cuya fuente de inspiración se halla tanto en la figura del ser humano como en la propia naturaleza que nos rodea, en sus texturas, formas o colores. Sin embargo, a pesar de la diferente personalidad que muestran como artistas, en todos ellos es posible señalar un mismo rasgo común compartido, un nexo de incuestionable unión: el valor que todos le conceden al proceso de análisis creativo. Un rasgo que de nuevo nos remite

> a Mestre, un mérito indiscutible de sus magistrales enseñanzas y de su buen hacer; las de un artista, un creador, un maestro en definitiva, del que todos se sienten deudores, del que todos se sienten aprendices (Suárez, 2014: 5).

No encontramos otras palabras más adecuadas para finalizar el presente capítulo. Con todo, observamos que se está produciendo una aceptación del concepto «alumnos de Mestre», lo que propicia la celebración de exposiciones y actividades del grupo. Por tanto, concluimos que este no es un capítulo cerrado sino que el tiempo ayuda a consolidar la identidad de los «alumnos de Mestre». Por ultimo destacaremos la significativa importancia de todo lo aportado en este capítulo, en relación con la totalidad de lo investigado, puesto que la organización y exposición de su contenido ha permitido perfilar la génesis de un grupo de artistas afines en sus estrategias y estructuras de comportamiento. Sumergidos en la producción de una obra cuyo alcance en el mundo del arte, considerando el material en el que se expresan, es sin duda un proyecto aún sin determinar.

Selección de alumnos

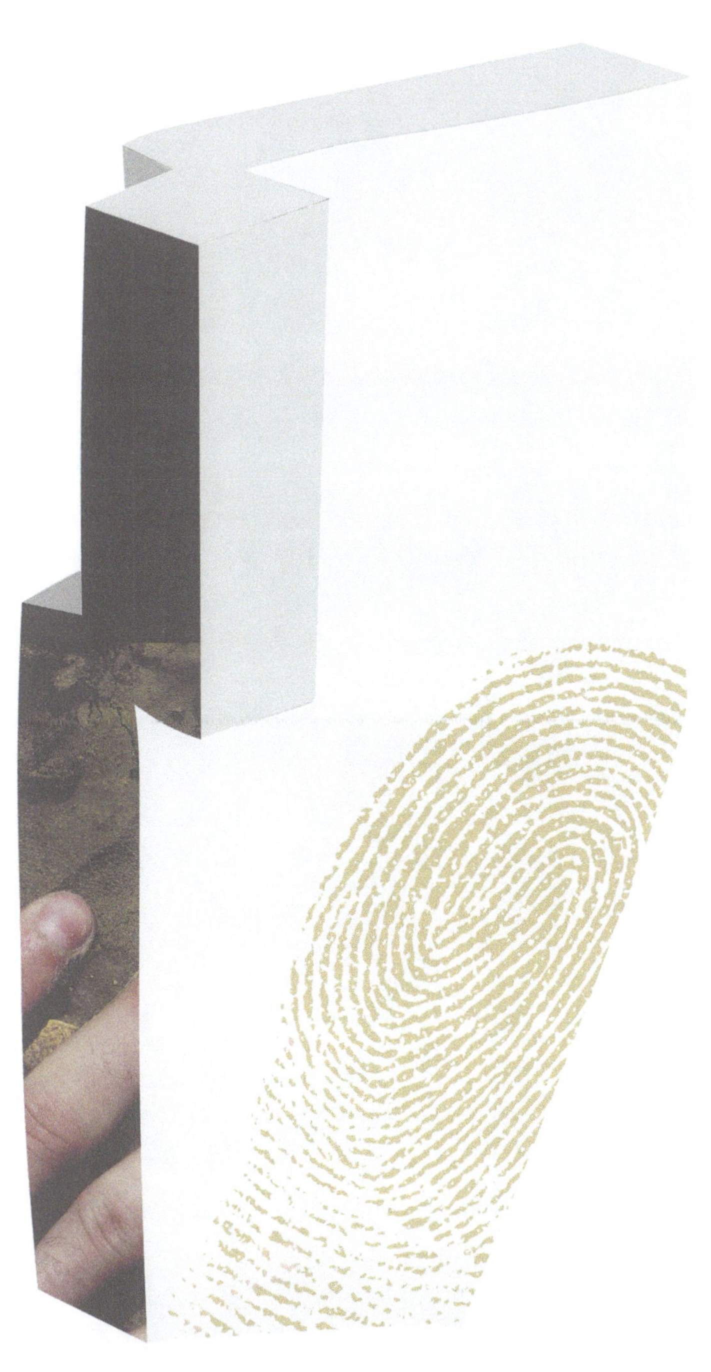

> [...] ya que el logos va creando sus propios espacios en cada una de las mentes que lo acogen, y va abriendo una cierta configuración allí donde germina.
> MARÍA ZAMBRANO

Descripcion de la situacion inicial

Con el fin de realizar la selección de artistas que a continuación nos proponemos abordar, habría sido deseable contar con una información lo más amplia posible sobre los alumnos y alumnas que cursaron la especialidad de Cerámica en la Escuela de Artes Aplicadas y Oficios Artísticos de Valencia entre 1969 y 2001. Nuestro interés se centraba tanto en el número de ellos como en su identidad. Asimismo, también queríamos concretar los años de estudio, los compañeros con los que compartieron esta etapa formativa y la modalidad en la que se matricularon dentro de las dos existentes, ya fuera el Plan reglado del 63 o los Monográficos. Una vez más, esta información se solicitó a la secretaría de la Escuela de Valencia pero, después de varios intentos, desde este centro académico se manifestó la imposibilidad de proporcionar los datos demandados; ni tan siquiera, hacerlo de un modo aproximado. La razón que nos dieron es que los archivos más antiguos de la Escuela están en gran medida desaparecidos por los distintos cambios y reformas. A su vez, aseguraron que el material antiguo que queda en papel está descatalogado y fue amontonado sin orden en un lugar que se vio afectado por unas goteras o una inundación. Según afirmaron, parece ser que tampoco hay constancia de las matrículas de los últimos cursos, cuando los sistemas informáticos estaban generalizados. Como resultado, el único dato más reciente que se ha encontrado es bibliográfico y lo aporta Esperanza Fontecha, que dice:

> Cada curso se titulan unos veinte alumnos, pero observamos que ha aumentado la matrícula; que los ceramistas exponen y que el público se interesa por objetos, paneles y formas plásticas, sin importarle ya la utilidad (Arazo, Jarque, 1985: 100).

Pese a lo ilustrativo de este dato, no podemos considerarlo como un referente objetivo para cuantificar matemáticamente el número aproximado de estudiantes matriculados en un periodo de 32 años, pues las matriculaciones oscilan en el tiempo. Con todo, y en vista de la ausencia de otras fuentes, es un dato que puede servirnos de orientación. En este sentido, conviene recordar que, al investigar el contexto docente, también hicimos referencia a la amplia demanda que la especialidad de Cerámica experimentó después de la incorporación de Mestre (1969) y que se mantuvo, según se apunta en los diferentes testimonios recabados, hasta la desaparición de la misma en 2008.

Conocer los datos a los que hacemos referencia y de los cuales carecemos no es requisito necesario para para emprender la selección, —como comprobaremos—, pero cabría pensar que el desconocimiento de tales datos pudiera dejar inédita alguna información valiosa para la presente investigación. Pese a lo dicho, podemos valorar, *grosso modo*, el considerable número de alumnos que realizaron estudios de cerámica en la Escuela de Valencia. De estos alumnos, si bien no todos han desarrollado un recorrido profesional, sí lo han hecho un gran número de ellos, tal como comenta Juan Luis Tortosa:

> Yo me acuerdo que en clase, están catálogos y catálogos de premios (…). Y yo me ponía y miraba quiénes eran los seleccionados, quiénes eran los premiados, y me apuntaba de dónde venían (…). Sí, porque como había muchos libros y muchas cosas por ahí, yo me lo apuntaba (…). Y estaba claro de dónde salía la gente que hacía cosas, los del mayor porcentaje; además, amplio. Es que ese fenómeno de Escuela, yo creo que no se ha visto en España. Ese grupo tan grande de seguidores, yo creo que no se ha dado, creo, ¿eh? (Entrevista a Juan Luis Tortosa).

Aunque coincidimos plenamente con la afirmación de Tortosa, también se puede comprobar que estar en contacto con una cuestión no supone tomar conciencia de ella, ya que no todos los alumnos hicieron el mismo aprovechamiento de las enseñanzas[1]. En esto influyen varios aspectos: los distintos itinerarios, las diferentes sensibilidades, las percepciones del contexto cerámico, etcétera. Ciertamente, para contagiarse y aprovechar el conocimiento ofrecido, para que *paideia* germine, es necesario que concurran condiciones propias.

Los argumentos expuestos nos conducen a entender que desde aquí se abre un amplio abanico de posicionamientos que dependerá, como es regla general, de la respuesta de los distintos discentes, ante unas condiciones académicas similares. Esto quiere decir que como ya se expuso en el capítulo cuarto, todo alumno o alumna que ingresa en el taller de Cerámica de la Escuela de Valencia durante el periodo de 32 años que duró la docencia de Mestre, encuentra dos constantes, a saber: una de ellas la asignatura, Cerámica; la otra, el profesor, Mestre. Salvo estas dos constantes las diferentes y cambiantes circunstancias, entre las que se incluye la propia evolución natural de los participantes, propician diferentes percepciones y por tanto construyen también diferentes respuestas.

Centrándonos en el interés que refiere este capítulo, nos encontramos ante una nómina de alumnos y alumnas que suponemos muy amplia y heterogénea, de la cual nos vemos en la necesidad de extraer un grupo, aunque no cualquiera. Todo lo contrario, era imprescindible determinar los criterios para efectuar una adecuada selección, asumiendo que toda elección implica un proceso discriminatorio no exento de riesgos.

Criterios y justificación de la elección

A partir de la información recopilada, comenzamos un proceso de categorización para identificar los rasgos más destacados y significativos de un grupo de artistas, atendiendo a dos parámetros: por una parte, las referencias profesionales que permitan vincularlos a la docencia de Mestre, siempre considerando una dimensión que transcienda el solo hecho de asistir a sus clases. Por otra la solidez de su propia trayectoria profesional.

El ciclo expositivo del entorno de Mestre comenzó, como ya se ha visto, en 1979. La primera muestra realizada en Valencia abriría un recorrido que culminaría, para esta investigación, en la exposición colectiva realizada en Muel (2012), que posteriormente se trasladó a Valencia, siendo mostrada en el Museo Nacional de Cerámica y Artes Suntuarias «González Martí». Este recorrido

1 Parafraseando a María Zambrano, nos parece muy ilustrativa al respecto la siguiente cita acerca de la figura del maestro: «Él lo dijo. El entender eso que él dijo vendrá después o no vendrá nunca» (Zambrano, 2002: 255).

expositivo y los artistas presentes en las diferentes convocatorias fueron, cómo no, uno de los referentes principales para efectuar la selección aunque, como comprobaremos, no el único.

Aquella exposición inaugural del año 1979, como la mayor parte de las realizadas durante el primer periodo, fue resultado de la decisión de unos compañeros de aula que se organizaron para exponer en grupo al inicio de su contacto con la cerámica. Más tarde, con el paso del tiempo, cada uno de esos mismos participantes tomaría una trayectoria divergente[2]. En este punto, en primer lugar, consideramos pertinente incluir a dos de los participantes: Teresa Aparicio y Xoan Viqueira, artistas de trayectoria continua y lineal. La razón es que ambos iniciaron su andadura en esta primera muestra y han continuado estando presentes, décadas más tarde, hasta las últimas exposiciones de Muel (2012) y Valencia (2014), siendo estas últimas exposiciones[3], ahora sí, fruto de la selección realizada por Alberto Andrés.

En segundo lugar, justificamos la inclusión de tres artistas, en su momento miembros del colectivo Atmósfera Reductora y participantes, por tanto, de todas las actividades del grupo. La primera de ellas es Amparo Boluda, cuya vinculación en todas las exposiciones de las primeras etapas de actividad del entorno de Mestre, así como el desarrollo posterior de su trabajo, justificaron la decisión de incluirla en esta investigación. Un caso análogo es el de Ángeles Roca que, además, cumple otro requisito de gran valor dentro de los hechos investigados, como es el haber formado parte del equipo docente que trabajó con Mestre en la escuela. Del mismo modo, se incluye en la selección a Bosco Pérez. Este artista también inició su trayectoria en el entorno de Mestre ligado al colectivo mencionado pero, después de la disolución del grupo, prosiguió su actividad de forma independiente hasta su fallecimiento en 1997.

En tercer lugar, otro precedente estimado fue la exposición celebrada con motivo del Congreso Internacional de Cerámica en 1986, ya destacada con anterioridad. Aunque en los créditos de dicha exposición no consta quién realizó la elección de los artistas participantes, de la lectura de los textos de presentación se deduce que hubo un proceso selectivo, como no podía ser de otro modo, dadas las características de la muestra descrita en el capítulo anterior. Los artistas escogidos para la ocasión eran, a juicio de los organizadores y en palabras de Mestre, la representación de una deseada renovación hacia lenguajes contemporáneos de la cerámica:

> [...] s´ha procurat que hi estigueren presents totes aquelles persones, el treball dels cuals s'orienta cap actituds renovadores, pensant també en les possibilitats de futur d'algunes d'elles (Mestre, 1986: 3).

Entre los participantes en esta exposición incluidos en la presente investigación, destacan los nombres de Carmen Ballester Remolar, Esperanza Fontecha, Teresa Guerrero, Marisa Herrón, Carmen Sánchez Oroquieta y Mercedes Sebastián.

En cuarto lugar, se consideró una significativa exposición de cerámica realizada en Valencia durante el año 2000, titulada «Cerámica fin de siglo». En esta ocasión, el profesor Román de la Calle, junto con Josep Pérez Camps[4], mostraron la obra de una selección de artistas valencianos que se habían acercado a la cerámica desde diferentes perspectivas pero, sin duda, conscientes de que se movían entre «el pronóstico y la retrospectiva» (De la Calle, 2000:19). El denominador común que sirvió como requisito previo de selección en dicha exposición fue el hecho de trabajar el material cerámico. Entre los participantes que cumplían esta premisa encontramos a autores de la plástica

2 Las cuales no siempre entrarán dentro de los intereses de esta investigación.

3 Queda incluida en el capítulo precedente, dedicado a las actividades del entorno de Mestre.

4 Director del Museo de Cerámica de Manises que actuó como adjunto al comisariado.

valenciana, no necesariamente ceramistas, pero que utilizaron este material en su trabajo. Este es el caso de Carmen Calvo o Evaristo Navarro, junto a un elenco de artistas que, por el contrario, sí se expresan habitualmente con la cerámica. La selección realizada para esta exposición resultó de suma importancia por ser fruto de la voluntad de «[...] interpretar, enjuiciar, pronosticar» (De la Calle, 2000: 15). Este significativo valor referencial condicionó la decisión de considerarla como referente, a pesar de no estar incluida en la investigación dentro de las actividades del entorno de Mestre. Otro argumento de peso que justificó dicha decisión fue que, efectivamente, la muestra no respondía a una selección específica de alumnos de Mestre, pero por el contrario, la participación de estos fue cuantitativamente significativa. Consideramos que dicha circunstancia muestra el pulso de los flujos profesionales dentro del espacio que conforma nuestro marco teórico de la investigación[5]. Asimismo, también cabe dejar constancia de que la selección de los y las artistas respondió, según explica el comisario de esta exposición, a una voluntad muy consciente de hacer balance de las últimas décadas. No obstante, también reconoce el profesor De la Calle «[...] una cuidada selección de preferencias, sin duda subjetivas» (De la Calle,2000:15).

A partir del citado precedente y del resto de la información disponible, coincidimos con el criterio de discriminación que se llevó a cabo con motivo de «Cerámica fin de siglo», al privilegiar la selección de Carmen Ballester, Marisa Herrón, Xavier Monsalvatje, Anna Pastor, Presentación Rico, Pablo Ruiz, Carmen Sánchez y Mercedes Sebastián.

En última instancia, se han estudiado los artistas seleccionados para la exposición más reciente realizada hasta el momento. Nos referimos a la celebrada en Muel, que se inauguró el 21 de octubre del 2012 bajo la denominación de «Maestros de la cerámica y sus escuelas»[6]. La característica diferenciadora de la presente selección ha consistido en agrupar alumnos y alumnas de Mestre pertenecientes a distintas generaciones. En este sentido, se ha agrupado una nómina de 18 artistas seleccionada por el ya citado comisario Alberto Andrés. De esta última iniciativa ya se han nombrado algunos de los seleccionados, por ser también integrantes de otras exposiciones. De los no nombrados con anterioridad, quedan incluidos en esta selección Bibiana Martínez, Carmen Marcos, Concha Regne, Juan Luis Tortosa, Juan Ortí, Miriam Jiménez, Pablo Ruiz García y Su–Pi Hsu.

De los autores incluidos en la investigación, en base a otras selecciones precedentes, encontramos fuera de todos los antecedentes estudiados a la alumna Encarna Monteagudo. A pesar de no haber participado en ninguna de las actividades descritas, estimamos justificada la decisión de incorporarla a nuestro análisis, dada la innegable sintonía que existe entre la obra de Mestre y la de esta otra artista. Además, Monteagudo es autora de la tesis doctoral *La obra artística de Enrique Mestre (1965–1985),* que ha constituido un punto de referencia capital para nuestro estudio.

A pesar de los criterios aplicados en la selección, debemos admitir un cierto grado de subjetividad propio de las técnicas de investigación cualitativas, dado que todo proceso de elección implica siempre una clasificación aleatoria y jerárquica. Por este motivo, no podemos dejar de reconocer la certeza de poder estar omitiendo presencias importantes. Con todo, este margen de parcialidad se ha intentado cubrir como ya hemos visto, con el análisis de otras selecciones precedentes que también aportan datos sobre la trayectoria y el reconocimiento de estos alumnos seleccionados

5 De los 16 artistas participantes, nueve de ellos estudiaron cerámica en la Escuela de Valencia. Respecto al resto, tres de ellos eran ya figuras consagradas de la cerámica y pertenecientes a generaciones precursoras; nos referimos al propio Mestre, Arcadio Blasco (1928–2013) y Manolo Safont (1928–2005). Solo de uno de los participantes podemos leer en el currículum que se formó en la Escuela de Cerámica de Manises. Por último, los tres participantes que restan no dejan constancia de cuál fue su aprendizaje respecto de la cerámica, señalando los tres su licenciatura en Bellas Artes.

6 Como se ha señalado, esta misma exposición se trasladó posteriormente a Valencia (2014).

Dicho esto, procederemos a situarnos ante la obra de cada artista con la intención de valorar, si fuera el caso, el peso que dicha obra adquiere en el contexto de esta investigación, atendiendo a sus claves formales estéticas o a su contenido. En relación a tal cuestión también venimos pronunciándonos a lo largo del presente texto, puesto que resulta ser muy complejo para el espectador entender la relación entre algunos de los artistas seleccionados y la obra de Mestre. Al respecto, no escapa a nadie que encontramos, en primera instancia, a artistas que en su trabajo reflejan una clarísima influencia de los códigos expresivos de la obra de Mestre, mientras que por el contrario, en otros advertimos lenguajes que nada tienen que ver con la producción del maestro. Entre un extremo y otro se presenta un gran número de matices que se prestan a la posible evaluación. En este sentido la mayor dificultad que podría encontrar el espectador neófito, que contempla objetos sin ningún referente, sería la inevitable circunstancia de tener en el enfoque solo una sección temporal de la obra de los y las artistas que conoce, cuando por el contrario estamos hablando de trayectorias profesionales de más de 30 años en el caso de algunos de ellos.

Efectivamente, cuando en los inicios del trabajo se empezó a considerar el proyecto, fue necesario superar muchos comentarios desalentadores. Pero, también hay que decirlo, hubo algunos otros que, aun siendo los menos, resultaron determinantes al estimar el interés del tema planteado y estimular el desarrollo de la investigación. Traemos esta cuestión a colación para explicar que, en un principio, la mayor dificultad consistía en justificar por qué los llamados «alumnos de Mestre» se consideraban tales alumnos, y así lo expusimos en el planteamiento inicial. Hoy, tres años después, hemos encontrado textos recientemente publicados que han contribuido a respaldar este estudio que ya han quedado reflejados y transcritos en textos precedentes[7]. En ellos hemos visto reflejada la misma orientación que defendemos en esta monografía, esto es, la dimensión que hace diferente la docencia de Mestre consistente en la *paideia* que impregna su magisterio.

Una vez formuladas algunas de las complejidades de la cuestión que abordamos, y para finalizar los criterios de selección, parece que cabría concluir que todos los seleccionados podrían ser llamados «alumnos de Mestre» y, por ende, los no presentes quedan fuera de esta categoría. Hay que aclarar que nada está más lejos de nuestra intención, ya que no consideramos adecuado, a rigor, cerrar una lista. Nadie puede limitar dónde se extiende la influencia de un artista, nadie puede valorar los encuentros en cursos, conferencias y exposiciones, nadie puede determinar la dimensión de *paideia* cuando se extiende por medio de la comunicación plástica y visual. Por tanto, y ante la necesidad de formular un procedimiento que responda a unos mínimos de coherencia, diremos que, sencillamente, hemos aplicado un lógico proceso de decantación. Para ello hemos considerado todas las actividades del entorno de Mestre que se han explicado y documentado con suficiencia en el transcurso de la investigación y que se han refrendado, en el estudio de los precedentes citados, en el punto anterior. Dicha recapitulación ha dado como resultado la nómina de artistas que a continuación presentamos, siendo conscientes de que cualquier decisión en esta materia resultará siempre controvertida.

Los alumnos de Mestre

Ante la labor de abordar individualmente a cada uno de los artistas seleccionados, es conveniente hacer algunas advertencias. En primer lugar, en lo referente a la manera de presentar a cada uno de los artistas podremos observar que no todos los comentarios muestran la misma extensión ni profundidad analítica, que estarán supeditadas al carácter de la información aportada. La razón estriba en que no

7 Suárez, 2014 o Infocerámica.com (2011)

partimos de una *tabula rasa,* sino que el análisis se hace a partir de lo que se conoce y lo que se ignora. Y no podemos perder de vista que, aun habiendo hablado con todos y cada uno de los seleccionados, no todas las entrevistas han discurrido del mismo modo[8]. Por otra parte, estamos considerando un largo periodo de docencia; por tanto, la proyección profesional de los artistas no puede ser la misma; hay artistas que han iniciado su carrera en generaciones más jóvenes y por ello, estos últimos presentan una trayectoria menos dilatada en el tiempo, circunstancia que sitúa la perspectiva de análisis en un plano más corto, que tiene su correspondencia en el texto que se les dedica. Por último, la exposición de los artistas seleccionados se ha realizado siguiendo un criterio de orden generacional, de tal modo que se han tenido en cuenta los años en que los alumnos asistieron como estudiantes a la Escuela de Valencia, matriculándose en Cerámica y cursando los estudios correspondientes.

En un principio, todo apuntaba a que se procedería a clasificar la obra de los artistas partiendo de la mayor relación que mantuvieran con la obra de Mestre, hasta llegar a las obras cuyos lenguajes se alejaran más de los del maestro. Esta idea organizativa se mantuvo con constancia y, de hecho, se estuvo trabajando en este sentido. Ya se había procedido a redactar los contenidos sujetos al orden que nos proponíamos, justificándolos y argumentándolos, pero cuando pretendimos utilizar dicho sistema de organización, no habíamos apreciado que esta era una lectura desde la obra y enfocando un periodo. Por el contrario, el desarrollo de la presente investigación había discurrido desde una perspectiva en el tiempo que suponía evolución y cambio: cambio generacional en los alumnos, cambios históricos en el ámbito sociocultural y, cómo no, evolución personal en el propio Mestre y en las circunstancias de su contexto. Es más, nos dimos cuenta de que este carácter de transformación quedaba reflejado en la obra de los alumnos, tal y como se ha argumentado en los capítulos que preceden. Por todo ello, se decidió que la exposición cronológica o generacional de los autores sería la pauta más coherente para ordenar los contenidos en este capítulo, por ser la más idónea para presentar el recorrido de cada artista.

Artistas seleccionados

Esperanza Fontecha Martínez (Deusto, 1946)

Esperanza Fontecha Martínez asistió a las clases de Enrique Mestre desde 1971 hasta 1974. Por este motivo, pertenece al primer grupo de alumnos que recibieron la docencia de Mestre quien, como ya hemos señalado, se incorporó como profesor en 1969.

Con anterioridad, Fontecha había cursado la especialidad de Escultura en la Facultad de Bellas Artes de San Carlos (Valencia) de 1965 a 1970.

Enrique Mestre define la personalidad de la artista en la presentación escrita para la exposición que Esperanza Fontecha realizó en el Museo Nacional de Cerámica y Artes Suntuarias «González Martí» el año 1990:

> De aspecto frágil, mirada profunda y una sensibilidad para lo estético que la desborda, ha nacido para ser artista. Es indiferente que modele, pinte o haga cerámica, cualquier tipo de obra que realice aun-

8 De la nómina de los y las artistas seleccionados, 11 de ellos fueron entrevistados y posteriormente las entrevistas fueron literalmente transcritas, resultando con ello un documento de capital importancia para la investigación. En otros casos las entrevistas se realizaron mediante intercambio de correos electrónicos, quedando constancia literal de los datos, estas entrevistas son más cortas y menos espontáneas. En otros casos, la información se ha obtenido mediante alguna conversación puntual y se ha procedido haciendo las pertinentes anotaciones en el cuaderno de campo.

> que sea el más pequeño esbozo, llevará la impronta terminante de lo plástico. Toda su vida está orientada hacia el arte, trabajo, lecturas, cine, viajes… hasta los objetos encontrados conforman en el piso que le sirve de estudio, una galería de seres inanimados que nos hablan silenciosamente de la multiplicidad de sus preocupaciones estéticas.

Pese a los referentes naturalistas de Fontecha, su obra coincide con Mestre en el rigor extremo que los dos ponen al servicio de los diferentes lenguajes. Expresión que en Fontecha responde a minuciosos procesos analíticos sobre formas presentes en la naturaleza, de los cuales obtiene esculturas de un cuidadoso rigor formal y un gran sentido poético, expresadas a través de una elaborada síntesis que las acerca hacia la abstracción.

Además, como ya hemos referido en capítulos anteriores, la posición de Esperanza Fontecha como maestra de taller de cerámica entre 1982 y 1985 es representativa para nuestra investigación. Las propias declaraciones de la artista, realizadas en la ya citada publicación sobre cerámica valenciana de 1985, nos permiten ampliar la génesis de su obra:

> Inspirándome en las larvas, en las mariposas, en los escarabajos, saltamontes y gusanos, realicé una serie de formas cerámicas, pero últimamente estoy trabajando con temas vegetales. Me fascinan las plantas silvestres, etéreas; las semillas, los frutos menudos y secos de arbustos que desconozco […], no rechazo ningún lenguaje plástico. Esta actitud es una de las lecciones que da Enrique Mestre […]. Mestre ha roto los esquemas conservados hasta hoy; y a él se debe el movimiento ceramista actual en Valencia (Arazo, Jarque, 1985: 100).

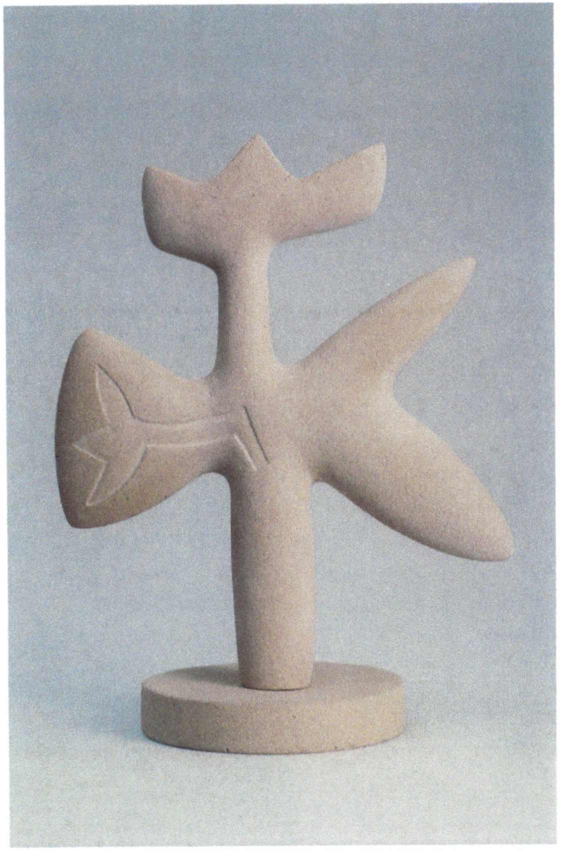

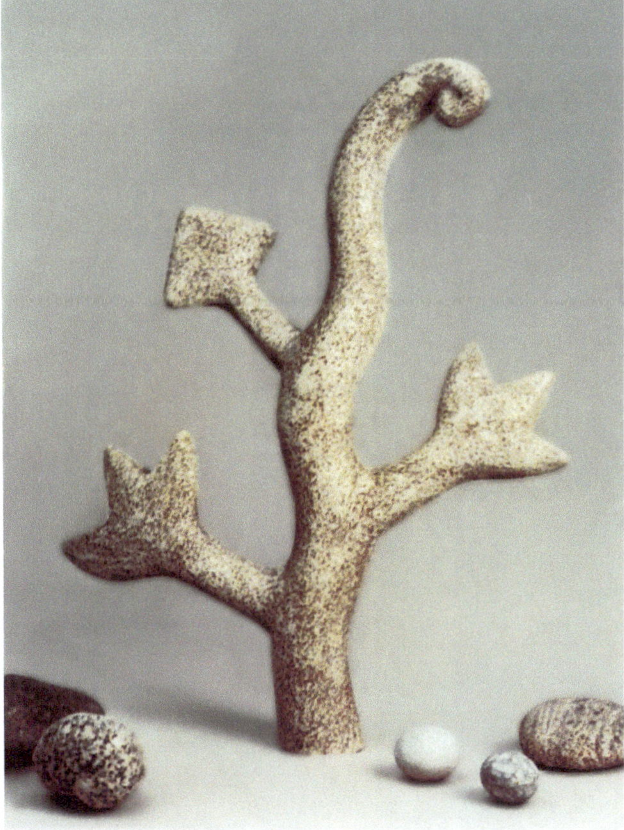

Figuras 31 y 32. Exposición de Esperanza Fonseca (1990). Museo Nacional de Cerámica «González Martí». Autor fotografías: Enrique Algarra.

Teresa Aparicio (Valencia, 1948)

> Estudié cerámica en la Escuela de Artes y Oficios de Valencia, en aquellos años en que la especialidad estaba en el edificio de Viveros y contaba con un aula única y un profesor único, Enric Mestre, y pienso que nos transmitió rigor, dignidad y amor por la cerámica (Ulpiano, Coll, 2010: 52).

Presente en aquella primera exposición de 1979, esta ceramista empezó su formación en el curso 1970–71 en la modalidad de Monográfico, para después incorporarse al Plan de 1963. Tal y como manifiesta en la entrevista realizada, pertenece a ese grupo de la primera etapa en la que el alumno, como se ha explicado, en algunos casos acudía a la escuela sin conocer la obra de Mestre:

> Vamos a ver, yo en un momento determinado tenía inquietud por hacer algo artístico, pero no sabía bien qué es lo que quería hacer. Y de repente, un día [...] lo cuento tal y como a mí me pasó [...] en el Círculo de la Prensa, en la calle Pintor Sorolla, había una salita y había una exposición de cerámica. Entré, la vi y, de repente, dije: ¡Ostras, esto está muy bien!. Era otra cosa y me gustó. Yo había hecho el ingreso en Artes y Oficios hacía mucho tiempo. Tenía mi carné, dijéramos, no me tenía que preocupar por hacer ningún ingreso y tal, y me fui a Artes y Oficios a matricularme de Cerámica, pero sin saber en absoluto que esa exposición del Círculo de la Prensa coincidía con aquel profesor que me iba a tocar, al que no conocía. Entonces me matriculo en cerámica y en vidrieras. Pero la primera clase, bueno, en el Monográfico, año 1970 (los monográficos que se hacían del Plan del 63), de siete a nueve de la noche, todo el mundo que quisiera ir, sin ninguna criba previa, sin nada. Me presenté allí, entré en la clase. Me encantó el primer día que fui a clase. Me olvidé de que me había matriculado de vidrieras, que nunca fui. Y pasado mucho tiempo me enteré de que ese señor, que se llamaba Enrique Mestre, que me estaba dando clases [sonríe], era el mismo de aquella exposición que a mí me había movido a decir: yo quiero hacer cerámica (Entrevista a Teresa Aparicio).

Ya en la Escuela, Teresa Aparicio encontró a un profesor, Mestre, que por aquel entonces contaba con 34 años y su incipiente carrera como artista plástico empezaba a dar frutos, aunque aún estaba muy lejos de los logros que vendrían. Tal vez por esa juventud del profesor es por lo que se empezaron a tejer complicidades amistosas que desembocaron en actividades fuera del aula, como fue el mítico viaje por Italia:

> Fue un viaje memorable [risa], que se fraguó en una reunión que se hizo. Acudieron alumnos de Bellas Artes al estudio de Mestre, a una visita. Y allí se fraguó un viaje, que la mitad de los que fueron de Bellas Artes no acudieron al viaje. Pero un grupo no muy grande, seríamos unas veinte personas como mucho, nos marchamos a Italia. Y un autobús, que tiene también su historia. Pero bueno, en principio, el tema era acudir a la Bienal de Faenza y a la Bienal de Venecia. Esos eran los objetivos de ese viaje. Claro, cogimos muy poco dinero (…) pues tienda de campaña. Básico, totalmente. Latas de atún y pan y tomate, no era para más. Y llegamos primero a Florencia. Lo importante del viaje es haber ido a ver exposiciones todos juntos, o casi todos juntos, en las que hablamos de cosas [...]. Después, se hablaba por las noches de qué habíamos visto: qué pasaba, qué había, qué ocurría. Había un viaje, un infraviaje, por debajo, por arriba. Incluso habían grupos: los casados, los solteros. Algo como muy especial. De ahí nos marchamos a Rímini. Bueno, primero fuimos a Pisa y a Siena. Un viaje precioso. Además lo pillamos en la víspera del Día del Palio y Siena fue maravillosa. O sea, es que yo creo que todo lo que veíamos era algo como de entre una nube. Y de ahí fuimos a Rímini porque Mestre había ido anteriormente en un viaje y había visto un museo africano. Entonces nos llevó para que viéramos ese museo africano que a él le había impresionado. Y la verdad es que fue un día precioso en la playa de Rímini. Después una exposición de escultura al aire libre en el castillo, el museo africano [...]. Bueno, precioso. Y al día siguiente fuimos a Faenza. Fue, como diría yo, una explosión de cerámica. Porque vimos la exposición de Carlos Zauli. A Mestre no le gusta Carlos Zauli. Es demasiado espontáneo: ¡Tot està trencat!" (Entrevista a Teresa Aparicio).

En la entrevista, observamos que Teresa Aparicio no hace demasiados comentarios sobre cómo posiciona su trabajo o la metodología empleada para trabajar respecto lo aprendido de Mestre. Tampoco habla de otras influencias ligadas a *paideia,* pero comenta:

> Vamos a ver [...] yo, por ejemplo, no tengo comparación con otro, que a lo mejor ahí hay [...]. Por el contacto tan directo, en muchísimas cosas, probablemente sí que sea especial. Ahora, a nivel de cerámica, yo no he ido con ningún otro profesor (Entrevista a Teresa Aparicio).

Pero no resulta nada difícil encontrar en la producción de la artista una vinculación con la obra de Mestre y, en consecuencia, observar mucha cercanía entre ambos lenguajes plásticos. De hecho, Teresa Aparicio siempre ha trabajado desde la cerámica; en ella busca la razón y el fin de su obra, en una resolución tal que se sumerge en los procesos cerámicos más puros para llegar a volúmenes geométricos cubiertos de exquisitos y elaborados esmaltes. Estas son las claves con las que constituye su trabajo. En su evolución, Aparicio partió de una etapa inicial que ella misma define como «primera serie de contenedores basados en formas antropomorfas», una segunda etapa de «abstracción: referente el agua», una época de porcelanas de la que forma parte *Sert–Tres* y, finalmente, la serie de «los caminos». A esta última pertenecen sus cuidados y elaborados esmaltes de alta temperatura que recubren formas que, con el tiempo, se han ido desplegando para ocupar el espacio. Es su obra más reciente, presentada en la exposición realizada en Muel (2012).

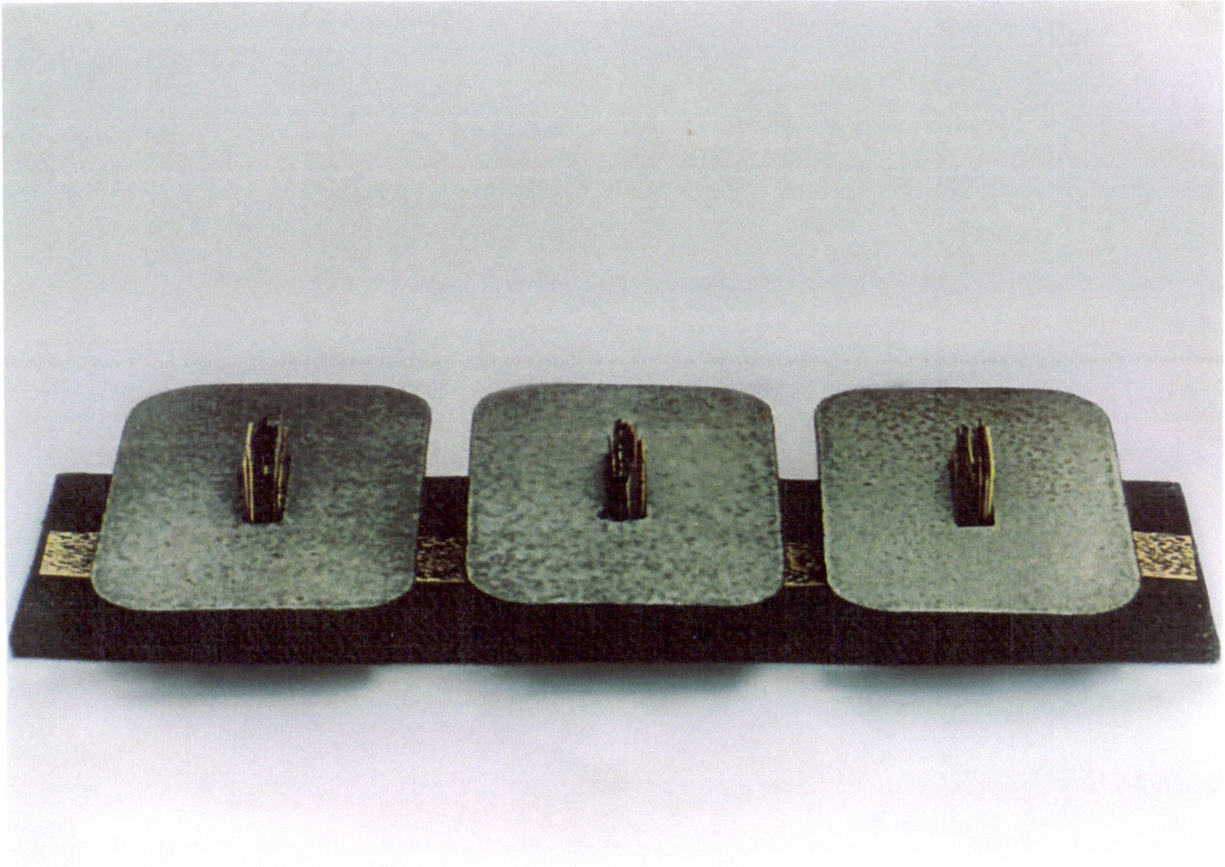

Figura 33. *Sert–Tres.* Porcelanas (2004). 60 x 30 x 9 cm. Imagen proporcionada por la artista.

Refiriéndose a esta serie, Rosa M. Ulpiano escribe:

> Formas puras que inducen a la meditación, y cuya estética conceptual busca la máxima expresividad —sin expresionismo— a través del objeto puro. Principios básicos que retoma Aparicio mediante la esencialidad del material con el que participa en la forma simple (Ulpiano, Coll, 2010: 72).

No cabría más certeza en las palabras de Ulpiano para entroncar el trabajo de Teresa Aparicio con el de Mestre.

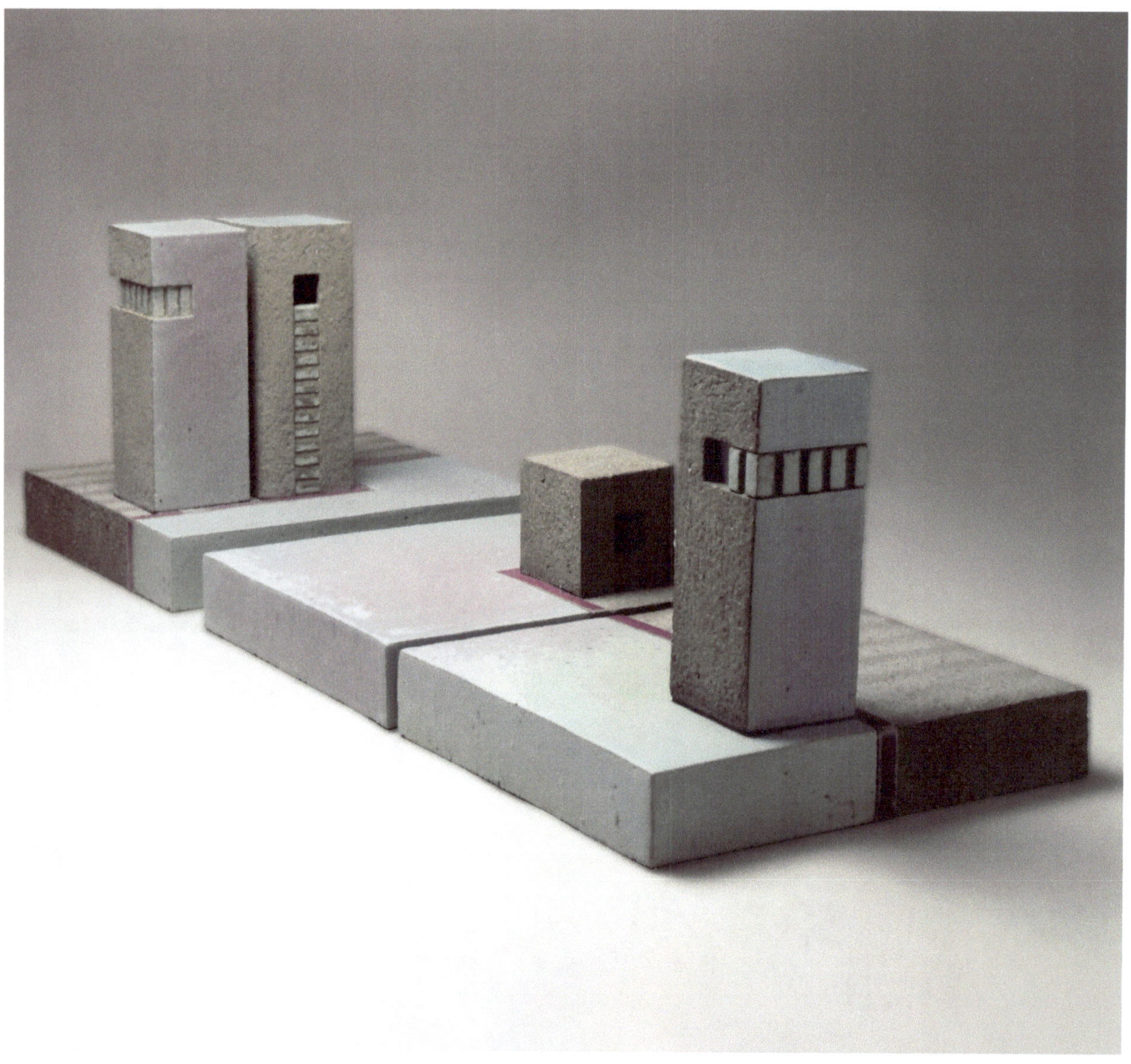

Figura 34. *Tonos y Pausas*. Gres y esmaltes de alta temperatura. 86 x 28 x 23 cm. Catálogo de la exposición «Dos culturas, dos maestros y su legado» (2010).

Marisa Herrón (Cisneros, Palencia, 1944)

Marisa Herrón asistió a los cursos monográficos de la primera etapa, desde 1970 hasta 1974. Desde la observación de su recorrido expositivo, podemos organizar su trabajo en tres grupos que se suceden en una ordenada y reflexiva evolución.

En una primera instancia, Marisa Herrón trabajó con el torno, herramienta que es, en su caso, un recurso expresivo. Así lo refiere Francisco Sebastián Nicolau en la presentación del catálogo para la exposición que realizó la artista en 1986, en la sala Adama (Madrid):

> La industria, que acabará poco a poco con la mayoría de los lenguajes plásticos artesanales, no solo no pudo hacerlo con la cerámica, sino que lejos de ello, y precisamente por sus motivaciones de producción utilitaria, dejó un camino libre de ataduras y sumisiones a la *utilización* del objeto, en el que desarrollar al máximo su carácter expresivo sin condicionantes ajenos a los de su técnica (Sebastián Rodríguez, 1982).

La evolución de la artista nos conduce a la obra presentada en 1991. En esta nueva etapa, Herrón se presenta constructiva y sintética, contundente y rigurosa, en la serie que más se acerca a los lenguajes plásticos del que fuera su profesor, Enrique Mestre, del cual afirma:

> Creo que influyó mucho tener a Mestre como profesor, contagia seguridad y ha conseguido revalorizar la cerámica, a nivel de plástica (Arazo, Jarque, 1985: 104).

Juan Ángel Blasco Carrascosa, haciendo referencia a esta exposición presentada por Herrón en la galería Luis Adelantado de Valencia, escribió en 1991:

> Trasunto de una identificación entre lo personal, lo privado y lo emocional, el tránsito que Marisa Herrón lleva a cabo desde el sujeto al objeto porta implícito el sello del rigor. Inflexible reto personal en la aspiración a materializar el vínculo preciso entre lo interior y lo exterior, entre la sensación vivida y la imagen fáctica de ella surgida.

Por último, la obra de Marisa Herrón encontrará en el empleo de nuevos materiales la renovada génesis de su trabajo. Sin abandonar los presupuestos formales de la anterior serie, introducirá por este medio unos contenidos líricos, incluso de expresividad matérica antes no existente, como también concesiones esteticistas antes no manifestadas. De esta última serie que cometamos se exhibió una muestra en la Sala Nadir de Valencia, que fue inaugurada el 18 de diciembre de 2000. La presentación del catálogo publicado para esta ocasión la escribió el profesor Román de la Calle, que entre otras cosas, dijo:

> Las sugerentes imágenes de Marisa Herrón son otras tantas representaciones de un mundo estrictamente particular e intimista [...], apunta a la estricta recuperación de aquellos procesos naturales, que rigen y normalizan las leyes de las relaciones entre la forma y la resistencia de la materia (De la Calle, 2000).

Este recorrido a través de la sólida evolución que presenta la obra de Herrón durante los años que se han documentado, nos proporciona información suficiente respecto al acercamiento que desde las claves expresivas encontramos entre la obra de Mestre y la de Herrón.

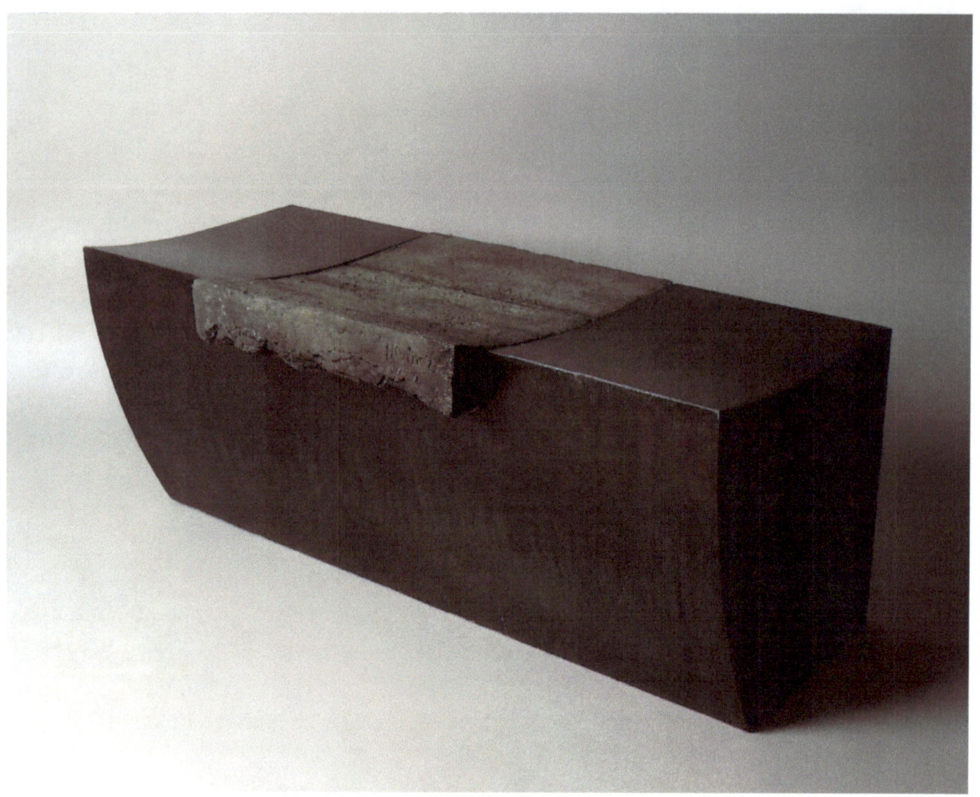

Figura 35. *Barreras II.* Hierro y refractario 50 x 120 x 53 cm. Catálogo de la exposición realizada en la galería Luis Adelantado (1991).

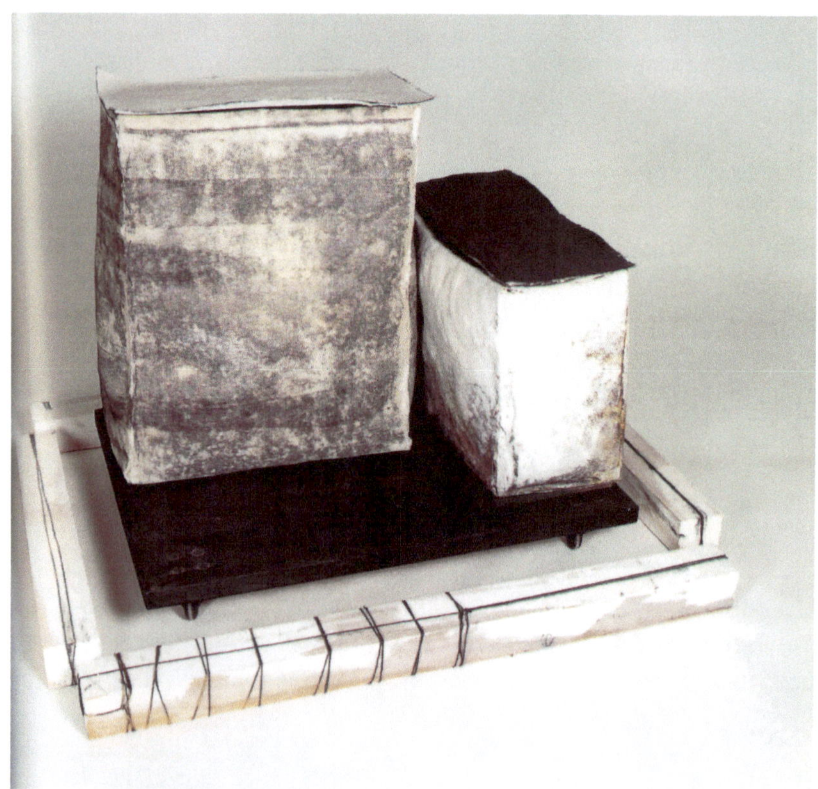

Figura 36. S/T. Gres blanco con tela metalica y madera. 73 x 91 x 104 cm. Catálogo de la exposición «Cerámica fin de siglo» (2000).

Ángeles Roca Bañuls (Xàtiva, 1953)

Roca sitúa el inicio de los estudios de cerámica en torno a 1971, tal como justifica en la entrevista realizada para esta investigación:

> Yo, antes de estar embarazada. Sí, yo tenía 18 años cuando entré en la Escuela [...] 18 o 19 años, cuando entré en la Escuela de Cerámica. Mucho tiempo, mucho tiempo estuve. Porque mientras trabajaba, iba, venía [...]. Era Monográfico. Cuando yo fui era Monográfico [...]. Cuando me matriculé, se podía hacer el monográfico y, entonces, yo estaba trabajando por interiorismo y acudiendo a las clases de monográfico y tal. Entonces alternaba e iba cuando quería. Entonces me matriculaba, consecutivamente, en monográficos, que estuve dos o tres años, hasta que el director (que entonces era Marcelino), me dijo que lo querían hacer especialidad y que querían quitar Monográfico y, cuando no tienes más narices, dije: «es que no sé si voy a poder asistir». Y dijo: «Pero eso es lo de menos, pero tienes que matricularte». Y entonces me matriculé de oficial. Y mientras tanto, formé una familia, tuve una hija, etc., etc. Total, que hasta que yo no parí a mi hija, yo no hice la reválida. Estuve diez años, por lo menos. Hasta los veintiocho. Diez años en el taller [...]. Vale, en el momento que yo era alumna, solo estaba, en principio, Enrique. Después entró Mercedes, pero Mercedes pura ayudante, tampoco se le permitía mucho más. Eso en el Monográfico. Y después ya, cuando la especialidad, en el Taller, Mercedes, pero yo Mercedes no la tuve como profesora nunca, ¿eh? (Entrevista a Ángeles Roca).

Ángeles Roca desplegó actividad expositiva como miembro del colectivo Atmósfera Reductora, desde los inicios de este grupo. Ya presente en la exposición «Panorama de la nueva cerámica valenciana» que se celebró en 1984 en Madrid, podemos seguir su evolución junto al grupo de artistas que compusieron dicho colectivo. En otro de los referentes ya citados con anterioridad, la entrevista que se publicó en marzo de 1986, incluida en el artículo que José V. Selma, encontramos una respuesta sobre la vinculación de la artista hacia la cerámica en el siguiente sentido:

> Es el medio de expresión con el que más me identifico, a través del cual puedo desarrollar mis inquietudes plásticas y formales. Las técnicas cerámicas que utilizo van siempre en función de las formas que pienso realizar y del acabado que estas me sugieran (Selma, 1986: 22).

Más tarde, en 1999, encontraremos a Ángeles Roca exponiendo en el Museo Nacional de Cerámica y Artes Suntuarias «González Martí» como alumna formada en la Escuela de Valencia. En cuanto a alumna de Mestre, Roca nos describe su relación con el maestro, tal como sigue:

> Las ideas no me las transmitió Enrique, ni mucho menos. Yo ya llevaba [...]. Venía de Interiorismo, tenía capacidad de espacio y sabía, más menos, en la cabeza, lo que yo tenía. Y no tiene nada que ver con lo estructural de Enrique, ni con la fuerza, ni demás. Sí que aprendí a manipular, porque no conocía los medios de construcción y, sobre todo, lo que más, el rigor. El rigor, que es lo que más me impuso este hombre, pero que no sé si es lo que mejor me ha ido, ese rigor, no creo que sea lo mejor [...]. No. Quizás por el nombre en la Escuela (porque yo estudiaba allí interiorismo y tal), y sí, lo había oído, pero como profesor de allí, no de fuera. Pero me resultó muy curioso porque, pues, no sé si había sido dos o tres años antes, había ido a la Feria de Cerámica —y tampoco sé por qué había ido a la Feria de la Cerámica, porque yo antes no tenía ningún tipo de relación con la cerámica— y vi una exposición, que no supe nunca de quién era. Era una cerámica que yo no conocía, un material que no me parecía cerámica, no eran azulejos [...]. Era otra cosa, era más bien escultura y tal, y me quedé con la copla. Dije: ¡Qué bonito es esto! Y ya, cuando con Mestre, lo conocí en el taller y tal, apareció por allí un catálogo donde vi la misma exposición que había visto y me di cuenta que era la misma persona. ¿O sea, que tú, lo que es la cerámica contemporánea, la descubriste viendo la obra de Mestre? [...] Aquí, sí. Prácticamente, sí.

Por otra parte, debemos vincular la trayectoria profesional de Roca al ya documentado dato de haber ejercido docencia en el equipo que trabajo con Mestre. Su incorporación en 1985 marcaría el inicio de una etapa que la ceramista nos ha comentado, con amplitud y claridad en la entrevista que se le realizó. Podemos ver que sus posicionamientos ante la obra, aquí explicados, completan el paisaje, respecto de la narración de su experiencia docente, y contribuyen a la información de cuáles fueron las características de los hechos investigados.

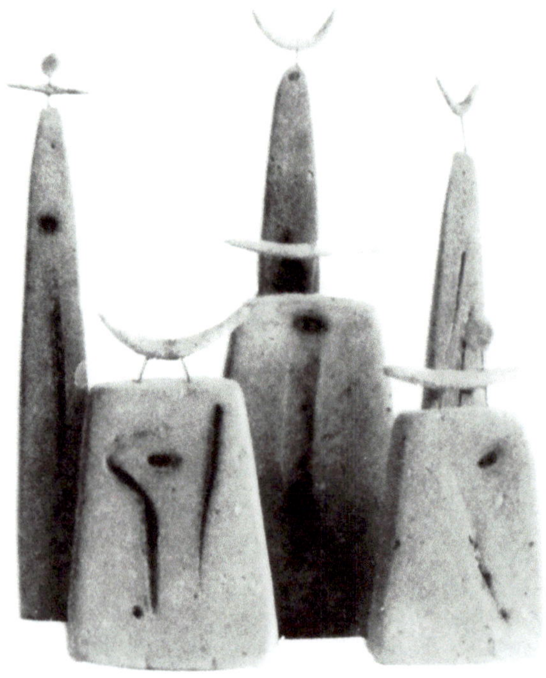

Figura 37. Imagen del catálogo publicado por el colectivo Atmósfera Reductora (1985)

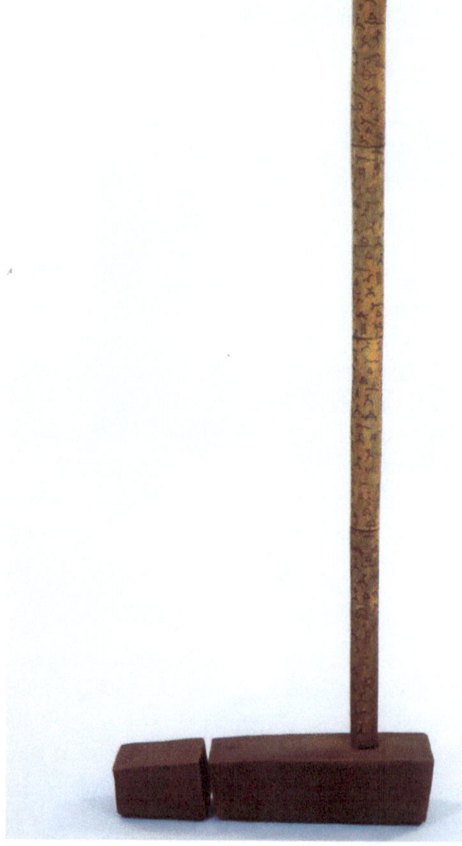

Figura 38. Exposición «Ceramistes formats a l'Escola d'Arts i Oficis de València» (Museo Nacional de Cerámica y Artes Suntuarias «González Martí», 1999)

Carmen Sánchez Oroquieta (San Sebastián, 1945)

Carmen Sánchez inició sus estudios de Cerámica en 1971 y permaneció varios años asistiendo a la modalidad de Monográficos al aula de Mestre, tal y como explica la propia artista durante su entrevista:

> Bueno, yo entré en el año 71 y entonces Mestre llevaba, creo que tres años dando clase. Y yo entré solo a los Monográficos. Íbamos por la tarde, dos horas. Y bueno, pues no tenía en aquel entonces yo una noción vaga de la cerámica. Empecé un poco por inquietud y me encontré con Mestre, que él le mete un gusanillo a la gente, te hace ver la cerámica y te hace amar la cerámica. Pero entonces yo no pensé ni en sacar titulación ni en nada, porque simplemente era como un aprendizaje directo y un aprendizaje en la práctica. Fundamentalmente, yo creo que lo bueno es que practicábamos desde un principio y hacíamos unos ejercicios base, que a algunos se nos atravesaban, otros más nos entusiasmábamos y de ahí cada uno empezaba a ver la influencia que él nos ejercía, evidentemente, con su forma de ver la cerámica. E intentando encontrar un espacio propio dentro de la cerámica, que es lo que, a lo largo de la vida, has tenido que ir desarrollando.

Las palabras de Carmen Sánchez transmiten con claridad el lugar donde ella misma se sitúa en relación a la figura de Mestre. Como vemos, alude a la búsqueda de un espacio propio y esa búsqueda, esa reivindicación, ha estado presente durante el paso del tiempo. Por este motivo se construye, paradójicamente, en la expresión del vínculo con la figura de Mestre. En otro momento de la entrevista, Carmen Sánchez expresa:

> Porque también he aprendido a liberar de que es una opinión más. De que si yo siento de otra manera, tengo que cumplir con lo que yo siento. Porque él lo ve de otra manera, pero [...]. Y eso, he conseguido liberarme, porque no es la última palabra, no es la verdad absoluta. Es su verdad. Pero claro, cada uno, en un momento dado necesitas ese elemento. Que a lo mejor dices: me está proporcionando una forma de ver o de sentir lo que yo hago

Desde nuestro punto de vista, en la referida actitud encontramos, parafraseando a María Zambrano, un lícito deseo, «[...] el apetito de existir afirmándose, el ansia de ser ante todo» (Zambrano, 2002: 256). Y es que Carmen Sánchez lucha por destilar una obra plástica que discurre tranquila y sin estridencias; sugiere, insinúa, se desliza sin apenas hacer ruido, insiste una y otra vez en las calidades sutiles que el material le aporta. E insiste, también, en permanecer como expresión de una personalidad, la de la artista, contenida pero profundamente apasionada; pasión que desliza en sus obras con la misma suavidad con la que contempla el constante devenir.

Su posición, centrada en el trabajo, coincide en esencia con la actitud que Mestre transmitió a sus alumnos y alumnas, como la manera adecuada de vivir el oficio. Asimismo, en cuanto la técnica, la artista trabajó sobre todo con el torno en una primera etapa. Utilizó con delicadeza el recurso expresivo de los materiales terrosos, óxidos y engobes, que le proporcionan la sutileza suficiente, la que ella desea para plasmar poéticas delicadas sobre formas de rotunda consistencia. Con el paso del tiempo, su discurso se ha desarrollado con seguridad, generando nuevas esculturas que guardan relación con el torno que dio origen a su obra, pero no con la vasija. De tal modo que ya no son contenedores, se han cerrado en formas sobre un eje central. En esta otra etapa, Carmen Sánchez deja de decorar la superficie y sus trabajos son silenciosos, se acercan hacia lenguajes más estrictos, en esa línea que siempre relacionamos con Mestre.

En sus últimos trabajos, Sánchez articula un incipiente discurso, conducente hacia una interesante evolución, que Rosa M. Ulpiano inscribe en lo que llama «línea de corte industrial», y apunta:

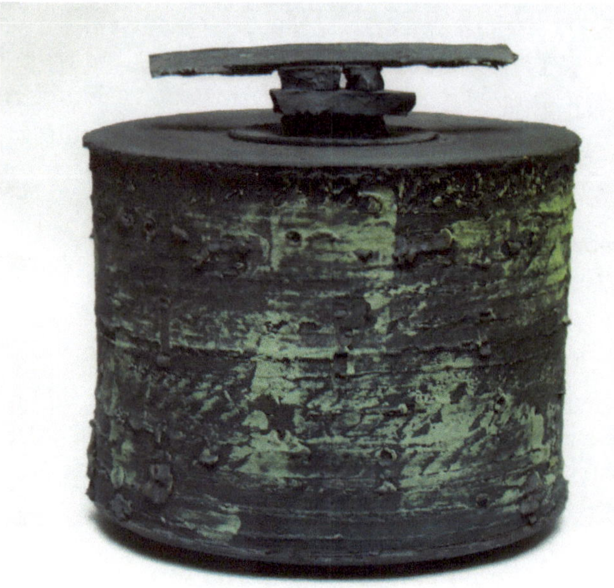

Figura 39. Surcos. Gres, engobes, óxidos y colorantes 38 x 41 cm. En *Revista Internacional Cerámica Keramos,* n.º 131.

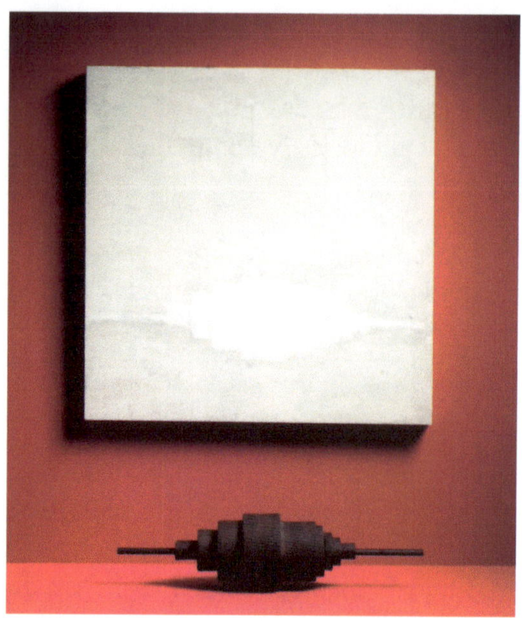

Figura 40. Diálogo de sombras (2010), expuesta en la exposición celebrada en Muel (2012). Fotografía: Carmen Sánchez.

> Presenta unas esquemáticas formas cilíndricas que dota de un personalísimo sentido poético mediante la volumetría y sus sorprendentes delimitaciones formales, que nos acera una concepción más mecánica (Ulpiano, Coll, 2010: 11).

Sin duda, Carmen Sánchez continúa buscando afirmarse en su discurso, puesto que «[...] la creatividad nos crea, es el propio esfuerzo, la propia voluntad de querer y poder hacer aquello que queremos, lo que nos hace crearnos a nosotros mismos» (Campos, 2006: 61).

Mercedes Sebastián Nicolau (Valencia, 1952)

Presente en la exposición «Panorama de la nueva cerámica valenciana 1984», realizada en la sala Adama de Madrid, la artista hizo constar en el cartel de presentación su primer contacto con la cerámica. En 1966 inicia estudios de cerámica en la Escuela de AA. OO. de Valencia, con José Faus.

Años más tarde, en 1973, Sebastián se incorporó a su puesto como maestra de taller de cerámica, formando parte del equipo docente que trabajó junto a Mestre. Fue en ese momento cuando se familiarizó con los presupuestos que dieron carácter al entorno y la docencia de Mestre. Como se deduce, la relación de Mercedes Sebastián con la docencia de Mestre no se dio en la condición de discente, sino todo lo contrario, como compañera de trabajo. A pesar de tal circunstancia, y por las razones descritas, tomaremos 1973 como referencia generacional.

Al preguntar a la artista respecto a la pertenencia al grupo de «alumnos de Mestre» esta explica:

> Tienes razón en que soy del entorno de Mestre y que su influencia, de un modo u otro, nos toca a todos, pero nunca fui su alumna, entendiendo que nunca estuve matriculada con él. Yo estudie Cerámica

> con José Faus en la antigua Escuela de Museo, es por eso que me contrataron como ayudante de Mestre años más tarde (Entrevista a Mercedes Sebastián).

Esta afirmación de la artista toma sentido cuando en su currículum observamos que la primera exposición colectiva en la que participó se celebró en 1980. Por una parte, este dato nos da noticia de que su trabajo personal empezó a mostrarse siete años después de entrar en contacto cercano con la influencia de Mestre y su entorno.

Por otra parte, si volvemos la mirada hacia la obra cerámica de Sebastián, observaremos un medido juego entre el rigor de las formas, generalmente geométricas, y la poesía vital y expresiva que transluce la obra, como no podría ser de otro modo tratándose de Sebastián. El resultado de esta suave tensión es un trabajo personal, cuyo devenir describe la ceramista:

> Esto sucede cuando el proceso de trabajo se aborda desde la aventura ante lo desconocido y extraordinario, ante el riesgo de equivocarse, ante la duda constante, la duda inherente al hecho creativo, al movimiento, al acto de elegir. El avance y el retroceso, la prueba y la comprobación, también la seguridad absoluta, (la creencia de la seguridad absoluta), en ocasiones oscilar entre opciones y elegir dejar el rastro de la búsqueda. La lucidez de no imponerse al color, al soporte, a la arcilla, al fuego, al juego. Encajar lo casual entre lo determinado haciendo determinantes gestos o resultados que no podrían producirse desde planteamientos rígidos. La idea y el proceso están prefijados, pero su recorrido y su conclusión, no. El camino marcado, pero las sendas y accidentes modifican y hasta cambian el rumbo, el interés está en partir hacia algún lugar, determinar el final del trayecto depende del trayecto mismo (Ibáñez, 2000: 309).

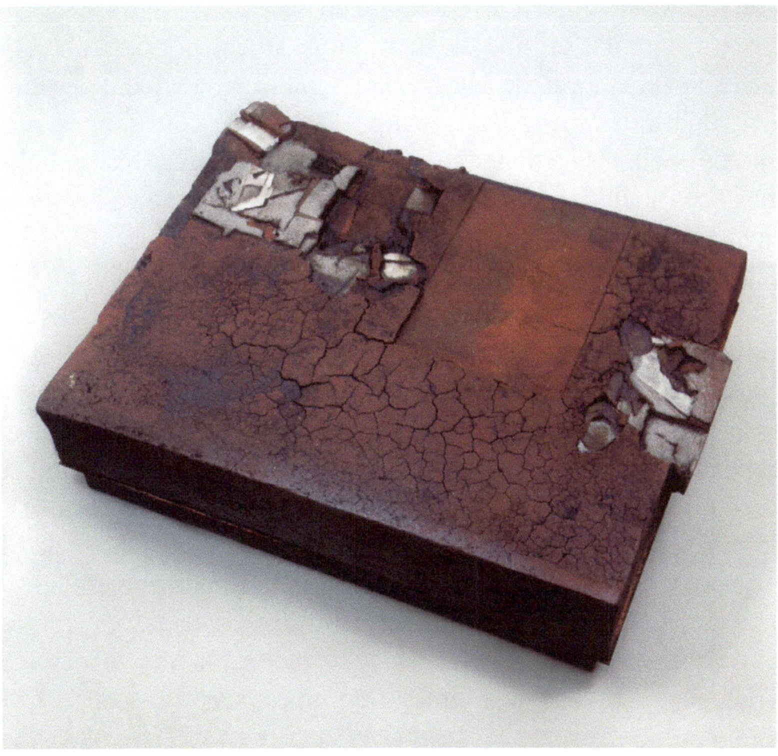

Figura 41. Exposición «Ceramistes formats a l'Escola d'Arts i Oficis de València» (1999)

Xohán Viqueira (La Coruña, 1952)

El currículum que Viqueira publicó en el catálogo de la exposición celebrada en Muel (2012), reza escuetamente:

> 2004. Licenciado en Bellas Artes. Facultad de Bellas Artes. Universidad Politécnica de Valencia.
> 1984 Graduado en Artes Aplicadas y Oficios Artísticos, especialidad Cerámica. Escuela de Artes y Oficios. Valencia.

Pero, sin embargo, esta escueta referencia no refleja el largo y variado recorrido de la formación de Viqueira, que obedece a un itinerario más complejo. En el currículum publicado, esta vez en el año 2000, Viqueira se sitúa durante 1968 en la Escuela de Artes y Oficios de La Coruña; en 1970 en la Escuela de Artes Aplicadas de Santiago, y en 1972 en la Escuela Superior de Bellas Artes de San Carlos de Valencia. Finalmente, nos conduce hasta 1973, cuando dice que cursó estudios en la Escuela de Artes Aplicadas y Oficios Artísticos de Valencia.

Desde esta fecha situamos a Xohán Viqueira inmerso en el entorno de Mestre. Por el contrario, en el camino recorrido por esta investigación, solo lo encontramos participando en aquella primera exposición de 1979 o en los relatos del mítico viaje a Italia ya descrito. La razón no es otra que el hecho de que el artista ha preferido desarrollar la que, por otra parte, es una sólida carrera, de forma independiente, exponiendo en ámbitos variados entre Galicia, Portugal y Valencia (en la mayoría de casos). En este sentido, lo volveremos a encontrar en 1999 como integrante de la exposición «Ceramistes formats a l'Escola d'Arts i Oficis de València» y, en 2012, también participó en la última exposición de Muel y su posterior repetición en Valencia.

En cualquier caso, nos parece pertinente aclarar que no cabe duda de la larga y profunda vinculación del ceramista con el entorno de Mestre. Del mismo modo que nos consta, también, que su taller siempre estuvo abierto para un *raku* o una paella, siendo considerado por el grupo, durante años, como un punto de encuentro a donde también asistía Enrique Mestre. Estas reuniones, supusieron una razón más de la socialización del grupo; socialización que ya hemos argumentado como factor que contribuyó a propiciar el particular ambiente en torno al círculo de Mestre que venimos abordamos en la esta investigación. También apuntaremos, para terminar, que Viqueira siempre se ha caracterizado por ser una persona de talante acogedor, que recibía con gusto en aquel momento a compañeros y amigos, según recuerdan algunos participantes.

Por otra parte, y siguiendo la trayectoria biográfica del artista, destacaremos que en 1985 Xohán Viqueira se presentó a la oposición convocada por la Conselleria Valenciana, con el fin de cubrir distintas plazas de maestros de taller de Cerámica en las escuelas de Valencia, Manises y Castellón de la Plana. Resultado de tales oposiciones, Viqueira aprobó y tomó la posesión de la plaza de maestro de taller en la especialidad de Torno que se convocó para la Escuela de Manises, ejerciendo así la docencia desde octubre de aquel mismo año de 1985 hasta la actualidad[9].

En otro orden de cosas, al analizar la obra del ceramista apreciamos que sus formas siempre presentan una abigarrada decoración de la superficie, resuelta con una vocación gráfica, que persistirá en la obra de Viqueira con el paso del tiempo. De esta constante presencia de lo gráfico, escribía Maite Larena Colom:

9 Estimamos que es muy probable, que Viqueira sea el único titulado en Cerámica por la Escuela de Artes Aplicadas de Valencia y alumno de Mestre que ocupa un puesto de trabajo en propiedad. En la misma convocatoria de oposición ganaron plaza Ángeles Roca para la Escuela de Valencia y Antonia Carbonell para la de Castellón.

> Sus esculturas, sus grafismos, tienen una constante: el hombre. Aparece figurado, abstracto, estilizado, o con grandes volúmenes o deformaciones. Esta presencia puede ser reflejo de su preocupación por comprenderlo, por acercarse a sus deseos, por aceptar sus conflictos. Su paisaje íntimo está poblado de figuras, donde la humana suele ser central. En ocasiones es solamente una silueta o una sombra. Figuras y fragilidad (Ibáñez, 2000: 1).

Al final del texto, Larena incluye unos comentarios del artista que nos ilustran su paso hacia lenguajes posteriores:

> En estos dos o tres últimos años evoluciona hacia una línea mucho más expresionista, con pinceladas y grafismos más sueltos, más profundos. Mi tendencia a simplificar y hacer rígidas las formas, desproporcionadas las cabezas y a liquidar casi todo detalle anatómico, me revelan que estoy en una etapa en la que he alcanzado experiencia en el manejo de la línea, y he decidido utilizarla libremente, como una nueva forma de expresionismo (Ibáñez, 2000: 1).

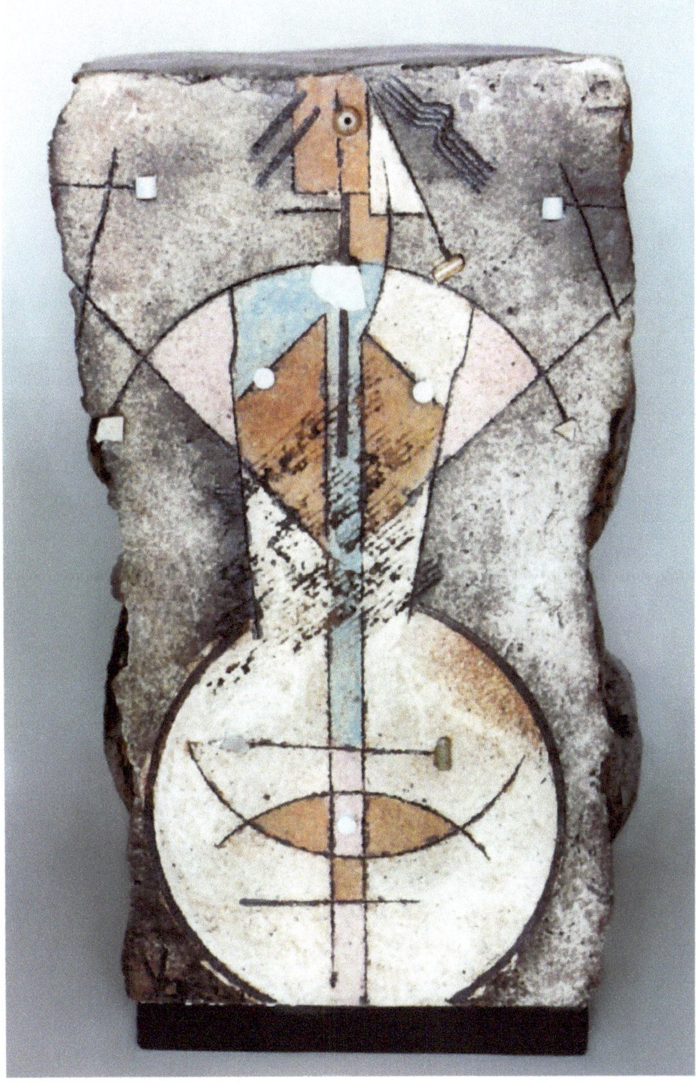

Figura 42. Imagen publicada en el catálogo de la exposición «El lenguaje de las piedras», celebrada en el Museo Nacional de Cerámica y Artes Suntuarias «González Martí» (1990)

De esta producción más reciente, fruto de la alegada evolución, Viqueira presentó varias obras en Muel (2012); una de ellas es la que puede apreciarse en la imagen precedente. En el catálogo de dicha exposición, Rosa Ulpiano escribirá respecto al carácter de la serie lo siguiente:

> Muestra un conjunto de obras realizadas en diversos materiales, como gres y engobes de porcelana, que maximizan la construcción y el ensamblaje, buscando un equilibrio y un lenguaje que sintetice el valor de la materia y la abstracción [...]. Destacan en la muestra la serie «Bloques» [...]. Esta serie de esculturas de suelo con formas rectangulares autónomas, traducen de igual manera un modelo de concepción característico de toda su obra: aquello que se basa en la transposición de parcelas modulares de espacios arquitectónicos (Ulpiano, 2011: 76).

En el extenso recorrido de la obra de Viqueira, no encontramos vinculación formal con la obra de Mestre; en este sentido y en conversación con el artista nos refiere que su vinculación a la cerámica tiene en Mestre el referente pero que en cuanto a su obra ha procurado romper posibles vínculos.

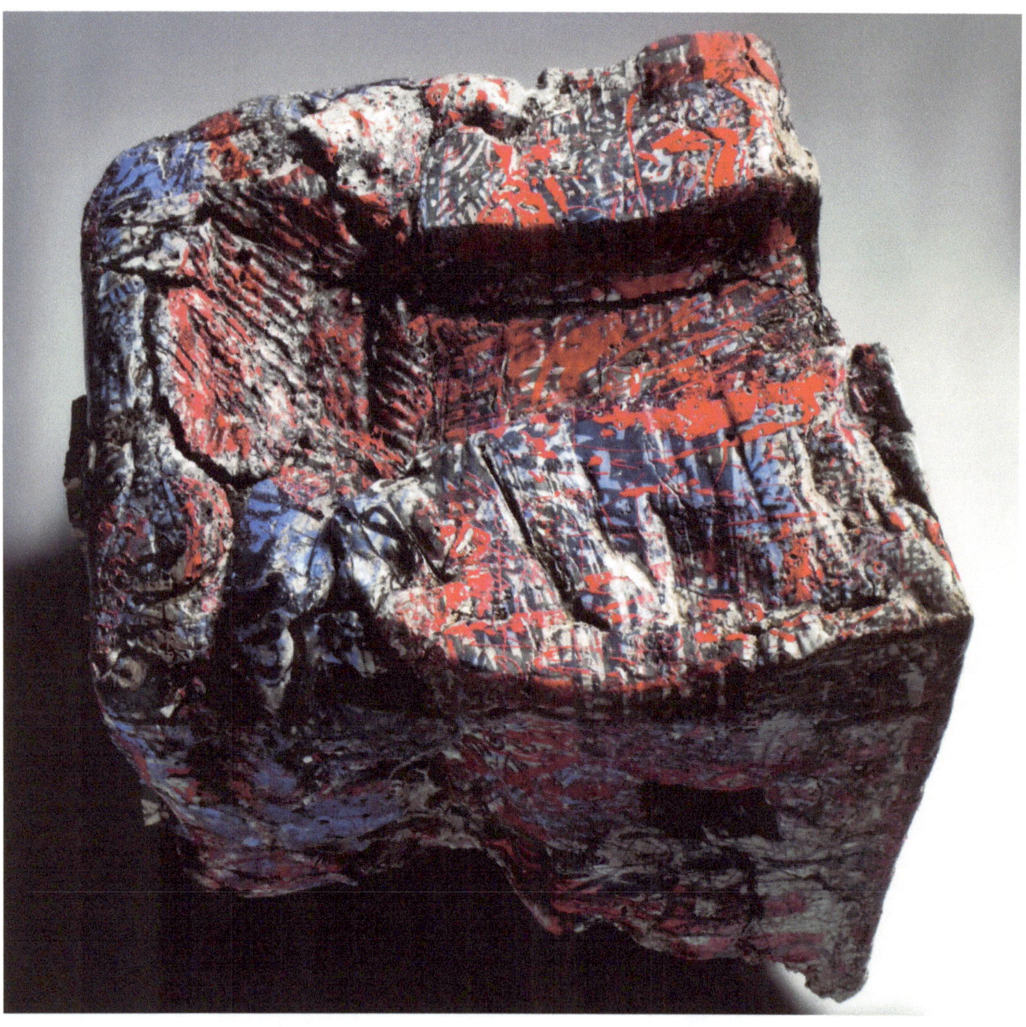

Figura 43. Escultura N004 (12/2011). 40 x 50 x 40 cm. Imagen publicada en el catálogo *Maestros de la cerámica y sus escuelas. Enric Mestre* (2012).

Amparo Boluda (Valencia, 1952)

Amparo Boluda se incorporó a los estudios de cerámica de la escuela de Valencia, bajo la modalidad de Monográficos, en 1975. Para documentar adecuadamente esta fecha —necesaria para situar a la artista generacionalmente—, se consultó a Boluda, quien nos confirmó: «no lo recuerdo muy bien, pero creo que me matriculé en el año 75, porque en el 76 fui a Sargadelos con Tere y Mestre». Este dato, una vez contrastado, resulta consistente.

La trayectoria artística de Boluda se inició con la primera exposición en la ya documentada Atifells, donde realizó su primera muestra individual en 1980. Con posterioridad, siguió toda la trayectoria del colectivo Atmósfera Reductora.

De la obra de Boluda destacamos la fuerte influencia de la intuición como recurso y génesis, de viva espontaneidad, no exenta de análisis ni de investigación técnica y formal. Tales características las encontramos refrendadas en el texto que la ceramista publicó con motivo de la exposición celebrada en el Jardí Botànic de la Universitat de València, en 2011. En dicho texto explica:

> Siempre he tenido como fuente de inspiración la naturaleza. Del mundo vegetal surgen las formas primigenias que me han sugerido las redes. La red es una metáfora de la sociedad, todo está interconectado (no hay progreso sin redes). En estos tiempos inciertos de globalización, de información rápida, hay una tendencia generalizada al pensamiento superficial y, en consecuencia, una pérdida de reflexión y de profundidad. En todo acto de pensar hay un proceso de selección, un filtro necesario para llegar a lo esencial. He aquí mi propuesta: el *Colador de ideas* (Boluda, 2011).

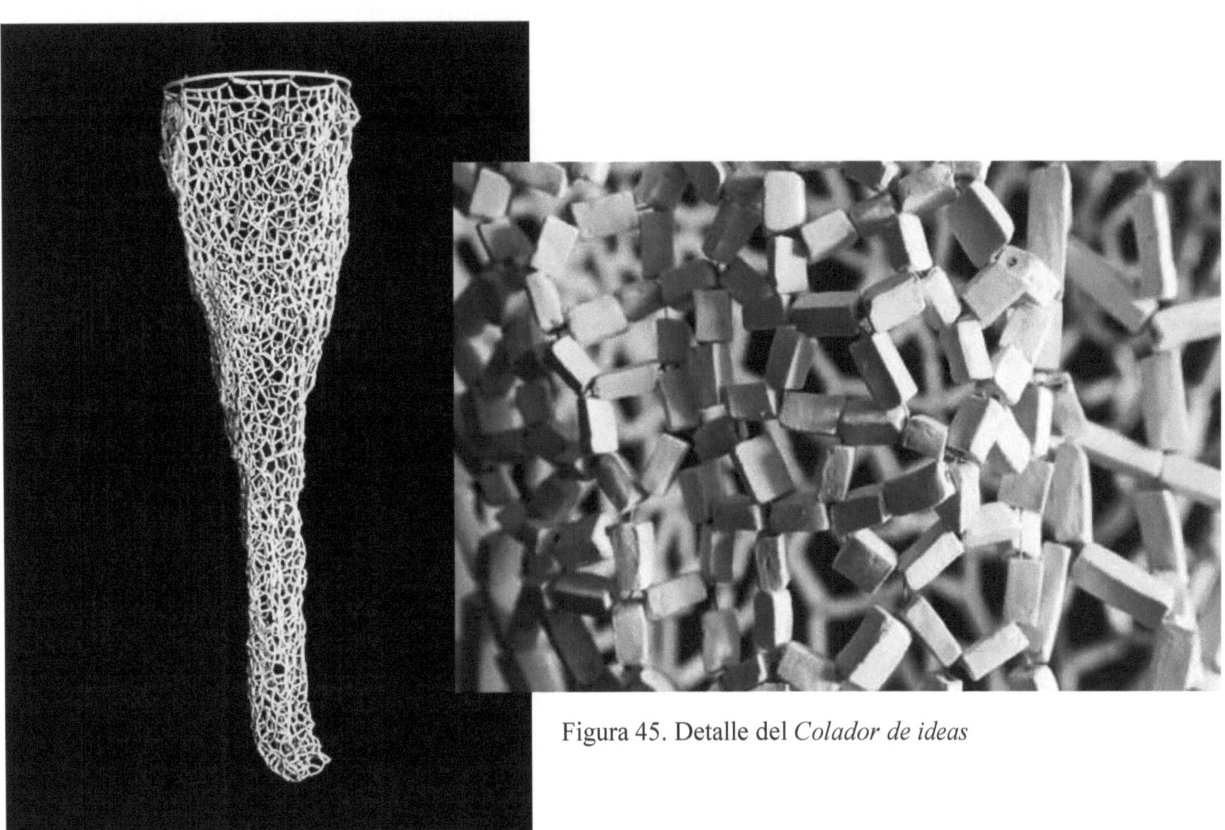

Figura 45. Detalle del *Colador de ideas*

Figura 44. *Colador de ideas*. Sin datos de material ni medidas. Imagen cedida por la artista (2011).

Carmen Ballester Remolar (Onda, Castellón, 1957)

Carmen Ballester comenzó sus estudios de cerámica el curso 1978–79, estando matriculada en el Plan del 63. Por tanto, fue miembro de aquella generación que estudió en la que se dio a conocer como Escuela de Viveros que era, en aquel entonces, sede central de la Escuela de Artes y Oficios de Valencia y en la que se encontraban ubicados los talleres de cerámica y todos los cursos en una misma aula. Los primeros años tras terminar sus estudios en la escuela, trabajó en un taller de Alboraia en el cual se instaló Amparo Boluda, formando parte del colectivo Atmósfera Reductora. Desde 1984 es maestra de taller de Cerámica en la Escuela de Talavera de la Reina.

Respecto de la relación con la figura del maestro, en Ballester es personalmente inequívoca. Así lo demuestra el siguiente testimonio, recogido en 1985 por María Ángeles Arazo:

> Siempre sigo un proceso de elaboración personal —declara—; las piezas son conclusiones de mi trabajo, aún corto de trayectoria en la densa materia que es la cerámica [...]. Nació en Onda y, después de estudiar Arte y Decoración y aprender «a ver las cosas de su entorno y valorarlas», se inició en la cerámica en AA. OO. Como alumna de Mestre, descubrió un campo nuevo, lleno de posibilidades y planteamientos plásticos, que a veces surgen por pura casualidad —dice—, aunque la mayoría a través de un proceso mental, transmitido primero a dibujos hasta verlo reflejado plásticamente, y con posterioridad al barro (Arazo,Jarque 1985: 107).

El texto nos da noticia de una clara nominación como alumna de Mestre, plenamente aceptada por ella misma, tal y como se desprende de sus propias palabras al inicio de esta reseña. También nos aporta una importante información sobre el método de trabajo. En la misma línea, y ya en boca de la propia artista, aportaremos el escrito publicado para el catálogo de la exposición celebrada en Valencia, «Dos culturas, dos maestros y su legado», en el que escribe Ballester:

> Un pensamiento que íntimamente me ha acompañado a lo largo de mi actividad creativa, tanto a nivel de obra personal como pedagógica, es el reconocimiento a Enric, por hacerme ver que la inspiración llega con el trabajo del día a día; que una obra no surge de forma casual y que las manos tienen que ir unidas al pensamiento, alimentándolo de informaciones técnicas, visuales y culturales, que filtradas, dejan aflorar nuestros sentimientos, logrando finalmente, transmitir una emoción (Ulpiano, Coll 2010: 24).

El citado texto constituye uno de los pocos referentes, encontrados hasta este momento, que ponen el acento en la influencia que el magisterio de Mestre ejerció en generaciones posteriores de docentes que han sido alumnos suyos.

En otro orden de cosas, respecto a la obra cerámica de Ballester, observamos que los primeros trabajos surgían de la fascinación por el material cerámico, las pastas y los engobes, de texturas terrosas sin esmaltes. Con estos lenguajes, se presentó en 1982 al concurso de cerámica de Manises, obteniendo el premio Gallego Vilar por su obra *Estratos*. Dicho trabajo podríamos hacerlo converger con el Mestre más matérico, puesto que además son coincidentes en el tiempo[10]. Ballester trabajó durante años dentro de este juego en el que las pastas coloreadas aportaban el carácter, investigando material y forma, hasta que su trayectoria interior le condujo hacia espacios de mayor austeridad. Tales son los lenguajes en los que se expresa la obra que Ballester presentó en la colectiva del 150 aniversario de la Escuela de Valencia, titulada «Ceramistes formats a l'Escola d'Arts i Oficis de València»

---

10 Nos remitimos a la obra presentada por Mestre, en mayo de 1981, en la galería Sastago de Zaragoza. De igual modo, también guarda relación con la presentada, en marzo de 1982, en la galería Sargadelos de Madrid.

La artista, con el tiempo, ha ido quemando etapas que le han conducido hacia el singular cosmos que envuelve en la actualidad su trabajo. Cada una de sus obras es el resultado de una actitud vital que madura serenamente todas y cada una de las propuestas que surgen de la contemplación de lo cotidiano, de aquellas cosas más humildes, las que Carmen más ama, como el trabajo de cualquier artesano escondido en un lugar perdido de los muchos que ha visitado: Japón, China, Corea, la India, México. En ellos, en su trabajo, en su forma de vida, en los objetos que salen de sus manos, encuentra la inspiración, cada vez más, buscando lo esencial. Esta búsqueda la ha conducido hacia una evolución que trasciende el objeto y lo integra en el espacio creado, ocupado, estudiado, intervenido para ser.

La artista nos da noticia de estas inquietudes en las que se mueve su obra actualmente:

> El juego, juega: moverse para mí es básico. Es el ir y venir entre espacios, gente, cultura. Trasiegos de una personalidad en continuo cambio, que necesita de otras personalidades para formar su propia individualidad (Ibáñez, 2000: 91).

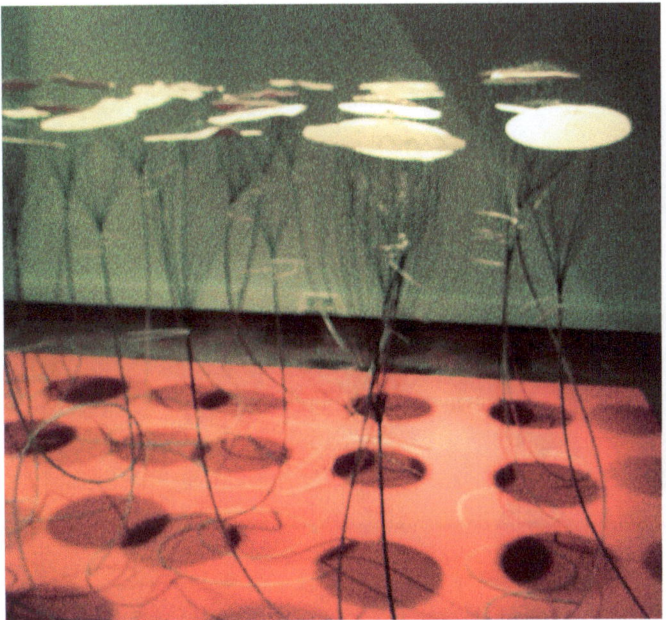

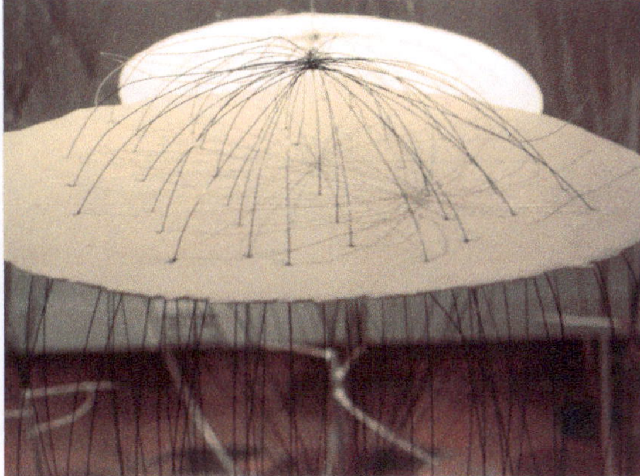

Figura 46. Obra presentada en la exposición realizada en la galería Sargadelos de Barcelona. Fotografías de la autora.

La relación de Ballester con Oriente y, sobre todo, con Japón, es un aspecto importante en su perfil. Ballester busca en Oriente las formas de hacer que se desprenden de su filosofía, de la poética, de lo sutil; la influencia oriental se hace sentir, no solo en su obra, sino también es su dedicación a la docencia y en su esfera más personal. Coincide en esto con un Mestre siempre fascinado por Japón y la exquisitez estética de sus expresiones. Así pues, ambos admiran el minucioso cuidado de los detalles que aún se pueden contemplar en aquel país, que guarda pequeños tesoros que reflejan la atención que aquella cultura pone en lo cotidiano. Para Mestre, Oriente (y más concretamente Japón) es un referente; para Ballester, un modo de hacer que integra en su trabajo.

Carmen Ballester siempre fue ajena al ejercicio sin fin de la destreza técnica. Si bien en sus primeros trabajos comenzó investigando los recursos expresivos del material cerámico, la forma y su inclusión en el espacio, con el tiempo ha evolucionado hacia una mayor interacción con ese espacio. De tal modo que su obra ya no es un objeto presentado sobre un pedestal, como tal objeto significativo. Ahora, por el contrario, es un constante diálogo entre materia y espacio que interaccionan construyéndose, otorgándose significados. La autora de estos diálogos incluye en su obra diferentes materiales a los que recurre para comunicar ese respeto por lo más elemental y, a pesar de estar abierta al juego, no se pierde nunca en lo banal. Es, sin duda, en la búsqueda de lo esencial, donde los lenguajes de Carmen Ballester y Mestre se encuentran.

Bosco Pérez Benlloch (Valencia, 1959-1997)

En los comentarios del prólogo que Josep Pérez Camps escribió en el catálogo publicado con motivo de la exposición «Cerámica fin de siglo» podemos leer:

> Desaparecido de la escena artística por distinto motivo, ya que falleció prematuramente, echamos en falta a Juan Bosco Pérez Benlloch, *Bosco* (Valencia, 1959– Onda, 1997), ceramista formado también en la escuela de Artes y Oficios de Valencia que es autor de una obra que sobresale por la originalidad de sus propuestas plásticas —dentro de un particular neopop—, que tomando como punto de partida los objetos cotidianos: cafeteras, radios, teléfonos, bombonas de gas butano, etc., consigue representaciones que se apartan de la imitación real para, cargadas de ironía y deformadas hasta la caricatura, convertirse en nuevos objetos llenos de sugerencias y de valores estéticos (Ibáñez, 2000: 79).

Bosco fue alumno de la Escuela de Valencia en un periodo que no determina en los currículums, pero que estimamos que inició en 1982–83. En 1984 lo situamos exponiendo en Madrid dentro de la colectiva «Panorama de la nueva cerámica valenciana» y, ya desde aquel momento, estará vinculado a todas las actividades del colectivo Atmósfera Reductora. Su personalidad no dejó indiferente a ninguno de los compañeros que compartieron con él algún tiempo, vinculados por el interés y dedicación común a la cerámica. De humor sutil[11], supo mantener un perfil muy contracultural y hacerlo convivir sin ningún conflicto con compañeros que tal vez eran mucho más convencionales en la forma. En sus últimos años, trabajó en un taller de cerámica para discapacitados en Onda. Las últimas veces que hablé con Bosco me transmitió una conmovedora ternura hacia estos chicos del taller, al tiempo que me mostraba cómo hacía un pequeño cuenco utilizando su codo como molde. Mestre conserva una pieza del alumno desaparecido en su colección personal.

Destacamos de su obra la huella que lo entronca con el maestro; la relación estaría, sobre todo, en saber dejar la obra en su momento, expresar lo justo, mantener la frescura, escuchar el material, dejarlo ver, potenciar las relaciones entre las diferentes texturas, con premeditados contrastes, recurso que cada uno de ellos utilizó con distinto matiz pero, sin duda, con la misma intención. También la obra de Bosco aúna rigor e intuición, y se expresa con los mínimos recursos a pesar de estar describiendo objetos. Por último, destacamos por su importancia en el devenir de los hechos investigados la ruptura que suponen los lenguajes de Bosco respecto a los compañeros que le precedieron. La obra contrasta en sus lenguajes como contrastó la figura de su autor, abriendo así una línea de trabajo que, sin duda y como veremos, influenció a compañeros y alumnos de generaciones posteriores.

11 Recordamos a Bosco subido en la moto, que podía ser el torno, o el rodillo de amasar. También solía pedir silencio para escuchar la música de la cerámica (la que salía de la pila después de sumergir en agua una pieza aún caliente recién salida del horno).

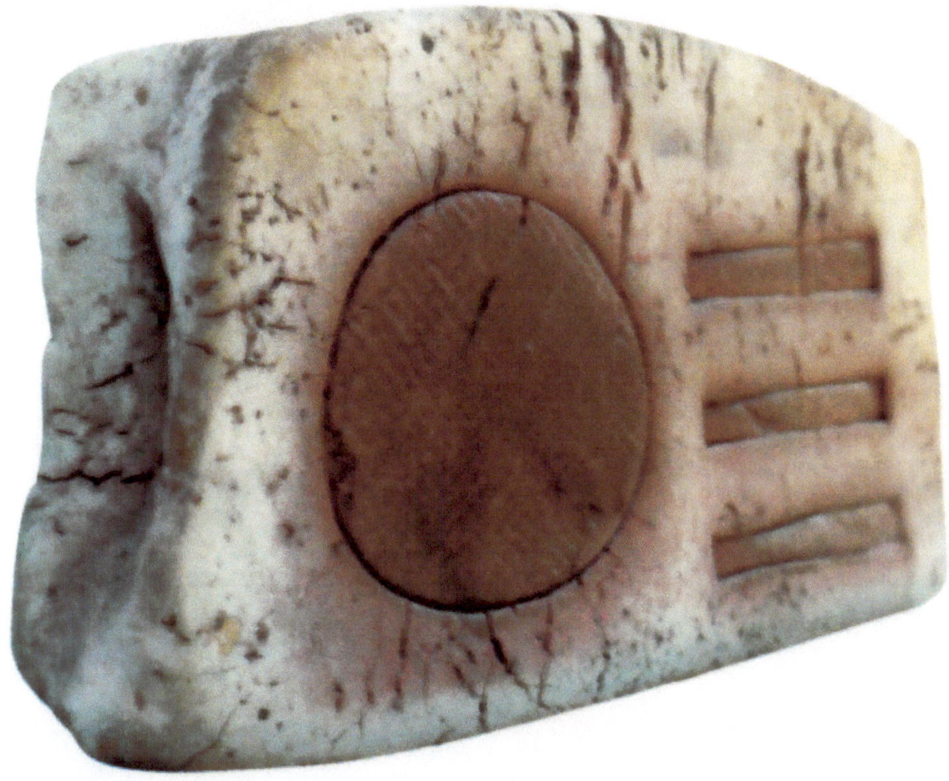

Figura 48. *Casete* (1987). Pieza propiedad del Museo de Cerámica de Manises. Imagen publicada en el catálogo de la exposición «Cerámica fin de siglo» (2000).

Teresa Guerrero Serrano (Guadalajara, 1950)

La primera exposición de la que tenemos referencia en la que participó Teresa Guerrero, es la celebrada con motivo del Congreso Internacional de Cerámica de Valencia (1986), que tuvo lugar bajo el título de «Cerámica actual a la Comunitat Valenciana», ya documentada. En el currículum presentado por la artista para dicha exposición, leemos:

> 1980–85. Estudis de cerámica a l'Escola d'Arts i Oficis de Valencia, amb Enric Mestre.

De tal dato se desprende la información necesaria para situar generacionalmente a la artista. Respecto de la obra presentada en dicha exposición, Guerrero mostró una obra de fuerte expresión matérica, en forma de vasija, que estimamos responde a los lenguajes de sus inicios y de la cual aportamos una imagen.

Años más tarde, en 1999, encontraremos a Teresa Guerrero incluida en la exposición «Ceramistes formats a l'Escola d'Arts i Oficis de València». En esta ocasión, la obra presentada, que también sugiere una evolución del concepto de vasija modelada a mano que generaba la pieza anterior. En esta otra obra, el lenguaje ha empezado a caminar desde lo más brutal y matérico hacia un delicado acabado en las superficies, que presentan ahora grafismos que la decoran. Con el tiempo, la obra de Guerrero se focalizará en estos sutiles grafismos de lenguaje lírico, que soluciona con depurada técnica y que alcanzarán todo su protagonismo en la obra más reciente de la artista. Hacemos referencia a la exposición realizada en 2013 y compartida con Presentación Rico en el Museo Nacional de Cerámica y Artes Suntuarias «González Martí». Esta vez, la decoración de la superficie tomará un significativo protagonismo, al encontrarse situada sobre pequeños módulos que configuran los elementos que componen paneles o murales.

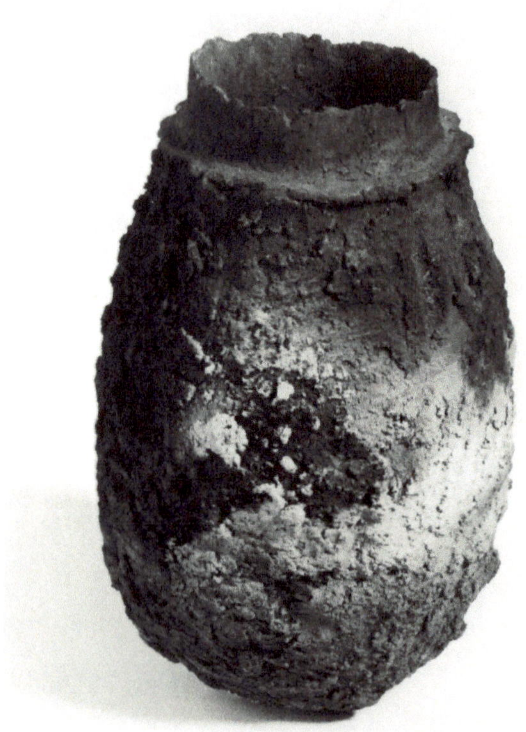

Figura 49. Fotografía publicada en el catálogo de la exposición «Cerámica actual a la Comunitat Valenciana». Autor: Francesc Jarque (1986).

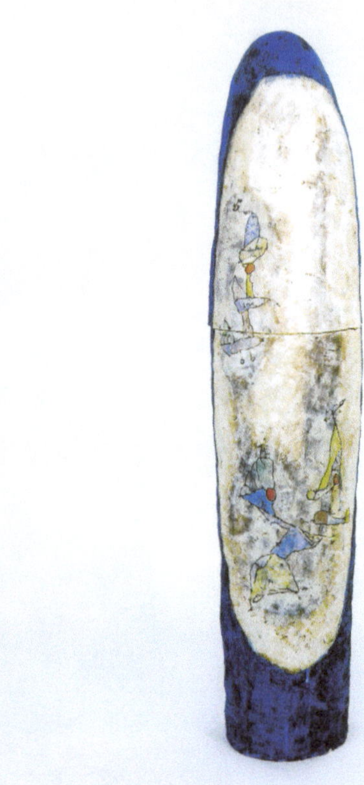

Figura 50. Gres, engobes y vitrificables. 105 x 21cm. Imagen publicada en el catálogo de la exposición «Ceramistas formats a l'Escola d'Arts i Oficis de València» (1999).

En la entrevista realizada en 2013, al preguntar a la autora sobre cuáles eran, a su parecer, las influencias recibidas de Mestre, Guerrero nos contestó:

> Yo, además, cada vez me doy más cuenta de que luego, cada uno […] eso, eso es como un abecedario, pero luego tú vas añadiendo frases porque tú te sigues formando a lo largo de la vida: en el taller, viendo exposiciones, viendo mundo. Te sigues formando. Pero eso es una base importante y yo eso sí que tengo claro que fue así. En mi caso. Y creo que en el de la mayoría, en el de la mayoría […]. El dejar por lo menos una obra bien hecha y decir que, hombre, si de entrada aquello no tenía mucha consistencia, por lo menos que estuviera bien hecho. Eso sí que me acuerdo yo que él lo decía y lleva la razón, lleva la razón. Por lo menos, la obra bien hecha.

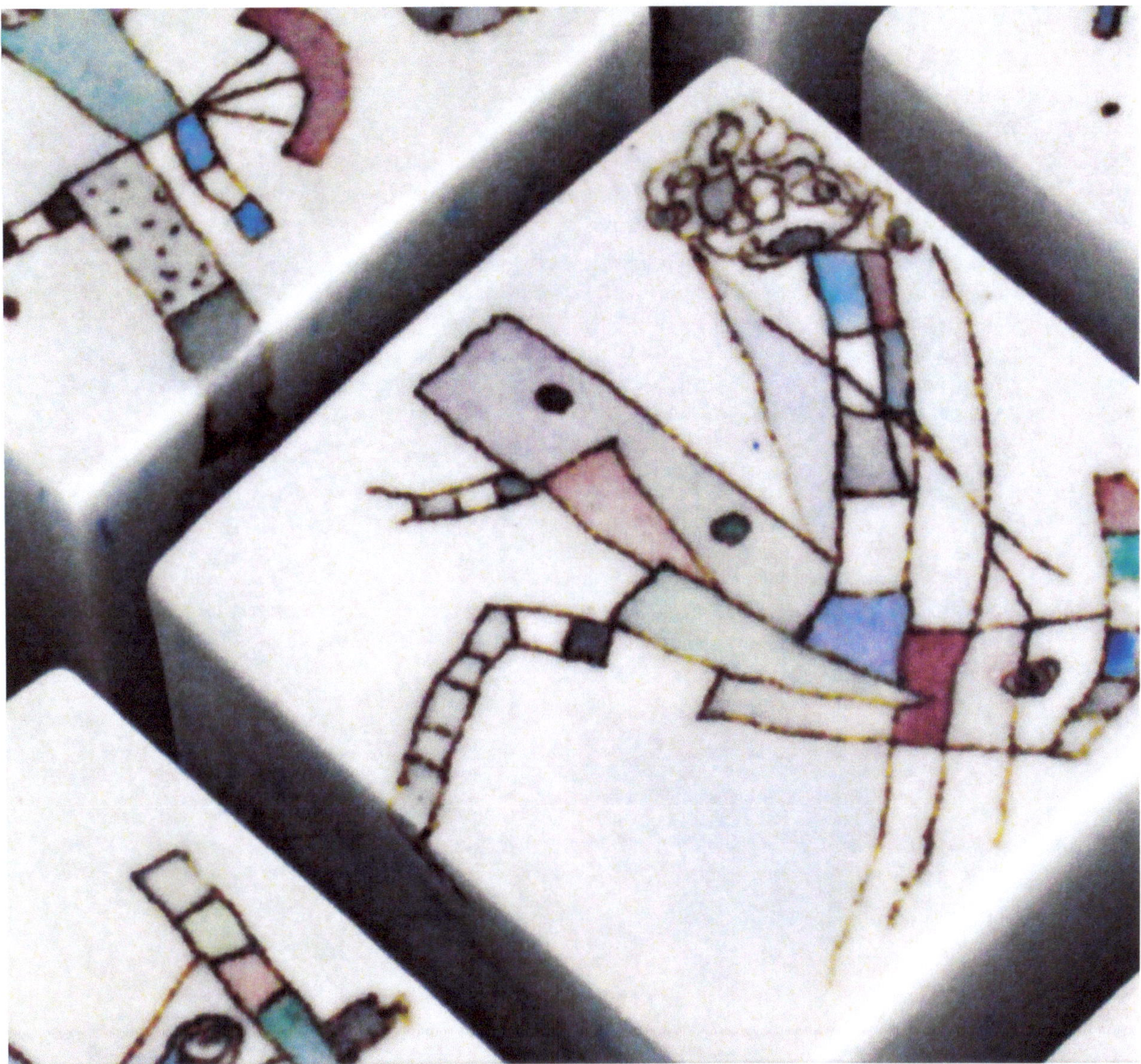

Figura 51. *Sutiles grafismos de lenguaje lírico*. Imagen extraída de la tarjeta de presentación para la exposición celebrada en el Museo Nacional de Cerámica y Artes Suntuarias «González Martí» de Valencia (2013).

Presentación Rico (Yecla, 1951)

Según apunta Rico en sus currículums, estudió cerámica desde 1983 a 1986, empezando así una destacada carrera profesional que despegó con gran fuerza. En 1987 estuvo becada por la Diputación Provincial de Valencia en la especialidad de Cerámica Artística. Desde el inicio se mantuvo muy activa, participando en numerosas exposiciones y concursos en los cuales obtuvo un considerable número de premios. Un buen exponente del reconocimiento alcanzado es que en 1999, junto a Mercedes Sebastián y Marisa Herrón, fue nombrada miembro de la Academia Internacional de Cerámica, que tiene su sede en Ginebra (Suiza). Esta distinción es aún más representativa si consideramos que, hasta entonces, los únicos miembros de la Academia, dentro de la Comunidad Valenciana, eran Arcadio Blasco y Enrique Mestre.

La obra de Presentación Rico fue incluida en la exposición «Cerámica fin de siglo», celebrada, como ya hemos referido, en el año 2000. Como introducción a los artistas presentados en esta exposición, Josep Pérez Camps, adjunto al comisariado, presentó un documentado tránsito por la cerámica valenciana de siglo XX, titulado *El siglo de la cerámica valenciana: de la industria al arte,* en el cual hay un apartado dedicado a las dos últimas generaciones de ceramistas. En dicho escrito, Pérez Camps se refiere a Presentación Rico en estos términos:

> Sus esculturas tienen la capacidad de retrotraernos a tiempos pasados, más o menos remotos; a ello contribuye también la materia cerámica que esta artista trabaja de un modo particular —confiriendo a las superficies de sus esculturas una deliberada apariencia primitiva—, para presentar con diferente escala todo un mundo de imágenes objetuales o arquitectónicas que han permanecido en su memoria y han sido transformadas por el paso del tiempo: copas de helados, peonzas, relojes de sol, alambiques, elementos arquitectónicos y también otros por ella reinventados que se transforman en esculturas cargadas de memoria y de una refinada poética (Pérez Camps, Mestre , 2000: 81).

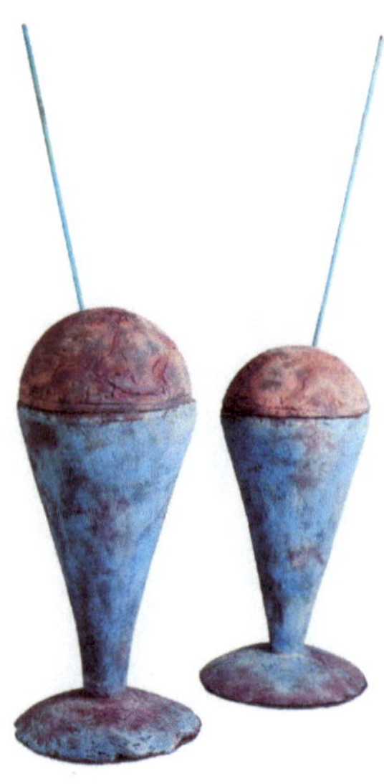

Figura 52. Helados de pie. Gres chamotado y engobes. 23 x 250 x 60 cm. Catálogo de la exposición «Ceramistes formats a l'Escola d'Arts i Oficis de València» (1999).

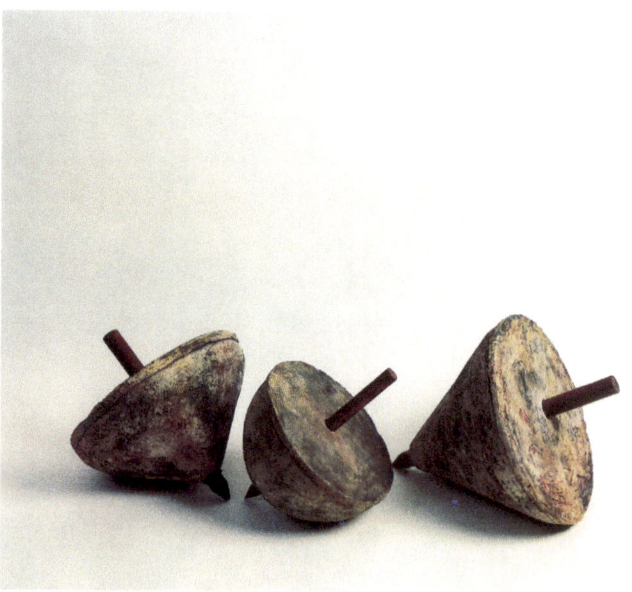

Figura 53. S/T. Gres chamotado. 60 x 250 x 25cm. Catálogo de la exposición «Cerámica fin de siglo» (2000).

Por lo que respecta a su particular percepción acerca de la influencia que tuvo el magisterio de Mestre, nos parecen relevantes algunos fragmentos de la entrevista que se le realizó:

> Es posible, porque para mí también fue alguien que era una guía y un ejemplo, un ejemplo de lo que a todos nos gustaría ser [risas], o llegar a ser. Yo empecé con Mestre. Pero estaban Carmen Sánchez, Marisa Herrón [...] Había mucha gente en la Escuela, le teníamos más miedo [risas]. Sí, sí, allí estaba en el taller [...] y además es que no hablaba con nadie. ¡Buah! Se ponía detrás a ver lo que habías hecho. Claro, estabas hablando de quién [...]. Ahí ya estaba embarazada de mi hijo, en el 75,

ya ves. En el 74, 75[12]. No, no, no. Yo empecé y me gustó tanto [...]. Lo que pasa es que, claro, luego tuve tres hijos y en esos tres hijos, pues claro... [Haciendo referencia a Mestre] Y no solamente era su obra, sino también su manera, pues por ejemplo, de hacer una exposición. Yo recuerdo que la primera exposición individual que hice, la hice en Zaragoza (1990). Y fui sola, sola, con un montón de piezas y me encontré [...] y me dijo: «móntatelo por la noche, no te esperes al día siguiente; tú déjate las cosas ya, que aunque te falte algo, pero... en cuanto llegues, empieza a montar». Oye, y la verdad es que lo hice así y estaba asustadísima porque es que no tenía a nadie que me dijera: «ponlo más para aquí o más para allá». Y la verdad es que me quedó muy bien. Es de esas cosas que estás satisfecha, luego dices: «¡caray, la primera... pues no me ha quedado mal!». Pero le hice caso, le hice caso a Mestre y [...] claro, es que en realidad [...]. Tenía razón también.

Anna Pastor Asensi (Canet d'En Berenguer, Valencia, 1958)

La ceramista Anna Pastor estudió cerámica entre los años 1981 y 1985. Tales fechas sitúan a la artista, generacionalmente, dentro de la plena acción de los ochenta en el marco de la Escuela de Valencia[13].

En 1985 empezó su actividad expositiva y, en 1990, en la que fue su tercera exposición individual en el Institut Valencià de la Dona, donde presentó una serie de esculturas en las que nos anticipará alguna de las claves de lo que será su obra posterior. Así, el color fuerte vibrante, intenso y plano, sin reservas, la profusa decoración de la superficie con diferentes grafismos sobre cilindros, ruedas, piedras y otras diversas formas crean una obra vital, vibrante, que posteriormente evolucionará hacia otros lenguajes más comprometidos. En esta segunda etapa, Anna Pastor tomará el camino de una contenida crítica social, por medio de cuidadas esculturas cerámicas correspondientes a la serie «Animals i televisió», que quedan descritas por sus propios títulos: *Espill Televisor anul·lador d'imatges* (1993) o *La televisión es nutritiva* (1992).

Más adelante, una actitud más reivindicativa se adueñará del trabajo de Anna Pastor. Acerca de esta característica de su obra más reciente, Enric Mestre hace alusión con motivo de la exposición que celebró Pastor, titulada « Jo, tu, ella, nosaltres les dones » (2002, Mislata, Valencia). Al respecto, Mestre escribe:

> [...] con estas cajas, Anna Pastor alcanza un máximo de rotundidad expresiva, alejándose cada vez más de los aspectos artesanales de la cerámica y adentrándose paulatinamente y sigilosamente en los movimientos del arte de nuestro tiempo (Mestre, 2002: 3).

En el sentido de la docencia recibida, explica la artista:

> Yo con Mestre aprendí a ver y a conocer el arte; no la cerámica, sino el concepto interior, ¿no? Eso que dices, ¿qué hay aquí que no lo conozco y te va abriendo puertas y te va...? Entonces eso es lo puro, el alma, un poco, que hay ahí dentro. Lo que sí que es verdad, que yo el primer año y el segundo, pues he estado en Cerámica, pero yo hasta que no entré en tercero, que estuve con Mestre, no descubrí el interior de aquello y me vi, me vi muy dentro y empezó a salir de mí [...] cosas que las tenía ahí, muertas, ¿no? Él me despertó, me despertó todo lo que tenía dentro, ¿no? No sé ni cómo lo hizo [...]. De todas maneras, a mí, si tuviera que decir algo, diría que me siento libre totalmente, porque él me dejó libre siempre. Es

12 Esta fecha es diferente a la presentada en los currículums. Parece ser que existieron dos etapas distintas, pero aceptamos como válida la que la artista apunta en el currículum.

13 Precisamente, fue en la entrevista grupal que se realizó el verano del 2013 a Pastor, junto a sus compañeras de aula Rico y Guerrero, donde comentaron cómo se vivieron esos años activos dentro de los talleres de cerámica de la Escuela de Valencia.

verdad que yo hago cosas muy *paquí y pallá, y tum tum,* y creo que es lo que tengo, esa libertad, que él me concedió el privilegio de decir: «haz lo que te dé la gana», yo qué sé, ¿no? ¿Sabes? [...]. A mí me dejó ese mundo de libertad en el que yo he podido disfrutar porque yo, si no es así, no soy capaz de hacer nada.

También describe Anna Pastor cómo ha quedado en ella esa exigencia en la perfección del proceso para hacer planchas, una técnica que Mestre ha utilizado prácticamente en la totalidad de sus esculturas. Siempre ha puesto exigencia en este proceso porque cualquier error en él se aprecia en el resultado final. En este sentido, recuerda Pastor:

> Yo me acuerdo de hacer cajas con Mestre y eso no se me olvida en la vida, y la gente cuando tomas esas herramientas, ¿sabes?, cómo hacía las planchas y cómo [...]. A mí, a mí me queda eso, la gente te mira diciendo [...]. Que yo nunca hago planchas, que no es mi trabajo, pero cuando tengo que hacerlo, lo hago, en esa técnica que me enseñó que es realmente [...]. Es que, es que él lo hacía así [...]. Yo me acuerdo que siempre decía: «para ser un buen ceramista o para trabajar o para vivir de esto, solo necesitas tres cosas (y te volvía a decir): trabajar, trabajar y trabajar» [risas]. A mí eso se me quedó grabado, porque es lo que hace y yo, es que es lo que él aplicaba, era su conducta; él no ha hecho otra cosa más que trabajar, trabajar y trabajar. A ver, las cosas no te caen ni te las dan ni porque eres más guapo o [...]. Él valoraba además, más a la gente, por ejemplo, que tenía interés y se esforzaba, que la gente, por ejemplo, que tenía unas cualidades extraordinarias y no las utilizaba.

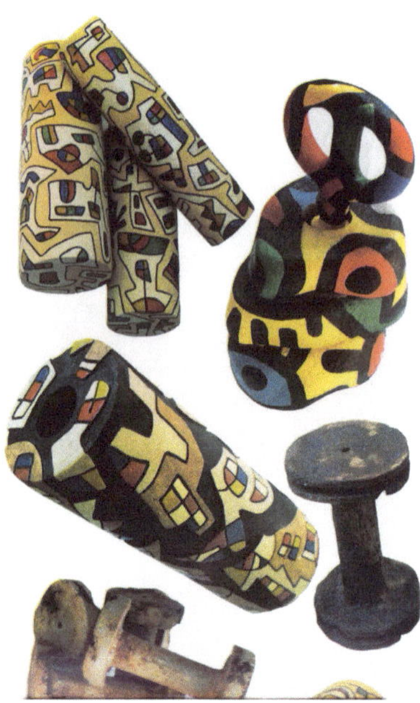

Figura 54. *Sobre rodes* (1990). Tarjeta de presentación de la exposición con el mismo nombre.

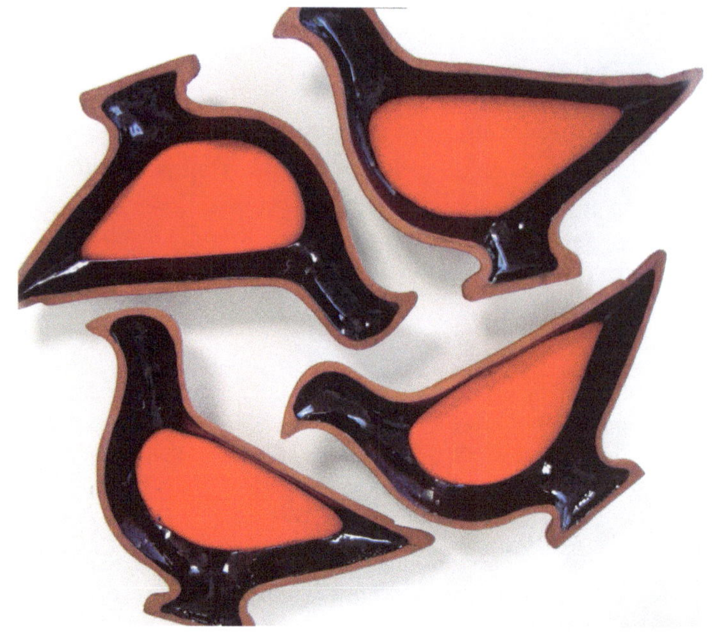

Figura 55. *Ritual a la vida.* Instalación aproximada 100 cm, 6 piezas de 38 x 25 x 13cm. Catálogo de la exposición «Dos culturas, dos maestros y su legado» (2010).

La expresiva pasión de Pastor, nos conduce en este último comentario que hemos transcrito, a una actitud muy encomiable de Mestre ante la labor docente. Parecería que tal actitud debería ser una constante, en el buen hacer de los docentes, siempre hablando de enseñanzas artísticas, que son el referente del tema que nos ocupa, pero por sorprendente que pueda parecer, este posicionamiento ético ante el cual Mestre no tiene ninguna duda, (recordemos que estamos ante *paideia* que aspira a la excelencia, por tanto a la virtud) no es práctica común de todos los docentes.[14]

Por último y cerrando esta mirada sobre Pastor es de gran importancia observar cómo desde la perspectiva de una obra que poco o nada tiene que ver con los lenguajes que Mestre expresa en su obra, encontramos contrariamente a una alumna, que reconoce sin matices y fisuras la influencia del maestro. El ejemplo de Pastor nos sirve para ilustrar la defensa que venimos haciendo de transcender los códigos de la obra para encontrar la dimensión que nos otorga *paideia*.

Xavier Monsalvatje (Godella, Valencia, 1965)

> Eran los primeros años de la década de los ochenta, cuando me matriculé en la que por aquel entonces se llamaba Escuela de Artes Aplicadas y Oficios Artísticos. En ese tiempo, mis inquietudes plásticas eran muy diversas, pero indudablemente la especialidad de cerámica tenía un atractivo que no tenían otras. En primer lugar, era un referente dentro de la enseñanza Cerámica en este país; en segundo lugar el jefe del departamento era un artista ya entonces de reconocimiento internacional en la cerámica contemporánea y del que me sentía afín a su trabajo. La libertad de enseñanza y creación en ese taller era palpable, quizás en ese periodo en el que en este país todo se removía con bastante creatividad. Ya finalizados mis estudios, he intentado tener una continuidad en mi trabajo, y uno de los referentes ha sido mi maestro Enric Mestre (En Ulpiano, Coll, 2010: 54).

De tal manera explica Monsalvatje cómo decidió empezar a estudiar la especialidad de Cerámica en la Escuela de Artes Aplicadas y Oficios Artísticos de Valencia. Monsalvatje cursó el Plan del 63 entre los años 1982 y 1988. En 1986 inició lo que sería una ininterrumpida y muy abundante actividad expositiva. Su currículum es prolijo en acciones de carácter grupal pero, de entre estas actividades en las que se unirá a otros artistas destacamos, por el interés para esta investigación, su pertenecía al grupo ¡Qué punto, qué fuerte![15] Al respecto, se ha valorado la corta trayectoria del grupo como un ejemplo de ruptura generacional en concordancia con el momento sociocultural, que caminaba hacia una mayor apertura propiciada por los cambios políticos y sociales, del momento.

Siendo como es Monsalvatje una personalidad que se significa, encontramos, en relación a la intención de esta investigación, un aceptado reconocimiento de pertenencia al entorno de Mestre, del cual sabe que ha recibido enseñanzas concretas:

> Sí, sobre todo el proceso de trabajo. Quizás en el proceso de trabajo, quizás hubo [...] sí, quizás hay ciertas cosas que a mí sí que me interesaron de él, otras no, pero a nivel plástico había ciertas cosas que sé que me interesaron (Entrevista a Monsalvatje).

Apasionado en la defensa de sus certezas, en la obra de Monsavatje siempre subyace un contenido narrativo con referencias sociales contemporáneas y reivindicativas, que con el paso del tiempo han evolucionado en diferentes propuestas formales. Así pues, hay un primer Xavier Montsalvatje de formas compactas, que buscan un contenido interior. Sorprende en esta serie la estructura cerrada, espinosa algunas veces, de tal modo que, como el erizo, muestra las espinas para proteger

14 Abriríamos aquí, en el caso de que fuera oportuno, un complejo debate entre el rigor, el compromiso, la excelencia, en suma, *paideia* y las diferentes respuestas por parte de algunos profesores y profesoras, ante intereses de todo tipo, sin duda presentes en ámbitos similares al que venimos analizando.

15 Dicho grupo ya ha sido documentado y analizado en el capítulo V

un interior de suculentas propuestas. De tal serie se mostraron diez imágenes en el catálogo publicado con motivo de la exposición «Cerámica fin de siglo» (Valencia, 2000), de las cuales citamos:

— *Contenedor de tóxicos I* (1996);
— *Contenedor de tóxicos II* (1997);
— *Contenedor defensivo* (1995);
— *Contenedor de secretos* (1994;)
— *Contenedor de cenizas* (1995);
— *Contenedor de residuos* (1994);
— *Contenedor de la memoria* (1999);
— *Contenedor para el olvido* (1995);
— *Contenedor de emergencia* (1993);
— *Contenedor de Alicia* (1999).

Dichas obras transmiten, en sus títulos, cuáles son aquellas pequeñas parcelas que responden a las inquietudes del artista y que, tal vez, Monsalvatje protege extremadamente, para solo dejar vislumbrar aquello que le interesa. Con tal fin, y en ocasiones, el compacto objeto presenta aperturas al exterior que demandan de la curiosidad del espectador para acercarse y conocer. Todo un discurso sobre lo que se dice y se esconde; lo que, en fin, siempre queda patente en la obra artística.

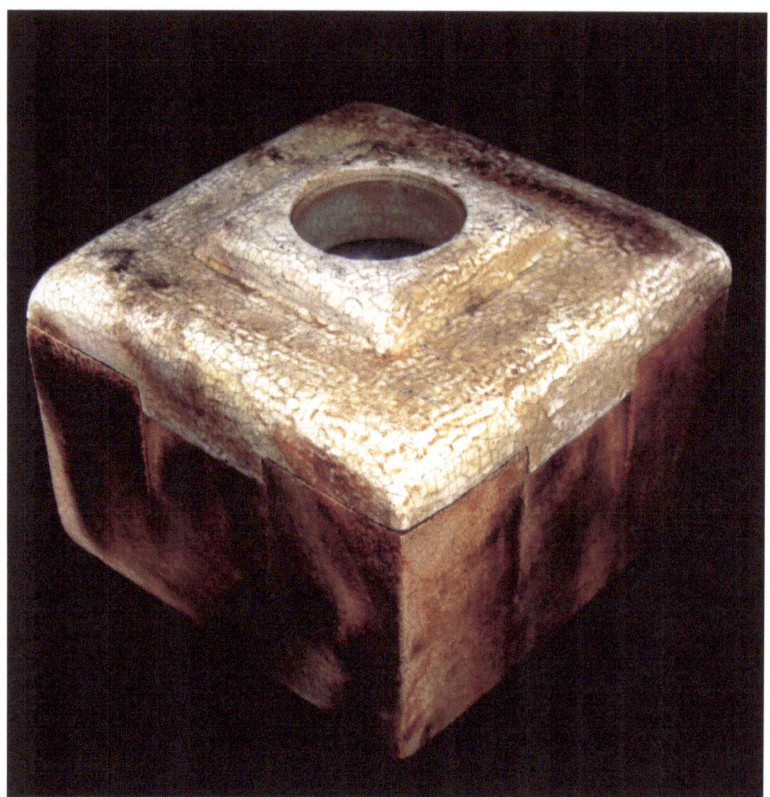

Figura 56. *Contenedor de Alicia* (1999). Gres, hierro, esmaltes, vidrio, cráneo, luz halógena, transformador e interruptor temporizador, 26 x 25 x 20 cm. Catálogo de la exposición «Dos maestros, dos culturas y su legado» (2010).

Sobre esta serie de contenedores producidos entre 1999 y 2005, Montsalvatje nos explica el proceso de creación:

> El desarrollo o proceso para crear estas piezas suele partir del encuentro casual con objetos de desecho industrial, que sugieren una imagen de carácter estético y a la vez proponen la construcción de un mundo interior. Este mundo interior puede ser un residuo íntimo, personal o, en otros casos, ajeno a mí. El trabajo también se refuerza en el constante fluir de ideas y de compartir mundos interiores diferentes al mío, es decir, se inscribe en el complejo ámbito de la experiencia de vida. En cualquier caso, cada proceso imaginativo–técnico requiere una atención diferente y cualquier método es bueno si el resultado es el requerido (Ibáñez, 1999: 191).

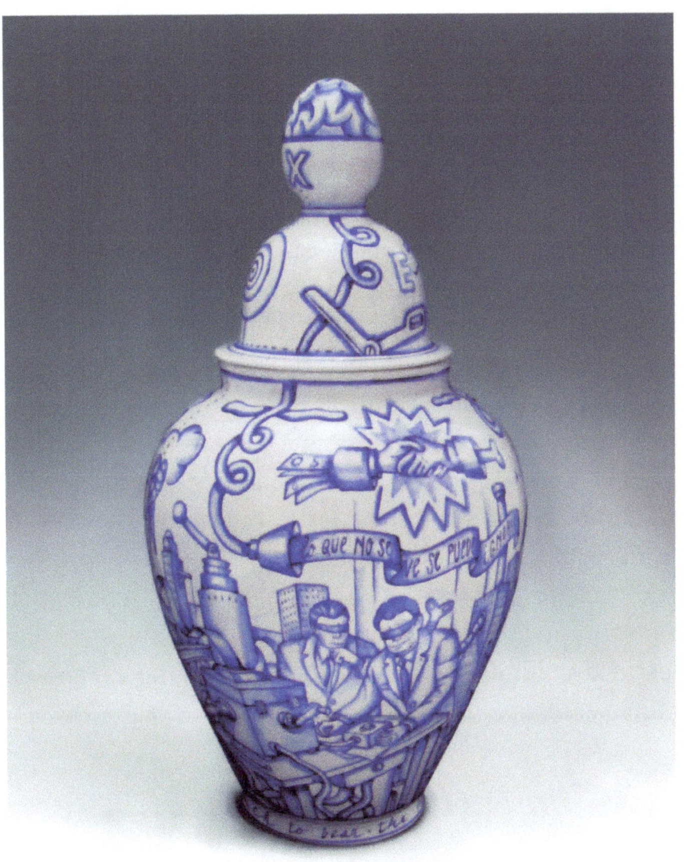

Figura 57. *Must Safety* (2010). Jarrón de loza a torno con tapa, colorante azul cobalto bajo cubierta, 980 ºC, 70 x 36 cm. Fotografía publicada en la *Revista Internacional Cerámica Keramos,* n.º 132 (2014: 72).

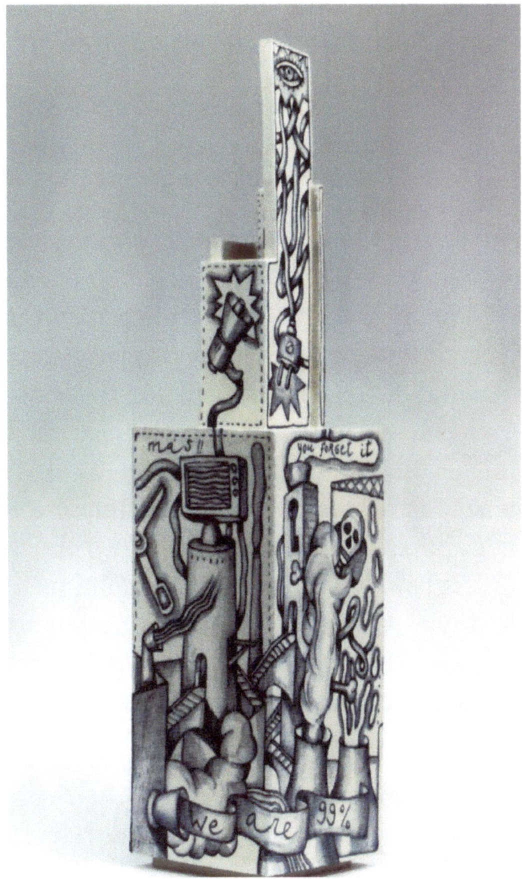

Figura 58. *We are 99%* (2011). Jarrón de gres a placas, colorante negro bajo cubierta, 1100 ºC, 65 x 20 x 20 cm. Milwaukee University of Wisconsin, USA. Fotografía publicada en la *Revista Internacional Cerámica Keramos,* n.º 132 (2014: 72).

Con el tiempo, Monsalvatje abrirá los espacios íntimos hacia aquellos escenarios que los contienen. De este modo investigará en las arquitecturas de ciudades, expresándolas como escenografías silentes, en todo caso, y preparadas para o resultado de. Dichas ciudades se presentan con lenguajes cinematográficos en la *Ciudad del tiempo* (1998); se tornan poéticas y mediterránea en la *Ciudad blanca* (2002); frías y abandonadas por sus moradores en la *Ciudad del agua* (2009) o *Ciudad suicida* (2009); incluso, tal vez, post–apocalípticas en *Ciudad continua* (1998) y *Ciudad del ruido* (2000)[16].

Por último, y después de seguir una pautada progresión que lo ha conducido desde lo cercano y propio hasta lo colectivo y urbano, la obra de Monsalvatje eclosiona en la serie «Peligro permanente», donde los inquietantes espacios, antes silentes y desiertos, quedan definitivamente ocupados por la figura humana, generalmente, masculina. Ahora ya, Monsalvatje ha procedido a interaccionar todo aquello que le inquieta. El resultado de tales interacciones se expresa por medio de una exquisita reinterpretación de formas y técnicas tradicionales, objetos que nos conexionan con lo que siempre fue la cerámica, pero, por otra parte «es un proyecto que crea una iconografía inusual en la cerámica decorativa»[17].

También el artista reconoce en su obra el precedente técnico:

> O sea, toda la tradición pesa mucho, sigue pesando, ¿no? Porque siempre que rompes la tradición, pues sigue pesando. Por eso a mí me gusta jugar con lo de las flores y todo eso, porque la gente se piensa que lo del manisero, toda esa historia, a mí me interesa, ese tipo [...]. Igual es mentira, pero bueno, retomar la tradición. No, no, ese juego es muy interesante a nivel de [...]. Pero, ¿por qué? Porque claro, la cerámica siempre ha estado asociada a lo decorativo, ¿no? (Entrevista a Monsalvatje, 2013).

Para entender el carácter de esta última serie que estamos comentando, más allá del contenido narrativo, debemos observar que, visualmente, el espectador reconoce cercano el objeto, puesto que lo relaciona con la tradición. El artista toma esta circunstancia para su fin y, haciendo uso de su gran capacidad gráfica, atrapa al espectador, que se sumerge en la infinita sucesión de sugerentes imágenes que nos invitan a tomar conciencia del carácter peligroso en el que se desarrolla la existencia. Pero lo cierto es que no importa el contenido. La fuerza visual de lo formal y compositivo nos atrapa y, en ello, consideramos que está el impacto de la obra.

Es también por ello que esta última serie del trabajo de Monsalvatje despierta gran interés por la figura del artista, que está empezando a tener proyección internacional. Así lo demuestran las numerosas invitaciones por parte de diferentes instituciones y centros educativos, tanto españoles como internacionales.

Encarna Monteagudo García–Tomás (Fuentealbilla, Albacete, 1960)

Encarna Monteagudo es escultora y Mestre relata sus inicios en la escuela tal como sigue:

> Conocí por primera vez a Encarna Monteagudo allá por los años 84–85; cuando apareció por el taller de cerámica de la Escuela de Artes Aplicadas, recién licenciada en la Facultad de Bellas Artes (Mestre, 1995).

Situamos a Monteagudo en una generación que se incorporó a las aulas de cerámica de la Escuela de Valencia cuando Mestre ya contaba con un dilatado recorrido, tanto docente como en

16 En http://www.xaviermonsalvatje.com/

17 Comentario extraído de un folio fotocopiado que se entregaba en la entrada de la exposición que la fundación Santa Marial de Albarracín realizo sobre la obra de Monsalvatje.

lo que respecta a su obra personal. De esta trayectoria se desprende una seguridad en el aula que a Monteagudo no le pasó desapercibida, tal como relató la artista en la entrevista concedida para esta investigación en su casa de Godella, el 16 de noviembre del 2013. De ella incluimos varios fragmentos en estas páginas, por considerar este testimonio de significativa importancia para documentar aspectos como el proceder de Mestre dentro del aula. Además, en la entrevista también se facilita información de gran valor referente a la propia artista, Encarna Monteagudo. En este sentido, consideramos que sus opiniones ilustran de forma idónea, tanto los aspectos referentes a la influencia recibida de la figura de Mestre, como aquellos que definen la génesis de su propia obra. Por lo que se refiere al primer punto, nos parecen muy esclarecedoras sus palabras acerca de la metodología docente y carisma personal de Mestre:

> En ese año, lo que sí que me queda de recuerdo es que Mestre, de siete a nueve, daba clase a los mayores y yo me quedaba a observar y a escuchar. Son recuerdos, que a lo mejor estaba trabajando con un alumno y decía: «acercaros, acercaros, al que le interese que se acerque». Entonces yo, que estaba en otro [...] no era alumna de Mestre[18], pues yo ponía la oreja porque a mí me interesaba: «estos planos se hacen así, la materia se trata así, esto tiene que tener un punto de vista, esto tiene que...». O sea, todas las explicaciones que daba él, las recuerdo como muy interesantes, muy impactantes para mí, pero no era mi profesor, o sea, yo no hablaba con él, yo [...]. Además, no me atrevía ni a hablar con él porque lo veía un señor con [...] en fin, un maestro. Yo no había visto [...] en Bellas Artes no había tenido a ningún profesor con la entidad, a la hora de hablar, con la entidad con la que él hablaba. Pero me recordaba mucho [...] o sea, sentía, la forma de transmitir ese respeto, esa calidez, que había visto en Esperanza Fontecha en el año 80. Entonces, ahí algo había de conexión, que yo no tenía ni idea de que Esperanza Fontecha había sido alumna, ni que tenían conexión, ni nada de nada. O sea, son esas cosas que vas enlazando tú, diciendo: «Ah, pues se parece a lo que dice tal» (Entrevista a Encarna Monteagudo).

Como relata la artista, sus circunstancias personales le llevaron a desvincularse de la Escuela durante unos años, hasta que volvió a ella con la firme pretensión de desarrollar una tesis doctoral de la figura de Mestre. Desde nuestro punto de vista, este dato es un signo indiscutible del grado de admiración y proyección que Monteagudo advirtió en la figura de su maestro. Así narra cómo sucedieron los hechos:

> Luego tuve un vacío. Ahí ya me dejé Cerámica en el 86, porque me dediqué a preparar la tesis doctoral y tal. Lo poquito que aprendí de cerámica que, en fin, no creo que fuera tan poco, porque en el año 85 me casé y la inversión del regalo de boda fue un horno de cerámica. O sea, sin haber terminado Cerámica, yo aquí en casa ya me puse a trabajar con la materia y a hacer escultura cerámica, pero sin barnices, sin nada más que, como mucho, algún engobe o lavados de óxidos, que fue lo que yo aprendí con Mercedes [...]. En el año 85–86, ver qué quiero hacer de tesis doctoral, estudiar mi entorno y ver que hay un maestro de taller que le he escuchado hablar de cómo tratar una materia pero a nivel conceptual, como Oteiza también lo hacía. Y, no sé, algo hubo que a mí me interesó [...]. Sí, algo hubo que a mí me interesó. El caso es que me busqué documentación a ver quién era [...] quién era Enrique Mestre. Además de un maestro de taller importante, vi esculturas suyas [...]. Sí, pero yo no [...] no sabía [...]. Yo solamente veía que había ahí un profesor con mucho nivel, tanto técnico como estético, y que hablaba a los alumnos con un rigor y con una seriedad que me resultó muy interesante, entonces. Y no había sido profesor mío, y además, justo cuando iba a ser profesor mío, va y me dejo los estudios. Entonces yo me voy al mundo de [...] otra vez, de Bellas Artes, hago mis estudios de [...] mis cursos, cuatro cursos de doctorado y uno de los cursos de doctorado es proyecto de investigación y propuesta de tesis doctoral. Entonces, averiguo a ver dentro de la escultura cerámica quién me interesa, veo obras publicadas en libros y tal de Enric Mestre y digo: «na-

18 Monteagudo se refiere a que ella estaba matriculada en un curso en el que Mestre no impartía las clases, seguramente, su profesora entonces era Mercedes Sebastián.

rices, si este es el profesor que yo hubiera tenido si hubiera acabado los estudios» [...]. Entonces, eh [...] bueno, me presento en el taller de Mestre, si me puede atender. Hace un hueco, se deja a sus alumnos, que yo ya observé que aquello era pedirle mucho porque él estaba dando clase. Entonces, si él estaba dando clase y yo le pedía hacerle una propuesta de investigar sobre su obra porque quería hacer una tesis doctoral y tal, me hizo ir un día tal a la hora tal porque los alumnos estaban merendando y entonces él no perdía tiempo de sus alumnos. Aquello a mí me pareció muy rígido pero me pareció correcto. O sea, si tú estás trabajando, no puedes perder el tiempo en otra cosa, en ese horario de trabajo. Entonces, a mí eso ya me gustó, porque eso yo no lo había visto en San Carlos. En San Carlos es: tenemos clase, pues ahora es el momento de irnos a tomar café, ¿eh? [risas]. Y cuando se acabe la hora de clase, ya volveré a ver si queda alguien. Entonces eso, pues fue otro punto de conexión. Cuando le presenté a Mestre el proyecto de tesis doctoral, a él le pareció bien, pero con una humildad alucinante, él me dijo: «bueno, pero ya veremos, no creo yo que una tesis doctoral, o sea, mover...». Y claro, estamos hablando del año 87; Mestre tenía entonces cincuenta y pocos años. Me tumbaron el proyecto en la Facultad de Bellas Artes. El profesor que me lo llevaba, Sebastián se llamaba, era un señor mayor de Historia, era catedrático en Historia del Arte, porque dijo que Mestre era demasiado joven y que no tenía una obra consolidada. Entonces a mí me importó siete pimientos, me suspendió el curso y tuve que volver a hacer otro curso porque este señor dijo que no, que el proyecto no era adecuado. Volví a hacer otro curso y ya superé los cursos puñeteros de doctorado [risas]. Pero el que Mestre me dijera que sí, y yo con esa idea, con la idea de que ya tenía tema, que era la obra de Enric Mestre, estudiarla desde los aspectos estéticos, formales y técnicos. Con esa idea, en un bloque, fui a hablar con Juan Ángel Blasco Carrascosa, le presenté el proyecto y me dijo: «Perfecto, Encarna. Adelante» (Entrevista a Encarna Monteagudo).

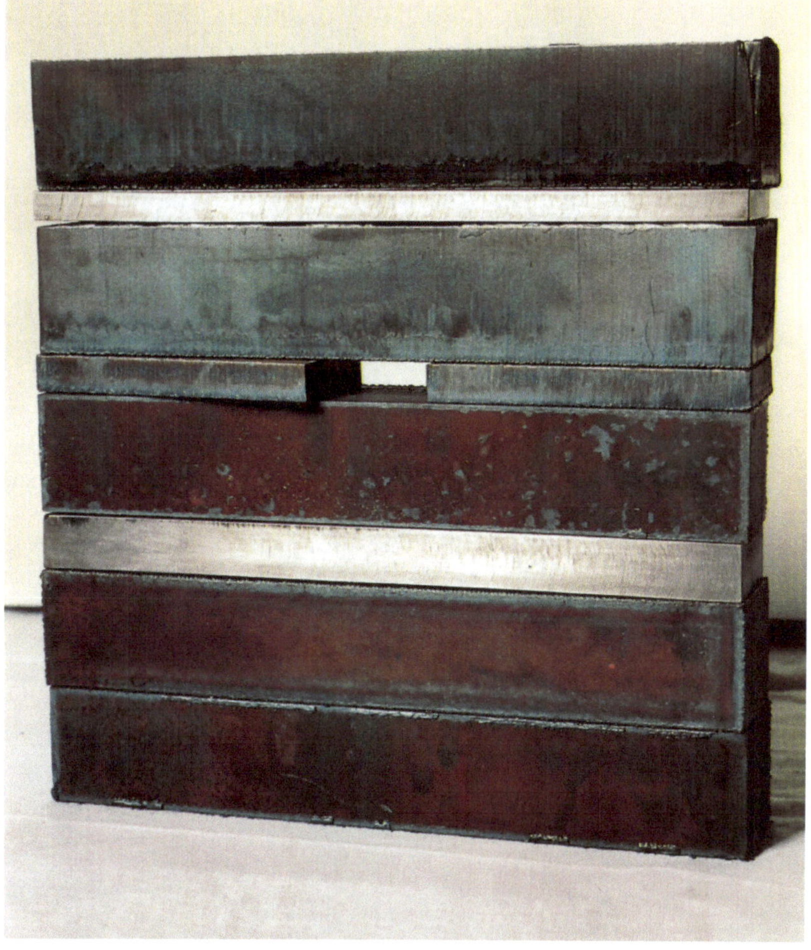

Figura 59. *Hierro*. 41 x 40 x 7 cm. Fotografía publicada en el catálogo de la exposición realizada en Godella. Autor: José Lázaro (1995).

Una vez conseguido su propósito de desarrollar una tesis doctoral sobre Enrique Mestre y encontrar un director que apoyara el proyecto, Monteagudo se presentó de nuevo en la Escuela de Artes Aplicadas para exponerle a Mestre su propuesta. Tras la actitud favorable del maestro de taller a colaborar en la investigación, Monteagudo fue consciente de la idoneidad de matricularse en la asignatura de Cerámica de Mestre. Sin lugar a dudas, esto le permitiría estar más próxima a las directrices docentes y al modo particular de concebir la cerámica del propio Mestre, cuya figura constituía el referente principal que articularía su investigación:

> Entonces, ¿qué me quedaba? Pues tener yo más conocimientos; aunque yo estaba haciendo escultura cerámica en casa, dentro de la escultura cerámica pero [...] mezclando el material cerámico como una materia más dentro de mi forma de hacer, de mi forma de sentir la escultura, pues pensé que lo mejor para poder hacer la tesis (y además en ese momento no tenía docencia), era estar más cerca del maestro [...]. Entonces, sin ser alumna de Mestre, me presento en el Grao, cuando yo no pensaba ni siquiera acabar los estudios de cerámica, porque yo ya estaba haciendo cerámica, estaba haciendo escultura con procedimiento cerámico, que no es cerámica [...]. Entonces me matriculé de quinto curso, en el año 77–78 y veía a Mestre en las clases. El tratamiento alumna–maestro era el mismo exactamente que con el resto de alumnas y alumnos (la mayoría eran chicas, pero había también dos o tres chicos que yo ahora no recuerdo). Y durante esa época desde el 77 hasta el 90, estuve yendo al taller de Mestre todos los sábados a mover todas las piezas, todos los cuadros, cuencos, vasijas, lienzos del año 56, 57, 58... todos sus dibujos de sus estudios de bocetos en Bellas Artes, en San Carlos, todas las pinturas que hizo, los cuadros de los concursos, las series de Fray Angélico, las de la huerta, todo, todo, todo lo movimos José Luis Llorenç[19], Mestre y yo. Lo movimos todo[20] [...]. Cuando yo me refiero a él, para mí Mestre es mi maestro, pero ya no como maestro de taller cerámico, sino mi maestro escultor (Entrevista a Encarna Monteagudo).

Al respecto, nos parece relevante esta denominación que incorpora Monteagudo de Mestre como «maestro escultor», en un sentido más amplio, integral y abarcador, que trasciende la habitual denominación de «ceramista» basada en la mera asociación del tipo de material empleado. Este aspecto fue recalcado en otro momento de la entrevista:

> Yo hago ahí una distinción, yo nunca me he sentido ceramista pero sí me he sentido escultora que trabaja con procedimiento cerámico. De ahí que también yo, cuando me pongo a hacer la tesis sobre Mestre, reivindico que Mestre es un escultor. Y que haga cerámica es porque tiene la gran suerte o haya hecho el gran esfuerzo de conocer todo el procedimiento técnico. Quiero decir, para mí ahí hay tela marinera porque los escultores, los escultores [...]. ¿Este escultor es herrero? No, este escultor trabaja con hierro. Oye, pues yo me siento igual de escultora cuando hago una cosita así pequeñita en barro. No digo que soy ceramista porque la he hecho en barro, o en gres, o en lo que sea. O sea, quiero decir, para mí la entidad de la persona es la misma, según la materia en que se mueva. ¿Y si lo hago solamente con palitos, estoy haciendo arte en la naturaleza? ¿Entonces qué soy, un *naturólogo–escultólogo*, ¿eh? Quiero decir, esa forma de etiquetar me parece de un absurdo y de un antiguo, es que eso es decimonónico totalmente; o sea, está fuera de tiesto, por lo menos lo veo así (Entrevista a Encarna Monteagudo).

Este acercamiento y conocimiento en profundidad de la figura de Mestre, en su doble dimensión personal y profesional, llevó a Monteagudo a concluir lo siguiente:

> Si yo no hubiera encontrado o no hubiera tenido el contacto a nivel teórico y a nivel conceptual de Mestre, y hubiera tenido cerca a Oteiza [...] Oteiza, digamos, para mí es mi maestro espiritual [...].

19 Esposo de Monteagudo.

20 Monteagudo se refiere al trabajo de mover cuadros y esculturas almacenados desde hacía décadas en el estudio de Mestre y en otro espacio que tiene el artista para este fin.

> Tampoco su forma de enseñar, o sea, él tampoco enseñaba, él compartía. Entonces, para mí eso era muy interesante, él nunca decía a los alumnos: «lo que tienes que hacer es no sé qué, no sé cuántos»; «esto así está bien, esto así está mal»; «eso es lo que pienso yo» o «esto insiste en tal cosa» o «esto trabájalo más». Pero también si quieres. O sea, eso es una de las cosas que yo ahora, como docente[21] [...] bueno, muchos años como docente , lo he puesto en práctica. O sea, yo viví con él, en el taller, que los alumnos que tienen ganas de aprender, yo hago por ellos lo que sea. Ahora, quienes vengan a pasar el rato, que no me busquen. Entonces, yo eso lo hago en clase también. A mí quien viene y me pregunta: «Encarna, este proyecto que es para hacer no sé qué, con niños con problemas de adaptación, ¿cómo puedo enfocarlo?». Yo hago las horas que sean necesarias, pero quien viene para sacarse el 5 o el 8, pues mira... (Entrevista a Encarna Monteagudo).

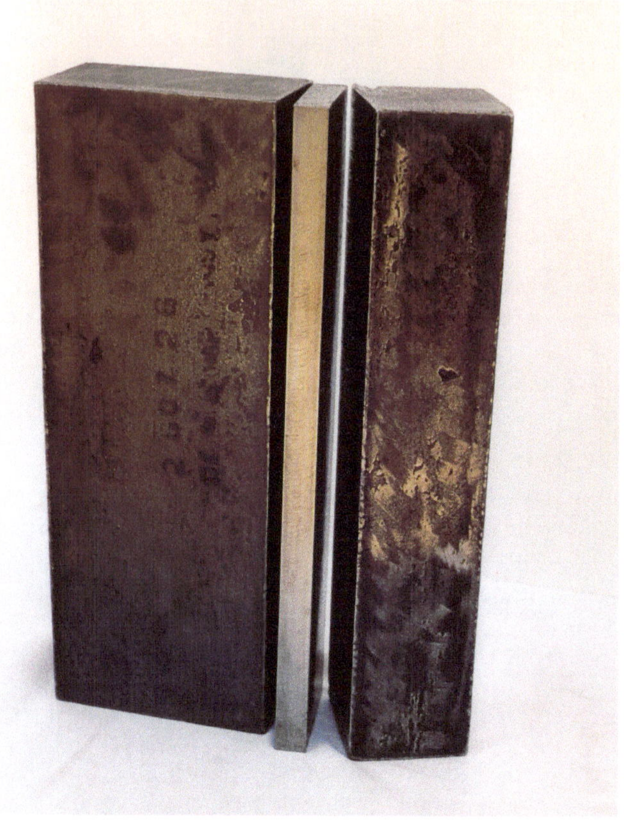

Figura 60. Hierro. 35 x 23 x 13 cm. Fotografía publicada en el catálogo de la exposición realizada en Godella. Autor: José Lázaro (1995).

En suma, por todos los datos recogidos, podemos decir que esta autora ofreció nuevas perspectivas para la investigación. El motivo radica en que de entre todos los informantes entrevistados, Monteagudo es, a nuestro juicio, quien aporta una visión desde un contexto muy ilustrado de referencias. Esto le permite imbricar cada una de las partes, dentro de lo que podríamos considerar un enfoque relacional y holístico que completa el sentido total de la investigación.

Por último, no quisiéramos cerrar este epígrafe sin reflejar aquellos aspectos que, en opinión de Mestre, mejor definen a esta artista:

> [...] disciplinada, rigurosa, metódica, con buen bagaje informativo sobre arte actual (Mestre, 1995)

21 Desde 1998, Monteagudo es profesora universitaria acreditada en la Universidad Católica de Valencia (UCV).

Pablo Ruiz García (Melilla, 1964)

Pablo Ruiz se graduó en Cerámica en la Escuela de Valencia, según consta en su currículum, en el año 1984. Recordemos que Ruiz es uno de los artistas de esta selección que fueron en su momento integrantes de ¡Qué punto, qué fuerte! y comparte con sus otros compañeros (Pastor y Monsalvatje) una significativa ruptura con otros artistas de la misma procedencia académica y del considerado entorno de Mestre. Fueron también, incluso, coetáneos dentro de la escuela.

Pablo Ruiz estuvo presente en la exposición que en 1997 se realizó en la RENFE, con una obra sin título. Más tarde, en 1999, también quedó la obra de Ruiz incluida en la exposición de «Ceramistes formats a l'Escola d'Arts i Oficis de València». En esta ocasión, la obra presentada fue *Copas* (1999). Se trata de tres contenedores de porcelana, de una altura máxima 19,5 cm, que conforman unos exquisitos recipientes que en otro lugar el artista titularía *Serie ritual*.

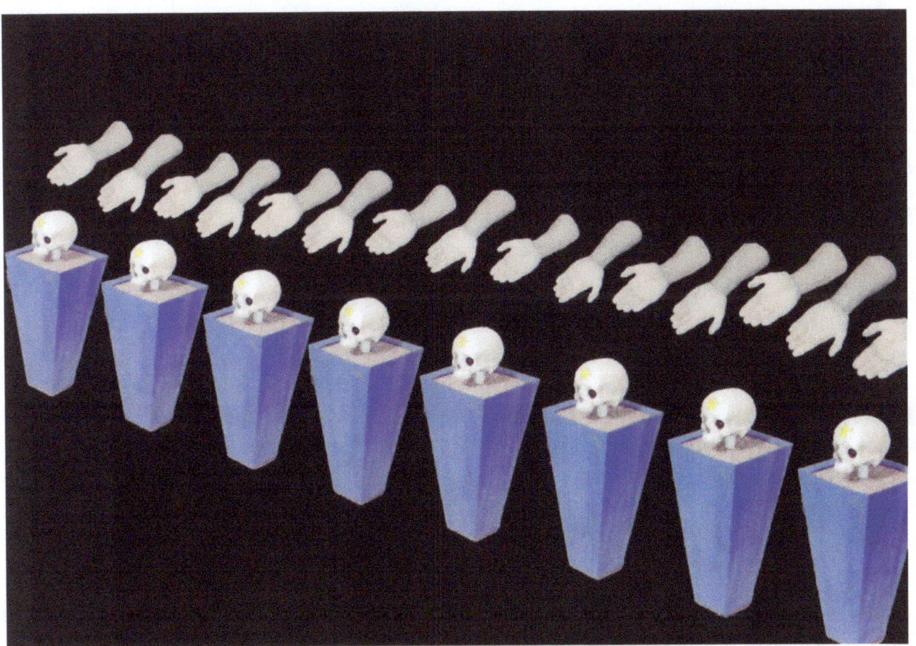

Figura 61. *Europa* (boceto, 2001). Imagen publicada en el catálogo de la exposición realizada en el Espai d'Art La Llotgeta.

Más tarde, en «Cerámica fin de siglo» (2000), Ruiz empezó a utilizar la repetición de objetos para enfatizar su idea de organización programática, de la que dirá Fernando Castro Flórez:

> Frente a las tendencias artísticas ornamentalistas o aquellas que camuflan en el hermetismo su impotencia simbólica, Pablo Ruiz convierte sus composiciones en evidentes muestras de resistencia frente a la civilización de la opulencia, comentarios corrosivos a una sociedad cínica (Castro, Sempere, 2001: 13).

El texto de Castro aparece en el catálogo publicado con motivo de la exposición celebrada en el año 2000, y mostrada en el Espai d'Art La Llotgeta, en Valencia. Dicha exposición estuvo comisariada por Joan Josep Baixauli, y Ruiz presentó tres instalaciones en las que desarrolló sus constantes programáticas: *Europa, Dolor, Tú decides.*

En cuanto a la elaboración de los objetos, la obra de Ruiz requiere del dominio de la técnica y los procesos, siempre subordinados al contenido narrativo de la obra, lo que le obliga a desarrollar múltiples estrategias de manufactura. Así lo explica el propio artista:

> [...] son las formas, las ideas que quiero representar, las que me empujan a buscar el medio transmisor más adecuado en cada pieza. En ese sentido, procuro marginar inicialmente los prejuicios académicos o estéticos que pudiera haber adquirido en experiencias anteriores, dejando que sea el resultado final quien indique el acierto o no de la combinación escogida (Ibáñez, 2000: 267).

Respecto de la influencia recibida de Mestre, el autor afirma:

> Su sabiduría en cerámica es tan grande que le podías abordar con el problema que fuera que siempre existía solución, eso es lo que transmitía —haz lo que quieras pero hazlo bien, el azar cuando más controlado mejor, todo tiene una técnica y hay que aplicarla lo mejor posible, no desanimarse por los errores, saber abordarlos y rectificarlos, si hay que reiterarse en el trabajo el tiempo y el resultado lo recompensarán—. Eso es lo que tengo que agradecerle, la búsqueda de un trabajo bien hecho (Ibáñez, 2000: 46).

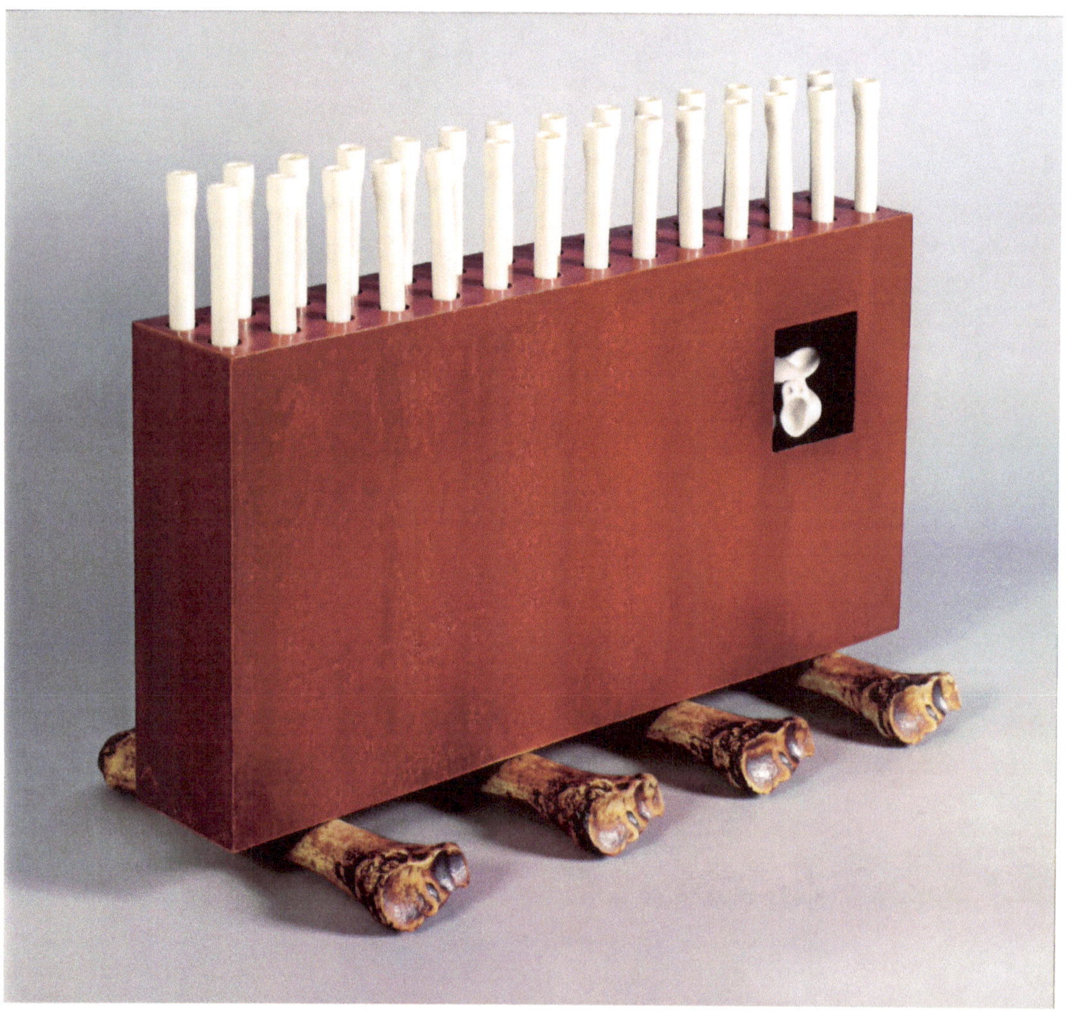

Figura 62. *Lucas y la fábrica de sueños*. Gres y porcelana. 66,5 x 36,5 x 47 cm. Catálogo de la exposición «Dos maestros, dos culturas y su legado» (2010).

Su-Pi Hsu (Yinlin, Taiwán, 1968)

Según los datos aportados por la artista en su currículum, Su–Pi Hsu permaneció en las aulas de cerámica de la Escuela de Valencia en diferentes etapas. En 1997 se graduó en Cerámica según el Plan del 63 y, más tarde, hizo lo propio en la modalidad de Monográfico, durante el curso 2004–2005.

Como premisa para acercarse a Su–Pi Hsu, nacida en Taiwán, debemos ser conscientes de que su percepción sobre la relación del alumno con el maestro está marcada por las claves culturales relacionadas con los orígenes de la artista. Esta artista accedió a colaborar en la investigación y su testimonio quedó recogido en la entrevista grupal realizada a la propia Su–Pi Hsu, Carmen Sánchez y Teresa Aparicio. En el transcurso de la misma, la artista vincula con toda claridad la figura de Mestre con el concepto de *maestro,* llegando a afirmar que Mestre encarna la imagen de su «maestro en España». Esta puntualización responde al reconocimiento de otro *maestro,* Shu Wei Chon, en su país natal, Taiwán. Así describe los orígenes de esta particular relación en el caso español:

> Yo conocía a Enrique Mestre desde 1994, pero entro en escuela con él en el 95 hasta el 99, más menos. Mi caso será así, un poco [.].. diferente, porque yo estudié en mi tierra, en Bellas Artes, en especialidad en Cerámica. Soy de Taiwán. Entonces, en mi tierra yo ya he oído de ceramista a Enrique Mestre. Entonces he venido a estudiar con él. Bueno en mi tierra siempre dices: «encontrar maestro es como una cosa importante en la vida». Entonces, pues hasta no conoces, o no ver cómo trabaja, yo no sé si él va a ser mi maestro o no. Pero el momento del encuentro sus tres palabras, la verdad me clavaron en mi mente, porque él enseguida me pregunta si te gusta la escuela. En principio la verdad me resulta un poco rara, porque en mi tierra cuando una escuela facultad, es espacio enorme, pero aquí es espacio [risa] bastante pequeña. Entonces claro, cuando me pregunta yo por educación, entonces yo digo: bien. Entonces él me contó, me dijo: «vete, coge tu maleta, ahora». Entonces me queda así mirando, y yo digo «no, porque yo con idioma no puedo». Entonces, yo digo: «voy a estudiar cuando yo será mejor». Entonces sus tres palabras me influyeron toda la vida. Él fue, me contó, dice: «arte no necesita hablar [...] siente con corazón, ver con ojo [...]. Arte no es para hablar, es ver con corazón y ver con ojo». Entonces, en este momento, yo ya lo sé, es un gran artista (Entrevista a Su- Pi Hsu).

Las piezas de Su–Pi Hsu comparten con la obra de Mestre un indudable rigor en la factura, pero sus poéticas incluyen un sutil discurso más allá de lo puramente formal y constructivo. Este resultado se explica, por una parte, por el bagaje que tenía la artista cuando entró en contacto con el magisterio de Mestre y, por otra, porque tal vez haya algo biográfico en las figuras silentes, reflexivas, en contemplación. Figuras que ocupan espacios que parecen haber sido construidos, expresamente, para estos fines. Espacios protectores o lugares de soledad, desde la rigidez arquitectónica hasta la delicada fragilidad de lo humano. En todo caso, el juego plástico es la expresión de la constante dualidad cultural, la que ella, la artista, deposita entre sus dos maestros: Mestre y Shu Wei Chon.

En último término, Su–pi Hsu en la entrevista explicó todo el impulso que le motivó a trabajar:

> Y yo digo, mi obra viene a partir de lo que yo siento. Si no me siento, no puedo saber [...]. Yo digo, en este momento yo me sentía hecha menos de mi madre. Entonces yo hecho como una caras, como hubiera me apresado así, yo necesito el [...] caro de mi madre. Yo digo [...] yo no he planteado mi obra tiene que ser obra de museo, no. A mí no me importa. Me sentía bastante mal. Entonces yo no podía seguir el trabajo. Entonces decidí hablar con él. Él me dijo «podemos hablar». Entonces yo [...] fue yo hablar con él. Yo digo [...] quizá cada una [...] crea [...] creadores, pienso artistas. Porque yo no, todavía yo no me sentía «soy artista», ¿no? Entonces yo digo [...] creo cada uno llevamos una historia propia dentro. Entonces yo digo todo obra para mí es como [...] lo que yo me sentía, como yo me siento. Si no, no puedo [...] ¡realizarlo! Mi obra hay historia. Depende, otra gente a lo mejor [...] fue un apuro [...]

o estudiar colores, composiciones, diferente [...]. Bueno, puede ser que sí, pero él *pensás* «no, tú por qué lo has hecho así», y entonces allí fue [...] claro, yo no podía, porque su opinión para mí es mucho. Principio yo venía un poco tímida, así calladita, trabajando yo [...] y una época eché de menos de mi madre, y entonces he trabajado una cara [...] bastante real ¿no? Y entonces, como de repente, él venía a decir «¿Pero qué?». Nunca, siempre muy [...] me trataba super bien. Aunque alguna otra gente dice eres muy exigente [refiriéndose a Mestre], conmigo siempre, la verdad, será mi carácter o algo, no me discute mucho (Entrevista a Su- Pi Hsu).

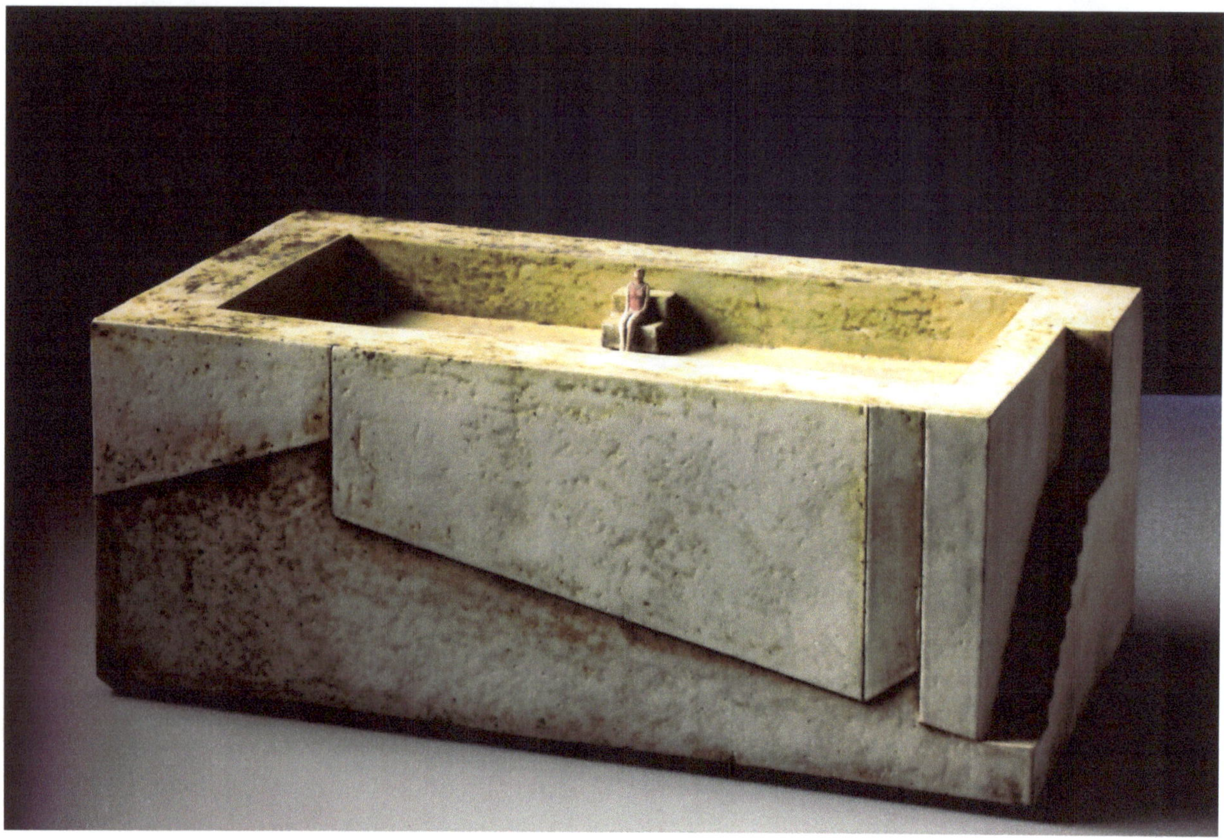

Figura 63. ... *En el fondo* (2005). 22 x 33 x 56 cm. Catálogo de la exposición «Maestros de la cerámica y sus escuelas: Enric Mestre» (2012).

Juan Ortí García (La Coruña, 1974)

Juan Ortí cursó sus estudios de cerámica en la Escuela de Valencia entre 1996 y 2001, según el Plan del 63. Con posterioridad, prolongó su formación matriculándose en el Monográfico durante el curso 2001–2002. El ceramista recuerda su ingreso en la especialidad de Cerámica tal como sigue:

> Pues yo estaba estudiando Diseño Industrial. Y como teníamos que hacer talleres de cosas, un compañero me dijo: «hay clase de torno». Y dije: «mira, voy a probar a ver». Sí, era una cosa que yo tenía [...] por curiosidad. Entonces fuimos al Grao y ahí conocí a Enrique y ya fue entrar allí y ya abandoné todo lo otro (Entrevista a Juan Ortí).

Ortí es uno de los alumnos que admite, con absoluta rotundidad, que Mestre ha sido una figura central en su aprendizaje y un referente en su producción artística. Así lo reconoció cuando se le preguntó en la entrevista por el grado de influencia que Mestre ejerció sobre él:

> Sí, sí, total. Yo ya te digo que, cuando entré, el primer día que entré al taller de Mestre, dije: «dejo todo y me centro en esto», porque es que fue llegar y lo vi. O sea, yo de alguna manera he continuado, en muchos aspectos, con su historia. A mi manera, pero [...]. Y el rigor de trabajar, la perfección, el pensar las cosas [...]. O sea, llevar una idea hasta las últimas consecuencias, ser consecuente. Sí. Ni lo conocía, pero de ver el taller aquel, con toda la gente, el ambiente que había, las cosas que se hacían y todo, digo: «es que ya está claro. O sea, lo vi (Entrevista a Juan Ortí).

En cuanto a su obra, no hay mejor manera de introducir el trabajo de Juan Ortí que sus propias palabras:

> Trabajo buscando la esencia de las formas. Mestre inició mi camino (Ulpiano, Coll, 2010: 36).

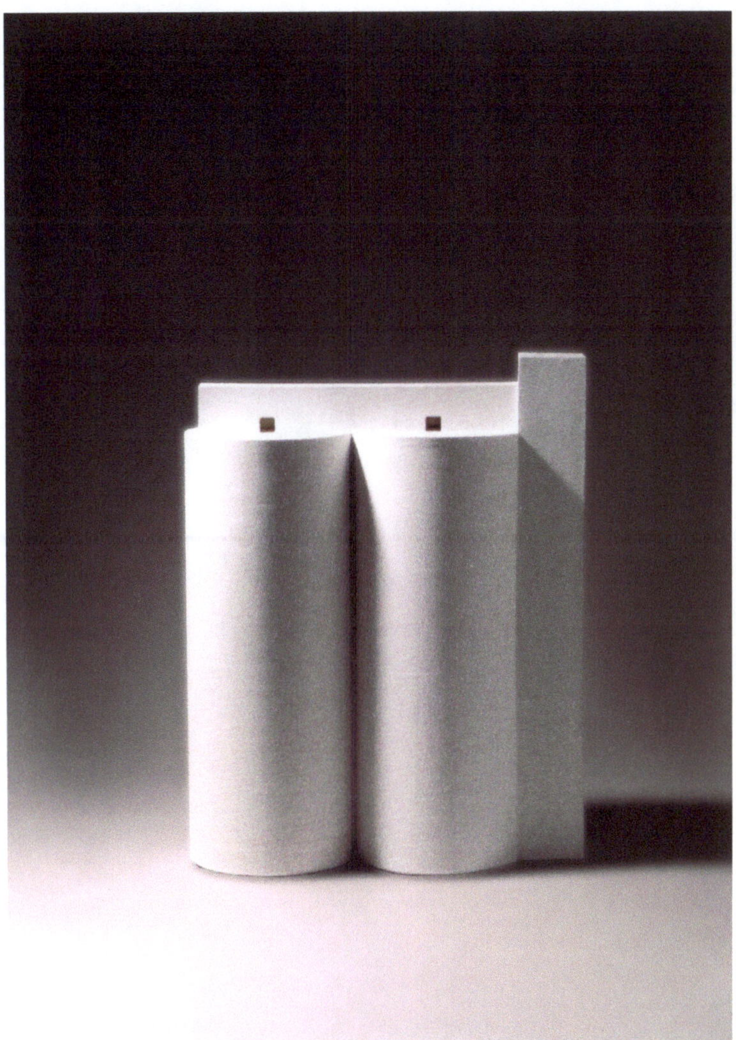

Figura 64. Sin título (2012), 33 x 27 x 12 cm

Esta búsqueda de la esencia fue descrita por Pilar Insausti Machinandiarena en la presentación del catálogo publicado con motivo de la exposición «La esencia de lo simple» que el artista realizó en 2010. En ella presentó sus *Volúmenes cilíndricos albinos*:

> [...] sobre cuyas tersas superficies la luz resbala y se difunde blandamente, para recortarse dramáticamente en la dureza de las aristas, de los cortes, de los escalones y de las finas hendiduras que marcan y acotan con decisión sus firmes cuerpos redondeados (Ulpiano, Coll, 2010: 64).

Nos encontramos, pues, ante un artista, un ceramista, que es consciente (y así lo argumenta) de que su trabajo está fuertemente influenciado por Mestre. Reconoce las influencias formales y también todo lo que subyace y constituye aquello por lo que hablamos de *paideia*:

> Esa manera de pensar, que es la base de todo, eso nos lo ha dado él, aunque cada uno haya cogido un punto de vista diferente, que hasta puede ser que ese punto de vista, que incluso no es nada superficial [...] es verdad, pero a nivel personal, de la manera de trabajar, de lo que uno siente cuando está en el taller, es que es innegable, vamos (Entrevista a Juan Ortí).

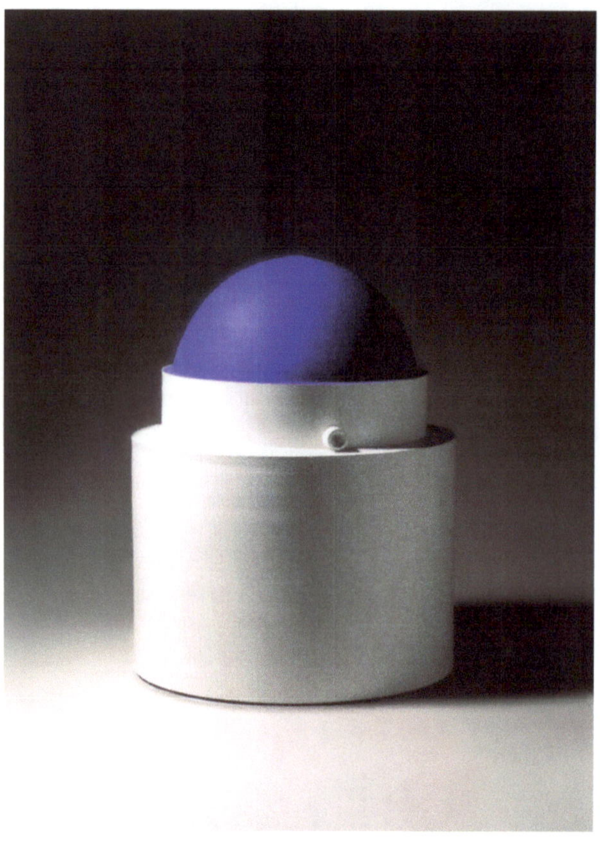

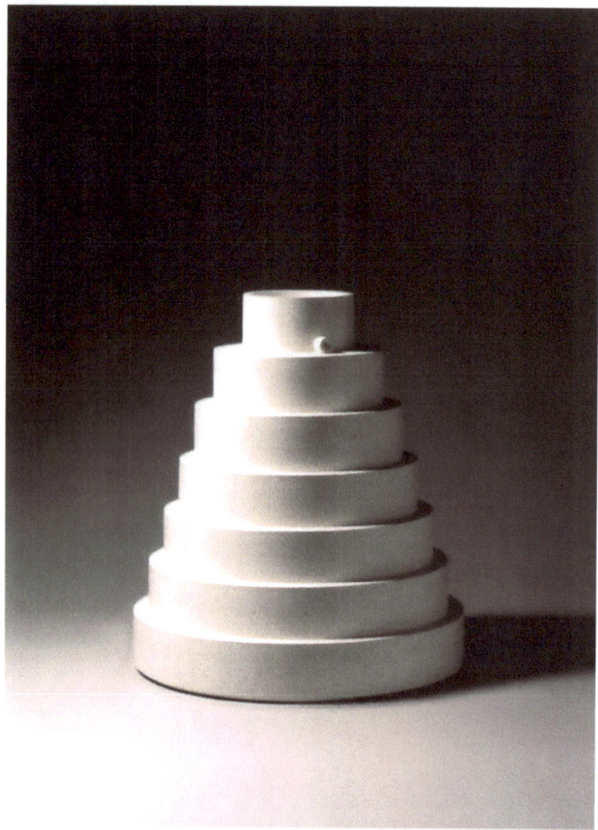

Figuras 65 y 66. Sin título (2006), 35 x 29 cm de diámetro. Sin título (2006), 31 x 28 cm de diámetro. Imágenes publicadas en el catálogo de la exposición «La esencia de lo simple» (2010).

Por último, queremos destacar la circunstancia de haber sido seleccionado para participar en la exposición «Room Art 2013: la poética de lo espacial», comisariada por Ricard Silvestre y organizada por el Centre de Documentació d'Art Valencià. La exposición propugnó, como ya hemos explicamos, la continuidad de la existencia de una línea de trabajo en el arte valenciano contemporáneo, ligada a la corriente plástica que surgió en España durante la segunda mitad de los años cincuenta y principios de los sesenta, liderada por Aguilera Cerni, Giménez Pericas y Moreno Galbán. El comentario se hace al hilo de la valoración que, en otros capítulos, se ha expuesto sobre las posibles influencias del entorno artístico valenciano en la obra de Mestre, lo que nos ha llevado a reflexionar ante lo que podría ser una cadena de vinculaciones con la necesaria evolución en el tiempo.

Juan Luis Tortosa (Valencia, 1978)

Juan Luis Tortosa se graduó en Cerámica en la Escuela de Valencia entre los cursos 1998 y 2003. Más tarde, se matriculó en el Monográfico durante 2006, tras la jubilación de Mestre. El artista explica en una pequeña síntesis su experiencia dentro del aula de cerámica:

> Comencé a aprender Cerámica en la escuela de Artes y Oficios de Valencia. Recuerdo cómo pasaban de lentas las clases teóricas esperando con ansia volver al taller de cerámica y seguir con nuestro verdadero aprendizaje del barro. Al acabar las clases nos quedábamos a comer en el taller y continuábamos trabajando bajo la tutela de Enrique Mestre, que además de ser el jefe de la especialidad de Cerámica, dirigía el Monográfico de Cerámica impartido por las tarde. Aprendí torno de Enrique Mestre pero, sobre todo, he aprendido de su constancia y dedicación a la hora de trabajar y su pasión por la cerámica y la escultura. Para mí es un ejemplo y alabo su labor educativa, que ha ejercido tantos años logrando formar a gran número de ceramistas (Ulpiano, Coll, 2010: 34).

Rosa M. Ulpiano ubica la obra de Juan Luis Tortosa tal como sigue:

> Realismo anacrónico insertado en la nueva figuración posmoderna, con la que el autor se ha decidido a mostrar otra realidad del ser humano, escogiendo otro camino diferente al conceptual, y dejándonos su singular huella a través de la técnica y la maleabilidad del barro. Aportando un enfoque de dinamismo y expresividad extra temporáneo en la cerámica contemporánea (Ulpiano, 2011: 62).

Lo cierto es que la exuberante expresividad que algunas de las obras de Tortosa muestran, las sitúa en espacios que no resultan fáciles de ubicar. Por una parte, en cuanto a las resonancias que se desprenden de la producción del artista, cabe reseñar la obra presentada en 2007, con motivo de la exposición que mostraba trabajos de los alumnos de los cursos monográficos de la escuela de Valencia. Dicha obra nos sorprende por la laboriosa técnica de adición de materiales que, poco a poco, construyen el volumen, dando lugar a propuestas que sugieren lugares, espacios donde han acontecido ricas y complejas historias o seres fantásticos que han participado en ellas o, tal vez, fueron espectadores ajenos, en su bestialidad, al discurrir de los hechos. Como fuera no importa; el enigma se enriquece con el texto que Tortosa publicó para acompañar las imágenes fotográficas de sus piezas:

> He convertido en coraza el corazón. La mente apelotonada en una maleta. Se escapan las ideas, recuerdos por las grietas de heridas profundas (Roca, 2007: 14).

Por otra parte, y en cuanto la acción del artista, lo suponemos ensimismado sumergido en la acción; una acción lenta y reflexiva, muy meditada en el fondo, pero ejecutada con espontánea intuición. Ya en 2010, en el mismo museo de Valencia, con motivo de la exposición «Dos culturas, dos maestros y su legado», Tortosa continuó investigando sobre los recursos de la adición de materiales. Esta vez, materiales previamente cocidos, decorados, esmaltados, sobre pastas de gres, daban lugar a máscaras. Buena muestra de ello es su *Máscara funeraria autorretrato*. Esta serie continuó evolucionando hacia una mayor síntesis en la que desaparecieron las adiciones de material, como puede verse en su Máscara funeraria Clemente.

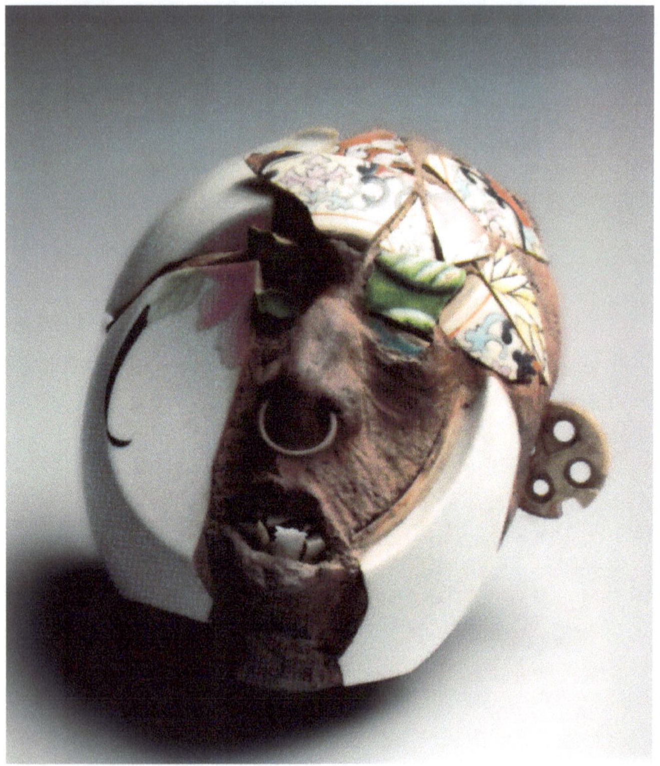

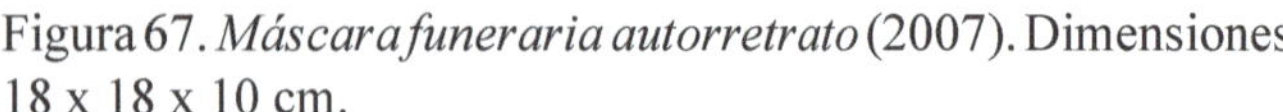

Figura 67. *Máscara funeraria autorretrato* (2007). Dimensiones 18 x 18 x 10 cm.

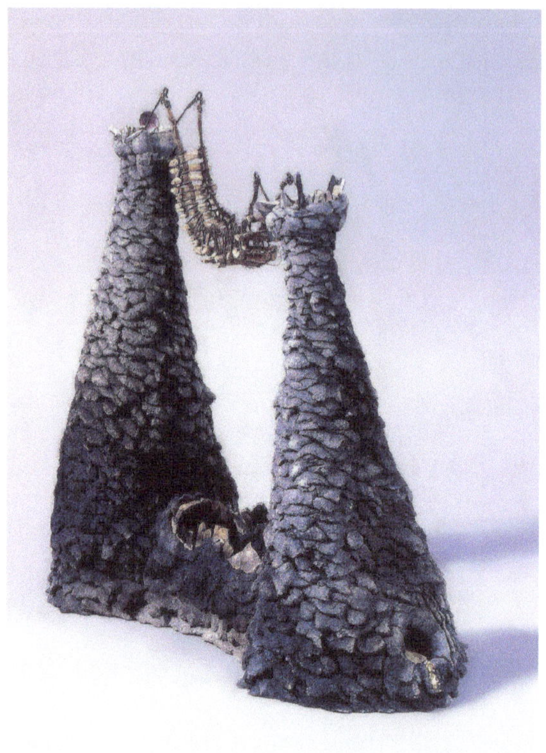

Figura 68. Sin título. Catálogo de la exposición Monográfico de Cerámica, de la EASD de Valencia 2000–2006.

Miriam Jiménez (Madrid, 1973)

Miriam Jiménez abrió, en lo que respecta al grupo de alumnos de Mestre que presentamos en este capítulo, la nómina de seis artistas que tienen en común, por un lado, haber asistido como alumnas a los últimos cursos de Monográfico que Mestre impartió en la Escuela de Valencia y, por otro, el hecho de contar en todos los casos con una formación previa. Por lo que respecta a Miriam Jiménez, sabemos que asistió al Monográfico durante el curso 1999–2000. Con anterioridad, entre los años 1994 y 1998, estudió Cerámica en Madrid, en la Escuela de Cerámica Francisco Alcántara. La ceramista explica en la entrevista efectuada el verano del 2013 su contacto con la Escuela de Valencia y con el propio Mestre:

> Yo acabé de estudiar en Madrid y me vine aquí a hacer el Monográfico de Mestre, porque Juan me había hablado del monográfico de Mestre y me vine aquí un año a estudiar con él. Yo estuve con Mestre [...] estuve en el penúltimo año. Exigente, sí, con el trabajo, pero tampoco estricto en que las cosas tienen que ser como [...] ¿sabes? Era más eso, tú tenías que buscarte tu camino [...], como de todas las cosas que podrías hacer. Yo recuerdo cuando nos hacíamos las maquetitas, que yo nunca había trabajado con maquetas. Yo, viniendo de Madrid, es que era otra forma [...]. Y, a lo mejor, él no te decía nada pero: «mira esa, a ver, sigue por ahí». Es decir, ibas un poquito evolucionando la idea esa... (Entrevista a Miriam Jiménez).

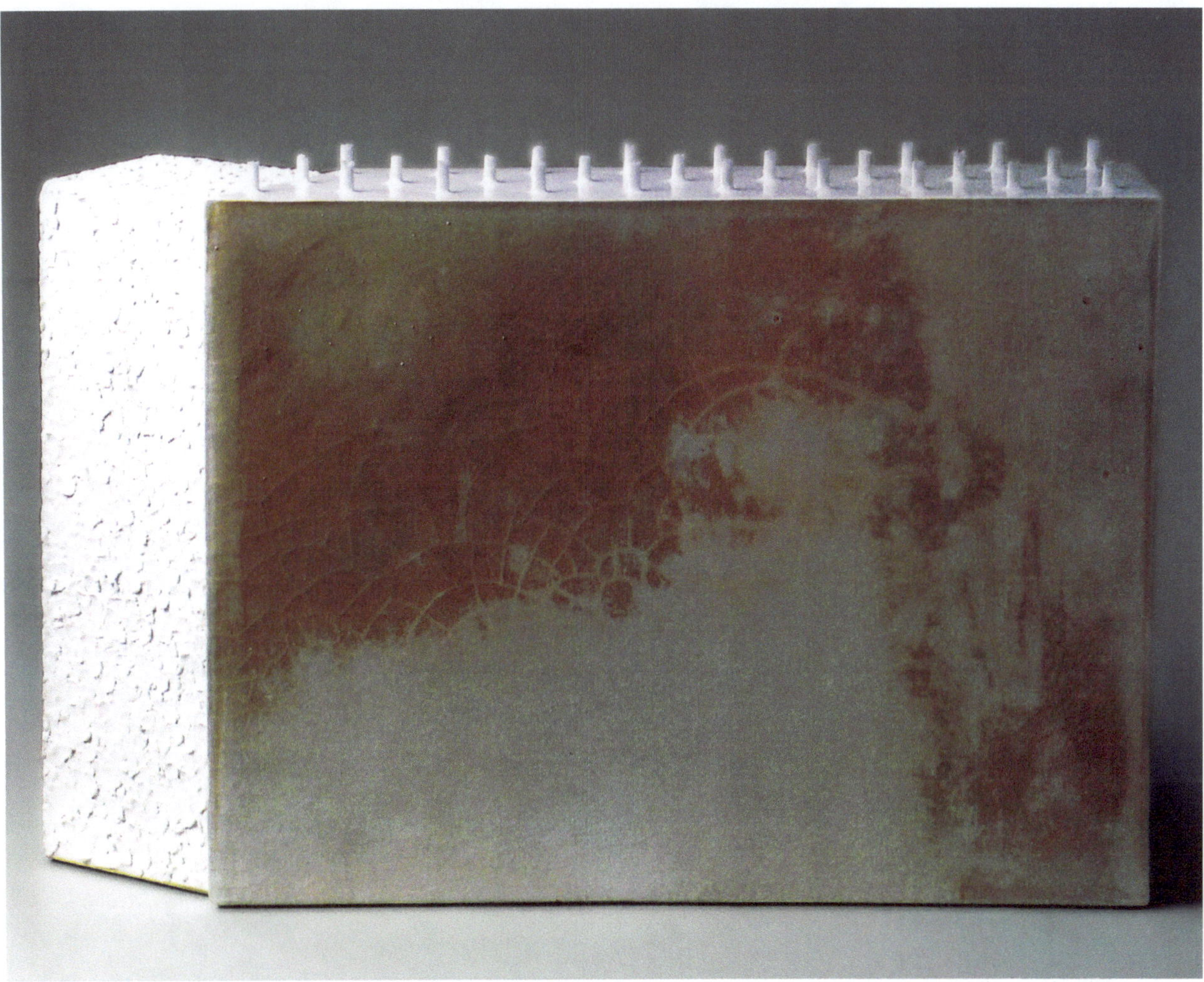

Figura 69. Sin título (2007). Gres, engobe y esmalte. Dimensiones 30 x 45 x 8 cm. Catálogo de la exposición «Dos maestros, dos culturas y su legado» (2010).

Las blancas formas prismáticas de Jiménez producen una serena atracción cuando se contemplan con detenimiento y se observan las leves insinuaciones que surcan la superficie. El aliento se detiene, temiendo alterar la delicadeza de aquella intervención, que se supone ha sido realizada con sumo cuidado y esmerada precisión. La artista pasa sobre la superficie de su escultura y la enriquece, pero no quiere que la piel tenga más protagonismo que la forma, por esto la envuelve con sutileza. Es la misma sutileza que Miriam transmite, puesto que pese a la gran precisión con la que desarrolla su trabajo, fruto de una cuidadísima ejecución, no hace alarde de ello[22]. El rigor en las formas, el color contenido y la sutileza del lenguaje son las claves que relacionan su trabajo con Mestre. Jiménez es una de las artistas que acepta con la naturalidad que la caracteriza, y sin ninguna lucha, el hecho evidente de trabajar en la misma línea plástica que lo hace Mestre; salvando, claro está, los espacios propios de cada expresión. No en balde, el carácter de la influencia que la figura de Mestre ejerce en su obra es sintetizado por la artista bajo estas palabras: «Mestre abrió una puerta dentro de mí y encendió una luz. Me hizo comprender» (Ulpiano, Coll, 2010: 42).

22 Esta es una de las claves en el trabajo de Mestre y una de las consignas transmitidas: la técnica es necesaria, pero la obra nunca puede ser, solo y únicamente, un alarde de técnica.

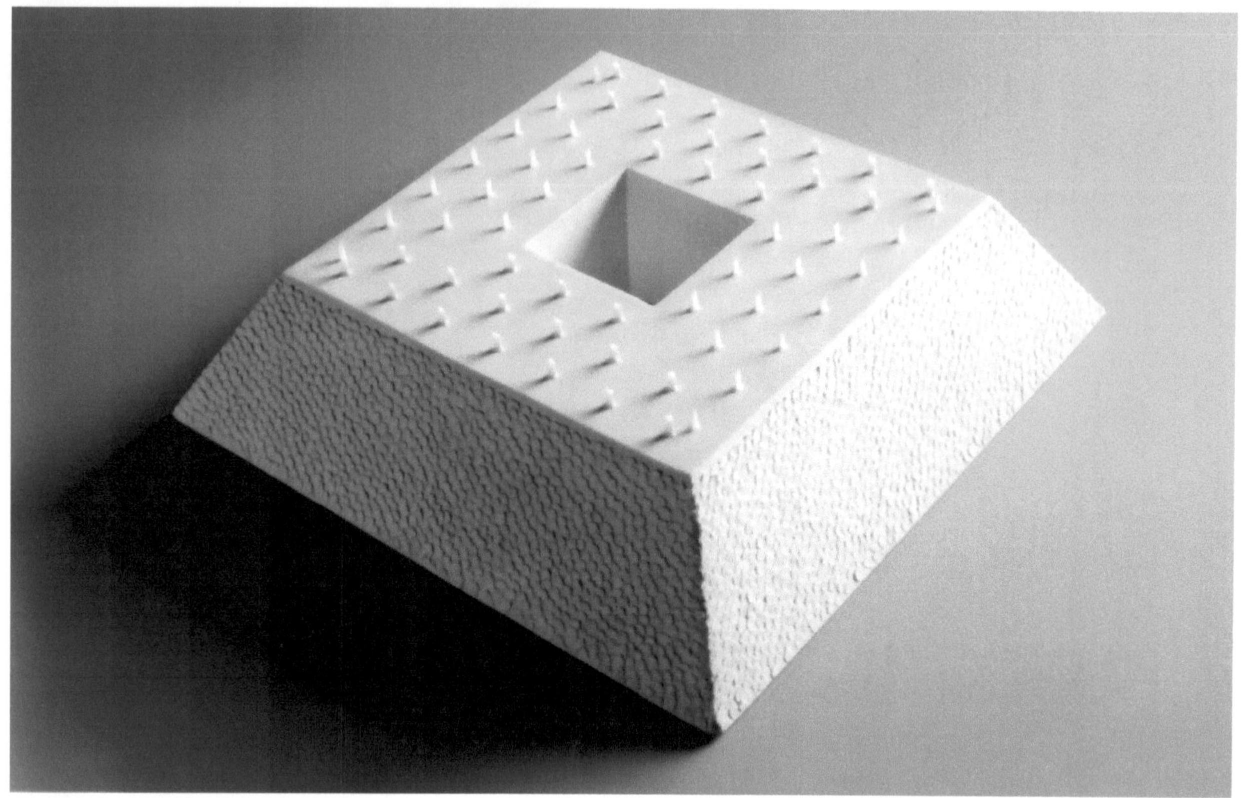

Figura 70. Sin título (2007). Dimensiones 28 x 56 x 28 cm. Catálogo de la exposición «Maestros de la cerámica y sus escuelas. Enric Mestre» (2012).

Carmen Marcos (Valencia, 1965)

Carmen Marcos coincide con Encarna Monteagudo en la concepción de que sus producciones cerámicas deben considerarse, ante todo, como esculturas, dentro de un sentido más amplio y abarcador:

> Yo soy escultora, yo no soy ceramista. Y no lo digo como orgullo, al revés [...]. Yo la cerámica la hago como un coqueteo que, por cierto, me ha salido muy caro [risas]. Es decir, les digo a los alumnos que las lágrimas más grandes me las ha sacado la cerámica. No me las ha sacado, ni siquiera, la fundición, que la fundición también te saca las lágrimas a menudo, te fallan las piezas (Entrevista a Carmen Marcos).

Dada la circunstancia de que Carmen Marcos es profesora en la asignatura de Fundición en la Facultad de Bellas Artes de San Carlos de Valencia, nos pareció significativo su reconocimiento acerca del grado de influencia que Mestre ejerció sobre ella:

> Como docente, concretamente [...]. Claro, yo no soy profesora de Cerámica, soy profesora de Fundición. Entonces, específicamente, no. Sin embargo, sí puedo decir que humanamente, sí [...]. Por ejemplo, el ser capaz de hablar de los valores propios, con tranquilidad, no tener miedo a inculcar valores morales, ¿no?, que en esta sociedad están devaluados. Eso lo he aprendido de él, lo he aprendido también de un maestro de Méjico, que es Francisco Díaz, que es un hombre tremendamente humilde y se ha construido a sí mismo. Eso concretamente lo he aprendido [...]. Con respecto al trabajo, con respecto a la

persona, sí, sí, que Enric nos ha trasmitido [...]. Esto que dice: «dime lo que comes y te diré quién eres», ¿no? Enric es: «dime lo que haces y te diré quién eres», ¿no? Entonces, bueno, pues esta historia de amar su trabajo por encima de todas las cosas, ¿no? Parece un mandamiento; parece católico, pero adaptado a lo laico, ¿no? Eso es muy admirable. Y yo también recuerdo esa gran humildad que olvidamos todos. Yo he visto aquí alumnos que han ganado un premio y al ratito ya no te saludan [risas]. Y yo he visto a Enric abrir un horno, porque ha coincidido, no es que yo esté ahí encima, no. Yo a veces le he pedido un favor, me ha cocido en reducción algo, porque a veces he usado la reducción y no lo he hecho y aquí en la facultad tampoco. De hecho, él en la escuela lo hacía en su casa (Entrevista a Carmen Marcos).

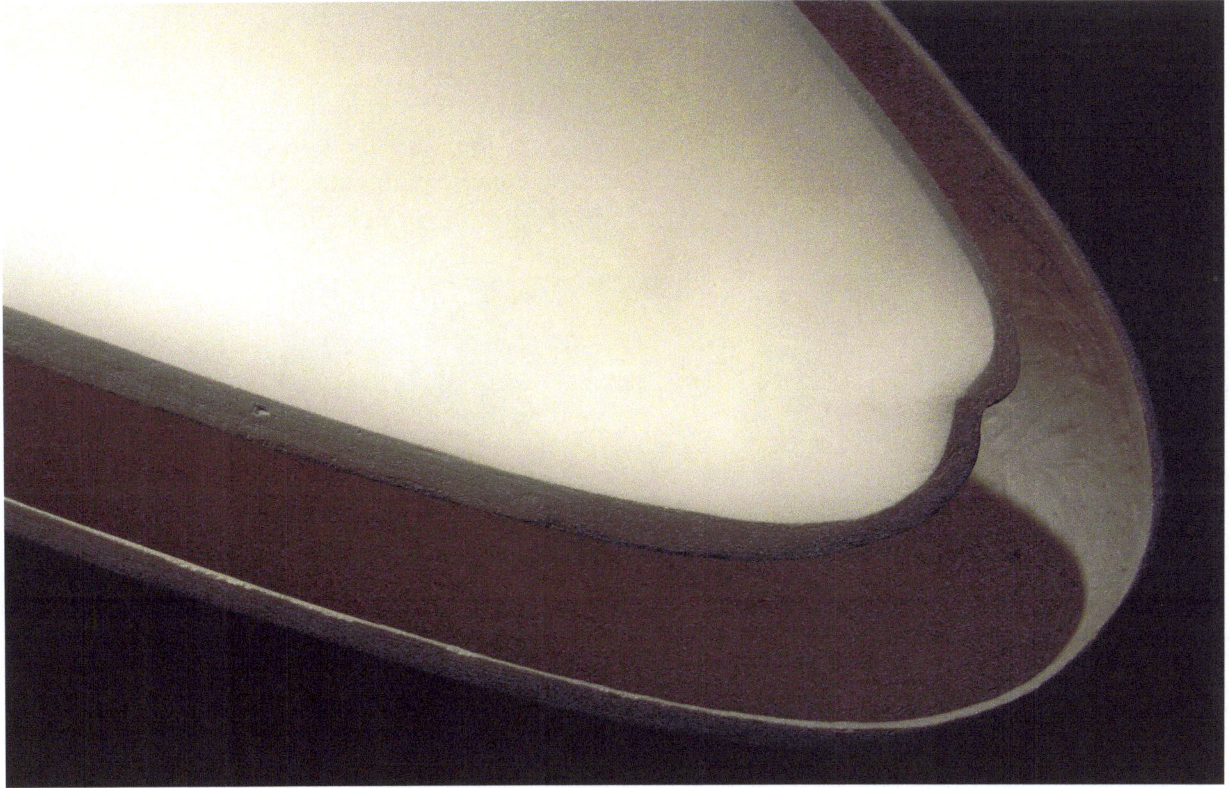

Figura 71. *Entre tú y yo I* (2010). Dimensiones 47 x 18 x 12 cm (sección). Fotografía de la autora realizada en la exposición de Muel (2012).

En la entrevista de Carmen Marcos advertimos un ejemplo clarísimo de la consciencia de la alumna hacia el hecho de haber recibido la transmisión de *paideia*. Su propia formación y su experiencia docente le permiten esta conciencia. También le aportan, sin duda, la capacidad de relatar y explicar con claridad qué supone para ella la *paideia* recibida. Durante la larga entrevista individual realizada con Marcos, la artista, aun sintiéndose alumna de Mestre, también reconoció la influencia de otros maestros:

Muchas veces yo he empezado con una cera, que es el mismo proceso que utilizo para hacer una pieza de bronce, ¿no? Y ahí tengo que nombrar a otro de mis maestros, que es David Reed, que fue el gran maestro de la técnica de la cascara cerámica en fundición artística. Es el que nos la ha enseñado, a través de Albaladejo, que es mi director de tesis, Juan Carlos Albaladejo. Él la aprendió de David y Juan Carlos nos la enseñó por toda España, porque había dado un cursillo aquí, parecido a como hizo Enric, ¿no? Pero lo de Enric era un monográfico anual; Juan Carlos vino a dar un curso puntual con motivo de

> poner en marcha la fundición artística, la fundición nuestra, técnicamente. Y bueno, a raíz de ese curso, yo también quedé fascinada. Y ellos nos enseñaron la técnica de la cáscara. La técnica de la cáscara cerámica es muy avanzada y David nos la enseñó. Luego dio varios cursos en Tenerife, que es de donde es Juan Carlos Albaladejo, el catedrático de escultura, varios cursos para profundizar

La obra cerámica de la artista, la única que consideraremos en este trabajo[23], es purista y sintética. Rosa M. Ulpiano hace referencia a la obra de Carmen Marcos en este sentido:

> Una apuesta a la simplicidad, a través de composiciones escuetas, en las que los contenidos no se dispersan anulando fuerza a las obras (Ulpiano, 2011: 52).

Y realmente es que cuando contemplamos el trabajo de Marcos, ante el sutil juego de las formas y el espacio, podemos con facilidad olvidar el guiño personal que nos transmiten títulos como la serie «Entre tú y yo», para disfrutar únicamente de la contemplación ante el reposado silencio de las formas limpias, potenciadas por el juego de la luz que refuerza su rotunda presencia.

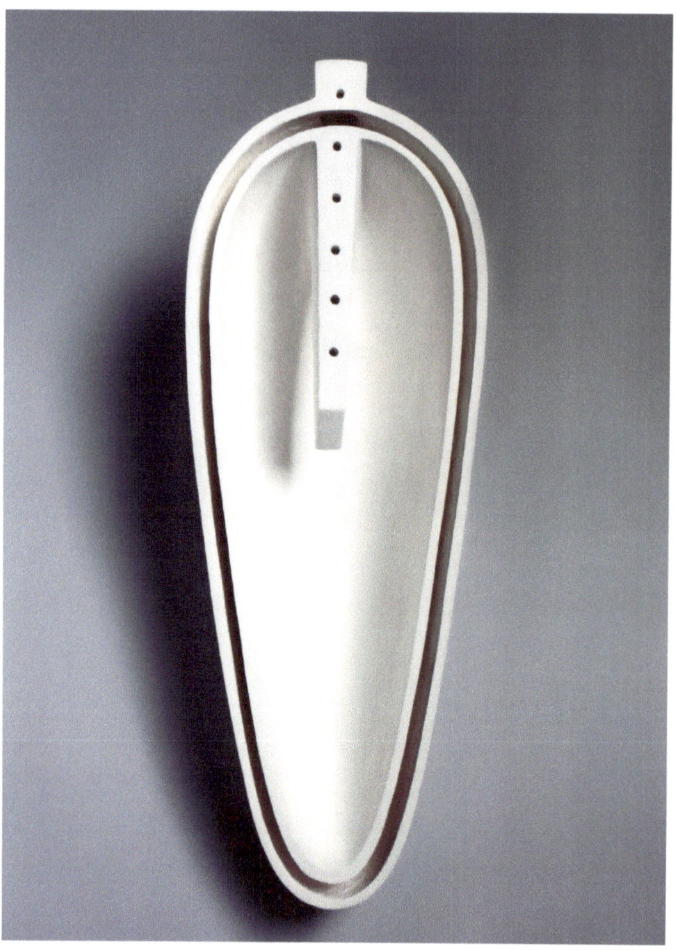

Figura 72. *Entre tú y yo III* (2010). Dimensiones 116 x 30 x 13 cm. Catálogo de la exposición «Maestros de la cerámica y sus escuelas. Enric Mestre» (2012).

23 El trabajo en piedra y bronce y otros materiales no entran dentro de los objetivos de nuestro estudio, orientado solo a la producción cerámica.

Concha Regne (Barcelona, 1953)

La trayectoria de formación que presenta Regne en su currículum es de muy largo recorrido. Este bagaje comenzó en 1978, cuando se licenció en Filosofía y Letras por la Universidad Autónoma de Barcelona. Al mismo tiempo, ese mismo año de 1978, se graduó en la Escuela de Artes y Oficios La Massana, de la misma ciudad Barcelona. A su vez, este extenso recorrido académico la sitúan también en la Escuela Elisava (1981), La Llotja (1982) y Manises (1997, 1999, 2000). Esta búsqueda le conducirá al fin, el curso 2000–2001, al último curso de Monográfico impartido por Mestre en la Escuela de Valencia. También permanecerá en dicha escuela el curso siguiente (2001–2002) para seguir el curso de Monográfico impartido por Mercedes Sebastián, que fue la profesora que sustituyó a Mestre tras su jubilación.

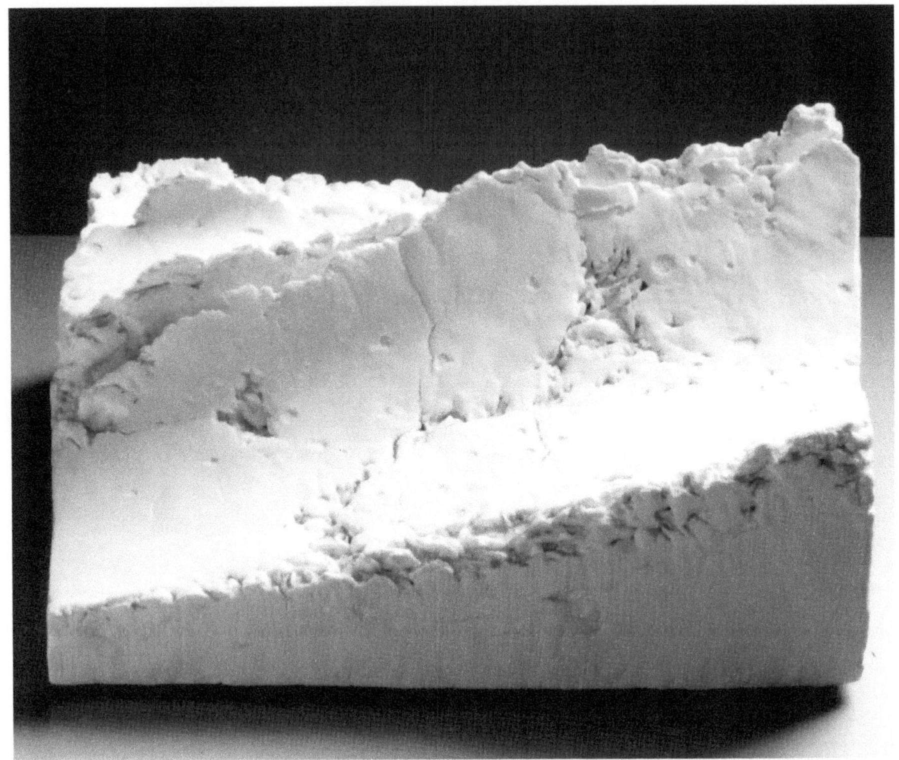

Figura 73. *Sentits de silenci* (2005). Dimensiones 44 x 40 x 22 cm. Catálogo de la exposición «Maestros de la cerámica y sus escuelas. Enric Mestre» (2012).

Por lo que respecta a su producción artística, la artista inició su trayectoria expositiva en 1999, y en 2005 la encontramos presente en la primera exposición que el grupo Pléyade–Keramos organizó en la Casa de la Juventud de Benaguasil (Valencia). Desde ese momento, la artista siguió la trayectoria del grupo, participando en todas las exposiciones que realizaron. Asimismo, participó en la exposición presentada en Muel, «Maestros de la cerámica y sus escuelas. Enric Mestre» (2012), comisariada por Alberto Andrés[24].

24 Como ya hemos señalado, esta exposición de Muel se ha considerado como un referente para la selección de los alumnos que estamos presentando.

La artista valora la influencia que ha ejercido la figura de Mestre en su trabajo de la siguiente manera:

> Mi corta pero sustancial convivencia con Enric Mestre me ha influido en el concepto y en el método, poniendo en práctica aquello que transcendía de su manera de hacer. Algunas ideas son:
>
> — Ser responsable y honesto con el trabajo y además implicarse totalmente, desde el primer boceto, para exprimir la idea inicial desembocando en una obra madura que no pierda el frescor y la viveza de la espontaneidad. No confiar la realización de las obras a la suerte ni a la fortuna. Estudiar los tratamientos adecuados para cada pieza y conocer su respuesta cuando se enfrenten a los casi 1300 ºC del horno.
> — Ser metódico, ya que puede requerir muchas horas de prueba y hay que afrontarlas con entusiasmo y paciencia.
> — Ser racional y discreto al aplicar óxidos, engobes o vidriados, expresando lo máximo con lo mínimo (Ulpiano, Coll, 2010: 30).

Tal vez sean las palabras de Concha Regne, lo que ella llama algunas ideas, las que nos acerquen más a la manera en que Mestre supo entrelazar la práctica del oficio con la búsqueda consciente de la excelencia, sin hacer diferencia entre el virtuosismo profesional y el alcance de la virtud que propone toda *paideia*.

A modo de síntesis, Rosa M. Ulpiano considera que la obra de Regne

> [...] se desarrolla a partir de una concepción geométrica de la forma y de la estructura. Las piezas de pequeñas dimensiones tituladas Sentits de silenci o Vol d'esperança se enmarcan dentro del constructivismo y el movimiento posminimal (Ulpiano, 2011: 56).

Nozomi Kitao (Chiba, Japón, 1970)

En la carta que Nozomi Kitao dirigió en 2008 al Instituto Cervantes de Tokio con el fin de solicitar una exposición del grupo Pléyade Keramos en esta institución nipona, la artista se presentó en los siguientes términos:

> Mi nombre es Nozomi Kitao, soy japonesa y nací en Chiba, pero he vivido durante un tiempo en España, donde adquirí parte de mi formación como artista–ceramista. Por un lado, realicé los cursos de doctorado en la Universidad Politécnica de Valencia. También he realizado un monográfico de Cerámica en la Escuela de Artes y Oficios de Valencia bajo la tutela del artista y profesor Enric Mestre, quien ha sido considerado a nivel internacional como uno de los máximos representantes de la cerámica contemporánea española. A partir de 2005, algunos de los alumnos de Mestre organizamos un grupo llamado Pléyade Keramos, con el objeto de reunirnos, realizar exposiciones, así como intercambiar conocimientos

En el texto que acabamos de citar, Kitao nos aporta dos datos relevantes. En primer lugar, nos habla de las actividades académicas que realizó en Valencia, en diferentes periodos. Según anota en su currículum, identifica un primer periodo entre 1997–2000 y un segundo periodo entre 2003–2006, en el que estuvo matriculada en la Universidad Politécnica de Valencia. Además, fue en el curso 2000–2001 cuando cursó el Monográfico con Mestre, lo cual quiere decir que también formó parte de aquel último curso antes de la jubilación del referido profesor. La segunda información que nos revela el texto hace referencia al hecho de que Kitao fue miembro del grupo que dio origen al colectivo artístico Pléyade Keramos. Al respecto, refiriéndose a la creación del grupo, explica Kitao:

Durante mi estancia en Valencia, pensé que sería bueno realizar actividades colectivas a través de la cerámica, no como un objetivo individual, sino como una manera de relacionarnos. Lo hablamos con los compañeros del último curso de Mestre. Ya habían pasado 5 años desde que salimos de la Escuela, era una buena ocasión para reconocer el paso de cada uno. Todos estábamos de acuerdo y concretamos cómo organizarnos. De este modo comienza el grupo Pléyade Keramos (Conferencia pronunciada en el año 2010 con motivo de la inauguración de la exposición realizada por Pléyade Keramos en el Instituto Cervantes de Tokio).

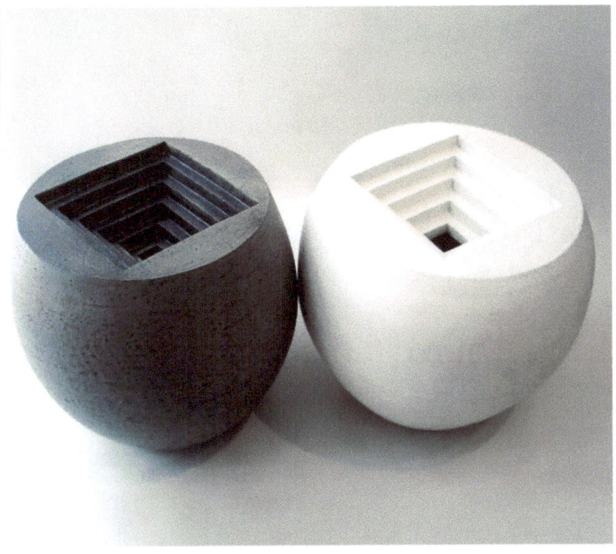

Figura 74. Sin título. Dimensiones 28 x 28 x 28cm / 30 x 30 x 27cm. Catálogo de la exposición «Dos maestros, dos culturas y su legado» (2010).

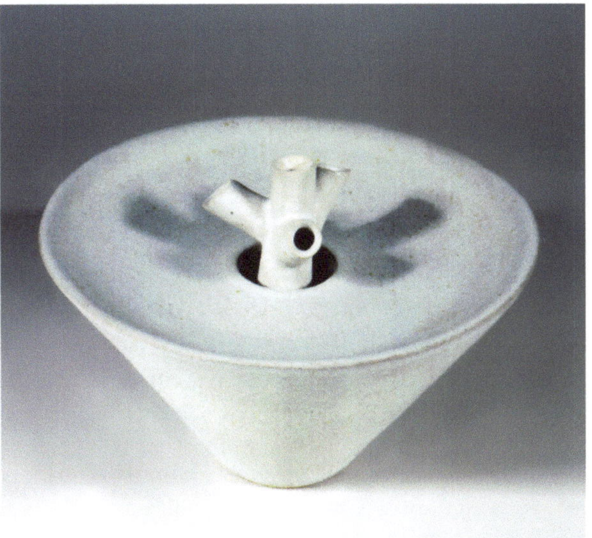

Figura 75. Sin título. Catálogo de la exposición «Monográfico de Cerámica de la EASD de Valencia» (2006).

La obra de Nozomi Kitao surge de formas torneadas que pierden totalmente la funcionalidad. Con ellas, Kitao se acerca a las claves de su propia cultura, considerando como objetos de contemplación algunas exquisitas piezas funcionales, puesto que sabemos que en Oriente no se separa la función de la contemplación, tal y como ocurre en la tradicional ceremonia del té. Del mismo modo, Ulpiano relaciona la obra de Kitao con Oriente, como se deduce del siguiente testimonio:

> Y en este cruce de culturas es donde se ubica la obra de la japonesa Nozoni Kitao; con una estética elegante y depurada produce sus vasos depurados de poética oriental (Ulpiano, Coll, 2010: 13).

Respecto a la influencia recibida de Mestre, Kitao destaca:

> Recuerdo que Enric Mestre me decía: «debes saber cuándo termina una pieza, en dónde debes acabar, cada parte tiene su razón para estar ahí». Conocimientos que me intentaron transmitir durante la licenciatura en Japón, pero que no comprendí hasta que asistí a las clases de Mestre. Él nos enseñó cómo se debe realizar un trabajo y cómo hacerlo bien. Este sigue siendo el eje de mi obra, lo noto aun estando lejos, porque trabajo preguntándome: ¿Qué pensará el maestro? Y creo que todavía necesito su enseñanza (Ulpiano, Coll, 2010: 44)[25].

---

25 Respecto la vinculación de Kitao al entorno de Mestre, y al propio maestro, dará la medida saber que la ceramista se desplazó, por solo cuatro días, desde Japón hasta Navarrete en la Rioja, con motivo de la exposición «Escuela de

Por ultimo debemos destacar el esfuerzo que ha puesto Kitao en promover actividades del entorno de Mestre, lo que quiere decir —alumnos de Mestre— en Japón. Mostrando su indudable vinculación al grupo, vinculación está fuertemente influenciada por su cultura oriental, en la que como sabemos el reconocimiento de la figura del maestro es parte sustancial del aprendizaje.

Bibiana Martínez (Logroño, La Rioja, 1973)

En la introducción al currículum de la artista podemos leer:

> En 1991 se trasladó a Valencia a estudiar Bellas Artes en la Facultad de San Carlos, especializándose en Escultura y, al finalizar, asiste al Monográfico de Cerámica Creativa impartido por Enric Mestre en la Escuela de Artes y Oficios de dicha ciudad (Ulpiano, Coll, 2010: 115).

Durante su estancia en la facultad, según nos ha explicado Bibiana, cursó la asignatura de Escultura que impartía el escultor Evaristo Navarro[26], profesor por el que se siente influenciada. Más tarde, la artista explica cómo fue la circunstancia de interesarse por el monográfico que impartía Mestre:

> Allá por el año 96 sonaba como un murmullo, como un rumor el nombre de Enrique Mestre, en las clases de Escultura de la Facultad de Bellas Artes. Se escuchaba que era un artista del que se podía aprender mucho, alguien muy valioso. Había compañeros que incluso se escapaban entre clases para asistir a las enseñanzas de Enric y esto convertía los conocimientos del maestro en algo muy preciado y un tanto misterioso. Por fin lo conseguí, llegué a su último monográfico en la Escuela de Artes y Oficios, quería saber qué era aquello tan precioso y enigmático que podía transmitir un profesor y que muchas personas perseguían. Y lo entendí, Mestre te guiaba para sacar lo mejor de ti, te entendía como persona, comprendía tu trabajo y te colocaba en el sitio exacto para que tú pudieras comenzar a crear (Ulpiano, Coll, 2010: 58).

Desde estas dos referencias en su periodo de formación, la artista Bibiana Martínez se reconoce entre ambas influencias: Evaristo Navarro y Enrique Mestre. De ahí que su obra se sitúe entre estas dos poéticas extremas: la expresividad matérica de Evaristo y el contenido rigor de Mestre. A partir de ambas contribuciones, la artista busca, sumergida en lugares propios, encontrar los recursos necesarios con los que narrar, comunicar y transmitir.

De sus propuestas escribe Ulpiano:

> Dentro de estas premisas en busca de lo etéreo contrapuesto al volumen se ubica la obra de Bibiana Martínez, a modo de poesía visual nos introduce por un laberinto de diálogos contrapuestos morfológicamente (Ulpiano, Coll, 2010: 11).

Desde tal reflexión podemos contemplar la obra de la artista, ciertamente sutil y poética, expresada desde la forma hueca del contenedor que, como el objeto escultórico que siempre ha sido, describe la gramática del discurso que envuelve a la artista en las diferentes morfologías en las que Bibiana los muestra.

Ceramistas» que se realizó en el verano de 2014. Con el considerable esfuerzo personal y económico que tal corto periodo de tiempo requería.

26 La obra de Evaristo Navarro (1959–2014) se ha venido caracterizando por la utilización sistemática y obsesiva del barro. El artista dota a este material humilde de una fuerte carga poética y lo convierte en el medio cardinal para desencadenar todas sus estrategias constructivas y metafóricas https://www.ivam.es/exposiciones/evarist–navarro–la–construccion–de–la–memoria–2/

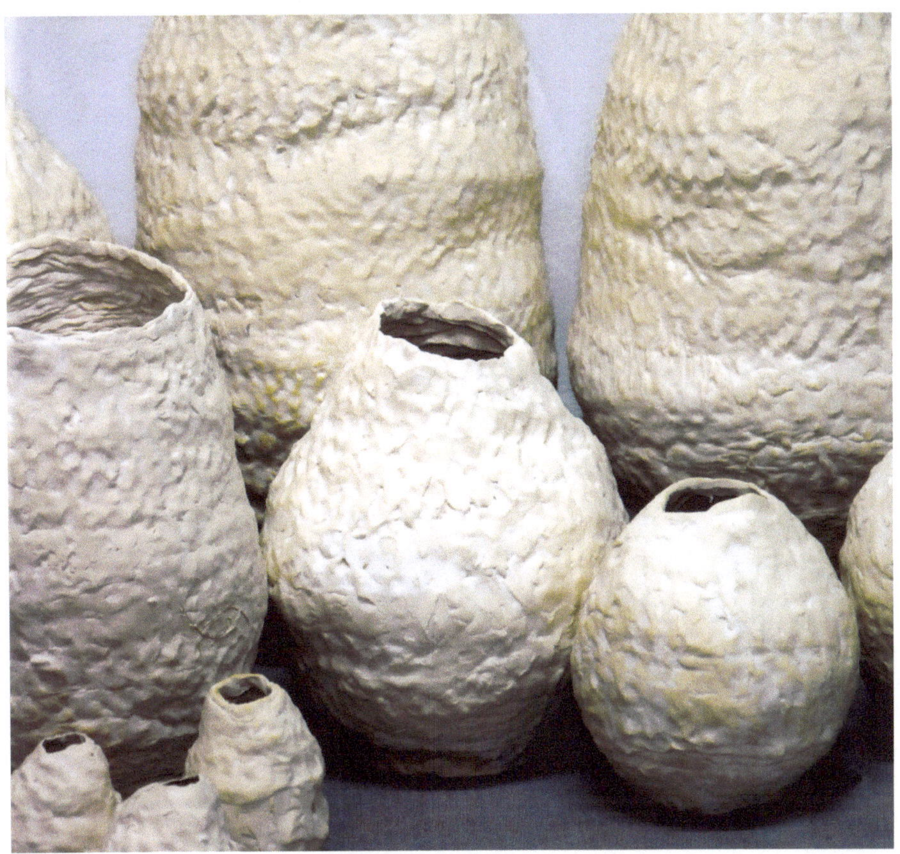

Figura 76. *Jardín madre.* Dimensiones 150 x 50 x 50cm. Catálogo de la exposición «Dos maestros, dos culturas y su legado» (2010).

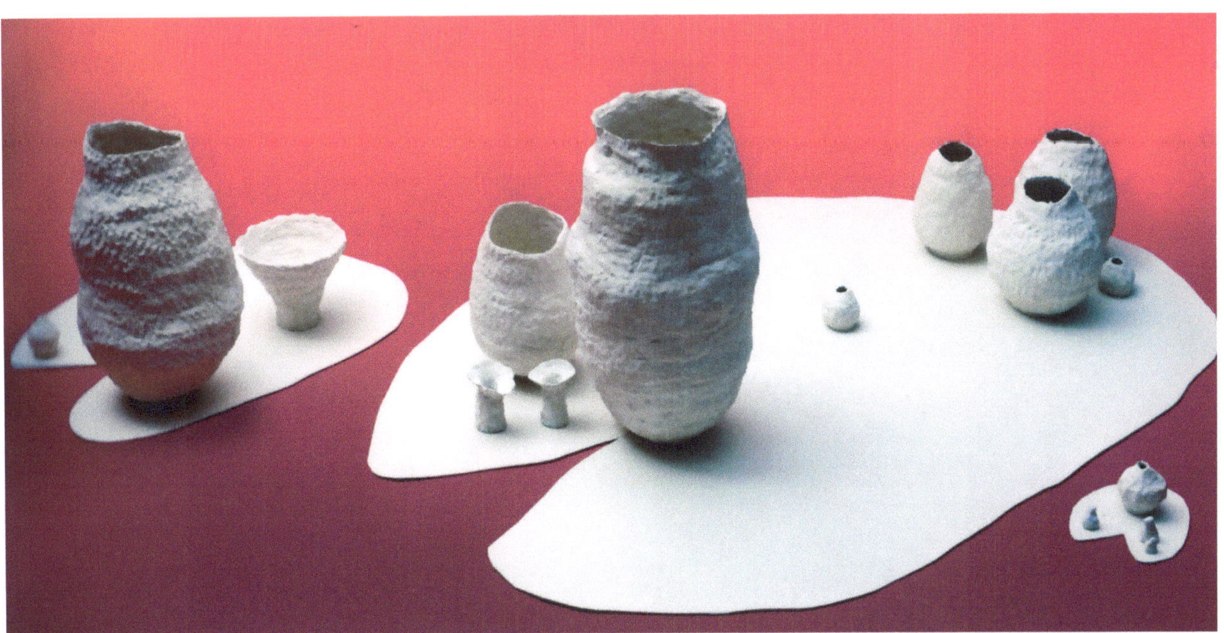

Figura 77. *Jardín japonés: Nenúfar III.* Dimensiones 65 x 160 x 110 cm. Imagen de la autora (2008–2011).

Síntesis del capitulo: la identidad del grupo

Se cierra el presente capítulo, habiendo documentado una serie de artistas que tras la decantación que otorga el paso del tiempo y el devenir que aportan las propias trayectorias, nos dejan suficiente información como para defender el discurso en el que se viene apoyando la investigación, con el fin de encontrar y exponer la identidad que define al grupo propuesto.

Defendemos la certeza de que se puede perfilar la génesis, de un grupo de artistas afines en sus estructuras de comportamiento, y sus estrategias, sumergidas estas, en la producción de una obra que aporta contenidos de conciencia, y cuyo alcance en el mundo del arte, considerando el material en el que se expresan, es sin duda un proyecto aún sin determinar en sus definitivas consecuencias.

En este sentido hay que destacar que tal continuidad en el entorno de Mestre, propiciara sin duda, con el tiempo, mayores argumentos. Hay que considerar que el propio Enrique Mestre, continúa manteniendo un asiduo contacto con el grupo, no solo en eventos y exposiciones, también y como siempre lo hizo, en actos de socialización y amistad, más cercanos si cabe ahora que no existe el compromiso entre docente y discente, que existía en el aula, por tanto se mantiene tal enriquecedora tensión que nos explica Zambrano:

> [...] el yo, que se erige como máxima resistencia al logos en su pureza. Y de ahí, el incansable hablar entre maestro y discípulos en que se desvía el logos en su primera y tímida aparición, más verdadera. Ya que el logos va creando sus propios espacios en cada una de las mentes que lo acogen, y va abriendo una cierta configuración allí donde germina (Zambrano, 2002: 257).

Conclusiones

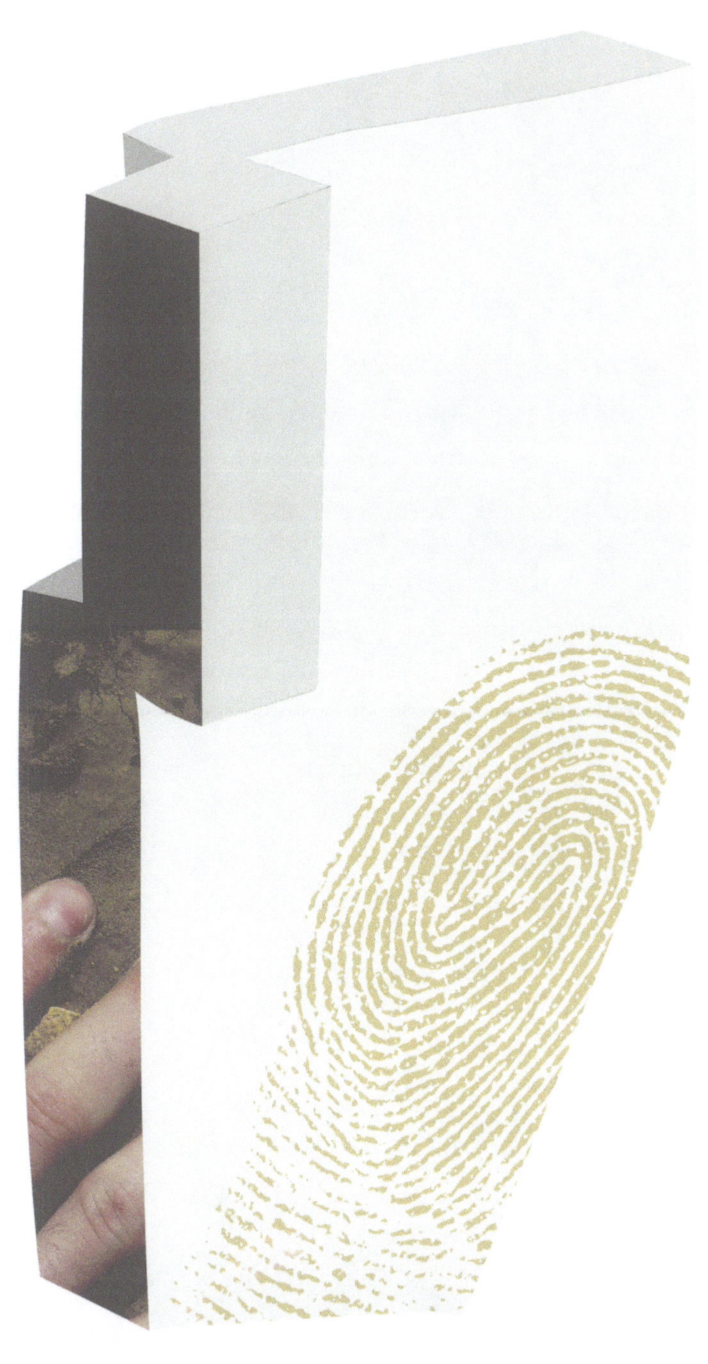

Llegados a este punto, es fundamental elaborar las conclusiones generales que relacionen e integren la totalidad de los hechos estudiados, tomando siempre como telón de fondo nuestro objeto de investigación. Nos referimos a la existencia de un grupo de artistas profesionales que, si bien no lo entendemos como un corpus homogéneo de poéticas creativas, sí trabajan con el material cerámico y se formaron, en torno a la figura docente de Enrique Mestre en la Escuela de Artes Aplicadas de Valencia.

De entrada, como ya hemos destacado, la investigación partía de una hipótesis inicial, acerca de si era pertinente o no hablar de los «alumnos de Mestre» en un sentido grupal o colectivo. Para sopesar la idoneidad de tal denominación, nos vemos obligados a realizar, de forma somera, una recapitulación de los contenidos analizados en los capítulos precedentes. Así pues, lo primero que debemos considerar es la existencia de un grupo de alumnos que se formaron en Cerámica en la Escuela de Artes Aplicadas de Valencia, a cargo del artista y ceramista Enrique Mestre Estellés. En este sentido, el análisis del estado de la cuestión resultó esencial para valorar hasta qué punto se constituyeron entre ellos unos vínculos de identidad profesional, lo que permitiría relacionarlos con el magisterio del referido maestro. En concreto, tuvo una importancia capital tanto la consulta de fuentes documentales, en especial, la documentación bibliográfica y la conservada en las hemerotecas, como las entrevistas realizadas a aquellos sujetos profesionales implicados en los hechos investigados. La combinación metodológica de ambas técnicas analíticas nos ha proporcionado una información de primera mano acerca de este asunto, permitiendo trazar una narración secuencial de las actividades de estos alumnos, de sus exposiciones y trabajos, con vistas a detectar una posible herencia de las directrices de su maestro. De tal manera ha sido así, que esta forma de proceder ha conferido precisión técnica y argumental a las conclusiones a las que hemos llegado. Así pues, podemos decir que no se ha encontrado ningún respaldo documental a las voces que sostenían la inexistencia de un grupo de «alumnos de Mestre» y, en todo caso, atribuían esta denominación a lazos que no eran estrictamente profesionales. Todos los argumentos de negación en este sentido eran de carácter oral y no se han visto refrendados, como hemos advertido, por ninguna justificación documental o formal. No obstante, también es cierto que, por regla general, buscaban los signos de tal vinculación en la relación existente entre lenguajes plásticos presentes en el binomio alumno–profesor. Y, en muchos casos, al no encontrar una asociación evidente entre ellos, tendieron a clasificar como excepcional la obra de determinados artistas, lejos de hacer extensiva esta identificación a un grupo más amplio. Además, en estas conversaciones, nunca se hizo un balance extenso de la obra de los posibles alumnos. Desde nuestra consideración, si se hubiese efectuado un análisis en mayor profundidad de la evolución del trabajo de los diferentes artistas, tal vez se habrían desvelado posibles coincidencias con el maestro atendiendo al grado de madurez de la obra.

En cualquier caso, la consideración de esta suposición nos introdujo en la búsqueda de aquellas razones argumentales que pudieran fundamentar la identidad del grupo. Y, a nuestro modo de ver, el hilo conductor que permitía hablar de un sustrato común, en medio de la heterogeneidad de propuestas artísticas confluyentes, se articulaba en torno a la concepción de *paideia,* que ha caracterizado el magisterio de Mestre. La *paideia* se erige, en consecuencia, como la idea nuclear que sirve de esqueleto y da soporte a toda nuestra investigación. Al hablar de *paideia* ya nos referimos a una manera particular de enseñar, fundamentada en la transmisión de los valores clásicos de nuestra cultura: aquellos que buscan en la excelencia del individuo la fuente de todos sus recursos y capacidades. A la luz de este concepto, encontrábamos las razones suficientes para articular un discurso coherente respecto a un grupo de profesionales inmersos en un entorno cerámico, fuertemente influenciado por la figura del artista–ceramista Enrique Mestre. De ahí que consideremos que podemos hablar con propiedad cuando nos referimos a *los alumnos y alumnas de Mestre*.

Respondida esta primera pregunta, nos hemos enfrentado a una segunda cuestión: ¿cuáles son las características diferenciadoras de estos alumnos respecto de otros profesionales de la cerámica? En este sentido, se ha articulado una aproximación muy abierta, en relación con aquellas cuestiones que también hicieron diferente la obra de Mestre y su docencia. Desde esta perspectiva, los profesionales que consideramos *alumnos de Mestre* han proyectado una actitud de compromiso similar a la que el maestro estableció en su obra personal y trató de transmitir con su *paideia* en todo momento. Estos compromisos con la propia obra se traducen en la búsqueda crítica del rigor y la aspiración de excelencia, desde una amplia libertad de modos y una poética profundamente relacionada con la personalidad de cada artista. Esta garantía, del compromiso con la obra y con el ejercicio profesional del artista estaría en consonancia, a nuestro parecer, con la defensa del arte como experiencia sumergida en la cotidianidad del artista o, dicho de otro modo, como expresión de todas y cada una de las experiencias que configuran su contexto. De ahí que el objeto producido refleje en su intensidad estética *el todo,* más amplio, en el que fue creado: «El sentido de un todo extensivo y subyacente es el contexto de toda experiencia» (Dewey, 2008: 220).

Tras aceptar la existencia de un grupo con caracteres identificativos comunes, y aun reconociendo la presencia de otros rasgos diferenciales, en tercer lugar nos propusimos describir las razones, las circunstancias y hechos que habrían propiciado las dos afirmaciones precedentes. Esto implicaba el reto obligado de enmarcar los hechos y sujetos particulares en el contexto socio–histórico de la investigación, dado que asumimos que «[...] todo texto hay que concebirlo en su contexto» (Vicente, 2010: 625). No solo compartimos esta afirmación sino que, además, en el trascurso de la investigación hemos alcanzado la certeza de que el contexto ha sido fundamental para que se dieran los hechos investigados.

En consecuencia, estimamos que el análisis cualitativo de dicho contexto nos ha proporcionado, por una parte, información de enorme relevancia para una lectura adecuada de las circunstancias y, por otra, ha constituido la génesis de la cuestión investigada. Como resultado, en la medida en que avanzaba la investigación pudimos observar que el punto de encuentro entre el artista, el docente y su tiempo tomaba cada vez más fuerza. Así pues, durante el trabajo de documentación, comenzamos a percibir cómo al situar la figura de Mestre dentro del marco espacio–temporal y sociocultural, empezaban a conferir sentido las hipótesis planteadas. Desde la perspectiva temporal, resulta determinante atender al progresivo proceso de transformación que ha experimentado la cerámica, que aunque ligada a una sólida tradición se vio releída cuando empezaron a escucharse voces de cambio.

En el caso particular de Escuela de Artes Aplicadas de Valencia, este cambio empezó a reivindicarse con fuerza en la segunda mitad del siglo xx, coincidiendo con la etapa de mayor madurez y esplendor de la figura de Mestre. Esta solidez académica y profesional del maestro justifica que asumiera un papel primordial como receptor e impulsor de los nuevos paradigmas, lo que permitió llevar adelante un giro radical. En este punto, queremos insistir en el calificativo de *radical,* puesto que también en otras escuelas se dieron cambios en el sentido de que, desde los lenguajes tradicionales, se fue evolucionando hacia otras propuestas insertadas en la contemporaneidad. Sin embargo, dichos cambios fueron, por lo general paulatinos, mientras que en el caso de la Escuela de Valencia, y de la mano de Mestre, asistimos a un punto de inflexión total. Indudablemente, Mestre abrió caminos poco transitados hasta aquel momento en el ámbito geográfico de la Comunidad Valenciana y lo hizo en dos sentidos: en el de su obra artística y en el de su labor docente.

Centrándonos en la figura de Enrique Mestre, al desarrollar el recorrido vital desde su juventud y su formación, hemos podido llegar a la conclusión de que el artista asimiló, de entre todas las opciones posibles, aquellas que le permitieron vincular su trabajo a los lenguajes más progresistas dentro del mundo del arte. Teniendo en cuenta, además, las circunstancias ya descritas de cierto retroceso o estancamiento en las que se encontraba el mundo de la cultura valenciana por aquel entonces. De su biografía se desprende que Mestre adquirió una muy sólida formación clásica, tanto en las herramientas propias de las Bellas Artes, como en los recursos técnicos propios de la Cerámica. Dicha preparación, enfocada desde una mirada crítica hacia lo establecido junto a un compromiso personal con la contemporaneidad, le condujo al acertado camino que todos conocemos hoy. Por todo ello, podemos decir que la figura de Mestre, en la culminación de su carrera, ha llegado a ocupar un espacio muy destacado, no solo en la plástica contemporánea valenciana, sino también en un ámbito de mayor proyección nacional e internacional. Con todo, conviene matizar que estamos hablando de los circuitos de cerámica en los que, con toda claridad, Mestre es ya un gran maestro. De cualquier modo constatamos, que respecto al espacio extenso del mundo del arte, cabría realizar un análisis más minucioso y exacto para sostener esta afirmación y que ahora, en el ámbito de la presente investigación sobrepasa nuestros objetivos. Así pues, aunque no podemos omitir que Mestre ha transcendido el mundo de la cerámica para integrarse en los circuitos generales del arte contemporáneo, estimamos que es, precisamente la cerámica, lo que le hizo saltar al panorama internacional. Pero quisiéramos insistir en que no es la obra la que pone limitaciones, sino el material de ejecución el que lleva a clasificarla, por lo general, dentro del ámbito cerámico. Lo paradójico es que ese material cerámico que limita su expansión en determinados ámbitos artísticos, es también el que aporta a la obra de Mestre su inconfundible sello, su singular magnetismo, el misterio, la fuerza y la sutileza, que la hacen diferente ante el espectador.

Este aspecto denota la dificultad a la que a menudo tienen que hacer frente las producciones cerámicas contemporáneas para su óptima valoración. A nuestro modo de ver, este problema se irá diluyendo, en gran medida, conforme aumente su consolidación e inserción dentro del contexto general del arte, de manera que se valoren sus propios méritos con independencia del soporte material. Atendiendo a estas circunstancias, resultaba necesario posicionarse y explicar desde qué perspectiva se entiende la figura de Mestre y dónde encuadrar tanto sus producciones creativas, como sus enseñanzas. En ambos sentidos (artístico y docente), consideramos que Mestre encarna una ruptura definitiva en cuanto a la consideración, sesgada y restringida, de la cerámica como mero material y procedimiento artístico, lejos de reconocer su gran potencial expresivo.

De igual modo, ha sido evidente que la enseñanza de Mestre se sustenta en su propia experiencia profesional. Dicho lo cual, reiteramos una vez más la seguridad de que ni el posicionamiento de Mestre ni el respeto recibido por su entorno serían los mismos sin este sólido fundamento, proporcionado por una extensísima obra personal sobre material cerámico —y, también, en el ámbito de la pintura—. Es más, pensamos que su magisterio se apoya en la autoridad que le proporciona enseñar aquello que él mismo es. Y esta esencialidad suple los razonamientos pedagógicos complejos o las inacabables justificaciones de programaciones que, las más de las veces, no se ven cumplidas.

Mestre no necesitó ganar la aprobación de un entorno ensimismado en una excesiva sistematización normativa, cada vez más alejada del necesario pragmatismo que requiere la creación artística y debería guiar todo proyecto educativo en esta materia. De ahí que algunos autores hablen de «[...] la sobre justificación como factor inhibidor de la creatividad en los centros de formación artística profesional» (Figueroa–Saavedra, 2004: 133). En esta misma línea, otros autores ponen el acento en los métodos y aptitudes docentes que ayudan a fomentar la creatividad y la expresión:

> Aquí sí que podemos afirmar rotundamente que los hay. Lo malo es que suele ser un arte efímero en la mayoría de los casos, dado que es precisamente el educador creativo el que tiene la habilidad de hacer sus enseñanzas creativamente y lo hace directamente en el aula, con sus propios alumnos, en el momento. Incluso si este profesor intenta escribirlo ya no resulta igual (Campos, 2006: 79).

Por lo que respecta a las condiciones en las que el artista ejerció su magisterio, observamos una continuidad en la voluntad de Mestre por mantener siempre su posición en la Escuela como maestro de taller, tal como él mismo refirió en la entrevista:

> No, no son profesionales de este trabajo. Entonces mi posición siempre ha sido que yo nunca he querido pasar de maestro de taller. Fíjate si lo hubiese podido hacer (Entrevista n.º 3 a Mestre).

Por *maestro de taller* entendemos al profesional que, por una parte, conoce las técnicas y cuenta con los recursos suficientes para la argumentación y contextualización de los aprendizajes técnico–procedimentales que el alumno debe conocer. Y, por otra parte, se desenvuelve en cierta medida dentro del mundo profesional, más allá de la escuela. Así se explica el protagonismo que adquiere la enseñanza de un maestro de taller, cuya figura se torna imprescindible en la disciplina cerámica. De tal modo, este profesional actúa como un eje vertebrador en los procesos de aprendizaje técnico–procedimentales de la especialidad Cerámica, junto con los otros profesionales del equipo docente responsables de las asignaturas comunes (Dibujo, Historia, etcétera). Por todo lo apuntado, la figura de maestro de taller, tan representativa de la Escuela de Artes Aplicadas de Valencia, se nos desvela fundamental para entender la propuesta formativa que se llevó adelante en este centro académico dentro de la disciplina que nos ocupa.

En otro orden de cosas, se ha podido percibir que el denso tejido sociocultural alrededor de la cerámica que hay en Valencia también propició el caldo de cultivo que justificaría la presencia de una figura de la altura de Mestre en este contexto geográfico. De igual modo, habría alentado la constitución de toda una corriente de artistas, integrada por los alumnos del taller de Cerámica de la Escuela de Artes Aplicadas y Oficios Artísticos de Valencia, nacido en torno a este reconocido ceramista. En este sentido, queremos recordar que fue la casualidad la que condujo a Mestre a las aulas de la Escuela de Manises; una casualidad favorecida, seguramente, por la alta casuística de personas relacionadas con el ámbito cerámico en Valencia. Así lo rememora el propio artista:

> Yo no tenía trabajo, entonces mi padre conocía a un profesor de Manises, que trabajaba en Noya, de hacer los dibujos de los mosaicos y todo eso, y le dijo: «¿Por qué no va a Manises a estudiar?» I jo, entre no fer res i anar a Manises, pues me n'aní a Manises (Entrevista n.º 2 a Mestre).

Sin duda, el azar que supeditó esta decisión encontraría con el tiempo una merecida recompensa en la profesionalidad adquirida por Mestre y en el legado que supo transmitir a las sucesivas generaciones de alumnos que pasaron por su taller.

De este modo, la génesis de un grupo de *alumnos de Mestre,* el cual comparte una misma concepción y actitud frente a la cerámica continuando la estela marcada por su maestro, nos parece a estas alturas incuestionable. Dicho grupo de profesionales nació en una Valencia muy alejada del carácter innovador establecido en Europa y Estados Unidos desde décadas anteriores, donde artistas como Peter Voulkos (1924–2002) o Paul Soldner (1921–2011), entre otros, ya se expresaban con entera libertad y completamente al margen de los lenguajes tradicionales de la cerámica.

A través del tiempo, la nómina de los alumnos y alumnas de Mestre se ha ido ampliando, pero el germen de este núcleo se inició y tomó significado propio a partir de una fecha concreta: el 26 de noviembre de 1979. Fue entonces cuando, por primera vez, un grupo de alumnos de Mestre decidió exponer en la desaparecida sala de arte Gasso de Valencia, contando con el indudable apoyo de su mentor. Entre otras cosas, Mestre redactó el texto del pequeño folleto de mano que se editó para la ocasión, abriendo así la lista de las innumerables presentaciones dedicadas al trabajo de sus alumnos y alumnas en el curso de los años. En el caso de esta muestra inaugural, nos resulta especialmente significativo y premonitorio el escueto escrito, que reza así:

> Estos jóvenes ceramistas que con tanta ilusión han preparado esta muestra colectiva, y algunos otros que empiezan a surgir, pueden ser el nuevo germen cerámico del que tan necesitados estamos (Mestre, 1979: 1).

Ninguno de ellos, tampoco Mestre, era consciente de la aventura que se emprendía. De hecho, una de las razones por las cuales podemos hablar de auténtica *paideia* cuando nos referimos a Mestre, tal y como lo confirman sus alumnos, es porque el maestro nunca actuó pensando en su propia repercusión o en busca de una resonancia posterior de su labor docente. Por el contrario, Mestre siempre se mostró fiel a su criterio, al servicio de la excelencia que debía garantizar la calidad del trabajo de sus alumnos. Esto le llevó a adquirir un compromiso de reciprocidad, dado que el grado de excelencia de sus alumnos pasaba por la auto–exigencia de la propia excelencia en sus funciones como profesor y como artista. Solo en los últimos tiempos, cuando esta influencia ha pasado a ser reconocida como una evidencia, Mestre ha empezado a tomar conciencia de la magnitud de su legado. No en balde, si algo ha caracterizado la trayectoria personal de este artista según se desprende de los testimonios registrados, ha sido su voluntad de contribuir al auge de la cerámica valenciana.

Dentro de la selección de alumnos realizada para esta investigación, en aquella primera exposición encontramos casos como los de Xoan Viqueira y Teresa Aparicio, que iniciaron entonces un largo recorrido artístico, junto otros que se integraron en el entorno de Mestre el último curso antes de la jubilación de Mestre. En el transcurso de la lectura de la presente investigación se pueden entender, con claridad, los hechos y circunstancias que han ido entrelazado unas generaciones de alumnos con otras, dando lugar a un tejido que formó su trama y urdimbre en la década de los ochenta, para afianzar su consistencia desde los noventa hasta nuestros días. Como hemos referido, los años ochenta supusieron un momento de apertura socio–histórica que también tuvo su eco en el ámbito cerámico de la Escuela de Valencia. Así hemos podido comprobarlo en algunos de los y artistas estudiados en aquella época, cuyo modo de proceder fue un claro reflejo de esa dimensión de ruptura y de cambio. En aquel momento, Valencia, como el resto de España, multiplicaba su apuesta por la cultura. Instituciones políticas y sociales, se organizaban para propiciar espacios expositivos en los que tuvieran cabida aquellos artistas que no estaban en los circuitos comerciales. Esto hizo que, desde finales de los ochenta, las exposiciones de cerámica eclosionaran en paralelo al despegue que experimentaban otras disciplinas artísticas. No obstante, los ceramistas que se expresaron en Valencia con lenguajes contemporáneos tuvieron un referente, como bien percibió y manifestó Josep Pérez Camps:

> Salvo pocas excepciones, la mayoría de estos ceramistas se han formado en el taller de Cerámica de la Escuela de Artes y oficios de Valencia con el profesor Enrique Mestre. Esta nueva generación de artistas valencianos tuvieron una acción destacada en la década de los ochenta, consiguiendo premios en concursos nacionales importantes, como el de Manises, Talavera de la Reina, Alcora, entre otros, y con la realización de un buen número de exposiciones (Pérez Camps, Mestre, 1999: 77).

Han pasado 35 años desde la primera exposición de un grupo de *alumnos de Mestre* y 45 desde que se iniciara su labor docente. Esta perspectiva temporal nos aporta la posibilidad de análisis necesaria para sacar conclusiones acerca de este proceso generacional de los artistas que han trabajado la cerámica contemporánea en Valencia[1]. En este sentido podemos observar que, si bien durante algunos periodos sonaron con énfasis nombres que con el tiempo perdieron fuerza, también encontramos otros artistas que en su momento obtuvieron menos reconocimiento pero al día de hoy presentan una trayectoria lineal y continua que otorga la consistencia necesaria a su obra. Estos vaivenes nos han obligado a mantener una indispensable y constante actitud de revisión, dado que consideramos que cualquier fenómeno socio–histórico debe entenderse de forma dinámica y holística, lejos de compartimentaciones estáticas y cerradas. En base a este desarrollo, creemos pertinente destacar que el colectivo de alumnos de Mestre no puede darse por finalizado, tal como están acreditando las últimas exposiciones, tanto nacionales, como internacionales[2].

En relación con todo lo apuntado, nos parece oportuno citar las palabras pronunciadas por Jaume Coll, director del Museo Nacional de Cerámica y Artes Suntuarias «González Martí» de Valencia, en un vídeo grabado con motivo de la exposición «Maestros de la cerámica y sus escuelas. Enrique Mestre» (2012):

> Como maestro en el arte de la cerámica 31 años vinculado con la docencia, lo que ha hecho sobre todo es un trabajo innovador cuidando el detalle, pues, una expresividad novedosa hace 31 años hoy en día es un maestro reconocido internacionalmente. Gracias a esta labor docente de 31 años ha sabido comunicar a sus alumnos, a los que le siguen de alguna manera, un método, un rigor y una calidad en su trabajo que es difícil de encontrar, pero al mismo tiempo, compaginando esto con una libertad absoluta, es decir, que la gente no sigue sus patrones estéticos, sino que cada uno genera su obra, comunica lo que considera que debe comunicar pero lo hace a partir de un rigor y un método, que es lo que ha aprendido de su maestro.

Este reconocimiento nos lleva a cuestionar la frase, tantas veces repetida, de que «lo que se enseña en la Escuela de Valencia no sirve de nada»[3]. Aunque pueda parecer hasta cierto punto

1 Siempre referido al entorno de Mestre y al marco ya descrito.

2 Entre ellas, cabe destacar las realizadas en la Galería Hachi, Wakayama (Japón, 2008), el Instituto Cervantes de Tokio (Japón, 2010), la de «Relación Cerámica: dos maestros, dos culturas» inaugurada en el Museo Nacional de Cerámica y Artes Suntuarias «González Martí» de Valencia (2010) —luego expuesta en el Museo Ruiz de Luna de Talavera de la Reina— o la exposición «Maestros de la cerámica y sus escuelas. Enrique Mestre», celebrada en la sala de exposiciones Enrique Cook en el Taller Escuela de Muel (2012)— y que, un año más tarde, en 2013, se trasladó Museo Nacional de Cerámica y Artes Suntuarias «González Martí» de Valencia. Por último, citar la exposición «Escuela de Ceramistas N. A. C. E., Navarrete 2014» (La Rioja).

3 Anotación del cuaderno de campo, correspondiente a dos diferentes relatos de una conversación entre alumnos de la escuela de Valencia y profesores de la escuela de Manises. Así como la percepción general explicada por los alumnos repetidas veces.

insustancial, esta frase nos introduce en los últimos aspectos con los que queremos concluir esta investigación. Hasta el momento se han destacado las cualidades y los logros del magisterio de Mestre, pero resulta ineludible considerar también la existencia de ciertas corrientes críticas en el entorno del artista. En este punto, nos parece oportuno exponer y revisar tales cuestiones desde el convencimiento de que la comprensión global de los hechos investigados quedaría incompleta sino se argumentaran cuáles fueron las críticas más frecuentes acerca de la labor docente de Mestre. Con todo, por encima de entender tales críticas en sentido negativo, creemos que nos permiten hacer una lectura constructiva de los factores analizados. Conviene precisar, al respecto, que tan solo nos centraremos en la docencia, y ello con brevedad, dado que el análisis de la obra artística necesitaría una atención distinta. Pese a todo, podemos avanzar que las críticas hacia la obra del alumnado han estado estrechamente imbricadas con la obra de Mestre. Más aún en el caso de las primeras generaciones, en las que los lenguajes de los alumnos no habían consolidado aún los cauces personales o de ruptura que luego los caracterizarían. De ahí que se vieran como una extensión o continuidad de los lenguajes formales de su maestro.

En primer lugar, es lógico que toda acción tenga múltiples respuestas, y que estas se plasmen en génesis totalmente distintas —incluso cuando no rompen con lo habitual—. En segundo lugar, toda acción renovadora genera necesariamente una reacción crítica desde los estamentos establecidos, que se sienten cuestionados y, en el peor de los casos, amenazados por quienes promueven cambios que modifiquen lo que se considera correcto. Con el paso del tiempo, en la mayoría de las escuelas se habla ya de la cerámica como medio de expresión, pero no podemos dejar de reconocer que, en la Escuela de Valencia, con la incorporación de Mestre como maestro de taller de cerámica en 1969, inició un punto de inflexión en este sentido. En especial, si consideramos el choque que los nuevos planteamientos rupturistas encontraron en la vecina Escuela de Manises, que seguía en aquel momento apostando única y exclusivamente por las reproducciones, sobre todo, en el campo de la decoración tradicional y de las manufacturas propias de los procesos artesano–industriales[4]. Frente a esta postura, entendemos mejor que la decidida línea de trabajo cerámico propuesto por la Escuela de Valencia encontrase entonces firmes detractores. Podríamos pensar que a día de hoy esta polémica está superada, pero lo cierto es que continúa latente. A nuestro parecer, en el fondo de esta confrontación subyace el eterno debate sobre el lugar que debe ocupar la *tekné*. Porque, si bien es cierto que esta cuestión no es exclusiva de las formas de expresión cerámica y afecta a todo el arte, en el caso del material cerámico la valoración en este sentido sigue estando muy presente, en el imaginario colectivo, ligado a un pasado de producción industrial y referido a objetos cotidianos relacionados con el arraigo emocional.

Las opiniones divergentes no surgieron solo de entornos distintos a la Escuela de Valencia, sino que también una parte del alumnado matriculado en esta misma escuela cuestionó, en la investigación de campo, ciertos enfoques, métodos y contenidos impartidos desde este centro institucional. Por lo general, sus críticas se focalizaban en la figura de Mestre en tanto que era considerado el principal ideólogo de la propuesta educativa, basada fundamentalmente en su propio posicionamiento ante la profesión. Por tanto, se pensó que eludía , en gran medida, otras alternativas. Cabe explicar, que Mestre se posicionó ante la enseñanza de la cerámica, abogando por el aprendizaje de un profesional autónomo y que a partir de este objetivo, la función principal que como maestro

4 Según fuentes consultadas oralmente en la escuela de Manises se incorporaron al claustro (en torno a 1973) Enrique Sanisidro y Paco Soler, ceramistas que en su obra se expresan con lenguajes contemporáneos. Pero desconocemos en qué momento volcaron esta experiencia en las aulas.

debía transmitir estaba encaminada a proporcionar las bases y los mecanismos que permitieran al alumno tomar decisiones propias tras considerar todas las opciones posibles. Esto requería emprender un pausado, meditado y reflexivo proceso proyectual, con vistas a evaluar la viabilidad de la propuesta seleccionada. Desde esta posición, el alumno o alumna no solo debe sopesar las cuestiones formales, sino también las técnicas y los procesos más adecuados para solucionarlas, lo que lleva implícita la consiguiente indagación en los materiales. En este proceso de aprendizaje nos consta que Mestre no puso impedimentos ante las demandas de los alumnos, solo estrategias para cumplir de forma óptima los objetivos.

En este sentido, debemos afirmar que, desde lo que hemos podido constatar y dada la estructura académica dentro de las escuelas de Artes Aplicadas, la metodología docente que Mestre propició, era profundamente respetuosa con los intereses del alumno, dando cabida a las distintas técnicas y procedimientos dentro del proceso cerámico, y siempre atendiendo a limitaciones de tiempo, instalaciones, etc. pero nunca a limitaciones impuestas.

En relación con el modo de entender y organizar la docencia, consideramos que hay que contemplar tres factores que también han condicionado los recorridos académicos de los alumnos. En primer lugar, los que se desprenden de la legislación. En segundo lugar, las distintas circunstancias organizativas internas. Y en último lugar, las que resultan de la elasticidad para diseñar el propio itinerario. Según se aprecia en las entrevistas, las diferentes circunstancias de organización propiciaron en la relación entre docente y discente algunas variables que no se pueden cuantificar, atendiendo a las diversas casuísticas y situaciones contextuales propias de cada centro formativo. En el caso estudiado, Mestre tuvo muy definida la teoría que guiaba cómo quería que fueran los talleres de enseñanza de la cerámica, y así lo procuró en la práctica[5].

Esta personal percepción de cómo debía funcionar el taller la transmitió con ahínco a los alumnos y al equipo docente que, según las consultas realizadas, durante el transcurso de la investigación, nunca puso objeción a este sistema de trabajo. Más bien al contrario, se mostraron partidarios de apoyarlo.

Otra de las características diferenciadoras y determinantes de la experiencia docente en la Escuela de Valencia, según tenemos constancia, es que, en muchos casos, el interés por aprender de los alumnos en esta escuela, fue mucho más allá del deseo de aprobar para finalizar los estudios conforme establecía el programa educativo. En este sentido, *paideia* llegaba a su máxima expresión ante esta circunstancia, pues los propios alumnos tomaban conciencia de otra filosofía en el proceso de enseñanza–aprendizaje. Bajo esta otra óptica, la finalidad última no era obtener una nota o un curso más, sino seguir trabajando y profundizando en el conocimiento.

Para finalizar, nos resulta extremadamente difícil cerrar una investigación que ha transcurrido por un largo proceso, dado que de algún modo, el particular cuaderno de campo empezó a elaborarse allá por 1977, cuando el primer día de curso me personé en el taller de Cerámica de la Escuela de Artes Aplicadas de Valencia. Por aquel entonces no podía imaginar lo que significaría estudiar Cerámica, ni tampoco tenía ninguna referencia sobre aquel profesor de bata gris y carácter hosco

5 Era un taller abierto, que es como me hubiese gustado a mi hacer una escuela libre, con esos planteamientos: taller abierto desde las ocho de la mañana, como están en América muchos, ¿eh ? Que yo lo recuerdo, que iba a América y estábamos por la noche, en verano, en un sitio de una escuela de Artes Aplicadas. Y a las dos de la mañana te paseabas por allí y decías: «la luz abierta, ¿a las dos de la mañana quién estará aquí trabajando?». Siempre había un tío trabajando, ¿sabes? Y eso a mí me parecía que era porque cuando uno está en el momento creativo, tiene recelo por acabar el trabajo, por adelantar. Y ese tipo de escuela me hubiese gustado a mí y no una escuela tan funcional como esta, que el bedel venía y decía: «las nueve, todos a la calle» (Entrevista n.º 3 a Mestre).

que me recibió. Sin embargo, desde aquel primer momento empecé a tener conciencia de que en aquella aula del taller se estaba gestando algo diferente. Esta idea me acompañó siempre con el secreto deseo de poder contarla algún día. Secreto que escondía a su vez, como en una sucesión de cajas chinas, otro, el más antiguo y reservado: el castigado gusto por las letras, entendidas, en este caso, como una crónica de los aconteceres que están dentro de las grandes historias; los que hablan de los pequeños hechos; aquellos que permanecen inéditos para los grandes relatos si no hay alguien que los anote y los transmita.

El proyecto se acrecentó con una compleja experiencia docente, ejercida durante veintisiete años como maestra de taller de Cerámica. Durante estos años, uno de los muchos interrogantes que me he planteado es el significado que adquiere desde el punto de vista docente, el hecho de haber sido alumna de Mestre y haber estudiado Cerámica en la Escuela de Valencia.

Durante el dilatado proceso de toma de contacto y estudio, se han vislumbrado certezas donde antes solo existían meras intuiciones o, en todo caso, apreciaciones parciales de una realidad más global que solo ha terminado mostrándose, desde la «descripción densa» (Geertz, 1995) En consecuencia, esta línea ha tomado consistencia no dudamos de referirnos a los *alumnos de Mestre* como un grupo heterogéneo pero que muestra características comunes y distintivas, las cuales tienen su razón de ser en la particular formación inscrita en la especial *paideia* que recibieron de Enrique Mestre.

Bibliografía

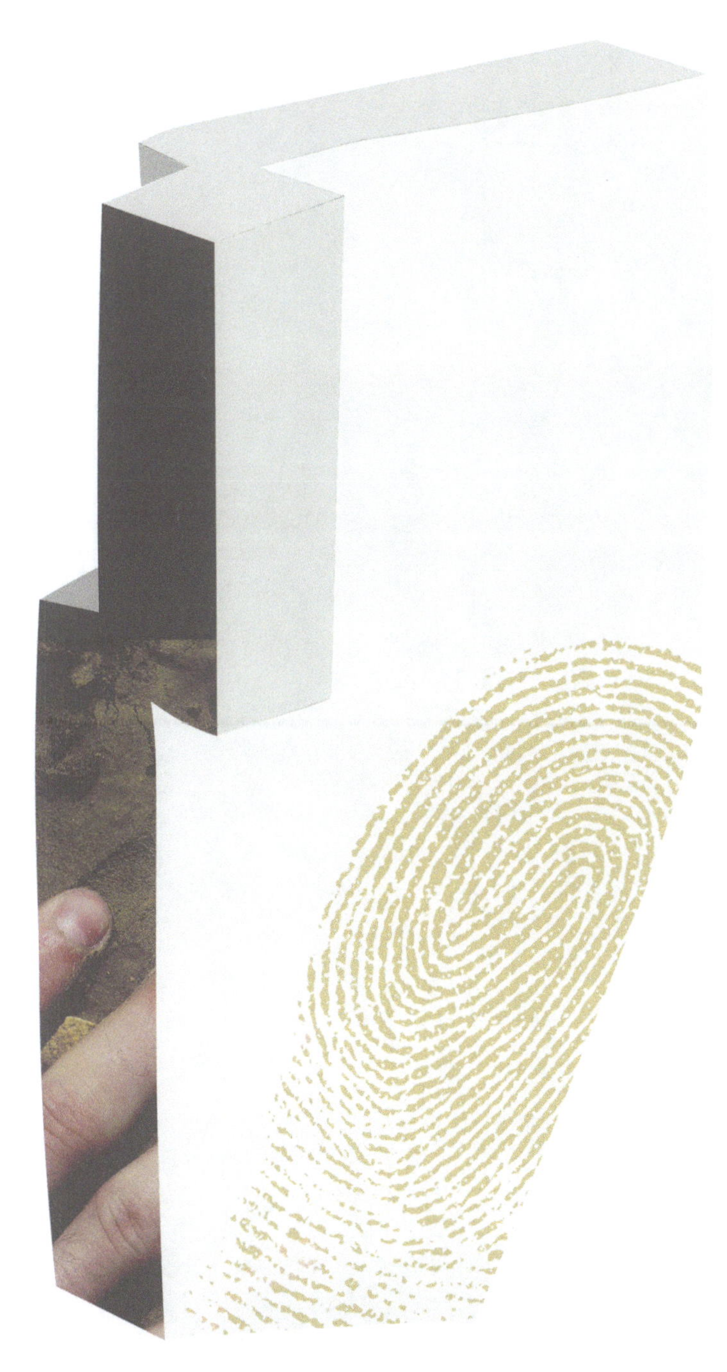

Bibliografía

AGRAMUNT, F. (1987): La ejemplar aventura artística de Rafael Pérez Contel. En PÉREZ CONTEL (1987): *Pérez Contel, escultor.* Generalitat Valenciana, Valencia, 219 pp.

AGRAMUNT, F. (2005): Los artistas que Franco eliminó, informe especial. *Historia 16,* 353, Madrid, 8–39 pp.

AGUILERA, V. (coord.): *Història de l'art valencià.* Consorci d'Editors Valencians, València. 6 vols.

AGUIRRE, I. (2005): *Teorías y prácticas en educación artística.* Editorial Octaedro, Barcelona, 384 pp.

ANDERSON, C. (2013): *Makers: the new industrial revolution.* Crown Business, New York, 257 pp.

ANDRÉS, A. (coord.) (2011): *Maestros de la cerámica y sus escuelas. Enric Mestre.* Taller–Escuela Cerámica de Muel, Muel, 127 pp.

ARAZO, M.ª A., FRANCESC, J. (1985): *Cerámica en Valencia.* Ayuntamiento de Valencia, Valencia, 111 pp.

ARNHEIM, R. (1993): *Consideraciones sobre la Educación Artística.* Editorial Paidós, Barcelona, 99 pp.

AYUNTAMIENTO DE MISLATA (1985): Col·lectiu Atmòsfera Reductora. *Boletín de Información Municipal La Finestra (enero–febrero 1985),* Mislata, pp. 41.

BLASCO, J. A. (1988): *La escultura valenciana en la segunda República.* Ajuntament de València, Valencia, 183 pp.

BOLINCHES, J. (1985): Breve Historia del Centro. En *I Semana Cultura.* Escuela de Cerámica de Manises, Manises.

BOLUDA, A. (2011): *El colador d'idees. Catálogo de la exposición celebrada al Jardí Botànic de la Universitat de València (septiembre–octubre 2011).* Universitat de València.

CAMPOS, F. J. (2006): *Creatividad y Método: hipertexto rizomático.* Institució Alfons el Magnànim, Valencia, 250 pp.

CARBONELL, J. (2004): Entrevista a Fernando Hernández: la incertidumbre excita la curiosidad. *Cuadernos de Pedagogía,* 340, Madrid, 46–51 pp.

CASTRO, F., SEMPERE K. (2001): *Pablo Ruiz. Espai d'Art La Llotgeta, 5 de abril-10 de mayo 2000, Valencia.* Obra Social de la CAM. Valencia, 57 pp.

CATALÀ, A. (dir.) (1985): *Escuela de Artes Aplicadas y Oficios Artísticos de Valencia.* Generalitat Valenciana, Valencia, 94 pp.

CAPOLONGO, D. (2008): *Manuel Real Alarcón (1910–1988): ceramista, mecenas y escritor entre Cuenca y Valencia.* Museo Nacional de Cerámica y Artes Suntuarias «González Martí». Valencia, 119 pp.

COLL, J. (2009): *La cerámica valenciana. (Apuntes para una síntesis).* Asociación Valenciana de Cerámica, Valencia, 302 pp.

COLL, J., SUÁREZ, M.ª J. (coords.) (2006): *La cerámica española y su integración en el arte.* Ministerio de Cultura, Madrid, 200 pp.

Combalia, V. (2006): *Amazonas con pincel: vida y obra de las grandes artistas del siglo xvi al siglo xxi.* Editorial Destino, Barcelona, 349 pp.

Dewey, J. (2008): *El arte como experiencia.* Ediciones Paidós, Barcelona, 405 pp.

De la Calle, R. (2006): *Gusto, belleza y arte: doce ensayos de historia de la estética y teoría de las artes.* Ediciones Universidad de Salamanca, Salamanca, 248 pp.

De la Calle, R. (coord.) (2012): *Los últimos 30 años del Arte Valenciano Contemporáneo*. Real Academia de Bellas Artes de San Carlos, Valencia, vol. 1, 247 pp.

De la Calle, R. (2013): *Enric Mestre. Entre la intuició, la geometria i el misteri.* Ajuntament de València, Valencia, 77 pp.

Díaz, E., Perez, J., Porcar, J. L. (1996): *Alcora, un siglo de arte e industria.* Fundació Bancaixa Castelló, Castellón de la Plana, 297 pp.

Diputación de Valencia: *Memorias de la gestión realizada por la Excma. Diputación Provincial de Valencia, correspondientes a los años 1983, 1984, 1985 ,1986, 1987 y 1990.* Valencia.

Eco, U. (1977): *Como se hace una tesis, técnicas y procedimientos de investigación, estudio y escritura.* Editorial Gedisa, Barcelona, 267 pp.

Figueroa–Saavedra, M. (2004): La sobrejustificación como factor inhibidor de la creatividad en los centros de formación artística profesional. *AIS. Arte, Individuo y Sociedad,* 16, Madrid, p. 133–158. [En línea] < https://dialnet.unirioja.es/servlet/articulo?codigo=1032671> [Consulta: 30 octubre 2016].

Fromm, E. (1979): *Tener y ser.* Fondo de Cultura Económica España, Madrid, 199 pp.

García, M. (1877): *Manual completo de artes cerámicas o fabricación de objetos de tierras cocidas en todas sus aplicaciones*. Librería de Cuesta, Madrid, 2 vols.

Garín Ortiz de Taranco, F. (1993): *La Academia Valenciana de Bellas Artes: el movimiento academicista europeo y su proyección en Valencia.* Real Academia de Bellas Artes de San Carlos, Valencia, 230 pp.

Garnería, J. (2 de octubre de 1986): Cerámica: síntesis de la escultura y la pintura. *Levante–EMV.* Valencia, pp. 10.

Geertz, C. (1995): *La interpretación de las culturas.* Editorial Gedisa, Barcelona, 387 pp.

González Borrás, C. (1999): 50 años de integración de un material nuevo en los foros del arte contemporáneo. En Coll, J., Suárez, M.ª J. (coords.): *La cerámica española y su integración en el arte*. Ministerio de Cultura, Madrid, 200 pp.

González Martí, M. (1957): Manolo Gil ceramista. *Arte Vivo,* 3, Valencia.

Hernández, F., Jódar, A., Marín, V. (coords.) (1992): *¿Qué es la Educación Artística?* Sendai Ediciones, Barcelona, 317 pp.

Hernández, F. (2007): *Espigadores de la Cultura Visual. Otra narrativa para la educación de las artes visuales.* Editorial Octaedro, Barcelona, 125 pp.

Hernández, F, Sancho, J. M.ª, Rivas J. I. (coord.) (2011): Historias de vida en educación: biografías en contexto. *Esbrina–Recerca,* 4, 170 pp. [En línea] <http://diposit.ub.edu/dspace/handle/2445/15323?mode=simple> [Consulta: 30 octubre 2016].

Herreras, E. (2010): *La tragedia griega y los mitos democráticos.* Biblioteca Nueva, Madrid, 347 pp.

Huerta, R., De la Calle, R. (2005): *La mirada inquieta: educación artística y museos.* Universitat de València, Valencia, 249 pp.

Ibáñez, M. (com.) (2000): *Cerámica fin de siglo.* Generalitat Valenciana, Valencia, 363 pp.

Jaeger, W. (1933): *Paidea: los ideales de la cultura griega* (15ª reimpr.). Fondo de Cultura Económica, México, 1151 pp.

Jordan, J. M. (1981): *L'escultor Silvestre d'Edeta i el país del seu temps.* Fernando Torres, Valencia, 93 pp.

Lahuerta, G. (1997): *Escuela de Artes y Oficios Cerámica. Estación Renfe*. Escola d'Arts i Oficis de Valencia, Valencia.

López, A., Hernández, F., Barragán, J. M.ª (1997): *Encuentros del arte con la antropología, la psicología y la pedagogía.* Angle Editorial, Manresa, 220 pp.

Lukácks, G. (1977): *Historia y consciencia de clase*. Editorial Grijalbo, Barcelona, 354 pp.

Marco, J. V. (2013): *L'Horta, harmonia de simetries.* ADD Editorial, Valencia, 48 pp.

Marcos, C., Barragán C. M. (2011): *El alma en la mano, artesanos y escultores de México y Valencia.* Universitat Politècnica de València, Valencia, 204 pp.

Mestre, E. (1979): *Folleto de la exposición en Sala de Arte Gascó (noviembre 1979).* Valencia.

Mestre, E. (24 noviembre 1984): El poder de la imaginación. Nueva cerámica valenciana en Madrid. *Levante–EMV.* Valencia.

Mestre, E. (1986): *Ceràmica actual a la Comunitat Valenciana*. Generalitat Valenciana, Valencia, 52 pp.

Mestre, E. (1986): *Alfons Blat. Un ceramista oblidat.* En Pérez Camps (coord.): *Alfons Blat 1904–1970. (Centre Cultural de la Caixa d'Estalvis de València, del 15 al 27 de setembre 1986).* Generalitat Valenciana, Valencia.

Mestre, E. (1995): *Encarna Monteagudo. Catálogo exposición. Sala Capitolio.* Godella. 1995

Mestre, E. (2002): *Jo, tu, ella, nosaltres les dones. Catálogo Exposición Centre Cultural Mislata.* Ajuntament de Mislata, Mislata.

Monrós, G. (2007): *La cerámica plana vidriada, innovación y sostenibilidad.* Ayuntamiento de Castellón de la Plana, Castelló de la Plana, 207 pp.

Monteagudo, E. (1991): *La obra artística de Enrique Mestre (1965–1985).* Tesis inédita. Universidad Politécnica de Valencia. Departamento Historia del Arte, Valencia, 3 vols.

Monteagudo, E. (2002): *Enric Mestre, obra artística.* Institució Alfons el Magnànim. Valencia, 129 pp.

Morley–Fletcher, H (1996): *Técnicas de los grandes maestros de la alfarería y cerámica*. Herman Blume, Madrid, 192 pp.

Muñoz, M. (1994): *La pintura valenciana de la posguerra.* Universitat de València, Valencia, 194 pp.

Nievergelt, F., Corredor, J., Pérez Camps, J., De la Calla, R. (2008): *Enric Mestre. Vint peces per a un museu.* Generalitat Valenciana, 206 pp. [En línea] <https://issuu.com/mestrebel/docs/enric_mestre__vint_pe__es_per_a_un_> [Consulta: 30 octubre 2016].

Okakura, K. (1978): *El Libro del Té.* Editorial Kairós, Barcelona, 99 pp.

Ortí, J. (2010): *La esencia de lo simple. Ademuz Espai d'Art, del 6 al 26 de mayo.* Servei de Publicacions de la Universitat de València, Valencia, 20 pp.

Ortiz, P. (21 septiembre 1986): Cerámica contra cerámica. *Diario Las Provincias,* Valencia, pp. 38

Orus, J. (12 enero 1986): Atmósfera Reductora. La cerámica como medio de expresión. *Levante–EMV. Magazine.* Valencia.

Pérez Camps, J. (coord.) (1986): *Alfons Blat 1904–1970. (Centre Cultural de la Caixa d'Estalvis de València, del 15 al 27 de setembre 1986).* Generalitat Valenciana, Valencia, 40 pp.

Pérez Camps, J. (1992): La cerámica valenciana del siglo xx. En Aranegui, Soler, Camps (coords). *Historia de la cerámica valenciana.* Vicent García Editores, Valencia, vol. 4.

Pérez Camps, J. (2003): Recordando al ceramista Alfonso Blat en el centenario de su nacimiento. En *VI Biennal Internacional de Ceràmica,* Ajuntament de Manises, Manises pp. 101–117.

[En línea] <http://www.manises.es/es/ayto/museos/mcm/colecciones/blat> [Consulta 30 octubre 2016].

PÉREZ CAMPS, J. (2005): El Grupo Parpalló y la cerámica. En *VII Bienal Internacional de Cerámica*. Museu de Ceràmica, Manises.

PÉREZ CAMPS, J., MESTRE, E. (coords.) (1999): *Ceramistes formats a l'Escola d'Arts i Oficis de València.* Escola d'Arts i Oficis de València, Valencia, 88 pp.

PÉREZ CONTEL, R. (1987): *Pérez Contel, escultor.* Generalitat Valenciana, Valencia, 219 pp.

RAMÍREZ, P. (2000): *El grupo Parpalló. Construcción de una vanguardia.* Institució Alfons el Magnànim, Valencia, 207 pp.

REAL ALARCÓN, M. (1985): *Historia de los libros de oro de las tertulias de pintores y escultores valencianos*. Ayuntamiento de Valencia, Valencia, 116 pp.

ROCA, A. (coord.) (2007): *Monográfico de cerámica de la EASD de Valencia.* Museo Nacional de Cerámica y Artes Suntuarias «González Martí», Valencia, 47 pp.

ROIG D'ALÒS, L. (1934): *Artes y Oficios. Materiales Industriales y Decorativos*. Estudio Portal Nuevo.

RUBIO, A. (2004): *De la tradición a la modernidad. Los Zuluaga ceramistas.* Tesis inédita. Universidad Complutense de Madrid. Facultad de Geografía e Historia. Madrid.

SANTAMARINA, B. (2005): Cazando lo invisible. Una mirada antropológica en el laboratorio. *Quaderns de Ciències Socials,* 3 segona época, València, 5–50 pp. [En línea] <http://roderic.uv.es/bitstream/handle/10550/19135/QUADERNS_3.pdf?sequence=1> [Consulta: 25 octubre 2016].

SANTAMARINA, B. (dir.) (2010): *Hijos del mar, hijos de la tierra: historias de vida del Cabanyal–Canyamelar.* Col·lecció Vuit Fulles, 2, Editorial Germania. Alzira, 235 pp.

SANMARTIN, R. (2000): La entrevista en el trabajo de campo. *Revista de Antropología Social,* 9, Madrid, 105–126 pp [En línea] <https://dialnet.unirioja.es/servlet/articulo?codigo=157926> [Consulta: 25 octubre 2016].

SANMARTIN, R. (2005): *Meninas, espejos e hilanderas: ensayos de antropología del arte.* Colección Estructuras y procesos. Antropología, Editorial Trotta. Madrid, 348 pp.

SEBASTIÀ, J. (2007): *La belleza industrial: historia de la fábrica y su estética.* Fundación Bancaja, Valencia, 237 pp.

SEBASTIÁN RODRÍGUEZ, F. (1982): La ocasión perdida. Discurso del académico de número Ilmo. Sr. D. Francisco Sebastián Rodríguez. *Archivo de Arte Valenciano,* 63, Valencia, 111–116 pp.

SELMA, J. V. (25 abril 1985): Atmósfera reductora: vitalidad de la joven cerámica valenciana. *Levante–EMV.* Valencia.

SELMA, J. V. (1986): Los nuevos signos de la cerámica valenciana. *Papers d'educació i cultura.* Valencia, pp. 22–23.

SILGAT, M.ª J. (1995): *La segunda República en Alboraia (1931–1936).* Ayuntamiento de Alboraia, Alboraia, 165 pp.

SOLDEVILLA, M. (2000): *Del artesano al diseñado: 150 años de la Escuela de Artes y Oficios de Valencia.* Serie Formas plásticas, 5, Institució Alfons el Magnànim, Valencia, 155 pp.

SUÁREZ, M.ª J. (2014): Maestros de la cerámica y sus escuelas. Enric Mestre. *La Gaceta Folchi. Boletín del Museo Nacional de Cerámica,* nº 20, pp. 5 [En línea] <http://www.mecd.gob.es/mnceramica/dms/museos/mnceramica/recursos/boletines/boletin-20.pdf> [Consulta: 20 octubre 2016]

TOMÁS, L., BOLINCHES, J. (2006): *Luis Bolinches Compañ, escultor (1895–1980).* Ajuntament de Quart de Poblet, Quart de Poblet, 111 pp.

Ulpiano, R. (2011): Enric Mestre y su escuela. Arte y tecnología en la cerámica contemporánea. En Andrés (coord.): *Maestros de la cerámica y sus escuelas. Enric Mestre.* Taller–Escuela Cerámica de Muel, Muel, pp. 39–79.

Ulpiano, R., Coll, J. (2010): *Pléyade Keramos. Dos culturas, dos maestros y su legado.* Museo Nacional de Cerámica y Artes Suntuarias González Martí, Valencia, 58 pp.

Vázquez, K. (7 noviembre 2013): Con sus propias manos. *El País Semanal,* Madrid [En línea] <http://elpais.com/elpais/2013/11/07/eps/1383839762_248922.html> [Consulta: 20 octubre 2016].

Vicent, O. (1956): *Exposición de cerámica de pintores y escultores.* Ateneo Mercantil de Valencia, Valencia.

Vicente, M.ª T. (2010): *Historia de la restauración del clásico estudio del objeto al sujeto como objeto de estudio.* Tesis inédita. Universidad Politécnica de Valencia. Departamento de Historia del Arte, Valencia, 690, pp.

Zambrano, M.ª (2002): *Cartas de la Piéce (correspondencia con Agustín Andreu).* Universitat Politècnica de València, Valencia, 495 pp.

Legislación

Decreto 2127/1963, de 24 de julio, sobre reglamentación de los estudios de las Escuelas de Artes y Oficios Artísticos. Boletín Oficial del Estado, núm. 214, de 6 de septiembre de 1963, páginas 13088 a 13090. [En línea] <https://www.boe.es/boe/dias/1963/09/06/pdfs/A13088-13090.pdf> [Consulta: 30 octubre 2016].

Real Decreto 440/1994, de 11 de marzo, por el que se establecen las equivalencias entre los títulos de Artes Aplicadas y Oficios Artísticos, Cerámica y Conservación y Restauración de Bienes Culturales, anteriores a la Ley Orgánica 1/1990, de 3 de octubre, de Ordenación General del Sistema Educativo, y los establecidos en dicha Ley. Boletín Oficial del Estado, núm. 82, de 6 de abril de 1994, páginas 10581 a 10582. [En línea] <https://www.boe.es/boe/dias/1994/04/06/pdfs/A10581-10582.pdf> [Consulta: 30 octubre 2016].

Real Decreto 385/1998, de 13 de marzo, por el que se establece el currículo y se determina la prueba de acceso a los ciclos formativos de grado superior de Artes Plásticas y Diseño de la familia profesional de la cerámica artística. Boletín Oficial del Estado, núm. 84, de 8 de abril de 1998, páginas 11835 a 11860 [En línea] <https://www.boe.es/boe/dias/2010/02/06/pdfs/BOE-A-2010-1917.pdf> [Consulta: 30 octubre 2016].

Ministerio de Educación (2010): Informe anual sobre el estado y situación de las enseñanzas artísticas. Curso 2006–2007. Madrid, Secretaría General Técnica, 117 pp. [En línea] <https://sede.educacion.gob.es/publiventa/informe-anual-sobre-el-estado-y-situacion-de-las-ensenanzas-artisticas/musica-danza-artes-escenicas-ensenanzas-artisticas/13576> [Consulta: 30 octubre 2016].

Recursos *on line*

Ayuntamiento de Madrid (19 julio 2007): El MAC presenta la exposición Grupo Parpalló (1956–1961). 50 aniversario. <http://www.madrid.es/portales/munimadrid/es/Inicio/Actualidad/Noticias/El-MAC-presenta-la-exposicion-Grupo-Parpallo-1956-1961-50-aniversario?vgnextfmt=default&vgnextoid=bfad7ff707d15110VgnVCM1000000b205a0aRCRD&vgnextchannel=a12149fa40ec9410VgnVCM100000171f5a0aRCRD> [Consulta: 30 octubre 2016].

El Periòdic.com (28 enero 2016): Rafael Ripoll: El Centro del Carmen se convierte en plataforma del arte contemporáneo valenciano <http://www.elperiodic.com/noticias/217275_rafael-ripoll-centro-carmen-convierte-plataforma-arte-contemporaneo-valenciano.html> [Consulta: 30 octubre 2016].

Escola d'Art i Superior de Ceràmica de Manises <http://www.esceramica.com/> [Consulta: 30 octubre 2016].

Infocerámica <http://www.infoceramica.com/> [Consulta: 30 octubre 2016].

Institut Valencià d'Art Modern (Ivam): *Evarist Navarro: la construcción de la memoria* <https://www.ivam.es/exposiciones/evarist-navarro-la-construccion-de-la-memoria-2/> [Consulta: 30 octubre 2016]

Ministerio De Educación, Cultura (29 noviembre 2013): Maestros de la cerámica y sus escuelas. Enric Mestre. <http://youtu.be/2pWuWtxRg3E> [Consulta: 15 octubre 2016].

Museu de Ceràmica de Manises <http://www.manises.es/es/ayto/museos/mcm> [Consulta 30 octubre 2016].

Museo Nacional de Cerámica y Artes Suntuarias «González Martí» <http://www.mecd.gob.es/mnceramica/home.html> [Consulta: 30 octubre 2016].

RTVE (14 abril 2012): *Los oficios de la cultura: el ceramista Enric Mestre* <http://www.rtve.es/alacarta/videos/los-oficios-de-la-cultura/oficios-cultura-ceramista-enric-mestre/1376288/> [Consulta: 30 octubre 2016].

La autora

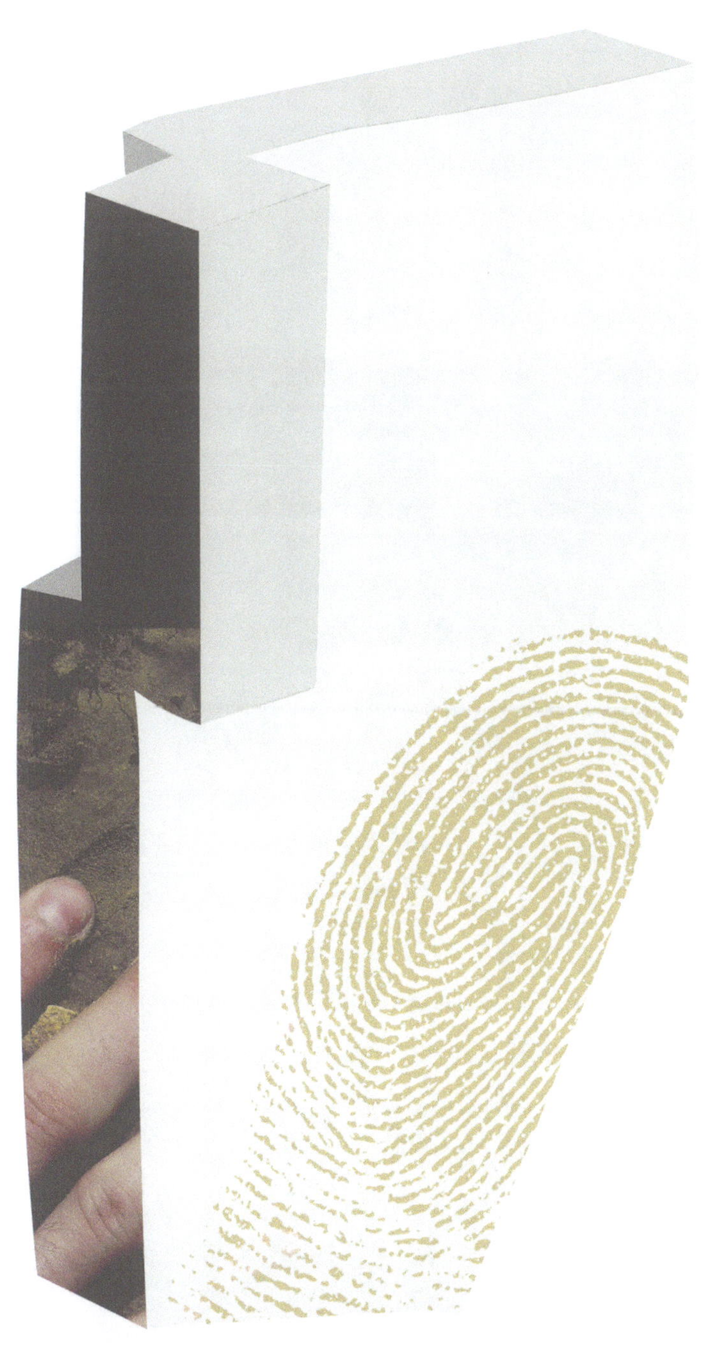

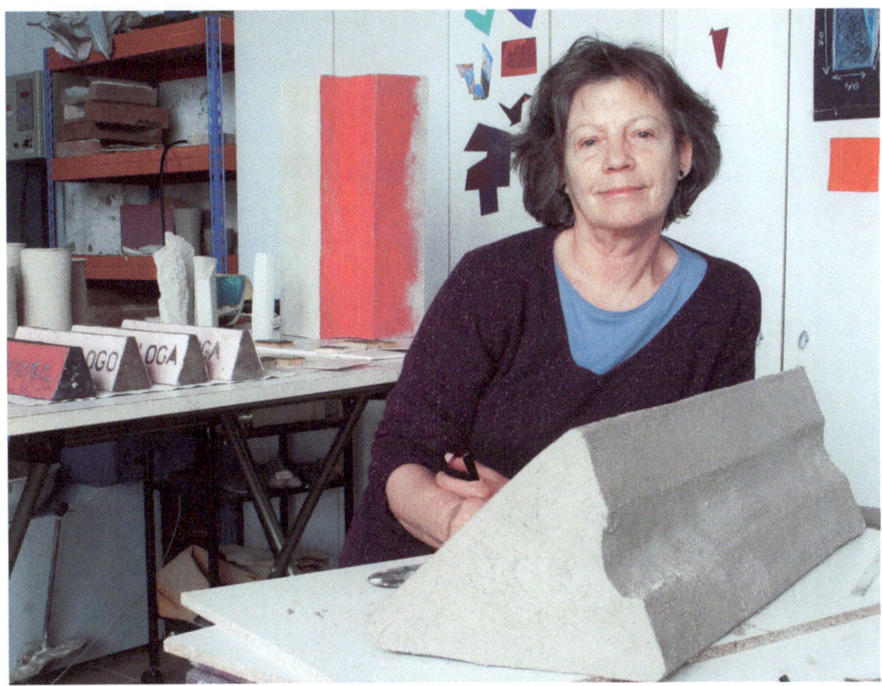

Antonia Carbonell Galiana nace en Valencia 1951, inicia sus estudios primarios en el colegio religioso de las Escolapias de dicha ciudad y continuara los estudios de bachiller en la Academia Castellano. En 1966, con 15 años de edad, comienza a trabajar como aprendiza, compaginando el trabajo con la finalización de los estudios de bachiller primero, y con la asistencia a las clases de dibujo en la Escuela de Artes y Oficios, después.

En 1975 se matriculara en los estudios reglados de la Escuela de Artes Aplicadas y Oficios Artísticos de Valencia, cursando los cinco años correspondientes al antiguo Plan del 63, obteniendo el título de Graduada en artes Aplicadas – Especialidad Cerámica.

En 1984 ingresa en la Facultad de Bellas Artes de San Carlos, donde se licenciará en la especialidad de Dibujo.

Cursa los estudios de tercer ciclo durante los años 2008–2010 en el Departamento de Filosofía, dentro del programa «Arte, Filosofía y Creatividad».

Más tarde, presenta en dicho Departamento de Filosofía el proyecto para la tesis doctoral que llevara por título *Cerámica y paideia. Enrique Mestre y su escuela, magisterio.*

La tesis, defendida el 2 de diciembre de 2015, obtuvo la calificación de sobresaliente y mención *cum laude.*

Paralelamente a la formación continuada, Antonia Carbonell mantiene una actividad artística, que empieza a mostrarse al público en los primeros años de la década de los ochenta, obteniendo diferentes reconocimientos, entre los que se destaca la concesión de una pensión de Cerámica, convocada por la Exma. Diputación Provincial de Valencia en 1984, y los premios otorgados a su obra en los concursos de Manises (Valencia, 1983), Talavera de la Reina (Toledo, 1984) y Alcora (Castellón, 1987).

En el transcurso de los años, y además de las diferentes exposiciones colectivas, compartidas e individuales, Antonia Carbonell participa en actividades de especial interés. En 1981 formara parte de la «X Edición del Seminario de Cerámica de Sargadelos (Lugo)». En 1983 participa en la experiencia de «Cerámica primitiva» en Alcover (Tarragona). En 1986 participa en «Estiu Japó 86» en

Olot (Gerona). En agosto de 2005 disfruta de una estancia en The Shigaraki Ceramic Cultural Park Shiga (Japón). En 2008 asiste a la «43.ª Asamblea General de la Academia Internacional de Cerámica» en Xi'an China. Del mismo modo, cabría destacar el hecho de haber sido miembro fundador, en 1985, del Colectivo Atmosfera Reductora.

En el ámbito docente, Carbonell ingresara en octubre de 1985, por concurso de oposición libre, a la plaza de maestra de taller de Cerámica en la Escuela de Artes Aplicadas y Oficios Artísticos de Castellón. Dicha escuela (hoy, Escola d'Art i Superior de Disseny), había sido puesta en funcionamiento el curso anterior 1984-85; se iniciaba así, con la nueva especialidad de Cerámica, la ya muy larga trayectoria en la enseñanza de esta materia en la escuela de Castellón.

Durante los 27 años de permanencia en la plaza, hasta su jubilación en 2013, Antonia Carbonell participa en el debate y diseño de los diferentes planes de estudios que afectaron las especialidades de Cerámica, tanto en los aspectos de contenido, como en aquellos matices que derivaban de la aplicación de los mismos en el día a día del centro, en algunos cursos desde la jefatura de departamento, en otros como una más del profesorado.

Ante la imposibilidad de obtener plaza, por concurso de traslados, para algún centro más cercano a su domicilio en Valencia, Carbonell solicita en repetidas ocasiones «comisión de servicio» obteniéndola en dos casos, el curso 2001-02 para la plaza de Moldeo y Montaje de Porcelana en la Escuela de Cerámica de Manises (Valencia) y durante los cursos del 2008 al 2010 en C. E. E. Virgen de la Esperanza de Cheste (Valencia) para la plaza Técnicas Cerámicas.

Dentro del ámbito docente también se cuenta con formación específica continuada, de la cual destaca por haber sido becada en 1986 por la Conselleria de Cultura, Educación y Ciencia para permanecer un mes en el Instituto Statale d'Arte per la Ceramica «Galletano Ballardini» en Faenza (Italia). Por otra parte, en 1997 presentara el proyecto de formación en centros «Didáctica de la Cerámica» responsabilizándose de su coordinación. En este apartado de la formación continua para docentes, participa a lo largo de los años en diferentes cursos convocados por la Administración.

En la actualidad mantiene una intensa actividad de taller desde la perspectiva de las artes visuales, sin limitar el trabajo a una técnica o material concreto, pero siempre en deuda con el compromiso de divulgar aquellos aspectos que desde la propia experiencia aporten información al ámbito de la cerámica, como medio de expresión artística.

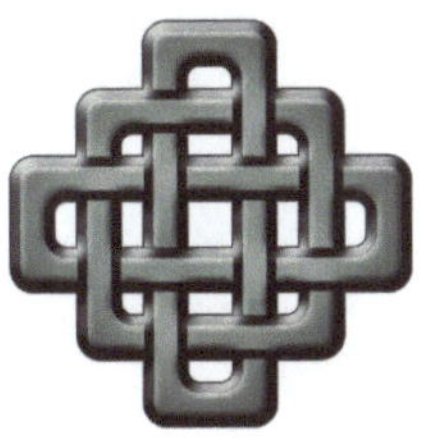

Este libro se editó en abril de 2017

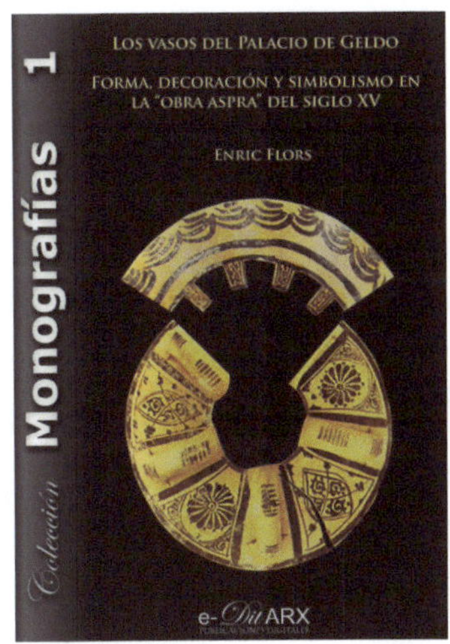

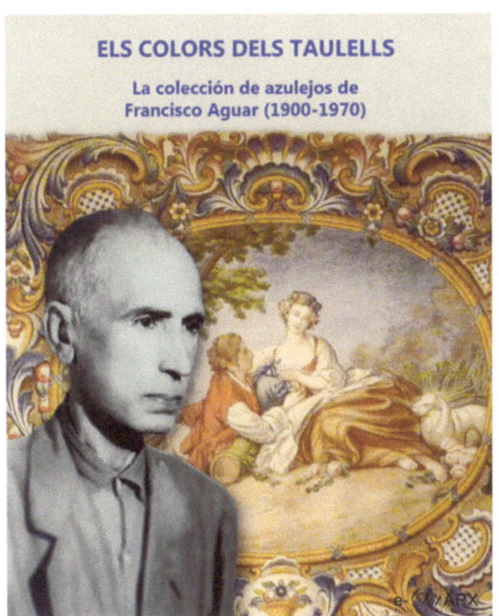

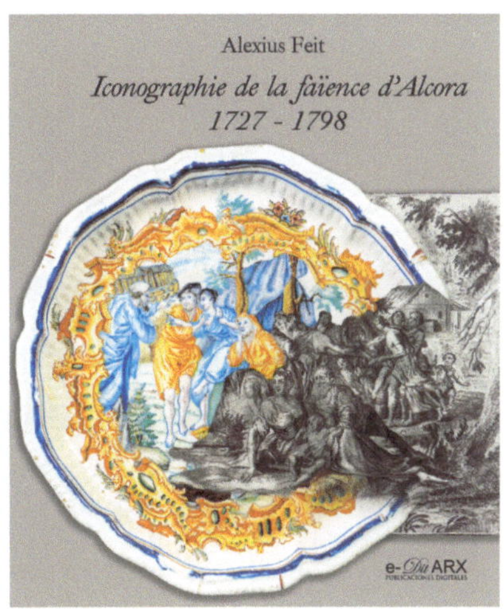

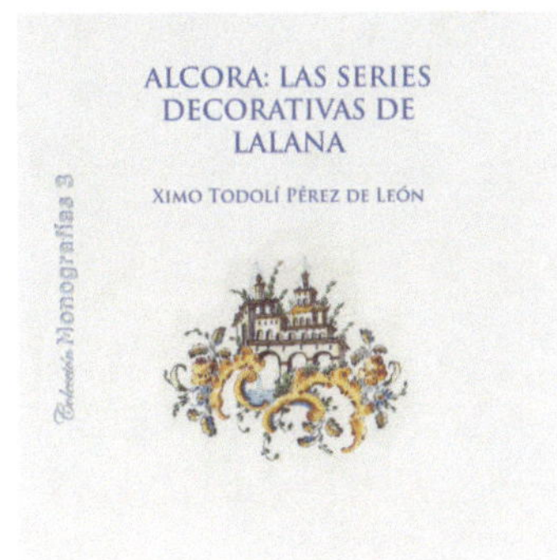

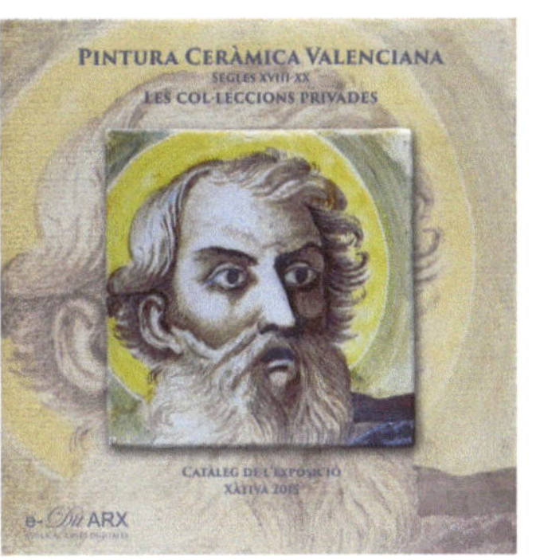

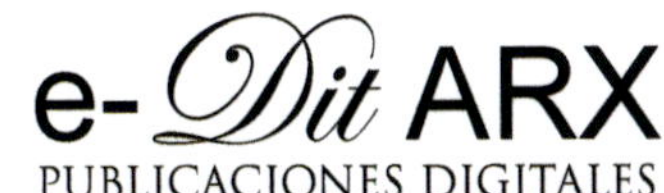

www.ingramcontent.com/pod-product-compliance
Lightning Source LLC
LaVergne TN
LVHW070117110826
845147LV00002B/139

* 9 7 8 8 4 9 4 6 9 0 2 1 1 *